suhrkamp taschenbuch
wissenschaft 2008

Der amerikanische Literaturwissenschaftler Stanley Fish gilt wegen seines antifundamentalistischen Pragmatismus als *enfant terrible* der akademischen Welt. Zugleich ist er aber ein bedeutender Essayist in bester angelsächsischer Tradition, der in Deutschland noch zu entdecken ist. Der Band versammelt eine Auswahl seiner Essays, die von den frühen Arbeiten zur Literaturtheorie und Sprachphilosophie bis zu den späteren über das Recht, die Rechtsinterpretation und den Rechtspositivismus reicht. Fish provoziert. Sein Werk ist kein Plädoyer für eine bestimmte rechtliche Ordnung und auch keines für eine Befreiung von dieser, sondern die Beschreibung einer Welt, in der Rhetorik, Verschleierung und Improvisation vorherrschen.

Stanley Fish ist emeritierter Dekan des College of Liberal Arts and Sciences der University of Illinois in Chicago, Davidson-Kahn Distinguished University Professor of Humanities and Law an der Florida International University in Miami und regelmäßiger Kolumnist der *New York Times*.
Heinz Bude ist Professor für Makrosoziologie an der Universität Kassel. Zuletzt erschien: *Exklusion. Die Debatte über die »Überflüssigen«* (stw 1819, zusammen mit Andreas Willisch).
Michael Dellwing ist Wissenschaftlicher Assistent am Lehrstuhl für Makrosoziologie der Universität Kassel.

Stanley Fish

Das Recht möchte formal sein

Essays

Herausgegeben und eingeleitet
von Heinz Bude
und Michael Dellwing
Aus dem Amerikanischen
von Klaus Binder u. a.

Suhrkamp

Bibliografische Information der Deutschen Nationalbibliothek
Die Deutsche Nationalbibliothek verzeichnet diese Publikation
in der Deutschen Nationalbibliografie;
detaillierte bibliografische Daten sind im Internet
über http://dnb.d-nb.de abrufbar.

suhrkamp taschenbuch wissenschaft 2008
Erste Auflage 2011

Umschlag nach Entwürfen
von Willy Fleckhaus und Rolf Staudt
Druck: Druckhaus Nomos, Sinzheim
Printed in Germany
ISBN 978-3-518-29608-0

1 2 3 4 5 6 – 16 15 14 13 12 11

Inhalt

Heinz Bude, Michael Dellwing

Die improvisierte Welt: Es ist, was es ist[1]

1 Sofern nicht anders gekennzeichnet, stammen alle Übersetzungen in dieser Einleitung von H.B. und M.D.

Stanley Fish provoziert. Er ist einer der Wortführer einer Weltsicht, in der nur Rhetorik und Überzeugung hervorbringen, was wie Ordnung aussieht. Diese, und Gewalt: Die Gewalt nämlich, die daraus entsteht, sich überzeugen zu *lassen*. Recht, Prinzipien, Moral – all das sind Spiele, in denen die Seite gewinnt, die eine überzeugende Story zu erzählen vermag, die in einer Situation eine Aushandlung gewinnt, einen Definitionssieg, der niemals auf abstrakte Faktoren hinter ihm zurückzuführen ist. Nicht Normen, Regeln, Strukturen, Macht, Herrschaft, Eigenschaften, Werte, Einstellungen oder sonstige der tausend Kandidaten für »Faktoren« sind Ziel der Fish'schen Perspektive, sondern die offene, unordentliche Welt der Alltagspraxis, die mit unterstellten Determinanten nicht einzuholen ist. Fish zeigt uns damit, wie gemauschelt, zusammengewürfelt und improvisiert unsere Welt ist, betont Unordentlichkeiten und Situationalitäten. Der Punkt des Fish'schen Alltagspragmatismus besteht allerdings darin, die Existenz organisierender Prinzipien erst zu verneinen, dann als Performativitäten zurückzuholen, um zu erklären, dass alles, was wir immer schon »ordentlich« gemacht haben, das Ergebnis von Mauschelei war, dass das aber wunderbar funktioniert: Nicht nur ist die ermauschelte Welt kein Problem, diese Erkenntnis ändert auch nichts an ihr. Fishs Werk ist kein Plädoyer für Ordnung und auch keines für eine Befreiung von Ordnung. Es ist nur eine Feststellung, wie dieses Spiel funktioniert, das hochkomplex und mühelos zugleich ist. *Doing what comes naturally* (1989) lautet die Formel, die zum Ausdruck bringt, wie normal und unalarmierend eine gemauschelte Welt doch ist.

I. Ordnungen und Mauscheleien

Der Variante des Neopragmatismus, die Stanley Fish und auch Richard Rorty vertreten, liegt die tiefe Abneigung gegen die ernsthafte Suche nach Abstraktionen und Verankerungen und gegen die Auffassung der Rolle des Wissenschaftlers als privilegierter Produzent von Aussagen über dieselben zugrunde. Das Grundprinzip dieses fundierungskritischen Denkens besteht darin, keiner abstrakten

Vorgabe einen »leitenden« Charakter zuzugestehen, den zu erkennen Aufgabe der Wissenschaft wäre. Fish wendet das in seinem Frühwerk (1980, 35 in diesem Band) auf den (zu interpretierenden) *Text*, aber auch auf den Leser an – Interpretationsgemeinschaften sollten Bedeutung in einen Interaktionsprozess überführen, der nirgendwo auf verankernden oder bestimmenden »Faktoren« aufruht und der immerzu auf Situationen und Kontexte bezogen bleibt, wodurch die Ergebnisse eines Prozesses keinen leitenden Charakter für spätere beinhalten, sondern lediglich einen Pool von Argumentationen reproduzieren, die für die nächste Instanz jedoch auch wieder verändert werden können. Sie mögen Zielpunkt für Aufeinanderbezogenheit sein; *wie* sich jedoch bezogen wird, das bleibt eine immer wieder neue lokale Aneigungs- und Aushandlungsangelegenheit; die Aushandlung eines Symbols zieht dabei unweigerlich auch umliegende Symbole in die Aushandlung mit hinein (Dellwing 2009). Später weitet Fish das konsequent auf das Recht (1989, 1994, in diesem Band: 112, 171, 198), auf Theorie (1989, in diesem Band: 75, 271) und dann auf »Prinzipien« (1999) aus: »Es ist ganz einfach nicht möglich, auch nur an eine Begrenzung (oder an Recht oder an ein Prinzip) zu denken, ohne bereits einen praktischen Kontext anzunehmen, in bezug zu dem diese erst verständlich ist. Wenn etwas als so genannte äußere oder unabhängige Begrenzung herangezogen wird, wird tatsächlich die interessierte Agenda eines Projekts herangezogen, das bereits etabliert ist« (1989: 13). Das beinhaltet den Text des Rechts, die Rechtsentscheidungen und Präzedenzfälle und frühere Textinterpretationen: Ein Publikum mag Bezugnahme zu dieser Geschichte erwarten, aber wie diese aussieht, bleibt der kreativen Handlung in der neuen, »frischen« Situation überlassen (1989: 505, in diesem Band: 174), »weil wir uns in einer Welt befinden, die keine transzendenten Wahrheiten und keine wasserdichten Logiken besitzt (auch wenn die in einem Raum existieren mögen, der uns verschlossen bleibt), müssen wir zurechtkommen mit einem Koffer, der vollgestopft ist mit Metaphern, Analogien, Daumenregeln, inspirierenden Phrasen, Zaubersprüchen und windigen »Gründen«, die den Dialog am Laufen halten und uns zu temporären, jederzeit revidierbaren Abschlüssen verhelfen« (1994: 218; in diesem Band 202).

Es ist das pragmatistische Projekt, die ernsthafte Suche nach Abstraktionen, die jenseits von Situationen diese »dünn« oder allgemein »begrenzen«, und den Glauben daran, »dass solche Diskurse (in der Form von Statuten) als Begrenzungen interpretativer Begehrlichkeiten dienen können, da sie allgemein und nicht lokal sind« (1989: 9), als Absurdität zu markieren. Das Projekt ist »die Leugnung der Existenz unabhängiger Begrenzungen (was ein- und dasselbe ist mit der Leugnung der Existenz wörtlicher Bedeutungen)« (12) zugunsten der praktischen, konkreten, »dicht besiedelten« Welt, in der Begrenzungen lokale, interpretativ-kreative und damit immer auch wieder neu aushandelbare und überwindbare Erfindungen sind.

Als solche Erfindungen sind sie nicht in letzten Geltungsgründen bestimmbar, und der Wissenschaftler ist nicht privilegiert in ihrer Findung. Wie auch die auf die Chicagoer Schule sich beziehenden Soziologien ist der Fish'sche Neopragmatismus eine Wissenschaft gegen den Elfenbeinturm, gegen eine Verpflichtung gegenüber einer »Wahrheit« oder einem »Wissen«. Fishs Projekt ist, wiederum konsequent, »Theorie zu einer Praxis zu degradieren, die sich von allen anderen Praktiken nicht unterscheidet« (1989: 26), und damit einhergehend die »Degradierung« aller Abstraktionen zu Werkzeugen, die in Situationen offen und fluktuierend verwendet werden können und von Teilnehmern mit oder ohne wissenschaftlichem Wissen auch offen und fluktuierend verwendet werden. Sie sind rhetorische Leistungen zur Erklärung und »Fixierung« von Situationen (Shalin 1986), wenn eine solche Fixierung geleistet werden muss, und können wieder verändert werden, wenn in der nächsten Situation andere Fixierungen andere Leistungen erbringen. Sie sind Rhetoriken, die sozialen »Druck« ausüben, und »sie in einem Moment zu verwenden, weil man sie benötigt, verpflichtet niemanden zu irgendetwas im nächsten Moment. Nachdem man von ihnen erhalten hat, was man wollte, kann man sie einfach wieder ins Regal zurückstellen« (Fish 2000: 421).

Das ist Dynamit. Nicht nur ist das ein Angriff auf das Selbstverständnis der Wissenschaft, es ist zugleich, wenn es auf die Vokabularien von Recht, Moral und Prinzipien angewandt wird, ein Angriff auf die Vorderbühnenvokabularien der liberaldemokratischen Gesellschaft. Das Projekt beinhaltet den systematischen Disrespekt gegenüber seriösen Präsentationen von Objektivität, Neutralität, Ordentlichkeit, Strukturiertheit und allen anderen Abstrakta, die als jenseits der Situation und jenseits der Handlung gedacht werden. Hiermit wird das zentrale Element des normativen Selbstverständnisses bürgerlicher Gegenwartsgesellschaften attackiert, nämlich die mit Verve vertretene Vorstellung der Gleichheit *vor dem Recht* durch Entpersönlichung und Formalisierung von Entscheidungen. Wer sagt, dass es keine formalen Folgen gibt, nur *formalisierte*, und dass Formalisierung immer in Situationen emergiert und damit als kontextuelle menschliche Handlung unüberwindbar hochvariabel bleibt, legt ad acta, was wir alle zu glauben scheinen.

Damit wohnt dieser Perspektive zunächst scheinbar ein »entlarvendes« Moment inne, das bei kritischen Thematisierungen normalerweise den Kern der Argumentation darstellt; zugleich wohnt ihr ein dekonstruktives postmodern-plurales Element inne. Während der Fish'sche Neopragmatismus durchaus Anschlusspunkte zu beiden Perspektiven herzustellen in der Lage ist, grenzt er sich dennoch von beiden ab. Der Entlarvungsduktus wird von Fish mehrfach und nachdrücklich als Absurdität behandelt und als parallele Abstraktion mit verworfen; die plurale Offenheit der Postmoderne wird demgegenüber als blind gegenüber der Notwendigkeit von Vorderbühnenpräsentationen von Ordnung und Abstraktionen gesehen, was Fish als unmögliche Radikalisierung der fundierungskritischen Argumentation ansieht. Während die ordnungskritischen Teile der Fish'schen Argumentation für »klassische« Perspektiven empörend sein müssen, ist seine lockere Akzeptanz der praktisch erfolgenden Schließungen und Objektivierungen umgekehrt für kritische Stimmen inakzeptabel (vgl. die harte, wütende Kritik von Eagleton 2000). Somit ist diese zunächst als Angriff auf die Vorderbühnenpräsentation der liberaldemokratischen Gesellschaft lesbare Perspektive letztlich kein solcher Angriff: Die harte Kritik Eagletons zielt gerade auf den unterstellten Effekt ab, dass Fish die gegenwärtige Gesellschaft über die Erkenntnis des Mauschelcharakters ihrer scheinbar klaren Ordnung dezidiert verteidigt. Dass die klaren Begrenzungen keine sind, dass Rechtsentscheidungen Improvisationen darstellen, dass Prinzipien Spielzeuge sind, ist gerade keine Diagnose der »Verderbtheit« oder der »Korruption« dieser Ordnung. Sie sind vielmehr ihre konstituierenden Elemente, *nur* so funktioniert jede Ordnung, ob rechtlich, moralisch oder wissenschaftlich: Fish möchte zeigen, wie tiefsinnig und hochkompetent die Teilnehmer sind, die diese wundersame Leistung des »normalen Alltags« (Goffman 1974) alltäglich immer wieder gemeinsam erbringen, und wie »natürlich« und »selbstverständlich« diese hochkomplexen Leistungen sind. In Fishs Worten: Diese wundersame Leistung liegt ganz einfach im *Doing What Comes Naturally* (1989), darin »zu tun, was einem grade in den Kopf kommt«, um die offene Situation zu meistern. Das »Meistern« besteht dabei darin, andere in diese Leistung einzubinden und in die Lage zu kommen, »gemeinsames Handeln« bewerkstelligen zu können (Blumer 1969). Und dieses Mauscheln funktioniert einwandfrei.[2]

II. Die Ordnung aber bleibt

Es geht Fish nicht darum, diese Abstraktionen als »Fassaden« zu entlarven, die vor »Interessen«, »Macht«, »Herrschaftsstrukturen«, »diskursiven Praktiken« oder sonstigen alternativen, neuen festen Erklärungen aufgebaut werden. Die Ordnung ist ermauschelt und hat keine festen Erklärungen irgendeiner Art; jedem kritischen Impetus, aus sich heraus eine Rekonstruktion der Welt folgen zu lassen, widersteht Fish dezidiert. Die Darstellung der ermauschelten Ordnungen soll kein erster Schritt zur »Neuordnung«, zur »Überwindung der Fassade« oder gar der Überwindung dieser Mauschelei sein. Als Perspektive, die gerade offene und kreative Unordnung betont, die im Kern jeder Ordnung steckt, belächelt der Pragmatismus solche Hoffnungen. Die Feststellung, dass die Welt ermauschelt ist, geschieht nicht im Versuch der Empörungsgeneration. Es ist vielmehr die fast fröhliche Feststellung, dass in alltäglichen praktischen Bemühungen mehr Kritik enthalten ist, als die kritischen Kritiker sich vorstellen können.

Seine Fundierungskritik ist damit keine postmoderne in der amerikanisch durchsetzten Verwendung des Begriffs, wie Fish ihn gebraucht: Wenn Fish von postmodernen Fundierungskritikern spricht, meint er die Denkrichtung, die das fundierungskritische Argument zur Kritik an bestehenden Fundamenten verwendet (»Hoffnung auf die antifundamentalistische Theorie« oder »Theorieangst«; in diesem Band 85f.). Nicht nur ist diese Schlussfolgerung oberflächlich: Wenn es keine Fundamente und Anker gibt,

2 Eine ähnliche Argumentation des »muddling through« wird z. B. in der Politikwissenschaft von Charles Lindblom vertreten: Situative Konstruktionen durchziehen die Politik, die damit ebenso nicht als »prinzipiengeleitet« gesehen wird.

führt diese Erkenntnis auch nicht zur Kritik an ihnen. Wohin sollte eine solche Kritik sich orientieren, an welchen Ankern ausrichten, wenn nicht an der Idee, dass die bestehenden Anker schlecht seien, was neue Anker benötigt, um gesagt werden zu können? Hieraus ergibt sich direkt die Argumentation, die die ermauschelten Formalismen als grundlegend für die Ordnungen sieht, wodurch die so ermauschelten Ordnungen verteidigt werden.

Antiformalismus ist keine Aufforderung, ohne Formalismen auszukommen oder eine Entlarvung, dass es sie alle nicht gäbe und man sie daher auch hinter sich lassen könnte. Das wäre naiv. Handlung geht untrennbar einher mit einer lokalen, situativen Behauptung von Fundierung: Jede Handlung trägt ein stures »Das-ist-so« in sich, auch wenn es in der Situation erfunden und improvisiert ist. »Das-ist-so« als lokale, praktische, fluktuierende, wechselnde *Redeweise* (Goffman 2005) und damit einhergehend »Handlungsweisen« des »Das-ist-so« müssen in sozialen Situationen unvermeidlich behauptet werden und werden sogar unvermeidlich behauptet – i.e., die hier gemachte Aussage ist keine Aufforderung, der auch nicht nachgekommen werden könnte –, damit in Situationen *begründet* werden kann. Aussagen sind Aussagen, Versprechen sind Versprechen, Lügen sind Lügen. »Anything goes? Nein, alles, was man zum Laufen bringen kann, geht« (Fish 2000: 432). Gerechtfertigt ist, was erfolgreich gerechtfertigt wird, begründet ist, was begründet wird, und Begründungen sind damit in keiner abstrakteren Art und Weise die *Gründe* für die Behauptungen.[3] Nach Gründen im abstrakten Sinne sucht eine pragmatistisch-alltagssoziologische Perspektive nicht (vgl. Dellwing 2011), höchstens danach, wie in konkreten Situationen begründet wird. »Das ist die Lektion, die der Pragmatismus unterrichtet: dass wir in einer rhetorischen Welt leben, in der Argumente und Beweise immer erhältlich sind, aber immer auch herausgefordert werden können, und dass die Ressourcen dieser Welt für die meisten Probleme ausreichen. Das ist eine Lektion, die weder Verzweiflung noch Inspiration hervorrufen sollte. Sie sagt uns nicht genau, wie wir

3 Das klingt teils wie ein Weg zu Habermas; Neopragmatisten bestehen jedoch darauf, dass es das nicht ist. Habermas' Thematisierung fehlt, so Shalin, die »pragmatist sensitivity for contingency and chaos« (1986: 236), indem dort diese Offenheit immer wieder in breitere Rahmen eingeführt und in ihnen stabilisiert werden soll. Diese Stabilisierung wird hier abgelehnt.

irgendetwas tun sollten (sie liefert keine Methode), aber sie versichert uns, dass es unter normalen Umständen immer etwas gibt, was man tun kann« (Fish 2000: 432).

Und an diesem doppelten Punkt wird die Welt, wie sie durch die Fish'sche fundierungskritische Linse gesehen wird, zu dem, was sie schon zuvor war und die von Kritikern befürchtete Destruktion der Sicherheiten und Abgleiten in die verantwortungslose Beliebigkeit wird abgewendet (1989: 323): »nichts ist willkürlich, wenn wir unter willkürlich etwas verstehen, was unbegrenzt und verantwortungslos sein Unwesen treibt« (1984: 700). Abstrakte, feste Ordnung gibt es nicht, aber lokale Ordnung wird dennoch immer wieder geleistet, aber eben auf eine flüchtige Art, die sicherstellt, dass diese Ordnung in der nächsten Situation immer auch wieder kassiert werden kann, dann jedoch immer zugunsten einer anderen Ordnungsleistung; »Das-ist-so« kann nur gegen ein anderes »Das-ist-so« eingetauscht werden. Die Abstraktionen, so ermauschelt sie sind, sind die Legitimationsvokabularien der Welt, die, da sie auf »So-ist-es«-Dramatisierungen niemals verzichten kann, unvermeidlich bleiben.[4] Als solch lokale Leistungen sind sie so solide, wie sie immer waren – aber eben nur in der Situation und nicht darüber hinaus, was ihre abstrakte Bestimmung jenseits dieser Situationen zu weltfremden Denkübungen macht. Alles, was Fishs Perspektive verändert, ist, dass sie »neue Argumente« bereitlegt, mit denen wir darüber reden können, wie wir zu unseren Fundierungen kommen: Die alltagspraktische, lokale Verwendung von Fundierungen berührt diese Perspektive nicht. Aus diesem und nur diesem Grund verwahrt Fish – wie auch Erving Goffman (Lofland 1984: 11, Dellwing 2010a: 533) – sich dagegen, unter dem pragmatistischen Gattungsnamen subsumiert zu werden: Als »Verfechter des Pragmatismus« möchte er nicht gelten, denn »die meisten Ver-

4 An diesem Punkt gehen Rortys und Fishs Versionen des Alltagspragmatismus auseinander. Hofft Rorty noch auf »ironische Liberale«, die aus der Erkenntnis ermauschelter Rechtfertigungen lernen, ihre eigenen nicht mehr so ernst zu nehmen, bemerkt Fish, dass das im Alltag nicht nur unmöglich, sondern auch undenkbar ist. Wenn ein Standpunkt vertreten werden soll, funktioniert das nicht mit dem Rorty'schen »Wie wäre es?«, sondern nur mit dem »So-ist-es, und hier sind die Gründe«. Rorty meint, die volle Distanz mögen nur Akademiker erreichen können, und in der Tat ist es eine Konsequenz des akademischen Pragmatismus, öffentlichen Verlautbarungen des »So-ist-es« grundsätzlich mit blasiertem Grinsen begegnen zu können.

fechter des Pragmatismus (von denen ich nie einer war) sind der Meinung, aus der pragmatistischen Argumentationsweise müsse etwas folgen« (1994: 215, in diesem Band: 220). Seine Abneigung gegen ordentliche und strukturierende Theoretisierung geht einher mit einer Abneigung dagegen, diese Denktradition wieder in eine Ordnung überführen zu wollen, in eine Anleitung, *was zu tun* sei (und wie).

Fish thematisiert daher das »Ende des Formalismus« (1989: 1 ff.) als Rekonstitution desselben. Er hält daran fest, dass am Ende des Formalismus der Formalismus steht, nur rekonzeptionalisiert als Vorderbühnen-Ordnungsvokabular, das keine Entscheidungen »leitet«, aber die reale, unübersichtliche und unordentliche Welt in ihrer Präsentation formalisiert, *weil über sie kommuniziert werden muss*. Dass dies funktioniert, liegt daran, wie es in der Situation zum Funktionieren gebracht wird, und das ist ein Spiel von Zulassen und Widerstehen, von Nachgeben und nachdrücklich Werden, von Akzeptieren und Ablehnen, von Konflikte machen und vermeiden. Diese Züge des Ziehens und Drückens stehen in einer unüberwindlichen Situationalität, in der die Anker und Ordnungen, die die Postmoderne angreift, nicht abgeschafft, sondern situationalisiert werden. Wie Gary Alan Fine in Rekurs auf Charles Edgley feststellt: »Dramatistische Absätze leugnen Ordnung nicht; sie machen sie vielmehr ›vollkommen situational‹« (Fine 2010: 358) und damit eben ermauschelt und improvisiert, aber darin so fest und begrenzend, wie Ordnung immer war – nur dass diese Begrenzungen nun ins konkrete Spiel zwischen konkreten Personen, in deren Interaktion, verlagert wird, denen zugestanden wird, dass sie Abstrakta zur Untermauerung ihrer Handlungen verwenden (und in ihren Handlungen unausgesprochen mitführen), aber ohne dass der Pragmatist diese Abstrakta als wahre Folien wissenschaftlich suchen würde. Es ist diese Wissenschaftsaktivität, die Pragmatisten für naiv halten, zumindest, sobald Menschen beteiligt sind, die definierend handeln (Prus 1997): Es gibt, wie auch Mead bemerkt hatte, kein Jenseits der »ongoing activity«.

III. Eine Soziologie mit ermauschelten Grundbegriffen

Die Soziologie ist in allen oben geleisteten Ausführungen bereits präsent: Fish ist in vielerlei Hinsicht der soziologischste unter den gegenüber der Soziologie »fachfremden« Neopragmatisten. Nun ist Unordentlichkeit und Unstrukturiertheit, die Uneinholbarkeit der praktisch-situationalen Welt von Strukturen, Systemen und Makroerklärungen aller Art, in der Soziologie keine neue Strömung, jedenfalls nicht für die breiten und verästelten Strömungen hermeneutischer, interpretativer, konstruktionistischer, interaktionistischer oder ethnomethodologischer Ansätze.[5] Unter anderem durch die Verbreitung dieser Ansätze ist es in weiten Teilen der Soziologie Usus geworden, von Unordentlichkeit zu reden: Schon Anfang der neunziger Jahre schreibt Hans-Georg Soeffner, es gehöre »fast schon zum guten Ton gegenwärtiger soziologischer Abhandlungen, davon zu sprechen, daß wir in einer komplexen, diffusen, flüchtigen, wenig strukturierten, im Großen wie im Kleinen ›unübersichtlichen‹ Welt leben« (1992: 106 f.). Das kann aber vieles heißen und führt häufig zur die Ordnung komplexer denkenden, letztlich an ihr aber festhaltenden Feststellung von »Wertepluralismus« oder »Normpluralismus«, von überlappenden und pluralisierten Ordnungen, von unüberschaubaren Wechselwirkungen, in denen die Ordnung als vorhanden, aber nicht letztlich darstell- oder erfassbar rekonzeptionalisiert wird. Perspektiven dieser Art können die Auflösung fester Rahmen nur in der Pluralisierung von immer komplexer werdenden *Rahmen* denken.[6]

Pragmatistische Thematisierungen lassen solche Abstraktionen zugunsten einer grundsätzlicheren Abstraktionsskepsis hinter sich. Besonders dramaturgische Perspektiven verfechten eine situativ geleistete, unstrukturierte Welt, die ihre Begründungen und

5 Patricia und Peter Adler und Andrea Fontana schlagen vor, für diese Strömungen den Begriff »Alltagssoziologie« zu verwenden (1987); unabhängig vom Namen sind diese Perspektiven in den letzten Jahren und Jahrzehnten zusammengeflossen. Die *Society for the Study of Symbolic Interaction* ist mittlerweile selbstverständliche Heimat für Interaktionisten, Ethnomethodologen und interpretative Soziologien jeder Art.

6 So erklärt Bourdieu in seiner konstruktionistischen, aber zugleich auch äußerst ordnungsverliebten Soziologie seine hochkomplexe Systematisierung durch die »Komplexität der Welt« (1992: 154). Der Unterschied zur Theorie Luhmanns besteht darin, dass Bourdieu normative Abstrakta sucht, Luhmann aber kognitive.

Strukturierungen im Flug erhält (Matt 2001: 164). Betont wird auch hier das offene Handeln in Situationen, deren Fixierungen ermauschelt und improvisiert werden.[7] Das findet sich besonders in Goffmans tiefgründiger Analyse der immer wieder hergestellten situativen Normalität, die keinen strikten Vorgaben folgt, sondern eine durch und durch dramatisierte Leistung ist (Goffman 1974, Dellwing 2010a) und in Scotts und Lymans daran anschließender Thematisierung »praktischer Erklärungen« (1989) in einer von Moment zu Moment »gebauten« Welt. In der neueren Literatur ist das vor allem die Position von Dmitri Shalin, der eine »Sensibilität für Kontingenz und Chaos« anmahnt, im Rahmen des »bekannten pragmatistischen Widerstrebens dagegen, ein reiches Phänomen zur festen Kategorie zu reduzieren« (1986: 21). In der Situation wird spontan, kreativ und improvisiert *gehandelt*, und da immer gehandelt wird, bemerkte schon Dewey, ist die Frage nach den »Gründen von Handeln« absurd (1922: 119). Nach Gründen wird gefragt, wenn etwas aus der Reihe fällt, wenn Begründungs- und Strukturierungsdruck besteht, wenn also Brüche in Interaktionen aufkommen (Scott/Lyman 1989, Stokes/Hewitt 1976, Goffman 1974) und Herausforderungen, wenn »Prüfungen« (Boltanski/Thévenot 2007), Denormalisierungen und »Deviantisierungen« (Schur 1980) vorgenommen werden. Auch das ist eine situierte Interpretation und eine situative Sinnleistung in Interaktionen, um das als herausgefallen Interpretierte wieder einzuordnen, was in dicht besiedelten Situationen mit anderen gemeinsam geschehen muss. Menschen »gehen ihren Alltagsaktivitäten in einer Welt nach, die sie nicht alleine bestimmen können« (Prus 1999: 9-10). Das operative Wort ist selbstverständlich »*alleine*«: Die Realität *können sie* »bestimmen«, aber nur *gemeinsam*.

Betätigen sich die so einbezogenen Teilnehmer im Feld in der Begründungssuche, haben Prozesssoziologen das »Quasi-Theoretisierungen« genannt (Hewitt/Hall 1973), Versuche, ein unstrukturiertes Handeln zum Verständnis desselben (und zur Herstellung der Möglichkeit des »Weitergehens«) in feste Rahmen zu pressen. Bei starker Einbeziehung und fehlender prinzipieller Trennung

7 Allerdings gibt es auch eine Richtung der transzendentaltheoretisch gerahmten Ethnomethodologie, die auf letzte methodische Prinzipien des Alltags abzielt. Diese Linie lässt sich etwa bei Luckmanns Konzept der Rekonstruktion kommunikativer Gattungen verfolgen.

zwischen Alltag und Wissenschaft sind wissenschaftliche Theoretisierungen von Quasi-Theoretisierungen dann nur durch die dem Absender zugeschriebene Autorität unterscheidbar, nicht etwa durch die höhere Validität »wissenschaftlicher Methoden« oder »ernsthafter Analysen«. Die Alltagssoziologie leitet aus dem Symmetrieprinzip ab, dass den Teilnehmern eine weitreichende Autorität zur Definition ihrer eigenen Situationen zugesprochen werden muss. Wer also im eben beschriebenen »Gemeinsam« involviert ist, das ist – wieder – eine situationale Frage. Das soziologische »Wir« ist in viele »Unter-Wirs« aufgeteilt, die ihrerseits jedoch wieder im Wechselspiel mit den Teilnehmern stehen, die zu beschreiben sind. Einige Schulen beziehen diese stärker ein, andere weniger, und die Alltagssoziologie leitet aus ihrer Grundeinstellung, die Wissenschaft von Alltag nicht prinzipiell zu trennen, eine durchweg starke Einbeziehung ab. Nachi nennt das »Symmetrieprinzip« (2006: 75), und Shalin sekundiert, Pragmatisten »verwischen absichtlich [...] die Grenze zwischen wissenschaftlichem und Alltagswissen« (1986: 8).

Auch die soziologische Suche nach Werten, Normen, Prinzipien, Eigenschaften, Einstellungen, Machtstrukturen, Herrschaftsordnungen etc. sind daher Quasi-Theoretisierungen ohne Speziesdifferenz zu den Alltagserklärungen der Teilnehmer. Sie sind in diesem Alltag weder intersituational stabil, noch finden sie innersituational gleichmäßig Verwendung. Shalin bemerkt daher eine »ambivalence about formal theorizing« unter Pragmatisten (1986: 20): Es gibt keine »festen Einstellungen«, »dominanten Diskurse«, »stabilen Wertorientierungen«, »festen Normen« etc., die Situationen »strukturieren« oder »leiten«, und Shalin folgt Blumer darin, zu bemerken, »Je präziser und eindeutiger Begriffe werden, desto weniger sind sie wert« (21). »Werte«, »Normen« und »Einstellungen« sind für eine so inspirierte Soziologie oberflächliche Stützräder, gefrorene Werkzeuge von in Situationen produzierten Interpretationen, die *verwendet* werden, aber in der nächsten Situation ganz anders produziert und verwendet werden. Oft finden diese Theoretisierungen überhaupt keine Verwendung in der Situation; dann hat der Soziologe ein situationsfremdes Instrumentarium kreiert, das mit der betrachteten Situation nichts mehr zu tun hat, in das die Situation lediglich übersetzt ist. Man redet dann mit seinen Abstraktionen über die Situation, wodurch man eher über seine

Abstraktionen redet als über die in ihnen gefasste Situation. Für Alltagssoziologen gilt das als größte anzunehmende Sünde: Wenn sie *nicht* in der Situation verwendet werden und als Analysevokabular von Wissenschaftlern an Situationen getragen werden, müssen diese Wissenschaftler sich die Frage stellen lassen: Warum diese Anwendung? *Warum* eine Analyse einer Situation als Machtsituation?

So ergibt sich aus dieser Perspektive zunächst eine radikale Prozesssoziologie, die viele Heiligkeiten der Soziologie lässig hinter sich zu lassen scheint. Wäre das Argument an diesem Punkt beendet, wäre der Grund für die Empörungspotenziale dieser Argumentation offensichtlich: Wissenschaftliche Betätigung ist nicht nur dasselbe wie definitorische Betätigung im Alltag (und, da wir immer handeln, wie der *komplette* Alltag), sie ist auch nicht sonderlich gegenüber diesem Alltag privilegiert. Im Gegenteil, eine Abweichung von Alltagsdefinitionen zugunsten abstrakter Theoretisierungen, die in der Situation aber gar nicht auftauchen, wird sogar als ethnografische Sünde betrachtet. Wie Prus hierzu bemerkt: »Es ist wesentlich, dass Forscher (als ›dritte Parteien‹) sehr vorsichtig mit ihren Tendenzen umgehen, Situationen zu definieren und zu objektivieren« (Prus 1999: 153), mit anderen Worten: »Beschreibe etwas nicht als Gewalt, wenn die Teilnehmer es nicht als Gewalt definieren«.

Jedoch ist das Fish'sche Argument, wie oben dargestellt, zwiespältig und am Ende gerade keine Aufforderung zur Abkehr von bestehenden wissenschaftlichen Praktiken, keine Aufforderung, Abstraktionen und Anker hinter sich zu lassen. Wieder ist die radikale Schlussfolgerung der postmodernen Prozesssoziologie (vgl. z.B. Denzin 1992, Denzin/Lincoln 1994) zu weitgehend. »Im Herzen des postmodernen Denkens steht eine extreme, vollständige Skepsis gegenüber und eine Weigerung des Glaubens an die Authentizität des menschlichen Wissens und Handelns. Dementsprechend werden alle Behauptungen von Expertise und Wissen entwertet, oder zumindest für nicht mehr wert gehalten als irgendwelche anderen Geschichten, Narrative, Fiktionen, Mythen und Darstellungen« (Dawson/Prus 1995: 107). Fishs Punkt ist nicht so weitgehend, nicht so destruktiv. Er liefert, wie er immer wieder betont, nur eine neue Beschreibung, wie Anker lokal immer wieder produziert werden, aber keine Entwertung dieser Anker. So hält Fish daran fest, dass diese Form der Arbeit überhaupt nicht vermeidbar ist. Ohne Anker, ohne ein »Das-ist-so« kann auch die Wissenschaft nichts sagen. Die Konstruiertheit dieser Aussagen ist selbstverständlich, aber unvermeidlich und jeder daraus scheinbar entstehende »Widerspruch« zwischen Behauptungen der Konstruiertheit zur Dekonstruktion einer Abstraktion und gleichzeitiger Weiterverwendung der eigenen Wissenschaftskonstruktionen wird als Lehnstuhlphilosophie beiseitegeräumt. Die Verwendung der eigenen Konstruktion ist keine Frage des Widerspruchs gegenüber der eigenen Perspektive, sondern einfach eine Frage der Interpretationsgemeinschaft und der Leistung, die die Konstruktion erbringt. Fish bemerkt, wer als dekonstruktiver Sozialwissenschaftler das Recht als lokal offene und situational verwendbare Konstruktion beschreibt, die nichts abstrakt vorgibt, dann jedoch einen Vertrag abschließt, fällt spätestens bei der Reklamation ins »So-ist-es« zurück und verwendet die Behauptung, »das Recht« würde eine bestimmte Folge verpflichtend machen. Dies ist kein Widerspruch, sondern Alltag: Mit der Möglichkeit der Behauptung von »So-ist-es« funktioniert das Recht erst (Dellwing 2008a). Robert Prus bemerkt (für die Ethnografie), dass die Soziologie selbstverständlich konzeptionellen Mehrwert zu produzieren hat, nicht lediglich eine Wiedergabe der Definitionen der Situation der Teilnehmer,[8] und dass das mit einer Konzeptionalisierung geschieht, die den Teilnehmern so nicht in den Sinn gekommen wäre. Nur ist es eine andere Konzeptionalisierung: Es ist nicht und es darf nicht die Feststellung sein, dass im Feld »Gewalt« auftrete, wenn das im Feld so nicht gesehen wird; es ist vielmehr die Analyse, welche Definitionen im Feld aufkommen, welche Leistungen sie erbringen und wie sie ausgehandelt werden. Man hat so ein anderes Abstraktum festgehalten, nämlich die Überzeugung, dass Realitätsdefinitionen konstruiert sind, Leistungen erbringen, und dass das gemeinsam geschieht. Mit anderen Worten: man hat die eigenen Definitionen fixiert. Aufgabe der Soziologie bleibt damit auch hier die Produktion und Reproduktion von konzeptionell pointierten Analysen, die damit selbstverständlich ebenso den Duktus des »Das-ist-so« beibehalten müssen. Sie muss eigene Konzepte, eigene Rahmen produzieren und diese konzeptionellen Rahmen entwickeln, um mit den

8 Wobei »Definitionen der Situation der Teilnehmer« selbstverständlich bereits eine breite konzeptionelle Basis mit sich führen, die ebenso konstruiert sind, an denen aber unverbrüchlich festgehalten wird.

so geordneten »Erkenntnissen« dann die Welt auch zu ordnen und mit diesen produzierten Ordnungen die Teilnehmer möglicherweise sogar dahingehend beeinflussen, sie auch zu *verwenden.*[9] Shalin bemerkt: »Die Tatsache, dass soziale Situationen ungewiss und unbestimmt sind, heißt nicht, dass man Ungewissheit nicht in Muster packen, Unbestimmtheit nicht in strukturellen Begriffen beschreiben kann« (1986: 22). Die operativen grammatischen Elemente dieses Satzes sind jedoch die Aktivitätskonstruktionen: Ungewissheit wird *in Muster gepackt* (»patterned«), sie wird in strukturellen Begriffen *beschrieben.* Das ist eine handelnde Leistung soziologischer Akteure, die kontextual und situational bleibt. Auch die Soziologie fixiert damit die soziale Welt, ebenso wie alle anderen Akteure (die mangelnde Grenzziehung zwischen Alltag und Wissenschaft des Pragmatismus verhindert wieder eine allzu scharfe Abgrenzung). Auch Forschungen sind Situationen, auch Wissenschaft ist eine vom Alltag prinzipiell nicht abstrakt zu unterscheidende praktische Handlung, und auch diese konstruiert in breiten Kontexten und »dicht besiedelten« Situationen Definitionen sozialer Realität (die dann für die Zwecke dieser konkreten Situation aber objektiviert und geglaubt werden; die vorliegende Betrachtung ist hier keine Ausnahme). Auch wenn Wissenschaft sich abstrakt (und im naturwissenschaftlichen Ideal als »autorlos«) präsentiert, werden mit ihr konkrete Situationen praktisch bewältigt – denn sonst verwendete sie abstrakte Theorie, und das kann sie nicht, denn abstrakte Theorie *existiert nicht.* »Theorie ist ein unmögliches Projekt, es wird sich nie realisieren lassen, weil die für seinen Erfolg notwendigen Primärdaten und formalen Gesetze immer aus kontextuellen Umständen herausgepflückt wurden, von denen sie doch unabhängig sein sollen. Die objektiven Tatsachen und Berechnungsregeln, die die Interpretation fundieren und auf prinzipielles Niveau bringen sollen, sind ihrerseits Produkt von Interpretationen: deshalb auch immer schon von den interessierten Urteilen kontaminiert, die sie angeblich transzendieren« (Fish 1989: 320). Interessant an solchen

9 Ohne solche Verwendungen sind soziologische Analysen leer; eine Analyse für die Unibibliothek mag andere Soziologen oder Soziologiestudenten zur Übernahme des Vokabulars bewegen, aber letztlich in der (restlichen) Welt einflussreich wird diese Analyse erst, wenn sie die soziologische Interpretationsgemeinschaft auch zu verlassen, in Situationsdefinitionen jenseits der Soziologie einzufließen in der Lage ist.

Studien ist damit die Situation, die bewältigt wird. Die ermauschelten abstrakt-allgemeinen Aussagen, die dazu herangezogen werden, sind interessant als *Werkzeuge* in der konkreten Situation (vgl. z. B. zum Dunkelfeld Dellwing 2010b).

Das »Zurück-zu-den-Dingen«, das Fish anleitet, ist damit ein Zurück zu den Produktionen von Ordnung im »Doing What Comes Naturally« bei gleichzeitiger Balance zwischen Respekt und Respektlosigkeit gegenüber den zu diesen Produktionen verwendeten Abstraktionen. Respektlosigkeit insofern, als eine gesunde Skepsis gegenüber abstrakten Erklärungen angemessen bleibt: Davon zu reden, dass es »Normen« und »Werte« gewesen seien, die die Situation »strukturiert« hätten, stellt dann einen Versuch dar, der Welt ihr Leben zu nehmen. Normen, Werte, Einstellungen *sind nicht abstrakt erforschbar*, ohne dass die zu erforschende wuselige, lebendige Welt damit euthanatisiert wird: »Unmögliche Abstraktionen werden angeboten, als stützten sie sich gegenseitig, während sie tatsächlich nur austauschbare Ausdrücke einer Begierde sind, die nicht einmal benannt werden kann, da jeder Name, den sie erhält, nur innerhalb der Bedingungen verständlich wäre, denen sie doch entfliehen soll« (Fish 1989: 454). Das problematisiert weite Teile der soziologischen Forschung und empört. Die operative Phrase ist jedoch nicht das für die Empörung hauptverantwortliche »Nicht erforschbar« (obwohl Empörungsverursachung Fishs Spiel ist; er ist ein »equal opportunity antagonist«, der sich in der Rolle gefällt, alle zu empören, die sich empören lassen). Das operative Wort ist vielmehr »*abstrakt*«. Am Ende der Straße, die weg vom Formalismus führt, steht eben der Formalismus. Rede ohne Objektivismen ist unmöglich.[10] Daher wäre es kurios, zu behaupten, Normen, Werte und Einstellungen könnten nicht erforscht werden (noch viel kurioser wäre es, das *abstrakt* zu behaupten). Abstrakt erforscht werden sie, aber die pragmatistische Frage ist dann nicht:

10 Dieser kleine Hinweis sprengt die gesamte Debatte über abstrakte Wahrheitsunterstellungen bei gleichzeitiger Leugnung derselben, die fundierungskritischen Perspektiven immer wieder vorgeworfen werden (vgl. Woolgar/Pawluch 1985). Rede ist ohne Fundierungsbehauptung gar nicht möglich. Wenn die Frage nach der Wahrheit wegfällt, bleibt damit kein »dem widersprechender Wahrheitsanspruch«; das ist ein zielloses und langweiliges Spiel. Es bleibt die immer währende Perspektivität, in der die Frage nicht mehr ist: *Stimmt das?* Sondern: *Was macht das?* (vgl. Rorty 1982, Dellwing 2010c).

Sind diese Erkenntnisse richtig?, sondern Goffmans klassische Frage: *Was geschieht hier?* Die Frage zielt darauf, in scheinbar banalen (und auch weniger banalen) Alltagsinteraktionen die »dramatische« Konstruktion sozialer Realität zu erforschen, die in den minimalsten Interaktionen geleistet wird.[11]

Das schafft jedoch eine kuriose Situation. Einerseits heißt das, dass pragmatistische Arbeiten solche Studien nicht mehr leisten sollten, eine Position, gegen die Joel Best als »Rückzug in den Theorielehnstuhl« polemisiert (Best 1993: 138), also als genau das, was andererseits von denselben Autoren kritisiert wird. Da eben Objektivierungen unvermeidlich sind, wäre eine solche Anleitung auch unmöglich zu befolgen. Fish sekundiert, wenn er bemerkt, »Es zeigt sich jedoch, dass das zugleich unmöglich als auch buchstäblich gegen einen selbst gerichtet ist: Ein so gereinigtes Denken hätte nichts mehr in sich« (1989: 519, in diesem Band: 191). Auch die »dekonstruktive Lektion«, wie Fish sie nennt, beendet nicht die »normale Wissenschaft«. Jene, die sie angewandt haben und die Konstruktionspraktiken anstelle der konstruierten Abstrakta untersucht haben, mussten dafür andere Objektivierungen festhalten und deren Konstruktionspraktiken unbeachtet lassen (vgl. Schneider 1993). Das ist unvermeidlich und problemlos, und wer es zum Problem macht, überinterpretiert die dekonstruktive Lektion in der Hoffnung, »die Lektion, dass wir immer bereits interpretativ situiert sind, wird so ein Fluchtweg, der aus diesen Implikationen herausführt« (Fish 1989: 438). Das kann sie nicht leisten, weshalb gilt: »Wenn man sie [die dekonstruktive Lektion, H. B./M. D.] nicht gerade lernt oder lehrt, hat die Welt alle Solidität, die sie immer hatte« (Fish 2000: 428). Welche das ist, hängt (wieder) nicht von »Werten« oder »Einstellungen« der Forscher abstrakt ab, sondern ist ein Produkt offener, perspektivischer, breit kontextualisierter und dicht besiedelter Situationen. Es ist eine *No-way-out*-Situation. Schneider (1993) schlägt Reflexivität vor, und Prus wendet diese an,

11 Die Sprengkraft dieses Ansatzes liegt selbstverständlich darin, eine ironistische Distanz zu diesen Konstruktionen einzunehmen, was bedeutet, sie zumindest für die Zwecke ihrer Analyse »nicht zu glauben«, d. h. ihre Validität auszuklammern, um herauszufinden, was hier gerade konstruiert wird und wie. In der Devianzsoziologie ist das das gesamte Projekt der »konstruktionistischen« Soziologie sozialer Probleme, wie sie von Spector und Kitsuse (2001 [1977]) und von Blumer (1973) begründet wurde.

indem er Begriffe in eckige Klammern setzt, um dem Leser mitzuteilen, dass er nicht von deren Objektivität ausgehen darf (1997). Aber das Spiel kann auch nur begrenzt gespielt werden: Welchen eigenen Objektivierungen man reflexiv begegnet, ist schon wieder kontextuell und auch interessiert, während andere nicht reflexiv durchleuchtet werden können, ohne in einen infiniten Regress zu geraten, der nicht nur vom Platz, sondern auch von der Zielsetzung des eigenen Beitrags her letztlich die eigene Zielrichtung zerschlagen würde. Das Konstruktionsargument ist eben letztlich gerade dann prominent verwendet, wenn in einem konkreten Kontext die Objektivität eines Begriffs in Zweifel gezogen werden soll: Pragmatisten wie Prus, der eckige Klammern verwendet, um den Leser auf die mangelnde Objektivität einer Kategorie hinzuweisen, werden [Daten] schreiben, nicht jedoch [Konstruktion]. Aber das macht nichts. Wenn man aufgehört hat, an abstrakte Kategorien zu glauben, die Kategorisierungen, Strukturierungen und Benennungen im Alltag als improvisierte Mauscheleien sieht und die »Vorteile des Pragmatismus« genießt – »ein Vorteil des Pragmatismus ist die Freiheit von Schuldgefühlen bezüglich seiner Theorie. Ein anderer ist die Freiheit von der Sorge über seine Wissenschaftlichkeit« (Rorty 1999: 96) –, sind das alles Angriffe, die man mit einem Achselzucken beantworten kann.

Daher folgt aus diesem Pragmatismus nicht automatisch eine Speziesunterscheidung zwischen interpretativer und Faktorensoziologie oder eine Parteinahme zugunsten einer interpretativen Herangehensweise und Verurteilung des objektivistischen Don Quichote, der nichtexistente abstrakte Datenwindmühlen verfolgt. *Jede* Form der Sozialwissenschaft und jede Form des Redens überhaupt objektiviert, seien es nun die Definitionen des Feldes in Form einer Operationalisierung von »Gewalt« bei völliger Außerachtlassung der Definitionen der Teilnehmer oder Definitionen des Felds als Ort von ausgehandelten Definitionen. Soziologen, die Abstrakta untersuchen, fixieren ebenso die Situationen, in denen sie agieren, indem sie offene menschliche Situationen auf feste Gründe und Anker hinter ihnen reduzieren. In Situationen ist das, da der Formalismus am Ende des Weges seiner Abschaffung steht, unvermeidlich, denn sie müssen fixiert werden, und die großen Heiligkeiten von »Norm«, »Struktur«, »Recht«, »Macht« etc. stehen zu einer solchen Fixierung bereit; sie »stehen immer schon bereit, um ausgeschlachtet zu werden« (Fish 2000: 421).[12] Sie sind im Steinbruch vorhanden und verwendbar, müssen jedoch eben auch verwendet und geformt werden, was in offenen Aushandlungen mit offenem Ausgang geschieht. Dass sie keine aufgefundenen Phänomene sind, sondern rhetorische Leistungen, die jetzt im Wissenschaftskontext erbracht werden, tut dem keinen Abbruch. Werden sie als »Theoriediskussionen« dramatisiert, dienen sie in der Regel »nur« der Abgrenzung der Schulen untereinander und der Selbstpräsentation ihrer Autoren. Das ist jedoch durchaus eine innerweltliche Leistung und damit wieder Praxis, keine Theorie im extramundanen Sinne, in dem Fish den Begriff verwendet (und die ja gerade daher nicht existiert). Werden sie empirisch standfest produziert und *rezipiert*, beeinflussen sie Situationsdefinitionen im Feld und damit die soziale Praxis, die sie beschreiben und die Praxis jener, die *damit* beschreiben (gerade faktorensoziologische Studien werden häufig im Auftrag von Institutionen erstellt, die diese dann zur Legitimation ihres Institutionenhandelns verwenden). Ihre Ordnung wird durch das Fish'sche Argument gerade nicht *verworfen*: Sie wird als *situative, rhetorische* Leistung umformuliert, die eben eine Leistung erbringt und bei der die Frage nach ihrer abstrakten »Richtigkeit« völlig fehl am Platze ist.

Was daraus folgt, ist durchaus unklar. Da Handeln (und Schreiben und Sprechen sind Formen der Handlung) ohne Fixierungen unmöglich ist, ist die Soziologie in jeder Aussage an der Produktion von Ordnung beteiligt. Die Frage besteht nicht darin, zu entscheiden, ob die Soziologie Institution sein möchte und diese Ordnungen mitproduziert *oder* vielmehr die Produktion dieser Ordnungen analysiert. Beide Optionen stellen eine Produktion von Ordnung dar. Allerdings ist es die Letztere, die von pragmatistisch-interaktionistischen Soziologen präferiert wird, wenn z. B. die Soziologie sozialer Probleme nicht analysiert, was Probleme sind, sondern wie sie gemacht werden (z. B. Spector/Kitsuse 2001 [1977], Blumer 1971, etc.) die Soziologie von Institutionen der sozialen Arbeit analysiert, welche soziale Kontrolle zur Produktion ihrer Klientel verwendet wird (z. B. Peters/Cremer-Schäfer 1975, Scheff 1984, Goffman 2004), und die Soziologie der Institutionen der Rechtskontrolle analysiert, wie Rechtsordnungen praktisch verwendet

12 Sie sind damit kein »Diskurs«, schon gar keiner, in dem »Machtpraktiken« allgegenwärtig wären, sondern vielmehr ein »Grabbelsack von Begründungen«.

werden – wie Stanley Fish das tut. Praktisch also schlägt sich Fish hier dezidiert auf die Seite jener, die die Ordnungsproduktion aus einer Distanz betrachten und damit eine sozialprozessanalytische Metaproduktion betreiben. Abstrakt-theoretisch zu rechtfertigen ist das nicht. Eine Kritik an der Praxis ist das auch nicht, denn nichts ist abstrakt-theoretisch gefordert. Kritiker dieser Metaproduktion bemängeln, durch die Distanzierung gehe eine Expertenrolle in der Produktion von Ordnung verloren (Miller/Holstein 1993: 7, Best 1993: 137). »Die Art von Fragen, die Konstruktionisten fragen, sind interessant, aber es sind wohl kaum die einzigen interessanten (oder gar die interessantesten) Fragen, die Menschen über die verschiedenen Phänomene, die sie ›soziale Probleme‹ nennen, beantwortet haben möchten« (Best 2002: 705). Diese »Opferung« der Expertenrolle im Feld (Rafter 1992: 38) geht jedoch mit einer Distinktion der Soziologie einher. Sie ist nicht länger Spieler Nummer 382 auf einem Feld, das von allen anderen Wissenschaften und ihren den Alltag quasi-theoretisierenden Cousins bewohnt wird, sondern produziert Wissen über die soziale Welt, das sonst niemand ernsthaft produziert; und, was wichtiger ist, sie ist die Wissenschaft, deren Aufgabe es nicht ist, die Selbstvergewisserungen der Gesellschaft mitzutragen. Das macht die Soziologie zur unbequemen Wissenschaft. Anders als kritische Thematisierungen stellen Pragmatisten jedoch nicht die konkreten Selbstvergewisserungen dieser Gesellschaft in Frage, um andere Selbstvergewisserungen zu ihrem Recht zu führen. Pragmatisten bemerken die Mauschelei in *jeder* Selbstvergewisserung, stellen aber fest, dass man irgendeine benötigt, wodurch diese Position unabhängig von der Parteinahme für eine davon stehen kann. »Wenn der Pragmatismus wahr ist, hat er uns nichts zu sagen: Keine Politik folgt aus ihm oder wird von ihm behindert« (Fish 2000: 419).

John Lofland nannte Abstraktionen »Abscheulichkeiten vor der Welt« (1976), Frankensteins Monster, zusammengestückelt aus konkreten, aber diffusen und unstrukturierten Einzelsituationen, Interpretationsstützräder zur Vereinheitlichung einer unübersichtlichen Welt. Die Welt ist bevölkert von diesen Monstern, und ohne diese versatzstückhaften, zusammengeworfenen, aus Resten gepatchworkten Ersatzleistungen für eine Ordnung, die es nicht gibt, wenn wir sie nicht bastelten, könnten wir nicht leben, könnten Institutionen nicht agieren, könnten Menschen nicht handeln.

Luc Boltanksi stellt fest, »[jeder] realisiert [...], daß diese Institutionen nichts als Fiktionen sind und real nur die Menschen, aus denen sie sich zusammensetzen, die in ihrem Namen sprechen«; ihre ermauschelten Aussagen sind »nicht vertrauenswürdiger [...] als andere« (2010: 133). Ob diese Realisation jedoch »Konsequenzen« hat, darüber könnte man auch mit Fish streiten: Wir haben in einer fundierungsfreien Welt keine andere Wahl, als Aussagen zu ermauscheln: Nicht-ermauschelte Aussagen haben wir nicht, und in Situationen sind ermauschelte unvermeidlich. Nur ihr Konstanthalten, ihre Dekontextualisierung und Abstrahierung jenseits der Situation ist naiv. »Ruth Anna Putnam kritisiert Philosophen, die ›in ihrer Forschung ein Leben leben, und draußen ein anderes‹ und tritt für eine Philosophie ein, ›die es uns ermöglicht, ein Leben zu leben, so konsequent wie möglich zu sein‹. Ich denke, dass man eine solche Konsequenz wohl erreichen könnte, aber ich bin mir nicht sicher, wie menschlich das wäre. Ich vermute, das Ergebnis wäre etwas in der Gegend des Irrsinns« (Fish 2000: 427). Das zeugt aber bereits davon, dass auch das keine Vorgabe ist, die Fish zu machen versuchen würde: Es wäre verrückt, das heißt: es würde als verrückt bezeichnet (vgl. Dellwing 2008b, 2010c), das heißt: als unnormal. Wir halten im Alltag an Abstraktionen nicht übersituational fest, *weil wir es nicht können*. Die Unvermeidlichkeit von Interpretation – »Worauf immer man sich berufen mag, um Interpretationen keinen Raum zu geben, bei näherer Prüfung wird es sich als Produkt der Interpretation herausstellen« (Fish 1989: 512, in diesem Band 182) – macht solche Stabilität, *also Theorie im Fish'schen Sinne*, unmöglich. »Zu glauben, dass man Leuten etwas wegnimmt, wenn man ihnen sagt, dass es etwas gibt, was sie nie zu tun in der Lage waren – den Raum der Praxis für einen allgemeineren und abstrakteren Raum zu verlassen –, ist ein Fehler. Man kann niemandem eine Fähigkeit wegnehmen, die sie nie hatten« (1989: 26f.). Die starken Programme der Abstraktionssucher sind unmöglich, aber in ihrer Performativität unvermeidlich, ihre Ordnung ist ermauschelt, aber diese Mauscheleien sind untrennbar mit unserem Alltagshandeln verwoben. Amerikaner würden sagen: *It is what it is*. Es bedeutet üblicherweise: Ich weiß, dass es unangenehm ist, aber darüber streiten wird es auch nicht ändern. Und so endet ein antiformalistisches, antiobjektivistisches Argument dort, wo es enden muss, bei einer formalistischen und objektivistischen Aussage. Alles andere wäre auch nicht denkbar. Dass derweil darüber mit Fish weiter so heftig gestritten wird, ist durchaus als sein Erfolg zu werten, wie das für Angriffe ja generell gilt. Die Aushandlungen über die Welt sind niemals abgeschlossen.

Literatur

Adler, Patricia A., Peter Adler und Andrea Fontana, »Everyday Life Sociology«, in: *Annual Review of Sociology* 13 (1987) 217-235.

Best, Joel, »But Seriously, Folks: The Limitations of the Strict Constructionist Interpretation of Social Problems«, in: James A. Holstein and Gale Miller (Hg.), *Reconsidering Social Constructionism*, New York 1993, 129-149.

Best, Joel, »Constructing the Sociology of Social Problems: Spector and Kitsuse Twenty-Five Years Later«, in: *Sociological Forum* 17 (2002) 699-706.

Blumer, Herbert, *Symbolic Interactionism: Perspective and Method*, Berkeley 1969.

Blumer, Herbert, »Social Problems as Collective Behavior«, in: *Social Problems* 18 (1971) 298-306.

Boltanski, Luc, *Soziologie und Sozialkritik*, Frankfurt/M. 2010.

Boltanski, Luc und Laurent Thévenot, *Über die Rechtfertigung*, Hamburg 2007.

Bourdieu, Pierre, »Sozialer Raum und symbolische Macht«, in: ders., *Rede und Antwort*, Frankfurt/M. 1992, 135-154.

Dawson, Lorne und Robert Prus, »Postmodernism and Linguistic Reality versus Symbolic Interactionism and Obdurate Reality«, in: *Studies in Symbolic Interaction* 17 (1995) 105-124.

Dellwing, Michael, »Derrida, Fish und das Gesetz«, in: *Zeitschrift für Rechtssoziologie* 29 (2008a) 261-278.

Dellwing, Michael, »›Geisteskrankheit‹ als hartnäckige Aushandlungsniederlage«, in: *Soziale Probleme* 19 (2008b) 150-171.

Dellwing, Michael, »Das interaktionistische Dreieck«, in: *MSchrKrim* 92 (2009) 3-17.

Dellwing, Michael, »Rituelle Spiele mit Beziehungen«, in: *Berliner Journal für Soziologie* 20 (2010a) 527-544.

Dellwing, Michael, »Dunkelfeldforschung als Definitionsaktivität«, in: *MSchrKrim* 93 (2010b) 180-197.

Dellwing, Michael, »Wie wäre es, an ›psychische Krankheiten‹ zu glauben?«, in: *Österreichische Zeitschrift für Soziologie* 35 (2010c) 40-58.

Dellwing, Michael, »Langeweile mit der Eindeutigkeit«, in: Helge Peters und Michael Dellwing (Hg.), *Langweiliges Verbrechen*, Wiesbaden, S. 197-212.
Denzin, Norman, *Symbolic Interactionism and Cultural Studies*, Oxford 1992.
Denzin, Norman und Yvonna Lincoln, *Handbook of Qualitative Research*, Thousand Oaks 1994, S. 377-392.
Dewey, John, *Human Nature and Human Conduct*, New York 1922.
Eagleton, Terry, »The Estate Agent. A Review of Stanley Fish, The Trouble with Principle«, in: London Review of Books 22 (2000) 10-11.
Fine, Gary Alan, »The Sociology of the Local: Action and its Publics«, in: *Sociological Theory* 28 (2010) 355-376.
Fish, Stanley, *Is There a Text in This Class?*, Cambridge, Ma. 1980.
Fish, Stanley, »Fear of Fish: A Reply to Walter Davis«, in: *Critical Inquiry* 10 (1984) 695-705.
Fish, Stanley, *Doing What Comes Naturally*, Durham 1989.
Fish, Stanley, *There's No Such Thing as Free Speech (And It's a Good Thing, Too)*, Oxford 1994.
Fish, Stanley, »Truth and Toilets«, in: Morris Dickstein (Hg.), *The Revival of Pragmatism*, Durham 1998, S. 418-434.
Fish, Stanley, *The Trouble with Principle*, Cambridge, Ma. 1999.
Goffmann, Erving, *Das Individuum im öffentlichen Austausch*, Frankfurt/M. 1974.
Goffman, Erving, *Asyle*, Frankfurt/M. 2004.
Goffman, Erving, *Rede-Weisen*, Konstanz 2005.
Hewitt, John P. und Peter M. Hall, »Social Problems, Problematic Situations, and Quasi-Theories«, in: *American Sociological Review* 38 (1973) 367-374.
Holstein, James A. und Gale Miller (Hg.), *Reconsidering Social Constructionism*, New York 1993.
Lofland, John, *Doing Social Life*, New York 1976.
Miller, Gale und James A. Holstein, »Reconsidering Social Constructionism«, in Holstein, Miller (Hg.), *Reconsidering Social Constructionism*, 5-23.
Peters, Helge und Helga Cremer-Schäfer, *Die sanften Kontrolleure*, Stuttgart 1975.
Prus, Robert, *Subcultural Mosaics and Intersubjective Realities*, Albany 1997.
Prus, Robert, *Beyond the Power Mystique*, Albany 1999.
Rafter, Nicole H., »Some Consequences of Strict Constructionism«, in: *Social Problems* 39 (1992) 38-39.
Rorty, Richard, *Consequences of Pragmatism*, Minneapolis 1982.
Rorty, Richard, *Philosophy and Social Hope*, London 1999.

Scheff, Thomas, *Being Mentally Ill*, Hawthorne 1984.
Schneider, Joseph W., »›Members Only‹: Reading the Constructionist Text«, in: Holstein, Miller (Hg.), *Reconsidering Social Constructionism*, 103-116.
Schur, Edwin, *The Politics of Deviance*, Englewood Cliffs 1980.
Scott, Marvin und Stanford Lyman, *A Sociology of the Absurd*, Dix Hills 1989.
Shalin, Dmitri, »Pragmatism and Social Interactionism«, in: *American Sociological Review* 51 (1986) 9-29.
Soeffner, Hans-Georg, *Die Ordnung der Rituale*, Frankfurt/M. 1992.
Spector, Malcolm und John I. Kitsuse, *Constructing Social Problems*, Piscataway 2001 [1977].
Stokes, Randall und John P. Hewitt, »Aligning Actions«, in: *American Sociological Review* 41 (1976) 838-849.
Woolgar, Steve und Dorothy Pawluch, »Ontological Gerrymandering: The Anatomy of Social Problems Explanations«, in: *Social Problems* 32 (1985) 214-227.

Stanley Fish
Essays

1. Gibt es einen Text in diesem Kurs?

Am ersten Tag des neuen Semesters hat eine Studentin einen Kollegen von der Johns-Hopkins-Universität angesprochen, die, wie sich später herausstellte, gerade einen Kurs bei mir absolviert hatte. Sie stellte ihm eine, wie man wohl zugeben wird, geradlinige Frage: »Gibt es einen Text in diesem Kurs?« Spontan, mit traumwandlerischer Sicherheit antwortete er: »Ja, die *Norton Anthology of Literature.*« Als er davon erzählte, bekannte er allerdings, dass ihm, kaum hatte er das gesagt, bewusst wurde, »in die Falle gegangen zu sein«. Und die Falle schnappte tatsächlich zu (eine Falle, die nicht die Studentin aufgestellt hatte, sondern die unendliche Aneignungskapazität der Sprache). Sie sagte: »Nein, nein, ich meine, glauben wir in diesem Kurs noch an Gedichte und solche Dinge, oder gibt es nur uns?« Nun ist es möglich (und für viele verlockend), diese Anekdote als Beispiel für die Gefahren zu betrachten, die all denen drohen, die Leuten zuhören, die wie ich die Instabilität des Textes und die Nichtexistenz feststehender Bedeutungen predigen. Im Folgenden will ich aber zu zeigen versuchen, dass man die Anekdote auch als Beispiel dafür betrachten kann, wie grundlos solche Befürchtungen sind.

Der hartnäckigste unter den Vorwürfen, die Meyer Abrams gegen die von ihm so genannten Neuen Leser (Derrida, Bloom, Fish) erhebt, ist, diese Apostel der Unbestimmtheit und Unentscheidbarkeit nähmen, obwohl sie sich doch selbst darauf bezögen, die »sprachlichen Bedeutungen«, die Worte unleugbar haben, auch die mit der Sprache gegebenen »Normen und Möglichkeiten« nicht zur Kenntnis, vielmehr forderten sie uns auf, »unseren gewöhnlichen Erfahrungsbereich des Redens, Hörens, Lesens und Verstehens« aufzugeben zugunsten einer Welt, in der »kein Text irgendetwas Besonderes bedeutet«; einer Welt, in der »wir niemals sagen können, was genau jemand meint, wenn er etwas schreibt«.[1] Diese eigensinnigen Neuen Leser, so der Vorwurf weiter, setzten durch ihr interpretatives Vorgehen buchstäbliche oder normative Bedeutungen außer Kraft. Mein Vorschlag ist, diese Anklage im Kontext

1 Meyer H. Abrams, »The Deconstructive Angel«, in: *Critical Inquiry*, 3, Nr. 3 (Frühjahr 1977), S. 431, 434.

des Beispiels zu untersuchen, das hier gerade vorliegt. Fragen wir also: Welche normative oder buchstäbliche oder sprachliche Bedeutung hat der Satz: »Gibt es einen Text in diesem Kurs?«

Im Rahmen der aktuellen kritischen Debatte (wie sie zum Beispiel in der Zeitschrift *Critical Inquiry* geführt wird) scheint es nur zwei mögliche Antworten auf diese Frage zu geben: Entweder *hat* der Satz *eine* buchstäbliche Bedeutung, und dann sollten wir in der Lage sein zu sagen, worin sie besteht; oder er hat so *viele* Bedeutungen, wie er Leser hat, und damit also *keine* buchstäbliche Bedeutung. Die Antwort, die aus meiner kleinen Geschichte hervorgeht, ist aber: Die Äußerung hat *zwei* buchstäbliche Bedeutungen. Unter den Bedingungen, die mein Kollege unterstellt (ich meine nicht, dass er sie ausdrücklich unterstellt hat, vielmehr bewegte er sich schon innerhalb dieser Vorannahme), ist die Äußerung offensichtlich eine Frage danach, ob für diesen Kurs ein verbindliches Lehrbuch benutzt werde. Unter den Bedingungen jedoch, auf die er durch die korrigierende Antwort der Studentin gestoßen wird, wird daraus eine Frage danach, wie der Dozent den Status des Textes betrachtet (welche der im Rahmen zeitgenössischer Literaturtheorie möglichen Positionen er einnimmt). Ich möchte darauf aufmerksam machen, dass wir es hier nicht mit einem Fall von Unbestimmtheit und Ununterscheidbarkeit zu tun haben, sondern von Bestimmtheit und Entscheidbarkeit, die jedoch nicht immer dieselbe Form haben, sich ändern können und sich, wie unser Beispiel zeigt, ändern. Mein Kollege hat sich nicht gefragt, für welche der beiden (oder weiteren) Bedeutungen der Äußerung er sich entscheiden soll, sondern sofort eine Bedeutung erfasst: Es ist offenbar diejenige, die im Rahmen seines Vorverständnisses der Situation allein in Frage kommt. Im zweiten Schritt erst, als das Situationsverständnis sich verändert hatte, erfasst er auch die zweite Bedeutung. Weder die eine noch die andere wird von einem privaten, idiosynkratischen Deutungsakt einer normaleren Bedeutung aufgezwungen (ein bei Angriffen gegen die Neuen Leser gern gebrauchter Ausdruck), beide sind vielmehr abhängig von den öffentlichen und konstitutiven Normen (der Sprache und des Verstehens), auf die Abrams sich bezieht. Nur sind diese Normen nicht in die Sprache eingelassen (wo sie von jedem, der klar sieht, herausgelesen werden könnten), sondern in eine institutionelle Struktur, innerhalb deren Äußerungen gehört werden: nämlich als bereits organisiert, in Beziehung auf bestimmte vermutete Absichten und Ziele. Beide, mein Kollege wie die Studentin, sind in dieser Institution situiert, darum sind ihre Deutungen nicht frei, sondern eingeschränkt durch die in dieser Institution geltenden und von den Beteiligten verstandenen Praktiken und Annahmen, aber nicht durch Regeln und feststehende Bedeutungen eines sprachlichen Systems.

Man könnte sich dem Problem noch auf andere Weise nähern. Man könnte sagen, keine der beiden Lesarten der Frage – die wir der Bequemlichkeit halber als »Gibt es einen Text in diesem Kurs?«$_1$ und »Gibt es einen Text in diesem Kurs?«$_2$ bezeichnen wollen – steht jedem umstandslos zur Verfügung, der die Sprache als Muttersprache gelernt hat. »Gibt es einen Text in diesem Kurs?«$_1$ kann nur von jemandem interpretiert oder gelesen werden, der schon weiß, was unter der allgemeinen Rubrik »Semesteranfang, erste Sitzung« zu verstehen ist. (Was bewegt die Studenten, welche bürokratischen Schritte müssen unternommen werden, bevor die Kurse beginnen, und so weiter?) Nur wer das weiß, hört die Äußerung unter der Ägide dieses Wissens. Dieses nun wird nicht »nach dem Faktum« angewandt, sondern ist verantwortlich für die Form, die der Tatbestand sogleich annimmt. Wer nicht schon durch dieses Wissen informiert ist, kann mit »Gibt es einen Text in diesem Kurs?«$_1$ ebenso wenig anfangen wie jemand, der nicht über aktuelle Kontroversen der zeitgenössischen Literaturtheorie Bescheid weiß, mit »Gibt es einen Text in diesem Kurs?«$_2$. Ich sage nicht, die Frage sei für manche Leser oder Hörer völlig unverständlich (später werde ich zeigen, dass es Unverständlichkeit im strikten, reinen Sinn nicht gibt), sondern ich sage, es gibt Leser und Hörer, für die die Frage keine der beiden Verständnisformen hat, die sie für meinen Kollegen nacheinander angenommen hat. So kann man sich beispielsweise vorstellen, jemand habe die Frage im Sinn einer Nachforschung über den Verbleib eines Gegenstandes verstanden, etwa so: »Ich glaube, ich habe hier meinen Text liegen lassen, haben Sie ihn vielleicht gesehen?« Damit hätten wir ein »Gibt es einen Text in diesem Kurs?«$_3$ und die von den Anwälten des Normativen und Feststehenden gefürchtete Möglichkeit einer endlosen Zahlenfolge, einer Welt also, in der jede Äußerung unendlich viele Bedeutungen hat. Aber das Beispiel, selbst wenn es noch so sehr erweitert wird, legt diese Möglichkeit nicht nahe. In den von mir vorgestellten (und darüber hinaus vorstellbaren) Situationen wäre die Bedeutung der Äußerung streng begrenzt, und zwar nicht in den aufs Hören folgenden Deutungen, sondern darin, wie sie überhaupt gehört werden *könnte.* Eine unendliche Vielzahl von Bedeutungen stünde nur zu befürchten, wenn Sätze in einem Zustand existierten, in dem ihre Bedeutungen auf beliebige Situationen zuträfen und sie nicht immer schon in bestimmte Situationen eingebettet wären. Ließe sich dieser Zustand lokalisieren, wäre es der normative, und es würde in der Tat irritieren, wenn eine Norm fließend und unbestimmt wäre. Aber einen solchen Zustand gibt es nicht. Sätze treten nur in Situationen auf, und innerhalb dieser Situationen ist die normative Bedeutung einer Äußerung immer offenkundig oder zumindest zugänglich; in einer anderen Situation dagegen hätte dieselbe Äußerung eine andere, nicht weniger offenkundige und zugängliche Bedeutung, und sie wäre damit auch nicht mehr dieselbe Äußerung. (Die Erfahrung meines Kollegen liefert dafür ein gutes Beispiel.) Das heißt nicht, dass keine Möglichkeit bestünde, zwischen den Bedeutungen einer Äußerung in unterschiedlichen Situationen zu unterscheiden; es heißt vielmehr, dass die Unterscheidung schon kraft der Tatsache, dass wir uns in einer Situation befinden (wir sind niemals in keiner Situation), getroffen wurde, nur anders. Während es zu jedem Zeitpunkt möglich ist, die Sätze »Gibt es einen Text in diesem Kurs?«$_1$ und »Gibt es einen Text in diesem Kurs?«$_2$ zu ordnen und eine Rangfolge festzulegen (weil sie diese Rangfolge schon haben), lässt sich ihnen keine unveränderliche, ein für alle Mal feststehende Rangfolge zuteilen, die unabhängig wäre von ihrem Auftreten in Situationen (weil sie nur in Situationen in Erscheinung treten oder nicht).

Gleichwohl besteht zwischen den beiden Sätzen ein Unterschied in dem eingeschränkten Sinne, dass einer normaler ist als der andere: Während innerhalb des Kontextes, in dem seine Buchstäblichkeit offenkundig ist (die aufeinander folgenden Kontexte meines Kollegen), jeder für sich völlig normal ist, ist einer dieser Kontexte so, wie die Dinge jetzt stehen, sicherlich eher verfügbar und wird daher eher die Perspektive sein, in der die Äußerung gehört wird. Hier haben wir ein Beispiel für das, was ich das »institutionelle Einnisten« nennen würde: Wenn die Bedeutung von »Gibt es einen Text in diesem Kurs?«$_1$ nur von denen gehört werden kann, die wissen, was unter die Rubrik »Semesteranfang« fällt, und wenn nur diejenigen »Gibt es einen Text in diesem Kurs?«$_2$ verstehen, die sich in der zeitgenössischen Literaturtheorie zumindest ein wenig auskennen, dann kann man davon ausgehen, dass zufällig ausgewählte Personen, denen beide Sätze vorgelegt werden, den ersten eher verstehen werden als den zweiten. Jemand, dem man den zweiten mühsam erklären müsste, würden den ersten Satz wohl sofort verstehen, während umgekehrt schwer vorstellbar ist, dass jemand zwar den zweiten Satz versteht, nicht aber den ersten. (Den ersten werden alle Hochschullehrer, die meisten Studenten und im Buchhandel tätigen Personen verstehen, den zweiten dagegen nur Fachleute, denen es nicht, wie mir vor kurzem, komisch vorkommt, einem Kritiker zu begegnen, der auf einen Satz, der »durch Lacan populär geworden ist«, anspielt.) Das zuzugeben bedeutet keine Schwächung meines Arguments, weil ich nun doch die Kategorie des Normalen einführe, denn die Kategorie ist, so wie sie in meinem Argument in Erscheinung tritt, keine transzendentale, sondern eine an die Institution gebundene Kategorie. Und keine Institution ist so stark und dauerhaft, dass die Bedeutungen, die sie ermöglicht, für immer normal wären. Manche Institutionen oder Lebensformen allerdings sind so verbreitet, dass die Bedeutungen, die sie aktivieren, sehr vielen Menschen auf »natürliche« Weise zur Verfügung zu stehen scheinen. Deshalb bedarf es einer besonderen Anstrengung, um zu erkennen, dass sich auch diese Bedeutungen bestimmten Umständen verdanken.

Dieser Punkt ist wichtig, denn er zeigt, warum Leute wie Abrams oder E. D. Hirsch so überzeugend an das Verständnis appellieren können, das die Alltagssprache gewährt, und von diesem Verständnis aus dann auf einen Kern feststehender Bedeutungen schließen können. Wenn Hirsch »Die Luft ist frisch« als Beispiel für eine »verbale Bedeutung« anbietet, das für alle Sprecher einer Sprache verständlich ist, und dabei das Geteilte und Determinierte von den Assoziationen unterscheidet, die es unter bestimmten Umständen begleiten können (zum Beispiel: »Ich hätte weniger zu Abend essen sollen«, »Frische Luft erinnert mich an meine Kindheit in Vermont«),[2] zählt er darauf, dass seine Leser mit ihm so vollständig einer Meinung sind, was diese von allen geteilte und normative verbale Bedeutung ist, dass er sich erst gar nicht die Mühe macht, genauer zu erklären, worum es sich dabei handelt. Ich habe

2 Eric D. Hirsch, *Validity in Interpretation*, New Haven 1967, S. 218 f.

mir noch keinen Überblick verschafft, aber ich möchte darauf wetten, dass sein Optimismus im Hinblick auf dieses Beispiel durchaus begründet ist. Will sagen, die meisten, wenn nicht alle seine Leser verstehen diese Äußerung sofort als eine grobe meteorologische Beschreibung, die uns wissen lässt, wie sich die örtliche Atmosphäre anfühlen wird. Glücklich jedoch macht dieses Beispiel allein mich, denn es ist alles andere als dazu angetan, Hirschs These (mit der er, wie er kürzlich bekräftigt hat, das »Feststehen von Bedeutungen«[3] unterstreichen möchte) zu bestätigen. Denn dass die Bedeutung dieser Äußerung derart offensichtlich ist, ist nicht abhängig von den Werten, die Worte in einem kontextunabhängigen sprachlichen System haben, sondern die Worte haben eine Bedeutung, weil sie in einen Kontext eingelassen sind und entsprechend gehört werden – allein aus diesem Grund kann Hirsch die Bedeutung dieser Worte als offensichtlich hinstellen. Dass dem so ist, erkennt man, sobald man die Worte in einen anderen Kontext stellt und beobachtet, wie schnell eine andere »offensichtliche« Bedeutung auftaucht. Nehmen wir an, der Satz »Die Luft ist frisch« (den Sie jetzt selbst so hören, wie Hirsch annimmt) tauchte mitten in einem Gespräch über Musik auf (»Wenn das Stück richtig gespielt wird, ist die Melodie [*air*] klar [*crisp*]«) – umstandslos würde er verstanden als Kommentar zur Spielweise eines oder mehrerer Instrumente in einem Musikstück [*air*]. Ja, er würde *ausschließlich* so verstanden werden. Um ihn auch in diesem Kontext auf Hirschs Art zu verstehen, wären mühevolle Anstrengungen erforderlich. Nun könnte man einwenden, der von Hirsch gewählte Satz »Die Luft ist frisch«, habe keinen bestimmten Kontext, er werde nur präsentiert, weshalb jede Übereinkunft über seine Bedeutung gerade aufgrund seiner kontextfreien Eigenschaften zustande kommen müsse. Aber es gibt einen Kontext, und das zeigt gerade die Tatsache, dass der Satz keinen Bezug darauf nimmt. Anders gesagt: Es ist unmöglich, sich einen Satz ohne Kontext auch nur vorzustellen. Selbst wenn wir aufgefordert werden, uns einen Satz vorzustellen, für den kein Kontext angegeben ist, werden wir ihn automatisch in dem Kontext hören, in dem er am häufigsten vorkommt. Hirsch ruft also einen Kontext auf, ohne ihn aufzurufen: Er gibt keine Umstände an, um den Kontext genauer zu bestimmen, und veranlasst uns

3 Eric D. Hirsch, *The Aims of Interpretation,* Chicago 1976, S. 1.

ebendamit, den Satz unter den Bedingungen zu hören, unter denen er wahrscheinlich entstanden ist. Und wenn wir ihn auf diese Weise hören, haben wir ihm bereits eine Form gegeben; eine, die im Moment die einzig mögliche zu sein scheint.

Welche Schlüsse lassen sich aus diesen zwei Beispielen ziehen? Zunächst sind weder mein Kollege noch die Leser von Hirschs Satz durch die Bedeutungen beschränkt, die Worte in einem normativen sprachlichen System haben, aber sie können einer Äußerung auch keine beliebige Bedeutung geben. »Geben« freilich ist in diesem Zusammenhang das falsche Wort, weil es eine zweistufige Vorgehensweise impliziert: So als untersuche ein Leser oder Hörer eine Äußerung zuerst und »gäbe« ihr *dann* eine Bedeutung. Meine Argumentation auf den voranstehenden Seiten lässt sich in der Behauptung zusammenfassen, dass es eine solche erste Stufe nicht gibt. Vielmehr wird eine Äußerung innerhalb eines Wissens über die mit ihr verbundenen Absichten gehört und nicht erst einer vorgängigen Prüfung auf den möglichen Kontext unterzogen. Bereits das Hören hat der Äußerung Form und damit Bedeutung vermittelt. Mit anderen Worten: Die Frage, wie eine Bedeutung bestimmt wird, stellt sich überhaupt nur, wenn es einen Punkt gibt, an dem diese Bestimmung noch nicht erfolgt ist, und ich sage: Ein solcher Punkt existiert nicht.

Ich sage allerdings *nicht*, dass man nie überlegen müsse, welche Bedeutung eine Äußerung hat. Genau das musste mein Kollege tun, nämlich überlegen, als ihn die Studentin darauf hinwies, dass er ihre Frage nicht so gehört habe, wie sie das intendiert hatte. (»Nein, nein, ich meine, glauben wir in diesem Kurs noch an Gedichte und solche Dinge, oder gibt es nur uns?«) Sobald er das hörte, musste er umschalten, auf etwas anderes kommen. Aber das »Etwas« ist in diesem (und jedem anderen) Fall keine Sammlung von Wörtern, die darauf warten, dass ihnen Bedeutungen gegeben werde, sondern eine Äußerung, deren ihr bereits gegebene Bedeutung sich als unangemessen herausstellt. Mein Kollege musste von vorn anfangen, aber nicht bei Punkt null – tatsächlich befand er sich nie am Punkt null. Denn sein Verständnis der Frage der Studentin war von Anfang an bestimmt von einer Annahme über die möglicherweise dahinterstehende Absicht. (Darum ist er nicht »frei«, selbst wenn er nicht durch bestimmte Bedeutungen eingeschränkt ist.) Diese Annahme – und nicht die Art, wie er sie zur

Ausführung bringt – wird durch die korrigierende Bemerkung der Studentin in Frage gestellt. Sie sagt ihm, er habe sie falsch verstanden, was aber nicht bedeutet, dass er ihre Worte und ihre Syntax nicht zu einer sinnvollen Einheit verbunden hätte. Vielmehr ist die sinnvolle Einheit, die er sofort heraushört, die Auswirkung einer falschen Identifikation ihrer Absicht (die er vorgenommen hat, noch bevor sie etwas gesagt hat). Noch bevor sie vor ihm stand, war er auf solche Fragen vorbereitet, wie sie Studenten zu Semesterbeginn eben stellen. Und deshalb hat er genau das gehört, was er gehört hat. Er hat nicht den Text falsch gelesen (auch nicht falsch extrapoliert), sondern er hat ihn falsch *vorweggenommen.* Und um sich zu korrigieren, muss er eine andere (Vorab-)Bestimmung der Interessenstruktur vornehmen, von der ihre Frage ausgeht. Genau das tut er, und entscheidend für uns ist die Frage, wie er das tut. Beantworten lässt sie sich am besten, wenn man sich zunächst klarmacht, auf welche Weisen er dies *nicht* tut.

Er tut es nicht, indem er auf die buchstäbliche Bedeutung ihrer Antwort achtet. Wir haben es also nicht mit einem Fall zu tun, in dem jemand, der missverstanden wird, die Bedeutung genauer erklärt, seine Worte anders wählt oder andere hinzufügt, bis ihr Sinn unverrückbar feststeht. So wie er die Umstände der Äußerung aufgenommen hat, sind die Worte der Studentin klar – bis sie ihn auffordert, sich andere Umstände vorzustellen, unter denen dieselben Worte ebenfalls klar verständlich sind, nur auf andere Weise. Es ist auch nicht so, dass die Worte, die sie hinzufügt (»Nein, nein, ich meine ...«) ihn zu diesen anderen Umständen hinführten, indem sie ihn aus einem Inventar möglicher Umstände auswählen ließe. Wäre das der Fall, müsste eine inhärente Beziehung bestehen zwischen den Worten, die sie spricht, und bestimmten Umständen (dies wäre eine höhere Ebene der Buchstäblichkeit), die sofort dafür sorgen würde, dass jeder kompetente Sprecher der Sprache, der diese Worte hört, sich sofort auf diese Umstände verwiesen sähe. Ich habe die Episode mehreren kompetenten Sprechern vorgetragen, und sie haben sie einfach nicht verstanden. Ein Freund – ein Philosophieprofessor – erzählte mir, er habe sich, während er der Geschichte zuhörte und ich sie ihm erklärte (wie mir das gelingen konnte, ist ein anderes Problem), gefragt: »Was für ein Witz soll das sein, und habe ich die Pointe verpasst?« Eine Zeitlang zumindest konnte er den Satz »Gibt es einen Text in diesem Kurs?« nicht anders hören wie mein Kollege zu Anfang. Auch die zusätzlichen Worte der Studentin boten ihm keine Chance, zu einem anderen Verständnis zu gelangen, sondern zeigten ihm nur, wie fern er davon war. Im Unterschied dazu gab es andere, die die Geschichte nicht nur verstanden haben, sondern sie bereits verstanden hatten, bevor ich sie zu Ende erzählt hatte – sie wussten also, was kommen würde, als ich zu erzählen begann, einer meiner Kollegen sei kürzlich gefragt worden: »Gibt es einen Text in diesem Kurs?« Wer waren diese Leute und wieso fiel es ihnen so leicht, die Geschichte sofort zu kapieren? Natürlich, man könnte, ohne jeden Witz, sagen, das sind eben genau die, die kommen, um mich sprechen zu hören, weil sie meine Position zu bestimmten Fragen kennen (oder wissen, dass ich eine Position *haben* werde). Das heißt, sie hören den Satz »Gibt es einen Text in diesem Kurs?«, wie er zu Beginn einer Anekdote (oder eben als Titel eines Essays) auftaucht, in einer bestimmten Weise, weil sie wissen, was ich mit diesem Satz wahrscheinlich tun werde. Sie hören ihn als einen Satz, der von *mir* kommt, unter Umständen, die mich veranlasst haben, zu einigen scharf eingegrenzten Fragen Stellung zu nehmen.

Auch mein Kollege konnte den Satz schließlich so verstehen. Er begriff, dass er von mir kam, nicht weil ich im Seminarraum anwesend gewesen wäre oder weil die Frage der Studentin so deutlich auf mich verwiesen hätte, dass es jedem Hörer aufgegangen wäre, sondern weil er sich vorstellen konnte, wie ich in meinem Büro, das drei Türen weiter liegt, Studenten erzähle, dass es keine feststehenden Bedeutungen gibt und dass die Beständigkeit eines Textes eine Illusion ist. Wie er mir nachträglich sagte, hat er just in dem Moment, in dem er verstand, gedacht: »Ah, wieder eins von Fishs Opfern!« Das tat er nicht, weil ihre Worte sie als ein solches Opfer identifizierten, sondern weil er in der Lage war, sie so zu hören und ihre Worte dementsprechend aufzunehmen. Wie gelangte er von ihren Worten zu den Umständen, unter denen er sie hören sollte? – Die Antwort darauf ist, dass er bereits innerhalb dieser Umstände gedacht haben muss, um ihre Worte zu diesen Umständen in Beziehung zu setzen. Die Frage muss also zurückgewiesen werden, denn sie unterstellt, dass die Auslegung des Sinns zur Identifikation des Kontextes der Äußerung führt – und nicht umgekehrt. Das soll nicht heißen, zuerst kommt der Kontext, und wenn er dann identifiziert ist, kann die Sinnauslegung beginnen. Damit würde man die

Rangordnung nur umkehren – wobei das Wort Rangordnung an der Sache vorbeigeht, weil die beiden zu ordnenden Handlungen (die Identifikation des Kontextes und die Sinnauslegung) gleichzeitig ablaufen. Man sagt nicht: »Ich bin in dieser Situation, und nun kann ich anfangen zu bestimmen, was diese Worte bedeuten.« In einer Situation zu sein heißt, die Worte, diese oder andere, als bereits sinnvoll aufzunehmen. Mein Kollege merkt, dass er vermutlich eines meiner Opfer vor sich hat, und *gleichzeitig* hört er, was sie sagt, als Frage nach seinen theoretischen Überzeugungen.

Die Erledigung einer »Wie«-Frage führt natürlich nur dazu, eine andere aufzuwerfen: Wenn er nicht durch ihre Worte zum Kontext der Äußerung geführt wird, wie erreicht er ihn dann? Warum dachte er an mich, der den Studenten sagt, es gebe keine feststehenden Bedeutungen, und nicht an jemanden anderen, an etwas anderes? Möglicherweise hat er das sogar getan. Hat vielleicht erraten, dass die Studentin aus einer anderen Richtung kommt (und etwa wissen wollte, ob in diesem Kurs die Gedichte und Essays im Mittelpunkt stehen sollen oder unsere Reaktionen darauf, eine Frage, die auf einer ähnlichen Linie liegt wie ihre, sich aber doch von ihr unterscheidet). Oder er wusste einfach nicht mehr weiter, wie mein Philosophenfreund, und blieb, weil keine Erklärung kam, bei seiner ersten Einordnung ihrer Frage, hat ihren Worten keinen anderen Sinn entnehmen können als den, den er ihnen ursprünglich entnommen hatte. Wie also hat er es gemacht? Zum Teil tat er es, einfach weil er es tun *konnte*; er konnte zu diesem Kontext gelangen, denn der gehört zum Repertoire, mit dem er die Welt und die Ereignisse in ihr organisiert. Die Kategorie »Eins von Fishs Opfern« hatte er bereits, musste sie sich nicht erst erarbeiten. Natürlich hatte *sie* nicht immer *ihn*, das heißt, seine Welt wurde nicht immer schon davon organisiert; ganz sicher »hatte« sie ihn nicht schon zu Beginn des Gesprächs, aber sie stand ihm zur Verfügung und er ihr. Also hatte der Kollege nichts anderes zu tun, als die Kategorie zu erinnern oder sich an sie erinnern zu lassen, um die Bedeutungen zu erhalten, die sie anbot. (Hätte sie ihm nicht zur Verfügung gestanden, die Karriere seines Begreifens wäre anders ausgefallen; auf diese Differenz werden wir gleich zurückkommen.)

Durch diese Überlegung aber fällt unsere Untersuchung noch weiter zurück. Wie oder warum wurde er an sie erinnert? Die Antwort auf diese Frage kann nur probabilistisch ausfallen und muss mit der Einsicht beginnen, dass sich, wenn sich etwas ändert, nicht alles ändert. Zwar hat sich das Verständnis der Umstände, das mein Kollege hatte, im Verlauf dieses Gesprächs verändert, aber es blieb dabei im akademischen Rahmen, und innerhalb dieses fortlaufenden (wenn auch modifizierten) Verständnisses sind die Richtungen, die sein Denken einschlagen kann, bereits stark eingeschränkt. Noch immer nimmt er an, wie zu Beginn, dass die Frage der Studentin etwas mit der Universität im Allgemeinen, mit englischer Literatur im Besonderen zu tun hat, und was ihm nun in den Sinn kommt, sind die organisierenden Kategorien, die mit diesen Erfahrungsbereichen in Verbindung stehen. Eine dieser Kategorien ist »Was passiert in anderen Kursen?«, und einer dieser anderen Kurse ist meiner. Und so kommt er auf einem Weg, der weder völlig ohne Kennzeichnung noch ganz klar bezeichnet ist, auf mich, genauer: auf den Gedanken »Eins von Fishs Opfern« und von dort zu einer neuen Auslegung der Frage seiner Studentin.

Natürlich, hätte ihm die Kategorie »Eins von Fishs Opfern« nicht schon als Mittel der Sinnproduktion zur Verfügung gestanden, er hätte viele Umwege machen müssen. Wäre sie in seinem Repertoire nicht vorhanden gewesen, er hätte nicht an sie erinnert werden können, sie war ihm ja noch nie begegnet. Wie wäre er dann vorgegangen? Die Antwort ist: Er hätte gar nicht weiter vorgehen können. Was aber nicht heißt, dass wir für immer und ewig in den Verständniskategorien stecken bleiben, die wir nun einmal haben (oder die uns haben). Vielmehr kommt die Einführung neuer oder die Erweiterung bereits bestehender Kategorien zur Erfassung neuer (und daher neu wahrgenommener) Daten immer von außen, beziehungsweise von dem, was – zeitweilig – als außen verstanden wird. Wäre er nicht in der Lage gewesen, das Interesse der Studentin zu identifizieren, weil es nie seines gewesen ist, sie hätte es ihm erklären müssen. Und hier treffen wir auf einen weiteren Umstand unseres Problems. Sie kann es ihm nicht erklären, indem sie andere Worte wählt oder Worte hinzufügt oder sie expliziter macht, denn ihre Worte sind ihm nur verständlich, wenn er schon weiß, was sie sagen sollen; er muss die Annahmen und Interessen kennen, von denen diese Worte ausgehen. Daraus ergibt sich, dass sie von vorne anfangen muss, wenn auch nicht am Punkt null (den es nie gibt). Sie müsste zurückgehen an einen Punkt, an dem bereits Einigkeit darüber hergestellt ist, was sich vernünftigerweise sagen lässt. Nur von da aus lässt sich eine neue und breitere Verständnisgrundlage schaffen. In unserem Fall kann sie den Anfang damit machen, dass ihr Gesprächspartner weiß, was ein Text ist; ein Wissen, das für die Art gesorgt hat, in der er ihre erste Frage aufgenommen hat, nämlich als Frage, die mit bürokratischen Studienvorgängen zu tun hat. (Sie werden bemerkt haben, dass »er« in diesen Sätzen nicht mehr mein Kollege ist, sondern jemand, der nicht über dessen Spezialkenntnisse verfügt.) Dieses Wissen muss sie erweitern oder in Frage stellen, vielleicht indem sie zunächst darauf hinweist, dass es Leute gibt, die über Texte anders denken, und dann versucht, eine ihm zur Verfügung stehende Verständniskategorie zu finden, die als Analogon zu dem Verständnis dienen kann, das er noch nicht teilt. Er kennt vielleicht die Psychologen, die von der konstitutiven Macht der Wahrnehmung ausgehen, kennt vielleicht auch Gombrichs Theorie des Betrachteranteils oder die philosophische Tradition, die die Beständigkeit der Objekte bestreitet. Das Beispiel muss hypothetisch und skelettartig bleiben, denn es kann erst Fleisch ansetzen, nachdem eine Bestimmung der Überzeugungen und Annahmen erfolgt ist, die die Erklärung überhaupt erst nötig gemacht haben. Wie auch immer sie beschaffen sind, sie sind es, die vorschreiben, mit welcher Strategie die Studentin sie ersetzen oder verändern kann. Hat eine solche Strategie Erfolg, zeigt sich die Tragweite ihrer Worte, nicht weil sie diese neu formuliert oder weiterentwickelt hätte, sondern weil sie jetzt im gleichen Verständnissystem gelesen oder gehört werden, von dem sie ausgehen.

Kurzum, dieser hypothetische Gesprächspartner wird mit der Zeit zum Verständnis gelangen, das mein Kollege genießt, wenn er sich sagen kann: »Ah, eins von Fishs Opfern.« Dabei wird er, wenn überhaupt, vermutlich etwas ganz anderes zu sich sagen. Doch sollte dieser Unterschied nicht die grundlegenden Gemeinsamkeiten beider Erfahrungen, der berichteten und der vorgestellten, verwischen. In beiden Fällen werden die geäußerten Worte sofort innerhalb eines Sets von Annahmen über die Richtung, aus der sie möglicherweise kommen könnten, gehört, und in beiden Fällen wird verlangt, dass das Hören sich in einem anderen Set von Annahmen abspielt, im Verhältnis zu dem die gleichen Worte (»Gibt es einen Text in diesem Kurs?«) nicht mehr die gleichen sind. Während mein Kollege diese Voraussetzung erfüllt, indem er einen Kontext der Äußerung ins Bewusstsein ruft, der bereits Teil seines Repertoires ist, muss das Repertoire seines Doubles um diesen Kontext erweitert werden, so dass er ihn, falls er sich eines Tages in einer ähnlichen Situation befindet, ebenfalls ins Bewusstsein rufen kann.

Der Unterschied besteht somit dazwischen, eine Fähigkeit bereits zu haben und sie erlangen zu müssen. Wesentlich ist dieser Unterschied letzten Endes aber nicht, weil die Wege, auf denen diese Fähigkeit einerseits ausgeübt, zum anderen erlernt werden kann, einander so ähnlich sind – denn sie sind ja *nicht* durch Worte bestimmt. Ebenso wenig wie die Worte der Studentin meinen Kollegen zu einem Kontext dirigieren werden, den er schon hat, werden sie jemanden, der mit diesem Kontext nicht vertraut ist, dazu bringen, ihn zu entdecken. In beiden Fällen aber bedeutet das Fehlen einer solchen mechanischen Bestimmung nicht, dass der Weg, den man geht, zufällig gefunden wird. Der Wechsel von einer Verständnisstruktur zu einer anderen ist kein Bruch, sondern eine Modifikation bereits vorhandener Interessen und Belange. Und weil sie schon da sind, schränken sie die Richtung ihrer eigenen Modifikation ein. In beiden Fällen befindet sich der Hörer in einer Situation, in der ein stillschweigendes Wissen über Absichten und Ziele bereits enthalten ist; und in beiden Fällen findet er sich in einer anderen Situation wieder, deren Absichten und Ziele in einer modifizierten und umgearbeiteten Beziehung (des Kontrasts, der Opposition, der Expansion und Extension) zu derjenigen stehen, die sie ersetzen. (Die einzige Beziehung, in der sie nicht zueinander stehen können, ist die überhaupt keiner Beziehung.) Nur ist im einen Fall das Netzwerk der Modifikationen und Umarbeitungen (vom Text als einem offenbar physischen Objekt bis zur Frage, ob er ein physisches Objekt ist oder nicht) bereits artikuliert (wenn auch nicht alle seine Artikulationen zugleich im Mittelpunkt stehen, es findet stets eine Selektion statt); im anderen Fall dagegen obliegt die Artikulation des Netzwerks dem Lehrer (hier der Studentin), der notwendigerweise mit dem beginnt, was bereits vorhanden ist.

Die letzte Ähnlichkeit zwischen beiden Fällen ist die, dass der Erfolg beide Male nicht garantiert ist. Weder war es sicher, dass mein Kollege in den Kontext der Äußerung seiner Studentin hineinstolpert, noch dass sie diesen Kontext bei jemandem würde einführen können, der überhaupt nicht darauf vorbereitet war. Hätte sich mein Kollege keinerlei Reim auf ihre Äußerung machen können (und einfach nicht an mich gedacht), die Studentin hätte ihm auf die Sprünge helfen müssen, was letzten Endes einer Situation vergleichbar gewesen wäre, in der sie jemandem etwas völlig Neues hätte erzählen und dazu bei seinem gegenwärtigen Verständnishorizont ansetzen müssen.

Nun habe ich mich mit dieser Geschichte so lange aufgehalten, dass ihr Verhältnis zum Problem der Autorität in Seminar und Literaturkritik obskur erscheinen mag. Ich möchte meine Leser daran erinnern, dass Abrams und andere behaupten, Autorität sei von der Existenz eines bestimmten Kerns von Bedeutungen abhängig; denn ohne einen solchen Kern bestünde keine normative oder öffentliche Möglichkeit, das, was jemand sagt oder schreibt, zu deuten. Und dann werde Deutung letzten Endes zu einer individuellen und privaten Angelegenheit, unzugänglich für Nachfragen und Korrekturen. Im Hinblick auf die Literaturkritik ließe sich dann nicht sagen, welche unter konkurrierenden Interpretationen die bessere wäre; im Seminar wüssten wir nicht, was wir einem Studenten entgegnen sollten, der sagt: »Meine Interpretation ist ebenso gültig wie Ihre.« Nur wenn eine gemeinsame Verständigungsgrundlage vorhanden sei, von der die Interpretation angeleitet und ein Mechanismus zur Verfügung gestellt werde, um über Interpretationen zu entscheiden, sei ein umfassender und lähmender Relativismus zu vermeiden.

Meine Untersuchung sollte jedoch zeigen, dass der Satz »Gibt es einen Text in diesem Kurs?« zwar keine feststehende Bedeutung hat, die das Auf und Ab unterschiedlicher Situationen unbeschadet überstünde, wir uns aber doch vorstellen können, dass die Bedeutung einer Äußerung, gleich in welcher Situation, entweder völlig klar ist oder im Laufe der Zeit geklärt werden kann. Wie sollte das möglich sein, wenn nicht aufgrund von »Möglichkeiten und Normen«, die bereits in der Sprache einkodiert sind? Wie ist Kommunikation jemals möglich, wenn nicht unter Bezugnahme auf öffentliche und beständige Normen? Die Antwort ist in allem, was ich bisher gesagt habe, enthalten und läuft darauf hinaus, dass Kommunikation in Situationen stattfindet; dass in Situationen zu sein zugleich heißt, im Besitz dieses oder jenes Gerüstes von Annahmen zu sein (was aktiv und passiv gemeint sein kann), im Besitz von Praktiken, die als relevant für bereits vorhandene Absichten und Zwecke verstanden werden; und schließlich, dass es dieses Gerüst von Annahmen ist, innerhalb dessen jede Äußerung *sofort* gehört wird. Ich betone dieses »sofort«, weil mir scheint, dass sich das Problem der Kommunikation, so wie Abrams und andere es behandeln, nur stellt, weil sie denken, es bestehe eine Distanz zwischen dem Hören einer Äußerung und der Bestimmung ihrer Bedeutung – eine Art lebloser Raum, in dem man nur die Worte hätte und sich dann vor die Aufgabe gestellt sähe, sie zu deuten. Gäbe es einen solchen Raum, diesen Moment, bevor die Interpretation beginnt, dann müsste man auf eine mechanische und algorithmische Prozedur zurückgreifen können, mit deren Hilfe Bedeutungen berechnet und Fehler erkannt werden könnten. Demgegenüber habe ich behauptet, dass Bedeutungen schon berechnet sind, wenn sie ankommen, und das nicht aufgrund von Normen, die in die Sprache eingelassen sind, sondern weil Sprache vom ersten Moment an innerhalb eines normativen Gerüsts, einer Struktur wahrgenommen wird. Diese ist jedoch nicht abstrakt und unabhängig gegeben, sondern hat einen gesellschaftlichen Ursprung, und darum ist sie keine einzige feststehende Struktur mit privilegierter Beziehung zu Kommunikationsprozessen in beliebigen Situationen, sondern eine Struktur, die sich ändert, wenn eine Situation samt ihrem vermuteten Hintergrund von Praktiken, Absichten und Zwecken einer anderen Platz macht. Mit anderen Worten: Die von Abrams und anderen gesuchte gemeinsame Verständigungsgrundlage ist niemals noch nicht gefunden, ist allerdings auch nicht immer dieselbe.

Manche werden in diesem letzten Satz und im Argument, auf das er folgt, nichts weiter sehen als eine ausgeklügelte Version des Relativismus, den sie fürchten. Es bringe nichts, sagen sie, von kontextspezifischen Normen und Standards zu reden, denn damit gelange man zu einer unendlichen Vielzahl von Normen und Standards und wüsste dennoch nicht, wie wir zwischen ihnen und den konkurrierenden Wertsystemen entscheiden sollen, deren Funktionen sie sind. Kurz, viele Standards zu haben, heiße, gar keine zu haben.

Auf einer Ebene ist dieses Gegenargument unangreifbar, auf einer anderen geht es an der Sache völlig vorbei. Unangreifbar ist es als allgemeine theoretische Schlussfolgerung: Wenn man kontext- oder institutionenspezifische Normen annimmt, schließt man ganz sicher aus, dass es Normen gibt, deren Geltung von jedem, ganz gleich in welcher Situation er sich befindet, erkannt werden kann. Auf individueller Ebene aber geht es an der Sache vorbei, denn es befindet sich ja jeder in einer bestimmten Situation. Die Abwesenheit situationsunabhängiger Normen hätte keinerlei praktische Konsequenzen in dem Sinne, dass jemandes Handeln oder Vertrauen in die eigene Fähigkeit zu handeln, beeinträchtigt würde. Allgemein gilt: Viele Standards zu haben heißt, gar keine zu haben; für irgendeine besondere Situation und Person aber gilt es nicht (weil niemand »allgemein« reden kann), und insofern handelt es sich um eine Wahrheit, von der man sagen kann: Sie spielt keine Rolle.

Mit anderen Worten, der Relativismus ist eine Position, die man sich zwar zulegen, aber nicht einnehmen kann. Niemand kann Relativist *sein,* denn niemand kann sich so weit von seinen eigenen Überzeugungen und Annahmen entfernen, dass sie *für ihn* nicht mehr Autorität hätten als die Überzeugungen und Annahmen anderer, oder nicht mehr Autorität als diejenigen, die er selbst früher hatte. Die Befürchtung, der Einzelne wäre in einer Welt willkürlich autorisierter Normen und Werte ohne Handlungsgrundlage, ist gegenstandslos, weil sich niemand zu den Normen und Werten gleichgültig verhält, die sein Bewusstsein zum Urteil befähigen. Wir denken und handeln im Namen von Normen und Werten, die wir persönlich vertreten, und wir tun das in jenem vollen Vertrauen, das mit Überzeugung oder Glauben zu tun hat. Ändern sich diese Überzeugungen, dann fallen die Normen und Werte, denen wir unbedenklich zugestimmt haben, auf den Status von Meinungen zurück und werden einer kritischen Prüfung unterzogen. Diese neue Aufmerksamkeit wird ihrerseits durch ein neues Set von Werten und Normen ermöglicht, die nun erst einmal ebenso ungeprüft und unbezweifelt sind wie jene anderen, an deren Stelle sie getreten sind. Niemals, und das ist der Punkt, wird der Fall eintreten, dass man gar nichts glaubt, dass das Bewusstsein in aller Unschuld vollständig frei wäre von allen Denkkategorien und dass, welche Kategorien auch immer zu einem bestimmten Zeitpunkt aktiv sind, diese als unbezweifelter Grund fungierten.

Hier, vermute ich, wird ein Verteidiger feststehender Bedeutungen aufschreien, wird »Solipsist« rufen und argumentieren, eine Überzeugung, die ihren Ursprung in individuellen Denkkategorien habe, besitze keine öffentliche Geltung. Unabhängig von einem allgemein anerkannten und stabilen Bedeutungssystem seien wir überhaupt nicht dazu in der Lage, das verbale Alltagsgeschäft zu tätigen. Wenn jeder im Umkreis seiner eigenen Annahmen und Meinungen gefangen wäre, gäbe es keine gemeinsame Verständigungsbasis. Dem ist zu erwidern, niemandes Annahmen und Meinungen sind in dem Sinn »seine eigenen«, dass Furcht vor Solipsismus begründet wäre, denn nicht *er selbst* ist ihr Ursprung (eher schon könnte man sagen, dass sie sein Ursprung sind), sondern es ist ihre vorgängige Verfügbarkeit, die die Auswahl der Wege begrenzt, die sein Bewusstsein einschlagen kann. »Gibt es einen Text in diesem Kurs?« – wenn es mein Kollege unternimmt, die Frage seiner Studentin zu deuten, ist keine der ihm zur Verfügung stehenden Deutungsstrategien einzig und allein die seine in dem Sinne, dass er sie sich selbst ausgedacht hat; jede folgt vielmehr seinem Vorverständnis von den Interessen und Zielen, die jemanden, der sich in akademischen Einrichtungen bewegt, zum Reden bringen können. Sie sind nicht das besondere Eigentum von irgendwem, sondern verbinden diejenigen miteinander, denen die eigenen Annahmen so gewohnt sind, dass sie gar nicht weiter über sie nachdenken. Sie stellen mit Sicherheit eine Verbindung zwischen meinem Kollegen und seiner Studentin her, die beide in der Lage sind, zu kommunizieren und sich sogar über die Ansichten des anderen Gedanken zu machen – nicht weil ihre Deutungen durch die Form einer unabhängigen Sprache erzwungen werden, sondern weil ihr gemeinsames Verständnis davon, was zu Semesterbeginn unter Umständen relevant sein könnte, in einer Sprache Ausdruck findet, die für sie in derselben Form (oder derselben Formenfolge) in Erscheinung tritt. Dieses gemeinsame Verständnis ist die Grundlage des Vertrauens, mit dem sie reden und sich Gedanken machen, aber ihre Kategorien sind nur in dem Sinne ihre eigenen, dass sie, sofern sie Handelnde in einer Institution sind, automatisch das Erbe ihrer Verständigungsweisen antreten. Deshalb ist es oft so schwer für jemanden, dessen Dasein durch seine Stellung in einer Institution (wenn nicht in dieser, dann in einer anderen) bestimmt ist, einem Außenstehenden eine Praxis oder eine Bedeutung zu erklären, die ihm selbst nicht erklärungsbedürftig ist: weil sie ihm schlicht natürlich erscheinen. So jemand sagt dann vielleicht, wenn er eine genaue Erklärung abgeben soll: »Aber so wird das nun einmal gemacht« oder: »Sieht man das denn nicht?«, und gibt damit zu verstehen, dass die fragliche Praxis oder Bedeutung gemeinschaftliches Eigentum ist, wie in gewissem Sinne auch er selbst.

Wir sehen also, dass (1) Kommunikation stattfindet, auch wenn es kein unabhängiges und kontextfreies Bedeutungssystem gibt; dass (2) die Kommunikationsteilnehmer im vollen Vertrauen und nicht vorläufig und abwägend handeln (sie sind keine Relativisten); dass (3) schließlich ihr Vertrauen seinen Ursprung zwar in einem System von Anschauungen hat, diese aber nicht individualspezifisch oder idiosynkratisch sind, sondern gemeinschaftlich und konventionell. (Die Kommunizierenden sind also keine Solipsisten.)

Es ist die Furcht vor Solipsismus und Relativismus, die Abrams und Hirsch bewegt, die Notwendigkeit feststehender Bedeutungen zu behaupten. Aber wenn Interpreten nicht auf eigene Rechnung agieren, sondern als Extensionen einer institutionellen Gemeinschaft, ist die Furcht vor Solipsismus und Relativismus gegenstandslos, denn beide sind keine möglichen Daseinsweisen. Die Voraussetzung für Solipsismus und Relativismus wäre, seine Absichten und Ziele unabhängig von institutionell bedingten Annahmen selbst zu generieren, das aber ist gerade unmöglich. Daher hat es auch keinen Sinn, sich vor Solipsismus und Relativismus in Acht zu nehmen. Abrams, Hirsch und andere verbringen viel Zeit mit der Suche nach Möglichkeiten, Interpretationen zu begrenzen und zu erzwingen. Doch wenn sich das Beispiel von meinem Kollegen und seiner Studentin verallgemeinern lässt (und offensichtlich glaube ich das), dann ist, wonach sie suchen, immer schon gefunden. Kurzum, meine Botschaft an sie ist letztlich keine Herausforderung, sondern ein Trost – macht euch keine Sorgen.

2. Kein Wert ohne Voreingenommenheit: Argumente gegen anonyme Einsendungen

I. 1979

Wenn Mitglieder einer Institution debattieren, sieht es oft so aus, als stritten sie über prinzipielle Dinge. Viel häufiger jedoch ist das wirklich grundlegende Prinzip gerade jenes, das den Rahmen abgibt, um Meinungsverschiedenheiten überhaupt austragen zu können, und darum keineswegs zur Debatte steht. Ich denke dabei insbesondere an die Argumente, die in der Zeitschrift der Modern Language Association kürzlich für und wider anonyme Einsendungen vorgebracht wurden: Es geht um das Verfahren, dem Gutachter den Namen des Autors nicht mitzuteilen, dessen Arbeiten er für die Veröffentlichung beurteilen soll. Es handelt sich um einen Versuch, erläuterte William Schaefer im *MLA Newsletter*, »sicherzustellen, dass sich die Leser bei ihrer Beurteilung von keinen anderen Faktoren, nur von den Vorzügen und Schwächen des Artikels selbst beeinflussen lassen«.[1] Schaefer, damals Geschäftsführer des Verbandes, informierte die Mitglieder zugleich darüber, dass er selbst gegen die anonyme Einsendung sei, denn die Unpersönlichkeit dieser Praxis höhle die humanistischen Werte aus, die bei unseren Unternehmungen eigentlich im Mittelpunkt stünden. Wie zu erwarten, löste Schaefers Äußerung eine lebhafte Debatte aus, in der die Frontlinien entschieden, zugleich aber, und das möchte ich zeigen, eng gezogen wurden. Die Befürworter von Schaefers Position befürchteten, eine Politik der anonymen Begutachtung käme einer Unterwerfung gleich: nämlich »unter die fadenscheinigen Vorstellungen von Objektivität und absoluten Werten, mit denen [...] Natur- und auch Sozialwissenschaftler ihre Spielchen treiben«. Der Gegenseite ging es vor allem um eine faire Prozedur, deren Verfechter vertraten die Ansicht, dass »die Gerechtigkeit blind sein sollte«.[2] Beide Seiten räumten ein, das gegnerische Argument habe etwas für sich – Befürworter der anonymen Begutachtungen sahen die Gefahren der

1 William D. Schaefer »Anonymous Review: A Report from the Executive Director«, in: *MLA Newsletter* 10, 3 (1978), S. 4.

2 »Correspondence«, in: *MLA Newsletter* 10, 3 (1978), S. 4.

Unpersönlichkeit, die Verteidiger des Status quo erklärten, man müsse verhindern, dass »nicht zur Sache gehörige Erwägungen« die Feststellung wirklicher Verdienste beeinträchtigen.[3]

Redewendungen wie »wirkliche Verdienste« und »nicht zur Sache gehörige Erwägungen« geben zu erkennen, welche Annahmen von beiden Parteien geteilt werden. Ein Diskutant sieht das Problem darin, »wie zu vermeiden ist, dass sich ein Gutachter von anderen Gründen leiten lässt als von solchen, die im zu begutachtenden Manuskript selbst enthalten sind«,[4] und sagt damit nichts Neues. Übereinstimmend halten alle intrinsischen Wert für schützenswert; in Frage stehe aber, ob der Preis für den Schutz – die mögliche Beeinträchtigung der humanistischen Gemeinschaft – zu hoch sei oder nicht. Mit dem Folgenden möchte ich weniger in die Debatte eingreifen, als ihre Begrifflichkeit hinterfragen. Meiner Ansicht nach lässt sich der Wert (einer Arbeit) nicht unabhängig von »äußerlichen Erwägungen« feststellen, die durch anonymes Einreichen zu begutachtender Manuskripte angeblich ausgeschlossen würden. Ich möchte zeigen, dass es so etwas wie intrinsischen Wert nicht gibt; tatsächlich gilt, wenn ich Jakob I. von England paraphrasieren darf, »kein Wert ohne Voreingenommenheit«.

Halten wir zunächst fest, dass alle in dieser Debatte von intrinsischem Wert reden, sich aber keiner die Mühe macht, das zu definieren. Das geschieht allenfalls negativ, etwa mit der Bemerkung, ein Text sollte unbehelligt bleiben von jeglichem Wissen über den Rang, die institutionelle Position, den beruflichen Status, frühere Leistungen, ideologische Zurechnungen, das Geschlecht des Autors, überhaupt »von allem, was über den Autor bekannt ist«.[5] Nun ist diese Liste so umfassend, dass man sich fragt, was denn noch bleibt, wenn die aufgezählten Erwägungen alle wegfallen. Eigentlich kann, was bleibt, nur das desinteressierte Urteil darüber sein, ob ein Artikel dem Werk oder Werken, die er charakterisieren möchte, gerecht wird oder nicht. Diese Antwort kann aber nur dann befriedigend ausfallen, wenn sich der Ausdruck »gerecht werden« auf einen Standard oder ein System von Standards beziehen lässt, die unabhängig von den institutionellen Bedingungen wirksam sind, die als »äußerlich« betitelt wurden. Einen solchen

3 Ebd., S. 5.

4 Ebd.

5 Schaefer, »Anonymous Review«, S. 5.

Standard aber, und das ist meine erste These, gibt es nicht. (Was nicht heißt, dass es gar keine Standards gibt.) Vielmehr, und das ist die zweite These, führen wir diesen Standard gewissermaßen aus pietätvoller Rücksichtnahme als ein Ideal an, in Wirklichkeit aber widerlegen wir ihn ständig, und zwar durch Praktiken, die Routine sind und zugleich obligatorischen Charakter haben. Nehmen wir zum Beispiel die verbreitete Praxis, sich zu Beginn eines Aufsatzes, im Laufe der Entfaltung seines Hauptgedankens, in den Fußnoten auf frühere Arbeiten zu beziehen. Dies ist eine Konvention in unserem Berufsstand, wird sie vernachlässigt, kann das ein Grund für die Ablehnung eines Artikels sein. Der Grund liegt auf der Hand. Wer von dieser Konvention Gebrauch macht, anerkennt, dass er oder sie an einer gemeinschaftlichen Aktivität beteiligt ist, in der die eigene Arbeit und ihre Verdienste in direktem Zusammenhang mit den Arbeiten anderer stehen; anders gesagt: In dieser Profession verdient man sich das Recht, etwas zu sagen, dadurch, dass es bis dahin noch kein anderer gesagt hat, dass es in eine ganz andere Richtung geht als das, was normalerweise gesagt wird, oder dass Implikationen von bereits Gesagtem noch nicht expliziert wurden. Man berichtet nicht von einer innigen Gemeinschaft zwischen der individuellen kritischen Sensibilität und einem literarischen Werk beziehungsweise dessen Autor; denn wenn man so verführe, wenn Artikel geschrieben würden mit Überschriften wie »Was ich über *Middlemarch* denke« oder »*Waste Land* und ich«, niemand würde sie zur Kenntnis nehmen. (Und dass das auf manche Leute nicht zutrifft, widerlegt meinen Standpunkt nicht, sondern ist eher ein Beweis dafür.) Solche Aufsätze würden von Kollegen als Zeitverschwendung, als abwegig, uninformiert oder schlicht als unprofessionell betrachtet. Der Vorwurf der Unprofessionalität erginge nicht zufällig, denn der Vorwurf moniert nicht, dass eine äußerliche Regel außer Acht gelassen oder gegen die Etikette verstoßen wurde, sondern dass die ganze Prozedur missachtet wurde, durch die eine Institution die Bedingungen bestimmt, unter denen sie Anerkennung ausspricht oder verweigert. Diese Bedingungen sind nirgends niedergeschrieben, werden aber von allen verstanden, die im jeweiligen Fach arbeiten; jedes Verständnis, das man von diesem Fach hat, lässt sich von der oft stillschweigenden Wahrnehmung dieser Bedingungen nicht trennen (schließlich sind sie es, die das Verständnis hervorbringen).

Welche Bedingungen aber sind das? Für eine erschöpfende Antwort auf diese Frage ist hier nicht der Ort, wenn wir aber einige nennen wollen, dann gehörten ein Kanon mehr oder weniger großer Werke und sicher eine entsprechende Übereinkunft in der Frage dazu, was denn ein großes Projekt ist; ferner ein Set ausgewiesener oder unausgewiesener Methoden sowie eine anerkannte Prozedur, mit der Elemente des einen Sets in ein anderes verschoben werden können; sodann eine Liste besonders dringender Aufgaben und solcher, die bereits erfolgreich erfüllt wurden; eine Präzisierung, was echte literarische Argumente sind und des Materials, das als aufschlussreich und/oder schlüssig verstanden wird (Äußerungen des Autors, Briefe, Überarbeitungen von Manuskripten usw.). Diese Bedingungen können sich natürlich ändern und tun das auch – wobei der Prozess, durch den sie sich verändern, von ihnen selbst reguliert wird –, doch stets haben sie eine Form, und es wäre riskant, ohne sie zu arbeiten.

Alle kennen dieses Risiko, auch wenn es nicht immer so deutlich benannt wird, wie dies Raymond Waddington im einleitenden Satz seines Essays über die Bücher XI und XII von Miltons *Paradise Lost* getan hat. »Wenige von uns«, schreibt er, »könnten heute riskieren, C. S. Lewis' Verurteilung der letzten Bücher von *Paradise Lost* als eines ›unverwandelten Stücks Zukünftigkeit‹ auch nur anklingen zu lassen.«[6] Welches Risiko es ist, das Waddington *nicht* eingehen will, wird im nächsten Satz deutlich. Eine Generation von Kritikern, heißt es da, sei emsig damit beschäftigt gewesen, Subtilität und Komplexität dieser Bücher hervorzuheben und die Behauptung aufzustellen, dass sie nichts anderes sein könnten als das Produkt eines kontrollierten poetischen Entwurfs. Das heißt: Was man heute über diese Bücher sagen kann, ist von vornherein begrenzt, denn beim gegenwärtigen Stand des *lege artis* hat der Kritiker, dem daran liegt, seinen professionellen Ruf zu wahren, keine andere Wahl, als etwas zu sagen, was diese Bücher noch weiter glorifiziert. Das Sicherste, das ein Kritiker sagen kann (und genau das tut Waddington in seinem Aufsatz), bestehe heute darin, dass zwar generell Übereinstimmung darüber herrsche, dass diese Bücher hervorragend seien, dass sie aber gleichwohl einen gewissen Mangel hätten, der allerdings, recht verstanden, ein Vorzug sei. Diese Regel

6 Raymond Waddington »The Death of Adam: Vision and Voice in Books XI and XII of *Paradise Lost*«, in: *Modern Philology* 70 (1972), S. 9.

(tatsächlich eine Daumenregel) gilt natürlich nicht auf ganzer Linie. Wenn Waddington den Eindruck hat, dass »heutzutage wenige von uns [eine Verurteilung] riskieren können«, dann unterstellt er, wie indirekt auch immer, dass es einige von uns durchaus könnten. Wer aber sind diese, wie haben sie ihren Sonderstatus erreicht? C. S. Lewis muss wohl offensichtlich einmal einer von ihnen gewesen sein. (Möglicherweise war es für ihn nicht einmal ein Risiko, und wenn das so war, warum nicht?) Und wenn Lewis 1972 nicht bereits verstorben gewesen wäre, als Waddington schrieb, hätte er vermutlich den Status noch einmal erreicht. Anders gesagt: Lewis war auf dem Gebiet der Renaissanceliteratur eine dermaßen anerkannte Autorität, dass er Lesarten anbieten konnte ohne dabei dasselbe Risiko einzugehen, das andere, die gegen den professionellen Stachel löcken, eingehen: das Risiko, nicht gehört oder veröffentlicht zu werden, also etwas produziert zu haben, das definitionsgemäß – nach einer Definition, die aus den je herrschenden institutionellen Bedingungen abgeleitet ist – keinen Wert hat.

Mit dieser Bemerkung kehren wir zurück zum Begriff des »intrinsischen Wertes« und seinem Verhältnis zur Frage der anonymen Einsendung. Wie wir am Beispiel Waddington-Lewis gesehen haben, ist Wert keine Eigenschaft, die sich unabhängig von professionellen oder institutionellen Bedingungen identifizieren ließe, im Gegenteil: der anerkannte Wert einer Leistung ist ein Produkt dieser Bedingungen, und da diese nicht beständig sind, sondern sich fortwährend ändern, sind auch Formen und Inhalte anerkennenswerter Leistungen einem permanenten Wandel unterworfen. Als Kritiker schreiben wir mit dem Ziel, einem Standard (der Geltung, der Erhellung usw.) zu genügen. Doch dieser Standard ist nicht vor Ewigkeiten von Gott oder Aristoteles bestimmt worden, sondern von Männern und Frauen unserer Profession, die uns vorausgegangen sind, und auch wir, indem wir versuchen, ihm zu genügen, verändern ihn notwendigerweise. Dass ich von »wir« rede, mag den Eindruck einer gemeinsamen Bemühung erwecken, in der jeder am gleichen Strang zieht und den gleichen Einfluss ausübt. So ist das natürlich nicht. Unser Beruf ist hierarchisch aufgebaut, bestimmte Leute sind für das, was er hervorbringt, verantwortlicher als andere. Eines dieser Produkte ist der Leistungsstandard, nach dem unsere Mühen beurteilt werden. Und ebendarum werden immer welche unter uns sein, deren Worte, und zwar kraft ihrer

Stellung in der Institution, als besonders anerkennenswert (bedeutend, hörenswert, maßgebend, erhellend) gelten. Und natürlich ist es diese Situation, die mit einer anonymen Einsendung korrigiert werden soll – der Gutachter soll sich in seiner Beurteilung, welchen Wert der eingereichte Artikel besitzt, nicht durch den professionellen Status des Autors beeindrucken lassen. Nach der Analyse jedoch, die in diesem Aufsatz zur Diskussion gestellt wird, ist dieser Wert untrennbar verbunden mit Aufbau und Gegebenheiten der Profession. Wenn also jemand eine bestimmte Stellung in seiner Profession hat, kann das für die Beurteilung seiner Arbeit nicht unerheblich sein.

Jemand, der im Zusammenhang mit der Umfrage des MLA-Verwaltungsrats befragt wurde (und anonym geblieben ist, fürchte ich), bringt die Sache ganz nebenbei auf den Punkt: »Wenn Northrop Frye einen Artikel schreibt, in dem er die archetypische Kritik angreift, hätte dieser Artikel per definitionem größere Bedeutung als der eines anderen Wissenschaftlers, der denselben Ansatz kritisiert.«[7] Der Grund dafür ist, dass der Ansatz nicht unabhängig von dem betrachtet werden kann, was Northrop Frye dazu gesagt hat; ja, archetypische Kritik *ist* großenteils das, was Northrop Frye zu diesem Thema geäußert hat, und deshalb wird, was er aktuell darüber sagt, auch nicht an einer unabhängigen Wahrheit gemessen, sondern es muss, zumindest potenziell, als eine neue Verkündung dessen verstanden werden, was von nun an als Wahrheit zu gelten hat. Ganz ähnlich wäre ein Artikel von Fredson Bowers über die Grundsätze der Textbearbeitung automatisch von »allgemeinem Interesse für die Mitglieder«, weil das, was die Mitglieder als Grundsätze der Textverarbeitung anerkennen, von dem untrennbar ist, was Fredson Bowers bereits darüber gesagt hat. Doch brauchen wir solche hypothetischen Beispiele gar nicht. Dass das Urteil über *Paradise Lost*, Buch XI und XII, von C. S. Lewis kam und in einem Buch stand, das auf der Stelle als maßgebend anerkannt wurde – eine Anerkennung, die sich in nicht geringem Maß der früheren Autorität von *The Allegory of Love* verdankte –, reichte aus, dass fünfzehn Jahre vergehen mussten, bis eine Gruppe von Wissenschaftlern mit der Rehabilitierung dieser beiden Bücher aus Miltons Poem beginnen konnte. Und es dauerte weitere fünfzehn

7 Schaefer, »Anonymous Review«, S. 5.

Jahre, bis Waddington ihre Bemühungen als erfolgreich bezeichnen konnte, indem er erklärte, dass es heute wenige von uns riskieren könnten, in dasselbe Horn zu stoßen wie C. S. Lewis.

Dagegen könnte man einwenden, es handele sich um besondere Fälle. Das aber gilt nur in dem Sinne, dass Frye, Bowers und Lewis in der gesamten Disziplin anerkannte Autoritätspositionen innehaben (oder -hatten); in kleineren Bezirken der Unter- und Unterunterdisziplinen dagegen können Dinge gesagt werden, die wichtiger sind als das, was von denen kommt, die sich an ein Fachgebiet wenden, das sie großenteils geschaffen haben. Hier sind Männer und Frauen zu nennen, die für ein Thema stehen (so etwa Frances Yates über Gedächtniskunst), für eine Epoche (M. H. Abrams über die Romantik), für ein Genre (Angus Fletcher über die Allegorie), für einen Dichter (Hugh Kenner über Pound), für ein Werk (Stephen Booth über Shakespeares *Sonette*). Wenn ein Geoffrey Hartman etwa über Wordsworth spricht, ist seine Stimme dann eine unter anderen? Oder ist es die Stimme eines Mannes, der wesentlich für den Wordsworth verantwortlich ist, den wir jetzt haben, dessen Namen wir mit einem ganzen Spektrum von Anliegen, formalen Eigenschaften, Quellen, Einflüssen usw. verbinden? Natürlich ist Geoffrey Hartmans Wordsworth nicht jedermanns Wordsworth; aber jeder Wordswoth ist der Wordsworth von jemand Bestimmtem, denn jeder Wordsworth ist das Produkt von einigen Charakterisierungen, die irgendwer (innerhalb der Grenzen, von denen bereits die Rede war) in die Welt gesetzt hat und die eine nicht zu geringe Zahl von Leuten unserer Profession überzeugend finden. Von welchem Wordsworth auch immer wir ausgehen – stets kommt es darauf an, dass er nicht unabhängig von den Prozeduren unserer Profession zu haben ist. Vielmehr ist er ein Produkt dieser Prozeduren und der Arbeit bestimmter Männer und Frauen. Darum kann die Identität der Männer und Frauen, die Diskussionen über ihn anregen, für die Beurteilung dessen, was sie zu sagen haben, nicht irrelevant sein.

Ich sage das, um einem auf der Hand liegenden Einwand zuvorzukommen: Es mag sein, dass die Anerkennung, die sich eine literaturkritische Arbeit verdient, abhängig ist von aktuell in der Profession herrschenden Bedingungen, aber die Verdienste der literarischen Werke selbst sind gewiss etwas anderes. Liegen sie nicht der Profession voraus, sind sie nicht Anlass für deren Bemühungen und die Rechtfertigung des Betriebs? Dieser Einwand ist sehr ernst zu nehmen, denn er gründet in einem Mythos, den die Profession am liebsten hegt – im Mythos nämlich, dass die Profession im Verhältnis zu den literarischen Werken von zweitrangiger Bedeutung sei (schließlich sind sie doch unabhängig von dem entstanden, was in der Profession getrieben wird). Ich aber behaupte dem entgegen, dass literarische Werke die Form, die sie haben, aufgrund der Fragen haben, die an sie gestellt werden; aufgrund jener Fragen, die in unserer professionellen Arbeit auftauchen und die unter den Mitgliedern der Profession als die richtigen betrachtet werden. Wir sind häufig der Ansicht, unsere Aufgabe sei allein die *Beschreibung* von Werken der Literatur, aber auch eine Beschreibung benötigt Kategorien in Form von Fragen, auf die wir kommen können, und diese limitieren, was wir beschreiben können. Und das wiederum grenzt die Formen und Inhalte ein, die zu sehen sind. Das heißt, die Gegenstände unserer professionellen Aufmerksamkeit – Texte, Autoren, Genres und so weiter – sind ebenso sehr Produkte der Institution, wie sie die akzeptablen Formen sind, die zur Bearbeitung anregen. Insofern lebt der institutionelle Betrieb nicht davon, dass er sich dem Bedarf anpasst, der unabhängig von ihm wahrgenommen wird; nein, der institutionelle Betrieb kommt zuerst und danach der Bedarf, nicht anders die diversen Arten, auf ihn einzugehen.

Kurz, die Arbeit, die zu tun ist, ist nicht etwas unabhängig Vorhandenes, auf das die Profession reagiert, sondern etwas, das sie selbst *schafft*. Es ist noch gar nicht so lange her, dass mir diese Wahrheit bewusst wurde; das geschah, als ich zum ersten Mal Post von der gerade entstehenden *Spenser Society of America* bekam. Die Gesellschaft war 1977 so neu, dass ich noch nichts von ihr gehört hatte, und so war ich dann doch überrascht, als ich einen Brief von ihrem Schatzmeister öffnete, in dem er mir für meine Unterstützung dankte. Und als ich weiterlas, wurde mir klar, dass meine Unkenntnis ihrer Existenz mich in keiner Weise davon ausnahm, in Aktivitäten der Gesellschaft einbezogen zu werden. »Wir haben fast zweihundert Mitglieder.« So der zweite Satz des Schreibens, und ich bekam den Eindruck, es handele sich um eine militärische Organisation, in die ich eingezogen wurde. Diese Organisation war denn auch bereits voll gegliedert. Mir wurde mitgeteilt, wer »meine« Offiziere seien, wer »unser Essen« vorbereitet habe, für das ich unverzüglich eine Reservierung vornehmen sollte, denn für dreißig der fünfzig Plätze lägen schon Anmeldungen anderer Mitglieder vor. Am Ende des zweiten Absatzes hatte ich nicht nur einen festen Platz in der Truppe in vollem Marsch, sondern wurde auch darüber informiert, dass ich mit meinen Beiträgen im Rückstand liege. Erst im dritten und letzten Absatz aber wurde die wirkliche Bedeutung der Gesellschaft und ihrer Arbeit enthüllt, denn dort wurde ein jährlicher Band, die *Spenser Studies*, angekündigt, dessen erste Nummer von einem Herausgebergremium bereits geplant war, das mit einer prominenten University Press eine Vereinbarung getroffen hatte – vermutlich auch in meinem Namen. Wir schätzten uns glücklich, schrieb mir mein Schatzmeister, »wenn Sie Kollegen und Studenten davon in Kenntnis setzen würden, dass wir Spenserianer jetzt über eine weitere Publikationsmöglichkeit verfügen«. Das war die eigentliche Botschaft des Schreibens, der wirkliche Daseinsgrund der *Spenser Society of America*: Sie soll die institutionellen Kontexte vermehren, in denen Texte über Spenser eingefordert und auch veröffentlicht werden. Der Brief wurde vor der ersten Versammlung der Gesellschaft geschrieben, aber sie hätte sich, wie dieser Satz zeigt, gar nicht versammeln müssen, denn ihr wichtigstes Ziel war schon erreicht – der Aufbau einer Spenser-Industrie mit allem Betrieb, der dazugehört.

Aus späteren Mitteilungen ging hervor, wie dieser Betrieb weiter ausgebaut wurde, vor allem durch Einberufung einer internationalen Konferenz zur Zusammenarbeit auf dem Gebiet der Spenser-Studien. Die geplanten Podiumsdiskussionen zeigen, in welche Richtung die Kooperation gehen soll: »Zusammenarbeit in der Forschung über Spensers Hintergründe im mittelalterlichen England«, »Zusammenarbeit in der Forschung über Spensers Hintergründe auf dem europäischen Kontinent«. Hier bildet sich nicht nur die Gestalt einer Organisation heraus, sondern auch die von Edmund Spenser. Dabei soll diese Gestalt nicht wachsen dürfen wie Kraut und Rüben. Thema der ersten Podiumsdiskussion sind die *Grenzen* der Zusammenarbeit – mit einem und demselben Dokument wird eine Aktivität ins Leben gerufen und zugleich reguliert. Bald nehmen Zusammenarbeit wie Regulierung eine substanziellere Form an, indem die Produktion einer *Enzyklopädie* zu Spenser in Aussicht gestellt wird. (Wenn ein Begriff oder ein Thema in der Enzyklopädie nicht auftaucht, werden sie auch nicht in Spensers

Werk sein.) Deren Planung, lese ich, sei schon »weit fortgeschritten«. Ein Merkmal dieser Korrespondenz ist, dass die dargestellte Welt mit einer Vergangenheit und einer Zukunft versehen wird, die ihren rein dokumentarischen Ursprung verschwinden lassen. Stets ist, wovon man liest, »weit fortgeschritten« oder »bereits diskutiert« worden, so dass der Eindruck entsteht, es werde über Ereignisse eher berichtet, als dass sie geschaffen würden. Doch ein kurzer Gedanke genügt, und man sieht, dass alle Ereignisse, von denen in einem Abschnitt wie dem folgenden die Rede ist, ihre Existenz allein dem Stück Papier verdanken, das von einer Bürokratie unterschrieben ist, die selbst von anderen Stücken Papier geschaffen und erhalten wird:

Die Planung für die in Aussicht genommene *Spenser-Enzyklopädie,* über die auf Tagungen im letzten Oktober und Dezember beraten wurde, macht Fortschritte. (Vgl. die Berichte über diese Tagungen in der letzten Ausgabe des *Spenser Newsletter* 10, Nr. I.) Eine offizielle Ankündigung der *Enzyklopädie* wird am 4. Mai 1979 in Kalamazoo, Michigan, erfolgen, wo wir hoffen, den Geist der Kooperation, der die internationale Tagung in Duquesne bestimmte, fortzusetzen.

Es mag scheinen, als überschätze ich die Macht einer Reihe von Briefen, selbst wenn der erste vom 4. Juli stammt, und es ist richtig, dass dieses und die darauf folgenden Schreiben den organisatorischen Betrieb der Gesellschaft nicht im leeren Raum oder ex nihilo geschaffen haben: Es gibt, wie sich herausstellt, eine Autorität, die diese Dokumente legitimiert und die für ihre unmittelbare Kraft verantwortlich ist. Die Identität dieser Autorität wurde im Bericht über einen Mangel enthüllt. Die *Spenser Society* war anfangs anscheinend ohne Satzung, und die Erstellung einer Satzung wurde daher zum ersten Tagesordnungspunkt der ersten Sitzung erklärt. Bevor diese aber stattfand, traf noch ein zweites, dieses Mal von »meinem« Vorsitzenden verfasstes Schreiben ein, in dem mir mitgeteilt wurde, die Satzung liege bereits vor, nämlich in Form der Satzung der *Milton Society*. Diese habe auch, so hieß es weiter, das Vorbild geliefert für Empfang und Dinner, für einen Redner nach dem Essen, eine Preisverleihung, und für die Veröffentlichung eines Mitgliederverzeichnisses, dessen Hauptfunktion die Auflistung jüngerer und im Erscheinen begriffener Veröffentlichungen der Mitglieder wäre. Die Art, in der Arbeiten über Spenser anerkannt und gewürdigt werden, soll ihre Grundlage nicht in einer direkten Auseinandersetzung mit dem Dichter oder seinem Gedicht haben, sondern im Apparat einer Organisation, die einem anderen Dichter gewidmet ist. Die Spenser-Studien sollen betrieben werden wie die Milton-Studien. Wie es aussieht, kann die Angst vor Beeinflussung auch mal nach hinten losgehen. Und sie wirkt weiter. Mit der letzten Post erreichte mich und einige Kolleginnen und Kollegen die Ankündigung einer neuen Publikation, des *Sidney Newsletter*, der »nach dem Vorbild des bewährten und erfolgreichen *Spenser Newsletter*« organisiert werden soll, der seinerseits nach dem Vorbild des bewährten und erfolgreichen *Milton Newsletter* organisiert worden war.

Ich möchte nicht missverstanden werden als Kritiker der Spenser Society, ihrer Kolonisierungsbemühungen oder ihres Kolonisiertwerdens durch die Milton Society. Wenn ich mich über diese Dinge auslasse, dann aus Zuneigung und Dankbarkeit, denn hätten wir nicht die von diesen Organisationen geschaffenen Möglichkeiten, wir hätten nichts zu tun. Wie schon gesagt, die Arbeit, die zu tun ist, besteht nicht in dem, worauf die Institution reagiert, sondern in dem, was sie *schafft,* und es ist die Aufgabe dieser Gesellschaften, erst die Arbeit zu schaffen und dann dafür zu sorgen, dass sie nie fertig wird. Als ehemaliger Vorsitzender der Milton Society spreche ich hier von einer Autoritätsposition aus; ich kenne dieses Amt, dessen einzige Verpflichtung darin besteht, auf einer Jahresversammlung den Vorsitz zu führen. Während der von mir geleiteten Versammlungen hörten die Mitglieder Berichte über die *Milton Encyclopedia,* den *Variorum Commentary, The Complete Prose*, über die Freunde von Miltons Landhaus, das Archiv und die Bibliothek der Milton Society, die Auszeichnungen der Gesellschaft und »bevorstehende Diskussionsforen und Tagungen, auf denen Mitglieder der Gesellschaft sprechen können«. Das lief unter dem Titel »Berichte über Fortschritte«, und in gewissem Umfang war das auch berechtigt, doch das Tempo des Fortschritts war beruhigend niedrig, und alles deutete darauf hin, dass bereits Mechanismen in Gang gesetzt waren, die dafür sorgen sollten, dass die Arbeit nie zu weit fortschritt. Der Arbeit an *The Complete Prose* drohte der Abschluss, obwohl angekündigt wurde, dass der siebente Band in einer überarbeiteten und verbesserten Fassung neu herausgegeben werde; und wenn es um den siebenten Band so bestellt war, würden dann nicht auch der erste, zweite, dritte, vierte, fünfte und sechste Band noch lange auf sich warten lassen? Die ersten Bände der *Variorum* sind kaum erschienen, und schon ist die Rede davon, dass die Edition von *Paradise Regained* unzulänglich sei und noch einmal überarbeitet werden müsse. Ich selbst war entsetzt, als ich entdeckte, dass die *Milton Encyclopedia* keinen Eintrag über den Antinomismus enthielt, und begann, mir Gedanken darüber zu machen, ob solche Lücken keine neue und verbesserte Ausgabe nötig machen würden. Und wenn ich so dachte, dann nicht aus Zynismus oder Opportunismus, nein, es war eine ehrliche Reaktion auf ein Projekt, dessen Existenz sich den Bedürfnissen des Fachgebiets verdankte. Dass diese den Bedürfnissen all derer entsprechen, die auf diesem Gebiet arbeiten und nach Aufgaben suchen, ist bemerkenswert. Doch heißt dies zu bemerken nicht, an der Aufrichtigkeit ihrer Bemühungen zu zweifeln, sondern ist nur ein Hinweis darauf, dass diese Bedürfnisse in erster Linie professioneller Art sind, und insofern sind auch die Motive, aus denen sich jemand daran beteiligt, professioneller Art. Damit sagt man etwas im Grunde Selbstverständliches: Wir schreiben unsere Artikel nicht, weil wir irgendwem unvermittelt, unabhängig von seinen Arbeitszusammenhängen, unsere Erfahrung mit einem literarischen Werk mitteilen wollen, sondern weil wir etwas beizutragen haben, wobei das, was als »Beitrag« gilt, durch die in der Institution herrschenden Bedingungen definiert ist; eine Institution, die sowohl die Fragen liefert als auch akzeptierte Wege, sie zu beantworten, dazu noch einen Kanon von Werken, an die diese Fragen zu richten sind. Einen Artikel zu schreiben ist tatsächlich nur innerhalb eines institutionellen Rahmens sinnvoll, und wird er veröffentlicht, dann nicht deshalb, weil ihm eine unabhängige Agentur wissenschaftlichen Wert attestiert, sondern weil im Betrieb einer *politischen* Agentur – der Milton Society, der Spenser Society, der MLA – bereits ein Platz für ihn vorhanden ist.

Mit dem Wort *politisch* nähern wir uns dem Kern der Angelegenheit, denn es steht für alles, was viele unserer Profession gerne verleugnen. Kennzeichen einer Profession ist ihr Anspruch, dass ihre Tätigkeit nicht an wirtschaftliche und soziale Bedingungen geknüpft ist, sondern eine Antwort auf Bedürfnisse und Werte, die besondere Zeiten und Orte transzendieren.[8] Diesen Anspruch

8 Zum Thema Professionalismus vgl. Burton J. Bledstein, *The Culture of Professionalism*, New York 1977; Thomas L. Haskell, *The Emergence of Professional Social*

treibt die professionelle Literaturkritik ins nahezu Selbstdestruktive; erklärt sie doch, dass ihre Tätigkeit überhaupt wenig Wert habe. Der Grund für dieses kuriose Manöver liegt im Verhältnis zwischen dem, was Literaturkritiker tun, und der Ware, die im Mittelpunkt des Unternehmens steht – Literatur. Es gehört zu den Glaubensartikeln der Profession, dass diese Ware ihren Bemühungen, die als rein exegetisch betrachtet werden, vorausliegt, und das heißt natürlich, dass sie sich selbst als zweitrangig und überflüssig betrachtet. Wenn das Werk sich selbst genügt (ein kardinaler Grundsatz der Ästhetik des zwanzigsten Jahrhunderts), ist die Arbeit des Kritikers am Ende unnötig, und die Kritik hätte ihren Anspruch, professionelle Bedeutung zu besitzen, verspielt, bevor er überhaupt erhoben wurde.

Dies ist zum Beispiel in John Crowe Ransoms »Criticism Inc.« deutlich zu sehen, einem Manifest, mit dem Literaturkritiker nachdrücklich aufgerufen werden, selbstbewusster mit ihrer Professionalität umzugehen. »Die Kritik«, so Ransom, »muss wissenschaftlicher oder genauer und systematischer werden, sie muss durch kollektiven und anhaltenden Einsatz fachkundiger Personen entwickelt werden – das heißt, sie gehört in die Universität.«[9] Das ist die Sprache der Professionalität, sie ist begleitet von einer Verachtung für Amateure[10] und einer Ablehnung der Idee, Kritik sei »etwas, das jeder tun kann«.[11] Doch wenn es darum geht, diese neue Professionalität zu beschreiben, zeigt sich, dass ihre Prinzipien sich von allen anderen unterscheiden, indem sie nämlich von der Öffentlichkeit *abgewandt* sind. Die Frage »Was ist Kritik?« beantwortet Ransom *ex negativo*, und das, was sie nicht ist, ist just das, was sie der Allgemeinheit unentbehrlich machen könnte: Kritik sagt nichts über den »moralischen Gehalt« der Literatur, beschäftigt sich nicht mit dem Leben eines Autors, nicht mit dem Verhältnis der Literatur zu Wissenschaft, Politik, Recht oder Geographie; sie darf nicht den Anspruch erheben, dass ihre Ware »bewegend«, »aufregend«, »unterhaltsam« oder »groß« ist, und vor allem nicht den Eindruck erwecken, dass »Kunstwerke

Science, Urbana 1977, und Magali S. Larson, *The Rise of Professionalism*, Berkeley 1977.

9 John Crowe Ransom, *The World's Body*, Baton Rouge 1938, S. 329.

10 Ebd., S. 327.

11 Ebd., S. 335.

entstehen, weil Künstler [...] Absichten haben im Hinblick auf die Öffentlichkeit, hochmoralische ebenso wie kommerzielle.«[12] Mit dieser Formulierung werden hohe moralische Absichten (etwa der Wunsch, Leser aufzuklären oder sie zu besseren Menschen zu machen, sie für eine soziale oder religiöse Sache zu gewinnen) auf assoziativem Weg ins Vulgäre gezogen, so als seien sie nur eine weitere Spielart durchsichtiger Verkaufsabsichten, schließlich wollten diejenigen, die ihnen folgten, auch nichts anderes, als das Publikum zu dieser oder jener Aktion im Zusammenhang mit beliebigen Alltagsfragen zu bewegen. Dichtung dagegen gilt Ransom als Bemühen, von solchem Ansinnen entschlossen abzusehen; der Dichter, schreibt er, »erhält in seinem Gedicht eine existentielle Ordnung am Leben, die ihm im wirklichen Leben ständig unter den Händen zerbröckelt«;[13] der Kritiker wiederum müsse sich ausschließlich an diese Ordnung halten und alles vermeiden, was »die Autonomie des Werkes, das um seiner selbst willen da ist«,[14] verleugnen oder kompromittieren könnte. Fürs praktische Schreiben heißt das, sich ausschließlich mit Technik zu beschäftigen, die unabhängig von allen sozialen oder moralischen Zwecken bestehe,[15] sich dem Kunstwerk kontemplativ hinzugeben – natürlich die einzige Haltung, die einer Tätigkeit angemessen ist, die durch ihren Gegensatz zu den Geschäften des alltäglichen Lebens, zum alltäglichen Leben des Geschäfts definiert wird.

Das führt zu einer Professionalität, die in sich selbst gespalten ist. Für sich beansprucht sie den ausschließlichen Besitz einer bestimmten Fähigkeit (Dichtung auf die richtige Weise behandeln zu können), definiert diese Fähigkeit dann jedoch auf eine Weise, die dazu angetan ist, sie in ihrer Ausübung von den Märkten fernzuhalten, auf denen die Professionen um das Publikum konkurrieren. Tatsächlich kann diese Fähigkeit nur ausgeübt werden, wenn die Marktbedingungen rigoros ignoriert werden: zugunsten der *ewigen* Bedingungen, die zwischen der Dichtung und dem Leser bestehen oder bestehen sollten. Solange der Grundsatz gilt, Dichtung müsse »um ihrer selbst willen« gelesen und untersucht werden, wird die Beziehung der professionellen Literaturkritik zum professionellen

12 Ebd., S. 343.
13 Ebd., S. 348.
14 Ebd., S. 343.
15 Ebd., S. 346.

Betrieb stets etwas Verschämtes haben, insofern dieser als vorübergehender, bedauerlicher Auswuchs gehandelt wird.

Daher lehrt die Gemeinschaft der Literaturkritik ihren Mitgliedern eine widersprüchliche Lektion: Literaturkritik ist eine Profession – etwas, das nicht jeder tun kann –, aber sie ist nicht professionell, wird also unabhängig vom Druck durch Markt oder Politik ausgeübt. Die anonyme Einsendung ist eine Konsequenz dieser Lektion, einer allgemein verbreiteten Praxis, mit deren Hilfe die Profession die wirkliche (politische) Natur ihrer Tätigkeit vor sich selbst verbirgt. Wie wir sahen, soll die Blindvorlage innere Werte vor allem schützen, was ihnen äußerlich ist. Demgegenüber möchte ich aus unterschiedlichen Perspektiven zeigen, dass alles, was dort als »äußerlich« bezeichnet wird – Rang, professioneller Status, frühere Leistungen, Ideologien usw. –, für den Prozess, durch den intrinsische Überlegungen identifiziert werden und ihren Ort finden, von entscheidender Bedeutung ist. Zu Beginn dieses Aufsatzes habe ich gesagt, es gibt nichts Intrinsisches, und ich würde das stets sagen, wenn darunter ein zu allen Zeiten gültiger Wert verstanden wird. Meinen wir mit dem Intrinsischen jedoch etwas, das von der Profession bestimmt wird, dann gibt es zwar stets eine Kategorie des Intrinsischen, aber diese ist nicht immer dieselbe. Daher kann sie auch nicht im Gegensatz zur Profession definiert werden, denn zu unserer professionellen Arbeit gehört, dies Intrinsische zu produzieren und im Verlauf von Diskussionen und Debatten wieder und wieder neu zu produzieren.

Das Intrinsische ist, kurz gesagt, eine politische, keine essenzielle Kategorie; als solche wird es stets die Interessen – die völlig legitim sind, denn ohne Interessen gäbe es nichts Wertvolles – derjenigen reflektieren, die an seiner Ausformung mitgewirkt haben. In diesem Prozess werden die Interessen anderer ausgeschlossen oder kaum beachtet, und diese Gruppen werden in den meisten Fällen gegen ihren Ausschluss im Namen des intrinsischen Wertes ihrer Beiträge protestieren; was sie aber tatsächlich tun, ist, dass sie den von anderen vertretenen Begriff intrinsischen Wertes durch ihren eigenen zu ersetzen versuchen. Das heißt, sie spielen ein politisches Spiel. Ob sie es wissen oder nicht, genau so verhalten sich die Befürworter der anonymen Einsendung; und so oft sie dies beteuern, ihre Behauptung, sie würden mit ihrer Forderung das Politische beseitigen, ist daher gleichwohl falsch. Gewiss gibt es Argumente für anonyme Begutachtung, aber das sind offen politische Argumente, und würden sie als solche präsentiert, hätten sie vielleicht sogar eine Chance, wohlwollender aufgenommen zu werden. Ich zum Beispiel bin gegen die anonyme Einsendung, weil die Tatsache, dass ein Artikel meinen Namen trägt, die Wahrscheinlichkeit, dass er angenommen wird, deutlich erhöht. Aber gerade das wollen wir doch ändern, wird man mir entgegenhalten, und ich könnte darauf erwidern, dass ich meine Leistungen erbracht und es mir verdient habe, dass im Zweifel für mich entschieden würde und mich dessen nun erfreue; warum, sage ich mir, sollen nicht auch andere in den Weinbergen schuften wie ich. Ich würde also im Namen meines Eigeninteresses antworten und damit kein *egoistisches* Interesse meinen, sondern eines, das mir zwingend erscheint, wenn ich daran denke, dass ich diese Profession ausübe, darin eine Geschichte habe und vielleicht auch in Zukunft mitzureden wünsche.

Zu vergleichbaren Ergebnissen sind einige Teilnehmer einer Diskussion über *peer review*-Verfahren gekommen, die in *The Behavioral and Brain Sciences: An International Journal of Current Research and Theory with Open Peer Commentary* veröffentlicht wurde.[16] Anlass war der Bericht über eine Untersuchung von D. P. Peters und S. J. Ceci. Die beiden hatten zwölf Artikel aus zwölf verschiedenen Fachzeitschriften herausgegriffen, ihre Titel geändert und die Namen der Autoren durch fiktive Namen von Forschern an Institutionen ersetzt, von denen noch nie jemand etwas gehört hatte (weil sie ausgedacht waren). So präpariert wurden die Artikel den Redaktionen eingereicht, die sie ursprünglich angenommen hatten. Drei Artikel sind als wiederholte Einsendungen erkannt worden, von den restlichen neun wurden acht abgelehnt. Die Reaktionen auf dieses Ergebnis reichten von Horror (»Das bringt den ganzen begrifflichen Rahmen in Gefahr, in dem wir gewohntermaßen unsere Beobachtungen machen und Theorien konstruieren.«)[17] bis zu »Erzähl mir was, was ich noch nicht weiß«. Fast alle Befragten jedoch schlossen sich dem Aufruf von Peters und Ceci an, »gerechte« Ver-

16 Douglas P. Peters und Stephen J. Ceci, »Peer-Review Practices of Psychological Journals: The Fate of Published Articles, Submitted Again«, in: *The Behavioral and Brain Sciences: An International Journal of Current Research and Theory with Open Peer Commentary* 5 (1982), S. 187-255 (mit einem Kommentar von R.K. Adair et al.).

17 Ebd., S. 245.

fahren zu entwickeln, »gerecht […] in dem Sinne, dass man nach dem Wert seiner Ideen beurteilt wird und nicht nach Kriterien wie akademischer Rang, Geschlecht, Arbeitsplatz, Veröffentlichungsliste usw.«[18] Manche allerdings stellten diese Definition in Frage und hielten es nicht für falsch, wenn Rezensenten die Zugehörigkeit zu einer Institution und die Geschichte eines Autors berücksichtigen. »Wir nehmen das Forschungsergebnis eines Wissenschaftlers, der immer richtig lag, viel ernster als einen ähnlichen Bericht, den ein Wissenschaftler eingereicht hat, der zuvor nie Recht hatte. […] Es ist weder unnatürlich noch falsch, wenn die Arbeit von Wissenschaftlern, die sich durch lange und bedeutende Forschungspraxis einen Ruf erworben haben, mit weniger Vorbehalt aufgenommen wird als die Arbeit weniger bedeutender Wissenschaftler.«[19] »Ein Rezensent hat Recht, wenn er annimmt, dass [bekannte] Leute wissen, was sie tun.«[20] »Wer publiziert, schafft sich eine Art Erfolgsgeschichte. Wenn unsere Aufsätze der Prüfung durch die Zeit standhalten […], ist zu erwarten, dass wir eine gewisse Kompetenz im Umgang mit wissenschaftlichen Methoden erworben haben.«[21] (Das sagte eine Nobelpreisträgerin.) Diese Minderheit ist der Ansicht, dass ein Beitrag eines Kollegen, der hervorragende Leistungen gezeigt hat, ein besserer Tipp ist als ein Beitrag, der über keine solchen Referenzen verfügt. Ich würde noch weiter gehen und sagen, dass letztgenannter *ein ganz anderer Beitrag* sein wird. In einer Fußnote zu seinem Buch *Die Struktur wissenschaftlicher Revolutionen* erzählt Thomas Kuhn die Geschichte von Lord Rayleigh, der der British Association ein Papier vorlegte, auf dem sein Name »versehentlich« weggelassen war, woraufhin es »als die Arbeit eines ›Paradoxisten‹«[22] abgelehnt wurde. Als sein Name schließlich doch auf das Papier gesetzt worden war, wurde es sofort angenommen. Oberflächlich betrachtet, scheint diese Geschichte die schlimmsten Befürchtungen der Befürworter der anonymen Einsendung zu bestätigen, aber ich verstehe sie anders: Ohne die institutionelle Herkunft des Autors wirkte das Papier richtungslos und verschroben,

18 Ebd., S. 253.
19 Ebd., S. 196.
20 Ebd., S. 211.
21 Ebd., S. 244.
22 Thomas Kuhn, *Die Struktur wissenschaftlicher Revolutionen,* 2. Aufl., Frankfurt 1976, S. 235, Anm. 10.

sobald aber die Gutachter über seinen Ursprung Bescheid wussten, konnten sie es als Fortsetzung einer Arbeit mit einer bestimmten Linie und einem Forschungsansatz lesen, den sie kannten, und sofort bekam es einen anderen Sinn, als wenn es hätte »blind« zur Kenntnis genommen werden müssen.

Natürlich hat es niemand blind zur Kenntnis genommen. Gutachter, die ein Papier in die Hand bekommen, von dem alle identifizierenden Merkmale entfernt wurden, werden sich unverzüglich ein Umfeld dazudenken, das dem genau entspricht, das sie nicht kennen sollen. Ohne einen derartigen imaginativen und projektiven Akt könnte das Papier gar nicht *als* eine Arbeit gelesen werden, die zu einer bestimmten Fachdisziplin gehört. Genau genommen gibt es so etwas wie eine anonyme Einsendung überhaupt nicht. Man hat gar keine Wahl zwischen Lesarten, die entweder von »äußerlichen« Informationen beeinflusst sind oder eben nicht; es gibt nur Lesarten, die auf unterschiedliche Weise beeinflusst sind. Eine reine, völlig unvoreingenommene Lektüre ist unmöglich, nicht weil wir unsere Voreingenommenheiten nie ganz loswerden, sondern weil ohne sie nichts zu sehen und zu sagen wäre. Ein Kollege von der juristischen Fakultät erzählte mir einmal von einem Richter, der aufgefordert wurde, bei einem Fall den Vorsitz abzulehnen, an dem ein schwarzer Kläger und ein weißer Beklagter beteiligt waren: Der Richter sei, als ebenfalls Schwarzer, voreingenommen. Der Richter weigerte sich und verwies darauf, dass er »schließlich irgendeine Farbe haben müsse«. Die Moral dieser Geschichte ist deutlich, und ich teile sie: Voreingenommenheit ist ein Wort für ein Sehen aus einer bestimmten Perspektive; ohne Vorwissen hätte man gar keine. Und da ein Sehen ohne jede Perspektive unmöglich ist, ist Voreingenommenheit eine Bedingung des Bewusstseins und damit des Handelns. Natürlich gibt es unterschiedliche Perspektiven, und aus ihnen folgen unterschiedliche Handlungen. Man kann voraussagen, dass *PMLA*, wenn sie mit anonymen Einsendungen arbeitet, nicht mehr dieselbe Zeitschrift sein wird. Dabei wird dieser Unterschied nicht das Ergebnis eines Entpolitisierungsprozesses sein, sondern Folge des Übergangs von einem politischen Programm zu einem anderen.

II. 1988

Ich habe die vorhergehenden Seiten im Jahr 1979 geschrieben und 1982 leicht überarbeitet. Doch wurde, durch einen dieser Zufälle, die das professionelle Leben begleiten, der Sammelband, für den dieses Stück gedacht war, nie veröffentlicht. Jetzt ist es natürlich überholt, aber dass es gealtert und überholt ist, stützt ja gerade mein Argument, es seien die aktuellen Bedingungen des Faches und nicht unabhängige und bleibende Kriterien, die bestimmen, was als signifikant und wertvoll anerkannt wird. Das Argument gilt weiterhin, obwohl einige Beispiele, die ich zu seiner Veranschaulichung gegeben habe, den Lesern heute als entweder auf der Hand liegend (und daher nicht weiter zu vertiefen) oder schlicht falsch erscheinen mögen. Die Beispiele, die unmittelbar einleuchten, werden diesen Effekt auch aufgrund der Arbeiten haben, die ich und andere in der Folgezeit vorgelegt haben. Die Überlegungen zum Status der Bücher XI und XII von *Paradise Lost* haben sich zu kritischen Untersuchungen über die Geschichte dieser Dichtung ausgeweitet. Der »professionelle Antiprofessionalismus« von Studien zur Literatur war Gegenstand einiger Aufsätze, die zeigen, dass er eine konstitutive Eigenschaft der Ideologie unseres Faches ist. (»Professionell« zu sein heißt, von etwas Größerem als nur von Marktbedingungen motiviert zu sein – zum Beispiel von einer Hochachtung für Gerechtigkeit oder für die Heiligkeit des menschlichen Lebens oder für das Beste, was gedacht und gesagt wurde –, auch wenn dieses Größere Form und Dasein von den Marktbedingungen erhält, die es angeblich transzendiert.) Diese Aufsätze wurden von James Fanto, Drucilla Cornell, Bruce Robbins, Steven Mailloux, Samuel Weber, Martha Nussbaum, David Luban, Gerald Graff, Walter Davis und anderen zum Teil heftig angegriffen, und der darauffolgende Dialog hat (zusammen mit den Werken von Michel Foucault, Pierre Bourdieu, Michel de Certeau, Terry Eagleton, Robert Scholes, Paul Bové, William Cain, John Fekete, Jonathan Arac und Russell Jacoby) das Seine dazu getan, dass die Frage des Professionalismus heute bekannter ist, als dies 1979 der Fall war, und auch ernster genommen wird.

Noch etwas anderes hat sich seither geändert. Der Antinomismus hat inzwischen einen Eintrag in der *Milton Encyclopedia* erhalten, und zwar in einem Ergänzungsband zum letzten Band. Die Spenser Society ist voll etabliert, und ihre Aktivitäten sind nicht weniger ritualisiert als die der Milton Society, die natürlich so weitermacht wie immer. (Manche Dinge ändern sich nie.) Die Romantik ist nicht mehr so unauflöslich mit dem Namen von M. H. Abrams oder von sonst jemandem verbunden. Der Kanon bedeutender und weniger bedeutender Werke steht nicht mehr so unerschüttert fest. Zwar tat er das wohl nie, lag ihm doch eine Annahme zugrunde, die von der Geschichte ständig Lügen gestraft wurde. Inzwischen wird nicht einmal mehr unterstellt, dass es so etwas wie einen Kanon überhaupt gibt. Jeden Tag ergeben sich neue Herausforderungen, deren Inhalte irgendwann ebenso orthodox werden wie die Orthodoxien, denen sie den Prozess machen.

Die größte Veränderung aber ist vielleicht die, die den für meinen Artikel wichtigsten Gegensatz – den zwischen einem zeitlosen Reich der Literatur einerseits, dem Druck und den Erfordernissen der Politik andererseits – untauglich gemacht hat zur Beschreibung der in unserem Fach herrschenden Annahmen. Natürlich gibt es noch immer Leute, die glauben, Literatur sei definiert durch ihre Unabhängigkeit von gesellschaftlichen und politischen Kontexten (sie sei ein »konkretes Allgemeines«, wie William Kurtz Wimsatt sagt); die heute einflussreichsten, wirklich auf der Höhe der Zeit befindlichen Stimmen sind aber diejenigen, die ganz im Gegenteil die Ansicht vertreten, die These von der Autonomie der Literatur sei ihrerseits eine politische, ein fester Bestandteil konservativer Bestrebungen in der Gesellschaft, die in deren Namen traditionelle Werte vor oppositionellen Diskursen schützen wollen. Anstatt, wie Ransom gern möchte, eine »existenzielle Ordnung« zu reflektieren, die reiner sein soll als die, die im »wirklichen Leben« zu finden ist, nimmt Literatur dieser neuen (historistischen) Einstellung zufolge entschlossen »am geschichtlichen Prozess und der politischen Gestaltung der Realität«[23] teil. Außerdem muss auch Literaturkritik, wie Louis Montrose bemerkt, wenn Literatur als gesellschaftliche und nicht bloß als ästhetische Praxis verstanden wird, ebenfalls als gesellschaftliche Praxis und nicht länger als bloß akademische oder professionelle Übung betrachtet werden, anders könnte sie ihrem Gegenstand gar nicht treu bleiben.[24]

23 Jean Howard, »The New Historicism in Renaissance Studies«, in: *English Literary Renaissance* 16 (1986), S. 25.

24 Louis Monrose, »Renaissance Literary Studies and the Subject of History«, in: *English Literary Renaissance* 16 (1986), S. 11 f.

Wenn man sich diese neue Entwicklung in der Forschung anschaut, macht man eine merkwürdige (vielleicht auch gar nicht so merkwürdige) Erfahrung: In mindestens einem seiner Aspekte ist der neue Historismus der alte hohe Formalismus, jetzt allerdings politisch ausgedeutet. Ich sage »in einem seiner Aspekte«, weil sich die Art, in der unter der jeweiligen Voraussetzung produziert wurde bzw. wird, in vielerlei Hinsicht unterscheidet: in den Fragen, die gestellt werden, im Material, das befragt wird, in den Strukturen, die entdeckt werden, und in den Ansprüchen, die im Anschluss an diese Entdeckungen geltend gemacht werden – auf der einen Seite der Anspruch, die Existenz eines eigenen, unabhängigen Reichs der Ästhetik bestätigt und bekräftigt zu haben; auf der anderen Seite die Behauptung, die Widersprüche und Risse, die eine Ideologie nie ganz einschließen kann, bloßgelegt zu haben. Trotz dieser Unterschiede jedoch gibt es eine Übereinstimmung: Alle grenzen die wahre und richtige Sicht der Literatur und der Studien zur Literatur von der akademischen Politik ab. Die Ästhetizisten sind der Meinung, diese Politik sei der des »wirklichen Lebens« zu ähnlich, die Historisten denken, sie sei ihr nicht ähnlich genug. Die Klagen unterscheiden sich, aber ihr Ziel – die Verfahrensweisen und Erfordernisse unserer fachlichen Arbeit – ist allgemein bekannt, ebenso der Gegensatz, der ihnen zugrunde liegt, nämlich der zwischen einer Tätigkeit, die mit höheren Werten in Berührung steht, und einer anderen, die diese Werte zugunsten von etwas Niedrigem und Kulturlosem aufgibt. Wie immer diese Werte heißen, ob Allgemeinheit, Abstand, die Vorstellung von etwas rein Geistigem, ob moralische Einheit oder Diskontinuität, Bruch, Zerfall und Engagement – die Befürchtung ist, dass sie kompromittiert werden durch die Forderungen, die vom Karriere- und Veröffentlichungsdruck ausgehen; vom Druck, etwas Neues sagen zu müssen, einen Job zu finden, voranzukommen, anerkannt und berühmt zu werden und so weiter. Im Kontext ästhetischer Vorstellung zerstört dieser vielfältige Druck alles, was wirklich intellektuell ist, im Kontext ihres historistischen Gegenstücks das, was (anders als das bloß Institutionelle) tatsächlich politisch ist. Nicht nur haben beide Seiten den gleichen Feind, beide benutzen sie auch ein gemeinsames Vokabular, das der Transzendenz. Denn in beiden Diskursen werden wir aufgefordert, uns frei zu machen von kleingeistigen Imperativen, das wahre Wesen unserer Berufung zu erkennen und uns an dem zu beteiligen, was *wirklich* und immer wichtig ist – nur dass das Wichtige im einen Fall im Leben des dichterischen Geistes besteht, im anderen im Kampf gegen Unterdrückung und totalitäre Tendenzen. Dabei handelt es sich nur um einen Unterschied zwischen zwei unterschiedlich reinen Handlungen, die deswegen (zumindest dem Anspruch nach) rein sind, weil sie *nicht* Handlungen eines institutionell eingebetteten Fachmanns sind. 1979 (und in den Jahren davor) habe ich mich für das Politische eingesetzt und war gegen Transzendenz, jetzt argumentiere ich für das alltägliche Politische (*politics*) und gegen das Politische (*Politics*) als neue Transzendenz. Wie Donne gesagt haben würde, »Small change / when we're to (materialist) bodies gone.«[25]

Es scheint sinnvoll, diesen Aufsatz auch neun Jahre später (unwillkürlich habe ich den Rat des Horaz beherzigt) zu veröffentlichen, weil die in ihm vertretene Argumentation immer noch auf Widerstand stößt, wenn auch aus einer anderen Richtung. Diese Argumentation läuft, um es ein letztes Mal zu sagen, darauf hinaus, dass mit der Profession verbundene Belange und Erfordernisse verantwortliches (verdienstvolles) Handeln nicht verhindern, sondern im Gegenteil die Form bestimmen, die verantwortliches Handeln annehmen kann. Es hat nichts mit Kritik zu tun, wenn man sich von den professionellen Normen und Zwängen löst, ob im Dienst zeitloser Meisterwerke oder politischer Befreiung, und wann immer behauptet wird, eine Befreiung wäre erreicht, kann man sicher sein, dass dieser Anspruch durch nichts anderes signiert, autorisiert und nachvollziehbar gemacht wird als durch die angeblich verlassenen Fachgrenzen.

25 Letzte Verse aus »Ecstasy«: »Nur wenig Wandel hier, / kehrn wir in unsern Leib zurück«, übers. von Wolfgang Breitwieser. (A.d.Ü.)

3. Konsequenzen

Nichts von dem, was ich in *Gibt es einen Text in diesem Kurs?* schrieb, hat mehr Widerstand und Entrüstung hervorgerufen als meine (negative) Behauptung, die Argumentation des Buches habe für die Praxis der Literaturkritik keine Konsequenzen.[1] Manchem erschien es widersinnig zu behaupten (wie ich es getan habe), ein theoretisches Argument könne die Praxis, die es bedenkt, unberührt lassen: Ist es, so fragte man, denn nicht die zentrale Aufgabe der Theorie, eine Praxis zu beleuchten, sie zu verändern oder anzuleiten? Darauf möchte ich zunächst antworten, dass dies sicher der Anspruch der Theorie ist – so grundsätzlich, dass es außer diesem Anspruch keinen anderen Grund gibt, sich Theorie als Tätigkeit eigener Art vorzustellen –, dass man aber, zweitens, diesen Anspruch unmöglich verteidigen kann. In diesem Punkt bin ich einer Meinung mit Steven Knapp und Walter Benn Michaels, die mir fast als Einzige beipflichten und nicht bemängeln, dass ich »Keine Konsequenzen« zu meinem Argument mache. Sie werfen mir etwas anderes vor, nämlich dass ich gelegentlich von diesem Standpunkt abfalle. Wem *Gibt es einen Text in diesem Kurs?* nicht gefällt, der mag in der Regel »Against Theory«[2] noch weniger. Ich möchte hier auf die ablehnende Haltung gegenüber beiden Texten eingehen. Weil die Probleme, um die es dabei geht, grundsätzlicher Natur sind, muss ich wohl mit einer Diskussion der Frage beginnen, was Theorie eigentlich ist – und was sie nicht ist.

»Against Theory« beginnt mit einer einfachen (allerdings etwas gedrängten) Definition: »Mit ›Theorie‹ meinen wir ein spezielles Projekt innerhalb der Literaturkritik: den Versuch, Interpretationen von bestimmten Texten zu steuern, indem man sich auf eine

1 Vgl. Stanley Fish, *Is There a Text in This Class?*, Cambridge, Ma. 1980 (vgl. in diesem Band, S. 35 ff.). Zu einer Reaktion auf meine These »Keine Konsequenzen« vgl.: Mary Louise Pratt, »Interpretive Strategies/Strategic Interpretations: On Anglo-American Reader Response Criticism«, in: *Boundary* 2, II (Herbst-Winter 1982/83), S. 222.

2 Es handelt sich um den Aufsatz »Against Theory« von Steven Knapp und Walter Benn Michaels, der in *Critical Inquiry* 8, 3 (Sommer 1982) erschien. Alle weiteren Verweise auf dieses Werk erscheinen unter der Abkürzung AT im Text. (A.d.Ü.)

Darstellung von Interpretationen im Allgemeinen beruft.« (AT, S. 723) Im zweiten Satz erklären die Autoren, diese Definition lasse vieles von dem unberücksichtigt, was nach verbreiteter Auffassung unter die Rubrik »Theorie« fällt, vor allem allgemeine Projekte wie »Narratologie, Stilfragen und Prosodie«. (AT, S. 723) Auf den ersten Blick erscheint der Schritt, dergleichen auszuschließen, willkürlich; setzt er sich doch dem Vorwurf aus (den mehrere Befragte tatsächlich erhoben), dass Knapp und Michaels, wenn sie Theorie so eng fassen, ihre These unangreifbar, zugleich aber auch trivial machen. Ich jedoch halte die Definition für korrekt, zudem für eine Neuformulierung einer bekannten und sogar unstrittigen Unterscheidung. Bei E. D. Hirsch zum Beispiel begegnen wir ihr als einer Unterscheidung zwischen allgemeiner und lokaler Hermeneutik. »Die lokale Hermeneutik«, sagt Hirsch,

> besteht aus Daumenregeln, nicht aus Regeln. [...] Die lokale Hermeneutik [...] kann Modelle und Methoden liefern, die meistens verlässlich sind. Die allgemeine Hermeneutik dagegen beschäftigt sich mit Prinzipien, die immer gelten [...] Deshalb ist die allgemeine Hermeneutik bis auf weiteres der einzige Aspekt der Interpretation, der den Namen »Theorie« verdient.[3]

Mit »allgemeiner Hermeneutik« meint Hirsch eine Vorgehensweise, die, wird sie nur treu und streng befolgt, »immer richtige

3 Eric D. Hirsch, Jr., *The Aims of Interpretation,* Chicago 1976, S. 18. Ich möchte hier anmerken, dass ich im Allgemeinen mit Steven Knapp und Walter Benn Michaels einer Meinung bin, was die Frage nach dem Status eines theoretischen Unternehmens betrifft, finde jedoch, dass sie sich nicht die richtigen Beispiele gesucht haben. Stilistik, Narratologie und Prosodie sind meiner Ansicht nach paradigmatische Beispiele für Theorie im starken Sinn. Wie ich an anderer Stelle ausgeführt habe (vgl. Fish, *Is There a Text in This Class?*, Kapitel 2 und 10), geht es in der Stilistik um Taxonomien von beobachtbaren formalen Eigenschaften, die dann auf mechanische oder regelgeleitete Weise mit korrespondierenden Bedeutungen und/oder Effekten in Beziehung gesetzt werden können. Wenn Stilistik Erfolg haben soll (und ich bin sicher, dass sie keinen haben wird), wäre sie eine Interpretationsmaschine, eine Methode oder eine Theorie. Ein sicheres Zeichen für ein theoretisches Unternehmen sind die Strecken, die dabei zurückgelegt werden. Es scheint mir äußerst unwahrscheinlich, dass Stilistiker ihre beeindruckenden Apparate gebaut und ihre komplexen Formulierungen ausgearbeitet haben, nur um eine neue Lesart von James Joyce' »Eveline« (aus *Dubliners*) zu produzieren. Das Gleiche gilt für Narratologie und Prosodie, zumindest in ihrer transformatorischen oder Halle-Keyser-Version.

Ergebnisse bringt«,[4] während die »lokale Hermeneutik« auf Wahrscheinlichkeitsberechnungen beruht, die ihre Grundlage im Insiderwissen darüber haben, was in einem bestimmten Praxisbereich wahrscheinlich erfolgreich sein wird. Wenn Cicero dem Rechtsanwalt rät, in Fällen, bei denen der Charakter des Klienten eine Rolle spielt, zu sagen, dieser sei »fälschlicherweise in diesen Ruf geraten durch den Neid, die Missgunst oder die falsche Meinung irgendwelcher Menschen«, oder, wenn das nicht hilft, zu behaupten, »nicht um seinen Lebenswandel und seinen Charakter gehe die Untersuchung, sondern um das Verbrechen, dessen er bezichtigt werde«, dann präsentiert und empfiehlt er eine lokale Hermeneutik. Wenn aber Raoul Berger behauptet, die Bedeutung der Verfassung lasse sich nur ermessen, wenn man die Absichten der Gründerväter kenne, dann begibt er sich damit in den Bereich der allgemeinen Hermeneutik.[5] Im einen Fall wird dem Anwender dieser Methode gesagt, »in einer solchen Situation gibt es eine paar Dinge, die du tun kannst«, und die Entscheidung, ob er es denn mit einer »solchen« Situation zu tun hat oder nicht und welche Richtung er einschlagen soll, ist ihm überlassen. Im anderen Fall wird ihm gesagt, »wenn du die Wahrheit wissen oder die Bedeutung herausfinden willst, dann tue das«, wobei »das« eine Reihe ausdrücklicher Handlungsanweisungen ist, die keinen Raum für interpretative Entscheidungen lassen. Im einen Fall wird dem, der eine Interpretation vornimmt, eine »Daumenregel« gegeben, etwas, das unter bestimmten Umständen einen Versuch wert wäre, wenn er in dem Spiel Erfolg haben will, im anderen Fall wird ihm eine Regel vorgesetzt, die er unbedingt beherzigen muss, wenn er Recht haben will, wobei »Recht haben« nicht heißt, sich mit den vorübergehenden und sich ändernden Normen eines Kontextes im Einklang zu befinden, sondern sich an die Vorschriften einer immer währenden und allgemeinen Rationalität zu halten. Eine Regel ist formalisierbar: Sie kann auf einem Computer programmiert und somit von jedem ausgeführt werden, der klare (nicht zirkuläre) Definitionen und ebenfalls klare Richtungsangaben, wie er eine Prozedur durchführen muss, zur Hand hat. Eine Daumenregel dagegen

4 Hirsch, *The Aims of Interpretation*, S. 18.

5 Cicero, *De inventione*, II. 37, hg. und übersetzt von Theodor Nüßlein, Düsseldorf/Zürich 1998, S. 197. Vgl. auch Raoul Berger, *Government by Judiciary: The Transformation of the Fourteenth Amendment*, Cambridge, Ma. 1977.

kann nicht formalisiert werden, weil sich ihre Anwendung mit den kontextuellen Bedingungen einer fortlaufenden Praxis verändert. Ändern sich diese Bedingungen, dann ändert sich auch die Bedeutung der Regel (die Handlungsanweisung, die darunter verstanden wird), zumindest wenn man sich zur Genüge mit der Praxis auskennt, um für ihre wechselnden Anforderungen empfänglich zu sein. Um es anders zu sagen, der Leser mit der Daumenregel beginnt mit einem bestimmten Wissen über das, was herauskommen soll, und innerhalb dieses Wissens nimmt die Regel Gestalt an und wird lesbar. Wer dagegen eine Regel befolgt, beugt sich der sich selbst erklärenden Form der Regel, die dann, unabhängig von seinem Urteil, das richtige Ergebnis hervorbringt. Das Vorbild für die »wahre« Regel und damit für Theorie ist die Mathematik, denn wenn zwei Personen mathematische Regeln anwenden und zu verschiedenen Ergebnissen kommen, können wir, wie John Lyons bemerkt hat, sicher sein, dass sich einer der beiden geirrt, das heißt, die Regeln falsch angewendet hat.[6]

Auf den Vergleich mit der Mathematik kommt Lyons im Verlauf einer Diskussion der Chomsky'schen Linguistik, und das Chomsky-Projekt ist in der Tat ein hervorragendes Beispiel dafür, wie ein Modell des formalen, von Regeln angeleiteten Typs aussieht. Die Chomsky'sche Revolution, schreiben Jerrold Katz und Thomas Bever, bestehe im »Übergang von einer Konzeption der Grammatik, bei der die Daten eines Bestandes katalogisiert werden, zur Idee einer Grammatik, die die internalisierten Regeln aufdeckt, auf denen die Fähigkeit eines Sprechers beruht, Sätze hervorzubringen und zu verstehen.«[7] Im Grunde genommen ist dies eine Wendung von einer empirischen Tätigkeit – dem Ableiten grammatikalischer Regeln aus einem endlichen Bestand beobachteter Sätze – zu einer rationalen Tätigkeit – der Entdeckung einer Reihe von Zwängen, die keine Verallgemeinerungen aus beobachtetem Verhalten sind, sondern dieses Verhalten in dem Sinn erklären, dass sie es allererst möglich machen. Diese Zwänge werden nicht durch Erfahrung (Erziehung, geschichtliche Bedingungen, besondere Gewohnhei-

6 Vgl. John Lyons, *Noam Chomsky*, New York: 1978, S. 37.

7 Jerrold J. Katz und Thomas G. Bever, »The Fall and Rise of Empiricism«, in: Thomas G. Bever, Jerrold J. Katz und D. Terrence Langendoen, *An Integrated Theory of Linguistic Ability*, New York 1976, S. 12; alle weiteren Verweise auf dieses Werk erscheinen unter der Abkürzung FRE im Text.

ten) angeeignet, sondern sie sind angeboren, und die Erfahrung dient nur dazu, sie zu aktualisieren oder »auszulösen«. Sie haben ihren Ursprung nicht in der Kultur, sondern in der Natur, und deshalb sind sie *abstrakt* (ohne empirischen Inhalt), *allgemein* (dürfen nicht mit einer bestimmten Rasse, Örtlichkeit oder historischen Periode identifiziert werden, sondern nur mit der Spezies insgesamt) und *invariant* (sie unterscheiden sich nicht von einer Sprache zur anderen). Als ein System von Regeln sind sie »unabhängig von den Eigenschaften der wirklichen Welt und enthalten so alle möglichen Welten«. (FRE, S. 40)

Daraus folgt, dass die Nachbildung dieser Zwänge – die Konstruktion einer Vorrichtung, die ihre Operationen repliziert – ebenfalls unabhängig, also formal, abstrakt, allgemein und invariant sein muss. Chomskys Projekt besteht darin, eine solche Vorrichtung zu bauen, sein Modell einer angeborenen menschlichen Fähigkeit, ein »Kompetenzmodell«, das wiedergibt, wie ein immer gleich bleibender Formalismus zeit- und kontextlos funktioniert; der Gegensatz dazu ist das »Performanzmodell«, das die empirischen und zufälligen Regelmäßigkeiten des Verhaltens bestimmter Sprachgemeinschaften erkennen lässt. Wenn es gebaut ist, funktioniert das Kompetenzmodell in der Art einer »mechanischen Berechnung«. (FRE, S. 38) Um es »anzuwenden«, muss eine selbsttätige Maschine oder eine Berechnungsart in Bewegung gesetzt werden, die einem Satz, ohne dass es auf Seiten des Anwenders zu irgendeiner interpretativen Tätigkeit kommt, dieselbe Beschreibung zuweisen wie »ein idealer Sprecher-Hörer in einer homogenen Sprachgemeinschaft, der diese Sprache perfekt beherrscht«.[8] Würde man einem solchen Sprecher den Satz »He danced his did« vorlegen, würde er ihn als grammatisch falsch oder unregelmäßig oder abweichend zurückweisen. Entsprechend würde eine Grammatik, die seiner Fähigkeit (oder Intuition) nachgebildet ist, dem Satz keine Beschreibung zuweisen – die generative Vorrichtung wäre durch etwas blockiert, das ihre Regeln verletzt. Einen Satz wie »Flying planes can be dangerous« dagegen würde er als mehrdeutig erkennen. Entsprechend würde eine generative Grammatik dem Satz nicht eine, sondern zwei Struktur- (oder »tiefe«) Beschreibungen zuweisen. Und wenn der Sprecher die beiden Sätze »John hit the ball« und »The ball was

8 Noam Chomsky, *Aspects of the Theory of Syntax*, Cambridge, Mass. 1965, S. 3; alle weiteren Verweise auf dieses Werk erscheinen unter der Abkürzung ATS im Text.

hit by John« zu hören bekäme, würde er sie als synonym erkennen, dementsprechend würde die generative Grammatik ihnen eine einzige Strukturbeschreibung zuweisen.

Man muss sich klarmachen, dass dieser ideale Sprecher und die seiner Kompetenz nachgebildete Grammatik ihre Aufgaben verrichten, ohne die Umstände der Hervorbringung eines Satzes, die Anschauungen von Sprecher und Hörer oder die idiomatischen Muster einer bestimmten Gemeinschaft zu berücksichtigen.[9] Der Sprecher, der die Sprache seiner Gemeinschaft »perfekt« spricht, kennt, Chomskys Idealmodell entsprechend, dieses System unabhängig davon, ob es in Situationen des wirklichen Lebens verwirklicht wird: Dieses Wissen ist seine Kompetenz, und die Grammatik, die sie erfasst, unterscheidet Zeichenfolgen in der Sprache »in gut bzw. schlecht gebildete«, sie tut dies »einzig und allein auf der Grundlage ihrer syntaktischen Struktur und ohne Bezugnahme auf wirkliche Dinge oder auf das, was Sprecher, Hörer oder sonst jemand glauben usw.« (FRE, S. 31) Deshalb kann man, wie Judith Greene sagt, »die Probe auf eine Grammatik nur machen, wenn man formale Regeln entwirft, die, wenn sie in einen Computer, der von der Sprache nichts weiß, gefüttert werden, immer noch in der Lage sind, ausschließlich grammatikalisch richtige Sätze hervorzubringen«.[10]

Das genau ist das Ziel von Chomskys Theorie – die Konstruktion eines »Systems von Regeln, das Sätzen explizit und auf wohldefinierte Weise Strukturbeschreibungen zuweist«, wobei »explizit« mechanisch oder algorithmisch bedeutet, und das Zuweisen nicht von einer handelnden Person, sondern vom System vorgenommen

9 In der Fachsprache sind diese Muster unter der Bezeichnung »Performanzfaktoren« geläufig und gehören zur Analyse des Unterschieds zwischen Äußerungen und Sätzen: »Sätze sind abstrakte Gegenstände, die nicht an einen besonderen Kontext, Sprecher oder an einen Zeitpunkt gebunden sind. Äußerungen dagegen sind an einen besonderen Sprecher, an eine Gelegenheit und einen Kontext gebundene, datierbare Ereignisse« (Neil Smith und Deirde Wilson, *Modern Linguistics: The Results of Chomsky's Revolution,* Bloomington, Ind. 1979, S. 45). Äußerungen werden auf einer Skala der »Akzeptabilität« nach den – kulturellen und daher variablen – Bedingungen ihrer Hervorbringung bewertet, Sätze dagegen auf einer Skala der Grammatikalität oder Wohlgebildetheit entsprechend den invarianten Regeln eines formalen Systems; vgl. dazu: F. R. Palmer, *Semantik*, München 1977.

10 Judith Greene, *Psycholinguistics: Chomsky and Psychology*, Baltimore 1972, S. 28.

wird. (ATS, S. 8) Überflüssig zu sagen, dass es viel Streit gegeben hat um die Möglichkeit (und Wünschbarkeit), dieses Ziel zu erreichen, und dass dabei die grundlegenden Unterscheidungen (zwischen Kompetenz und Performanz, Grammatikalität und Akzeptabilität, Syntax und Semantik, grammatikalischem Wissen und Weltwissen), die es ermöglichen sollen, zunächst ein Ziel zu formulieren, um damit dann ein Forschungsprogramm anzuleiten, heftig in Frage gestellt wurden. An dieser Stelle, ohne näher auf die Verdienste von Chomskys Programm und auf die Frage einzugehen, ob es jemals Erfolg haben wird, möchte ich darauf verweisen, dass dieses Programm theoretisch ist und als voll entwickeltes Beispiel für das gelten kann, was Knapp und Michaels meinen, wenn sie Theorie als ein *besonderes* Projekt bezeichnen, und was Hirsch mit seiner Behauptung meint, nur ein solches Projekt – eine allgemeine Hermeneutik – habe »das Recht, ›Theorie‹ genannt zu werden«. Das Chomsky-Projekt ist theoretisch, weil es nach einer Methode sucht, nach einem Rezept mit abgemessenen Zutaten, die, wenn sie nach völlig eindeutigen Handlungsanweisungen – die sich »nicht auf die Intelligenz des verständigen Lesers verlassen« (ATS, S. 4) – geordnet und kombiniert werden, das gewünschte Ergebnis erbringen. In der Linguistik wäre dies die Zuweisung korrekter Beschreibungen an Sätze, in Literaturstudien die Zuweisung gültiger Interpretationen an literarische Werke. In beiden Fällen (und in jedem anderen, der vorstellbar ist) überlässt sich der Interpret der theoretischen Maschinerie und tritt seine Urteilsfähigkeit an sie ab, um zu Ergebnissen zu kommen, die völlig unabhängig sind von seiner Erziehung, seinem Standpunkt oder seiner kulturellen Situation und die sich von jedem überprüfen lassen, der sich ebenfalls an diese Regeln hält.

Theorie lässt sich also als Versuch verstehen, Praxis zu leiten, in zweierlei Hinsicht: Sie soll (1) die Praxis von einem Punkt aus, der sich über oder außerhalb dieser befindet, *anleiten* (siehe AT, S. 723 und 742) und (2) die Praxis *reformieren* durch Neutralisierung von Interessen, indem die kleingeistige Perspektive eines besonderen oder parteilichen Standpunkts durch die Perspektive allgemeiner Rationalität ersetzt wird, der man seine kontextuell bedingten Meinungen und Ansichten unterordnet. (Nicht zufällig ist dies Anspruch und Traum der Bacon'schen Methode, auf die so manches moderne theoretische Projekt zurückgeht.) Nur wenn man diese

Ersetzung vornimmt, wird die Interpretation zu etwas Prinzipiellem, sie wird angeleitet sein von formalen und allgemeinen Regeln, die immer und überall passen, und nicht von Daumenregeln, die aus zufälligen Praktiken bestimmter Gemeinschaften gewonnen werden.

Das Argument *gegen* Theorie läuft schlicht darauf hinaus, dass eine solche Ersetzung des Besonderen durch das Allgemeine nie erreicht worden ist und auch nie erreicht werden wird. Theorie ist ein unmögliches Projekt, es wird sich nie realisieren lassen, weil die für seinen Erfolg notwendigen Primärdaten und formalen Gesetze immer aus kontextuellen Umständen herausgepflückt wurden, von denen sie doch unabhängig sein sollen. Die objektiven Tatsachen und Berechnungsregeln, die die Interpretation fundieren und auf ein prinzipielles Niveau bringen sollen, sind ihrerseits Produkt von Interpretationen: deshalb auch immer schon von den interessierten Urteilen kontaminiert, die sie angeblich transzendieren. Die Kontingenzen, die zugunsten des Unveränderlichen ausgeschlossen werden sollen, sind konstitutiv für den Bereich, in dem das entsteht, was (für eine gewisse Zeit) als das Unveränderliche gilt.

Noch einmal bietet sich ein Beispiel aus der Geschichte der Chomsky'schen Linguistik an. Um anfangen zu können, muss Chomsky aus seinen »absoluten Formulierungen [...] jeden Faktor [ausschließen], der als eine Sache der Performanz und nicht der Kompetenz zu betrachten ist«. Er tut das, wie Katz und Bever anmerken, »indem er Performanz als etwas sieht, das in etwa der Art, in der ein Physiker Reibung, Luftwiderstand usw. ausschließt, von der Formulierung mechanischer Gesetze wegabstrahiert werden muss«. (FRE, S. 21) Dieses Wegabstrahieren muss natürlich mit den Daten beginnen, und in diesem Fall sind die Daten (oder sollten es sein) Sätze, die für ihre Interpretation nicht von performativen Faktoren abhängen – vom Wissen über die Anschauungen des Sprechers, von bestimmten Sitten oder Konventionen –, sondern von den Regeln der Grammatik.[11] Das nun erforderliche Kunststück besteht darin, Sätze zu denken, die von allen kompetenten Sprechern auf dieselbe Weise gehört werden, unabhängig von deren Bildungserfahrungen, ihrer Klassenzugehörigkeit, von Vorlie-

11 Das heißt, man muss, wie Smith und Wilson richtig sehen, mit einer »Trennung zwischen linguistischem und nicht linguistischem Wissen« beginnen (*Modern Linguistics*, S. 32), die Möglichkeit einer solchen Trennung aber bestreite ich hier.

ben oder Spezialwissen; Sätze, die sich nicht verändern, wenn sich Kontexte ändern, und die Grundlage bilden können für eine kontextlose und formale Beschreibung der Sprache und ihrer Regeln.

Das Dumme ist nur, dass es solche Sätze nicht gibt. Wie ich an anderer Stelle sagte: Selbst wenn man an einen Satz nur denkt, hat man bereits die Bedingungen sowohl für seine Hervorbringung als auch für seine Verständlichkeit übernommen – Bedingungen, zu denen ein Sprecher mit einer Absicht und einem Ziel in einer Situation gehört.[12] Es gibt freilich Sätze, die auch in der Isolation, unabhängig von jedem Kontext, verständlich erscheinen. Das heißt jedoch nur, dass der Kontext so etabliert und so umfassend übernommen worden ist, dass er dem Beobachter nicht auffällt – er bemerkt nicht, dass das, was ihm sofort klar und lesbar erscheint, von der Tatsache abhängt, dass es diesen Kontext gibt. Die Regeln, zu denen man durch Abstraktion von solchen Sätzen gelangt, können darum nur Regeln innerhalb dieses stillen oder tiefsitzenden Kontextes sein, aus dem sie entstehen und durch den sie beschreibbar werden. Sprachwissen existiert nicht getrennt von veränderlichen Umständen: Es ist ohne solche Umstände gar nicht zu denken. Linguistisches Wissen ist kontextgebunden und nicht abstrakt, es ist lokal und nicht allgemein, dynamisch und nicht unveränderlich. Jede Regel ist eine Daumenregel. Jede Kompetenzgrammatik ist eine verkleidete Performanzgrammatik.[13]

12 Vgl. Fish, *Is There a Text in This Class?*, S. 281-92.

13 Deshalb ist die Geschichte der Chomsky'schen Linguistik eine Geschichte der Gegenbeispiele zu *den* Regeln: Da die Regeln aus einem übernommenen (wenn auch nicht erkannten) Kontext extrapoliert sind, werden die Beschreibungen, die mit ihnen vorgenommen werden, all jenen nicht einsichtig sein, die sich in einem *anderen* Kontext bewegen. Natürlich gilt das auch für jedes andere Regelsystem. – In seiner rigorosen Kritik des Entwurfs zu diesem Aufsatz erhebt Joseph Graham den Einwand, ich stellte Chomskys Projekt in verschiedener Hinsicht nicht richtig dar. Graham referiert einige Argumente aus Chomskys *Regeln und Repräsentationen* (Frankfurt/M. 1981) und behauptet, der Begriff der »Theorie«, den ich in meiner Chomsky-Diskussion verwende, sei viel zu stark, würde dessen Ansichten nicht gerecht; zudem unterschiede ich nicht zwischen »allgemeiner Grammatik« als einer biologischen Randbedingung möglicher »Kern«-Grammatiken und einer oder mehreren solcher möglichen Grammatiken; ich verwischte den wesentlichen Unterschied zwischen grammatischer und pragmatischer Kompetenz, dabei hinge von dieser Unterscheidung so viel ab. Darum verlangte ich von der Grammatik mehr, als sie leisten könne. Kein theoretisches Unternehmen sei in dem Sinne »demonstrativ«, in dem ich diesen Begriff gebrauchte,

Deshalb wird Theorie ihr Ziel nie erreichen: Sie kann nicht anders, sie muss sich ihre Begriffe und ihren Inhalt aus dem holen, was zu transzendieren sie vorgibt, aus der veränderlichen Welt der Praxis, der Anschauungen und Annahmen, der Gesichtspunkte usw. Und wenn etwas keinen Erfolg hat, hat es auch keine Konsequenzen, es kann die Ziele nicht erreichen, die es sich gesetzt hat, nämlich Theorie zu sein oder zumindest den Anspruch zu erheben und die Praxis anzuleiten und/oder zu reformieren. Theorie kann die Praxis nicht anleiten, weil ihre Regeln und Vorgehensweisen nichts weiter sind als Verallgemeinerungen aus der Geschichte der Praxis (tatsächlich nur aus einem kleinen Teil dieser Geschichte); und die Praxis reformieren kann Theorie nicht, weil sie Interessen nicht neutralisiert, sondern mit Interessen beginnt und dort endet und zudem die Imperative von Interessen – von besonderen, parteilichen Projekten – in den Status von Universalien erhebt.

Bis jetzt habe ich über »fundamentalistische Theorie« (*foundationalist theory*) gesprochen (über das, was Knapp und Michaels »positive Theorie« nennen); über eine Theorie, die unsere Berech-

alle wissenschaftliche Forschung arbeite vielmehr mit einer »Abduktion oder Inferenz zur besten Erklärung«. Darauf möchte ich erstens erwidern, dass meine Darstellung von Chomskys Projekt auf Äußerungen von Chomsky selbst und einigen seiner treuesten Anhänger zurückgeht und dass, selbst wenn diese Theorie, wie Graham sagt, in den letzten Jahren modifiziert und klarer dargestellt wurde, die Euphorie, mit der sie in ihrem frühen Stadium aufgenommen wurde, zeigt, dass sie für viele eine Grundlage bot für das, was ich »fundamentalistische Hoffnung« nenne. Außerdem stammen einige der Differenzen zwischen Graham und mir aus den unterschiedlichen und gegensätzlichen Traditionen, in denen wir stehen – er in der Tradition der kognitiven Psychologie mit ihrem Interesse an angeborenen Eigenschaften und unzugänglichen mentalen Operationen, ich dagegen in der praxis- und konventionszentrierten Tradition von Ludwig Wittgenstein, W. V. Quine, Hilary Putnam, Richard Rorty und Donald Davidson, dazu von Jacques Derrida, Michel Foucault und anderen kontinentaleuropäischen Denkern. Chomskys Annahme, dass Wissen und Gewissheit wenig oder nichts mit Begründungen, Rechtfertigungen, Gewohnheiten, Fertigkeiten, nichts mit Induktion und Lernen zu tun habe, sondern mit freilich noch genauer zu bestimmenden genetischen Mechanismen, würde ein Graham gleichmütig, möglicherweise sogar zustimmend zur Kenntnis nehmen, während diese Annahme in meinen Ohren widersinnig, wenn nicht uninteressant klingt (vgl. Chomsky, *Regeln und Repräsentationen*, S. 96-106, 136-38 und 235). Natürlich gibt es mehr über dieses Thema zu sagen, und Graham verspricht, dies demnächst in einer Reihe von Aufsätzen zu tun, aber bis auf weiteres will ich bei meinen derzeitigen Formulierungen bleiben.

nungen und Bestimmungen auf eine sicherere Grundlage zu stellen verspricht, als sie durch bloßen Glauben oder eine unbegründete Praxis zu erreichen sei. In den letzten Jahren hat sich allerdings der Brennpunkt der Aufmerksamkeit auf »antifundamentalistische Theorie« verschoben (Knapp und Michaels nennen das »negative Theorie«), auf Ansätze, die schon die Möglichkeit (sogar die Verständlichkeit) dessen bestreiten, was eine fundamentalistische Theorie verspricht. Antifundamentalistische Theorie ist manchmal an Kuhn orientiert, manchmal an Derrida, manchmal am Pragmatismus, manchmal am Marxismus und manchmal am Anarchismus, aber sie ist immer historistisch – will sagen, ihre Strategie ist immer die, die ich in den vorigen Abschnitten verfolgt habe, nämlich zu zeigen, dass die Normen, Standards und Regeln, die die fundamentalistische Theorie der Geschichte, der Konvention und der besonderen Praxis entgegensetzen möchte, in allen Fällen eine Funktion oder Extension der Geschichte, von Konventionen und besonderen Praktiken sind. Wie Richard Rorty sagt: »Es gibt keine Wesenheiten auf diesem Gebiet. Es gibt keine umfassende, erkenntnistheoretische Möglichkeit, den Verlauf der Forschung zu lenken, zu kritisieren oder zu verbürgen. [...] Es ist das Vokabular der Praxis und nicht der Theorie [...] in dem sich etwas Nützliches über die Wahrheit sagen lässt.«[14] (Wohlgemerkt, das heißt nicht, dass ein Begriff wie »Wahrheit« nicht mehr anwendbar wäre, sondern nur, dass er immer eine Beziehung zu einem bestimmten Moment in der Geschichte der Forschung aufbaut und nicht zu einem Gott, einer materiellen Objektivität oder einer Invarianzrechnung, die je auf ihre Weise die Wahrheit der Forschung verbürgten.)

Dass es zwei Arten von Theorien gibt (besser vielleicht theoretische Diskurse, denn antifundamentalistische Theorie ist eigentlich gar keine Theorie, sondern eine Argumentation gegen die Möglichkeit von Theorie), macht die Frage nach den Konsequenzen komplizierter, obwohl das Verhältnis beider Theoriearten zu dieser Frage am Ende dasselbe ist. Wie wir sahen, ist, wer an die Konsequenzen der fundamentalistischen Theorie glaubt, von einer Hoffnung besessen – nennen wir sie »Theoriehoffnung«. Er setzt darauf, dass sich unsere Ansprüche auf gesichertes Wissen »durch eine objektive Methode zur Beurteilung dieses Anspruchs rechtfertigen«

14 Richard Rorty, *Consequences of Pragmatism*, Minneapolis 1982, S. 162.

lassen, nicht lediglich durch individuelle Anschauungen, die sich den Zufällen der Erziehung und der Erfahrung verdanken.[15] Aus antifundamentalistischer Sicht wird es eine solche Rechtfertigung nie geben und damit auch keine Möglichkeit, unsere Ansichten mit einem Maßstab zu prüfen, der nicht auch einer Ansicht entstammt. Wie wir noch sehen werden, hat auch die antifundamentalistische Theorie eine eigene »Theoriehoffnung«; das Gefühl jedoch, das ihre Argumente häufiger hervorrufen, ist »Theorieangst« – die Befürchtung, dass diejenigen, die sich von Argumenten gegen Theorie überzeugen lassen, die von Prinzipien geleitete Forschung aufgeben und hinwegspazieren auf einem Weg, auf dem sie auf Diktate der Mode, der Meinung und der Launen reagieren. Die Theorieangst greift um sich (man kann sie heute bereits in Tageszeitungen und populären Zeitschriften finden), und in dramatischeren Formen nähert sie sich dem Status von Untergangsprophezeiungen. Nehmen wir zum Beispiel Israel Schefflers Ansicht über das, was geschehen würde, folgten wir Thomas Kuhn:

> Es gibt keine unabhängigen und öffentlichen Kontrollen mehr, die Kommunikation scheitert, das gemeinsame Universum der Dinge erweist sich als Täuschung, die Realität wird gemacht [...] und nicht entdeckt. [...] Anstelle einer Gemeinschaft vernünftiger Menschen, die auf der Suche nach der Wahrheit objektiven Vorgehensweisen folgen, haben wir isolierte Monaden mit ihren jeweiligen, durch keine systematischen Grenzen eingeschränkten Standpunkten.[16]

Für Scheffler (und andere) hat antifundamentalistische Theorie verheerende Konsequenzen, die bis zum Verlust all dessen reichen, was wir mit rationaler Forschung verbinden: öffentliche und allgemein anerkannte Standards, Kriterien, um eine Lesart eines Textes oder der Welt einer anderen vorzuziehen, Sicherungen gegen Unverantwortlichkeit usw. Zu solchen Konsequenzen kommt es aber nur, wenn die antifundamentalistische Theorie als Argument für hemmungslose Subjektivität, für das Ende aller Einschränkungen verstanden wird, denen das Individuum ausgesetzt ist. In Wirklichkeit aber ist sie ein Argument für das situierte Subjekt, für das

15 Keith Lehrer, *Knowledge*, Oxford 1974, S. 17.

16 Israel Scheffler, *Science and Subjectivity*, Indianapolis 1967, S. 19. Zu ähnlichen Äußerungen vgl. Hirsch, *The Aims of Interpretation*, S. 152-55, und Owen M. Fiss, »Objectivity and Interpretation«, in: *Stanford Law Review* 34 (April 1982), S. 763.

Individuum, das immer schon eingeschränkt ist durch lokale oder gemeinschaftliche Standards und Kriterien, von denen sein Urteil abhängt. So besteht die Lektion der antifundamentalistischen Theorie nicht nur darin, dass externe und unabhängige Leitlinien nie gefunden werden können, sondern auch darin, dass es unnötig ist, sie zu suchen, weil man sich immer wird leiten lassen von den Regeln oder Daumenregeln, die zum Inventar einer etablierten Praxis gehören, also von den angenommenen Definitionen, Unterscheidungen, Beweiskriterien, Maßstäben der Adäquatheit usw., die nicht nur die Praxis definieren, sondern auch das Verständnis des Handelnden, der sich für ein »kompetentes Mitglied« hält, strukturieren. Von diesen Regeln kann sich der Handelnde nicht distanzieren, denn nur in ihrem Kontext kann er über alternative Handlungsverläufe nachdenken oder überhaupt *denken*. Deshalb kann antifundamentalistische Theorie die Konsequenzen, die Scheffler fürchtet, unmöglich haben, denn sie reißt das Subjekt nicht aus seiner Verankerung, sondern zeigt, dass es immer schon am Kontext festgebunden ist, der es konstituiert und seine »rationalen« Handlungen ermöglicht.

Doch auch die Konsequenzen, die sich ihre Befürworter *erhoffen*, hat die antifundamentalistische Theorie nicht aufzuweisen, nicht die Befreiung von ungerechtfertigten, absoluten Kategorien und Forderungen, die uns helfen soll, die Ziele des menschlichen Gedeihens oder des liberalen Gesprächs flexibler verfolgen zu können. Diese Hoffnung stützt sich auf folgende Überlegung. Wenn wir nun wissen, dass uns unsere Auffassungen von Wahrheit und Faktizität nicht durch äußere Einflüsse aufgezwungen, nicht in unser Gehirn eingeprägt wurden, sondern abgeleitet sind von Praktiken ideologisch motivierter Gemeinschaften, dann können wir sie auch zugunsten von Auffassungen, für die wir uns frei entscheiden, beiseitelassen. Tatsächlich aber heißt das nur, sich den Moment der zwanglosen Entscheidung von der anderen Richtung her vorzustellen, als Ziel und nicht als Abgrund. Antifundamentalistische Angst und antifundamentalistische Hoffnung unterscheiden sich nur ihrem Schwerpunkt nach. Die einen fürchten, dass wir uns von Einschränkungen losmachen, die anderen wünschen, dies endlich zu können. Beide denken irrtümlich, dass antifundamentalistische Theorie, indem sie den kontextuellen Ursprung von Anschauungen aufzeigt, diesen den Boden unter den Füßen wegzieht. Für die eine Partei mag das eine gute Nachricht sein, die andere dagegen sieht das Chaos zurückkehren. Tatsächlich aber sagt die antifundamentalistische Theorie nichts darüber, was wir tun können oder nicht; sie gibt lediglich Aufschluss über das, was wir immer schon getan haben und anders gar nicht tun können (gleichgültig welcher Erkenntnistheorie wir folgen) – nämlich handeln im Einklang mit den Standards und Normen, die unsere Überzeugungen ausmachen und die deshalb die Struktur unseres Bewusstseins bilden. Dass wir nun eine neue Erklärung haben, wie wir zu unseren Auffassungen gekommen sind – dass wir, kurz gesagt, eine neue Auffassung haben –, befreit uns nicht von unseren übrigen Ansichten, bringt uns auch nicht dazu, sie in Zweifel zu ziehen. Ich mag nun davon überzeugt sein, dass meine Gedanken zu *Paradise Lost* abhängig sind von meiner Erziehung, von Ausbildung und Beruf, der Geschichte der Milton-Studien und von vielem mehr, doch auch diese Überzeugung ist kein Grund für mich, über *Paradise Lost* anders zu denken oder das Vertrauen in meine Gedanken zu verlieren. Zu dieser Konsequenz käme es nur, wenn ich mir eine von bestimmten Auffassungen unabhängige Methode vorstellen könnte, um die Wahrheit über *Paradise Lost* herauszufinden. Wenn ich jedoch dieser Auffassung wäre, wäre ich kein Anhänger der antifundamentalistischen Theorie. Kurz: Die Theoriehoffnung, die manche Verfechter der antifundamentalistischen Theorie zum Ausdruck bringen, steht im Widerspruch zu ihrer Sicht der Dinge, denn die Hoffnung, der Traum von einem Neuanfang, nimmt alles in sich auf, was die antifundamentalistische Theorie ablehnt.

Natürlich könnte es passieren, dass man mir demonstriert, dass sich manche meiner Ansichten (über Milton oder irgendeinen anderen Gegenstand) auf Annahmen oder Gesichtspunkte zurückführen lassen, die ich unangenehm finde, und ich könnte dadurch dazu bewegt werden, meine Überzeugungen zu ändern oder mir genauer anzusehen, was für mich unangenehm ist und was nicht. Dies aber wäre ein ganz spezifisches Neubedenken, ausgelöst von wahrgenommenen Widersprüchen in meinen Ansichten (und die müssten so stark sein, dass ich sie unerträglich fände), jedoch keine allgemeine Überprüfung meiner Ansichten, weil ich nun andere Ansichten über ihre Herkunft habe. Denkbar wäre eine solche allgemeine Überprüfung durchaus, dann nämlich, wenn ich den Ursprung, dem ich meine Auffassungen zuschreiben müsste (halluzinogene Drogen, politische Indoktrination), für unannehmbar hielte – aber selbst dann könnte ich mich immer noch entscheiden, an dem festzuhalten, was ich kenne, unabhängig davon, woher es stammt. Die Menschheitsgeschichte allerdings könnte für mich, einen Anhänger der antifundamentalistischen Theorie, keine derart unannehmbare Quelle sein, denn die antifundamentalistische Theorie lehrt (und zwar ohne Bedauern oder Nostalgie), dass Geschichte der Kontext ist, in dem wir Wissen erlangen. Anders gesagt: Ein antifundamentalistischer Theoretiker kann (wie jeder andere auch) jederzeit etwas ablehnen, weil sich dessen Ursprung als ein Stück Geschichte erweist, dass er verwerflich findet, aber er kann nicht (ohne momentan zum fundamentalistischen Theoretiker zu werden) etwas einfach deshalb ablehnen, weil sich sein Ursprung überhaupt als etwas Geschichtliches anstatt als etwas von der Geschichte Unabhängiges erwiesen hat.

Alles das zeigt uns erneut, was ich die ganze Zeit gesagt habe: Theorie hat keine Konsequenzen. Die fundamentalistische Theorie hat keine Konsequenzen, weil ihr Projekt nicht gelingen kann, und die antifundamentalistische Theorie hat keine Konsequenzen, weil sie als eine Vorstellung davon, wie wir zu unseren Auffassungen gelangen, die Ansichten (zumindest im Prinzip) unberührt lässt, deren Geschichte sie erklärt. Der Fall scheint klar, doch bin ich sicher, dass noch immer viele daran festhalten: Theorie *muss* Konsequenzen haben. Auf ihre Einwände und Argumente will ich nun eingehen.

Den ersten Einwand haben wir schon erledigt, zumindest implizit. Formuliert hat ihn Adena Rosmarin, er läuft auf die Frage hinaus: Warum sollen wir Theorie entweder auf fundamentalistische Versuche beschränken, die Praxis auf die Füße irgendeines archimedischen Prinzips zu stellen, oder auf die antifundamentalistische Demonstration, dass solche Versuche notwendig scheitern? Warum sollen wir aus der Kategorie »Theorie« so vieles ausschließen, das immer als Theorie betrachtet wurde – Werke wie W. J. Harveys *Character in the Novel* oder Barbara Herrnstein Smiths *Poetic Closure* oder William Empsons *Seven Types of Ambiguity* –, Werke mit einem allgemeinen Anspruch, die sich über die Interpretationen bestimmter Texte hinaus mit Regelmäßigkeiten befassen, die vielen Texten gemeinsam sind? Die Antwort ist: Die so aufgedeckten Regelmäßigkeiten existieren nicht losgelöst von der Praxis, konstituieren auch kein Bild von deren abstrakten Möglichkeiten, sondern sind abgeleitet aus der Praxis und geben Auskunft entweder über deren gegenwärtig übliche oder über die Form, die sie in früheren Perioden hatte. Man kann diese Regelmäßigkeiten für Regeln halten, die aber weder unveränderlich sind noch der Vorhersage dienen, denn sie stammen aus einem endlichen Bestand von Daten und gelten nur (wenn überhaupt) in Bezug auf diesen. Jedes Mal wenn die Geschichte neue Fälle brächte, müssten die »Regeln« neu geschrieben, die Regelmäßigkeiten neu bestimmt werden. Unter Chomskys Voraussetzungen würde das zu einer Abfolge von Performanzgrammatiken führen, die die wechselnden und kontingenten Bedingungen der Praxis einer Gemeinschaft reflektieren, aber nicht die Gesetze, die festlegen, was die Mitglieder einer Gemeinschaft tun und nicht tun können. Herauskommen würden, kurz gesagt, *empirische Verallgemeinerungen* und keine allgemeine Hermeneutik.

Warum, könnte man dennoch fragen, warum sollen wir solche Verallgemeinerungen nicht »Theorie« nennen? Natürlich gibt es keinen Grund, das nicht zu tun, nur hätte eine derart liberale Definition zur Folge, dass der Unterschied zwischen Theorie und allem, was nicht Theorie ist, verwischt würde; so wären dann zum Beispiel Aufsätze über die Funktion des Vorworts im Renaissancedrama, Bücher über die Pastorale, Studien zu sich selbst erschaffenden oder zerstörenden Artefakten in der Renaissance alle gleichermaßen Theorie. Man ist versucht, solche Bemühungen Theorie zu nennen, weil sie oft als Vorbilder für weitere Arbeiten dienen: Man könnte selbsterschaffende Artefakte im achtzehnten Jahrhundert oder selbstzerstörende als Merkmal der Moderne untersuchen. Solche Unternehmungen wären aber keine Beispiele für das Befolgen einer Theorie, sondern Beispiele für das Erweitern einer Praxis, für den Gebrauch eines Sets heuristischer Fragen, den Einsatz einer Thematik oder einer trennscharfen Unterscheidung, die eine neue oder zumindest ungewöhnliche Beschreibung bekannter Gegenstände hervorbringt. Vieles von dem, was in Literaturstudien und anderswo geschieht, entspricht diesem Muster. Wenn wir wollen, können wir derlei Nachahmungen einer mächtigen Praxis »Theorie« nennen, gewonnen wäre damit nichts. Allenfalls ginge uns jeder Sinn dafür verloren, dass Theorie etwas Besonderes ist. Letztlich wäre nur dann, wenn Theorie etwas Besonderes ist, die Frage nach ihren Konsequenzen auf irgendeine Art und Weise dringlich.

Anders gesagt: Dass Theorie Konsequenzen hat, ist selbstverständlich und ist daher völlig uninteressant, wenn *alles* Theorie wäre.

Und doch wird das Argument, alles sei Theorie, manchmal vorgebracht, um den besonderen Status von Theorie zu *stützen*. Die Urheber dieser Argumentation denken, das sei die Hauptlektion der antifundamentalistischen Theorie, dass es nämlich keine unvermittelten Tatsachen oder neutrale Wahrnehmung gebe, dass alles, was wir wissen und sehen, allein unter einer Beschreibung gewusst und gesehen werde oder in funktionaler Abhängigkeit zu einem Paradigma steht. Die Schlussfolgerung besteht darin, dass jede Praxis ein Rahmenwerk von Annahmen voraussetzt, innerhalb dessen sie verständlich wird – es kommt nicht vor, dass man *einfach mal* etwas tut –, und aus dieser Schlussfolgerung muss man wohl schließen, dass jede Praxis durch eine Theorie gesichert ist. Die erste Schlussfolgerung erscheint mir korrekt – jede Praxis, in die man einsteigt, ist nur im Verhältnis zu einer Auffassung oder Anschauung oder einem System von Anschauungen denkbar; die zweite Schlussfolgerung dagegen halte ich für falsch, weil Auffassungen keine Theorien sind. Eine Theorie ist eine besondere Bewusstseinsleistung, eine Anschauung dagegen eine Voraussetzung dafür, überhaupt bewusst zu sein. Meine Anschauungen, das, wovon ich überzeugt bin oder was ich glaube, sind nicht etwas, *worüber* ich nachdenke, sondern etwas, *mit dem* ich über etwas nachdenken kann; nur innerhalb des Raums, der durch deren Artikulationen zur Verfügung steht, läuft die mentale Aktivität ab – auch die Aktivität des Theoretisierens. Theorien sind etwas, das man haben kann, man kann mit ihnen etwas tun, kann sie auf Abstand halten; Anschauungen dagegen haben *dich*, es gibt keinen Abstand zwischen ihnen und den Handlungen, die sie ermöglichen. Um nur die einfachste Aussage zu machen, die schlichteste Handlung zu vollbringen, muss man sich im Kontext unzähliger Anschauungen bewegen, die nicht Gegenstand der Aufmerksamkeit sein können, weil sie der Inhalt der Aufmerksamkeit sind: Die Anschauungen zur Identität von Personen, von der Existenz belebter und unbelebter Dinge, der Beständigkeit der Objekte, dazu die unzähligen Anschauungen, die Ereignisse in meiner kulturellen Umwelt möglich und verständlich machen – Anschauungen, Vorstellungen, Überzeugungen, die mir, ohne dass ich nachdenken müsste, eine Welt voller Straßen, Bürgersteige, Telefonmasten, Restaurants, Autoritäts- und Spaßfiguren, wertvoller und wertloser Aufgaben, erreichbarer und unerreichbarer Ziele und so weiter vermitteln. Eine Beschreibung der Annahmen, die ich haben muss, um einen Aufzug zu nehmen, im Supermarkt Schlange zu stehen, im Restaurant die Rechnung zu verlangen, würde Bände füllen, und sie selber wiederum wären nur verständlich in einem System von Annahmen, die sie ihrerseits nicht enthielten. Bilden diese Bände – und die Bände, die nötig wären, um *sie* zu beschreiben – eine Theorie? Befolge ich eine Theorie, setze ich eine solche in Kraft, wenn ich bei Rot stehenbleibe oder meine American-Express-Karte benutze oder auf einer Tagung aufstehe, um das Wort zu ergreifen? Sind Sie, wenn Sie lesen, was ich zu sagen habe, wie wild am Theoretisieren? Und wenn ich Sie dazu bringen würde, ihr Verständnis von Theorie zu ändern, wäre Ihre neue Definition der Theorie dann eine neue Theorie der Theorie? Sicher kann man alle diese Fragen mit Ja beantworten, aber ebenso sicher wird diese Antwort den Begriff »Theorie« *und* das Problem ihrer Konsequenzen trivialisieren, wenn man mit »Theorie« gewöhnliches, kontingentes, unvorhersehbares Alltagsverhalten bezeichnet.

Es ist jetzt leicht zu sehen, wie absurd es ist, das Etikett »theoretisch« auf alltägliche Handlungen zu beziehen, die aus den Grundüberzeugungen folgen, die uns unsere Welt vermitteln. Schwierig wird es bei Handlungen, die von größerer Tragweite zu sein scheinen, mit großen Fragen der Politik und der Moral zu tun haben. Solche Handlungen, vermuten wir, müssten aus etwas folgen, das »durchdachter« und »angesehener« ist als eine bloße Anschauung, also aus einer Theorie. Nehmen wir den Fall von zwei Abgeordneten, die über ein Gesetz zur Verbesserung der Mieterrechte abstimmen sollen: Einer tritt für den Schutz der individuellen Freiheit ein und verlangt, alle anderen Überlegungen diesem Ziel unterzuordnen; der andere denkt eher utilitaristisch und setzt sich für das größte Gut der größten Zahl ein. Haben die beiden nicht unterschiedliche Theorien? Werden sie deshalb nicht auch unterschiedlich abstimmen – der erste gegen, der zweite für eine Verbesserung der Mieterrechte? Nun, zuerst ist es keineswegs sicher, dass sich das Verhalten der beiden auf der Grundlage dessen, was wir im Moment ihre »Theorien« nennen, voraussagen lässt. Der Utilitarist wird vielleicht denken, dass auf lange Sicht sich die größte Zahl das größte Gut verschaffen kann, wenn den Eigentumsrechten mehr Gewicht verliehen wird als den Zugangsrechten; der Liberalist wiederum könnte sich für die Auffassung entscheiden, dass der individuellen Freiheit mit Zugangsrechten mehr gedient ist als mit Eigentumsrechten. Kurz, aus der Tatsache, dass sich die beiden Personen in meinem Beispiel zu Anhängern verschiedener Theorien erklären würden, folgt nichts Bestimmtes. Aber sind es denn überhaupt Theorien? Ich würde sagen, es sind keine. Ein Anhänger der Idee der individuellen Freiheit hat keine Theorie, sondern eine Anschauung oder Überzeugung. Er glaubt, dass etwas wichtiger ist als etwas anderes – und würde man nach den Gründen für seine Anschauung fragen, würde man nicht auf eine Theorie stoßen, sondern auf andere Anschauungen, die die erste stützen und von ihr gestützt werden. Diese Bündel von Anschauungen wirken sich auf das Verhalten aus – nicht jedoch, weil sie befragt werden, wenn ein Problem auftaucht, sondern weil das Problem und seine möglichen Lösungen in der Welt, die jene Anschauungen hervorbringen, erst Gestalt annehmen. Anders gesagt: Wer auf der Grundlage einer Anschauung handelt, macht sich Gedanken, aber keine theoretischen Gedanken, und es macht keinen Unterschied, ob die Anschauung so tief sitzt, dass sie nicht wahrgenommen wird, oder in einer hochdramatischen, vielleicht sogar spektakulären Situation aufgerufen wird. Die Sequenz »Ich glaube an die Idee der individuellen Freiheit und deshalb werde ich so abstimmen und nicht so« ist der Art nach nicht verschieden von »Ich glaube an die Festigkeit der Materie und deshalb mache ich die Tür auf und versuche nicht, durch die Wand zu gehen.« Es erschiene merkwürdig, würde man die Art des Denkens in der zweiten Sequenz »theoretisch« nennen, doch nicht weniger merkwürdig wäre es, den Begriff auch mit Blick auf die erste Sequenz zu gebrauchen. Wenn jemand eine sehr allgemeine, ja philosophische Anschauung hegt – eine Anschauung, die einigermaßen »große« Fragen betrifft –, so heißt das nicht, dass er eine Theorie, sondern nur, dass er eine sehr allgemeine Anschauung hat. Und wenn jemand sagen möchte, seine sehr allgemeine Anschauung habe eine konsequente (wenn auch nicht vorhersagbare) Beziehung zu seinem Verhalten, so werde ich ihm bestimmt nicht widersprechen – schließlich sagt er damit genau das, was ich zu Beginn dieses Abschnitts gesagt habe: Nicht Theorien, sondern Anschauungen sind für unser Handeln und Verhalten verantwortlich.

Es ist also schlicht falsch zu denken, dass jemand, der sich als Anwalt der Freiheit des Individuums oder des größten Guts für die größte Zahl zu erkennen gibt, damit seine Bindung an eine Theorie bekundet. Es gibt allerdings Fälle, in denen es richtig ist zu sagen, jemand, der diese Position einnimmt statt jener, optiere für diese Theorie und nicht für jene, und in diesen Fällen ist die Frage nach den Konsequenzen der Theorie erneut lebendig. Hierzu liefert ein Aufsatz, den Thomas Grey von der juristischen Fakultät in Stanford kürzlich vorgelegt hat, ein gutes Beispiel. Er beschäftigt sich darin mit den Konsequenzen, die zwei Theorien zur Verfassungsinterpretation für den Rechtsweg haben. Die Anhänger der ersten Theorie nennt er »Textualisten«; ihnen zufolge sollten »Richter ihre Handlungsnormen nur aus dem Text gewinnen«, also aus der Verfassung. Die Vertreter der anderen Theorie nennt Grey »Supplementalisten«, denn sie seien der Ansicht, Richter könnten »ergänzende Normen durch die Interpretation von Textanaloga« wie frühere richterliche Entscheidungen oder soziale Hintergrundsphänomene finden.[17] Ich betrachte beide Positionen als Theorien, weil sie alternative Handlungsanweisungen bieten, um zu richtigen oder gültigen interpretativen Schlüssen zu kommen. Jemand, der sagt: »Ich glaube an die Idee der individuellen Freiheit«, muss immer noch in jeder neuen Situation neu entscheiden, welcher Handlungsverlauf seinem Ziel förderlich ist. Aber ein Richter, der sagt: »Ich entnehme meine Handlungsnormen nur dem Text«, weiß genau, was er in allen Situationen zu tun hat: Er sieht in den Text und beschränkt sich auf die Normen, die er dort findet. Aber auch sein »supplementalistischer« Gegner weiß, was zu tun ist: Er sucht nach Normen nicht nur im Text, sondern zusätzlich an anderen autorisierten Orten. Grey gibt sich unumwunden als »Supplementalisten« zu erkennen – mit dem Argument, Rechtsanwälte und Richter, die sich eher für »Supplementalisten« hielten als für »Textualisten«, würden »weniger zögern, zur Zeit übliche Interpretationen unserer gesellschaftlichen Werte in das Verfassungsrecht einfließen zu lassen«.

Für Grey sind Konsequenzen der Theorie damit also sowohl real als auch wichtig. Für ihn scheint offensichtlich, dass (1) die beiden Richter, der eine ein »Textualist« und der andere ein »Supplementalist«, wenn ihnen der gleiche Fall vorgelegt würde, unterschiedliche Entscheidungen treffen würden und (2) die Unterschiede zwischen

17 Thomas Grey, »Supplementing the Constitution«, unveröffentlichtes Manuskript, zitiert mit freundlicher Genehmigung des Autors.

ihren Entscheidungen abhängig wären von den Unterschieden zwischen ihren Theorien. Damit allerdings unterstellt Grey, dass beide Theorien Handlungsanweisungen geben, denen man folgen kann, und dass man *zuerst* die Normen, die im Text enthalten sind, feststellen muss und sich dann entscheiden kann, ob man bei ihnen bleibt oder sie ergänzt. Andererseits aber hält Grey selbst fest, dass eine Interpretation kein zweistufiger Vorgang ist, in dem der Interpret sich erst eine »kontextunabhängige semantische Bedeutung« heraussucht und dann, wenn er will, den einen oder anderen Kontext heranzieht. Vielmehr tritt uns erst innerhalb des einen oder anderen Kontextes – von Annahmen, Interessen, Prioritäten, Erwartungen – das entgegen, was er als »semantische Bedeutung« betrachtet, und deshalb kann sich niemand unabhängig von »ergänzenden« (»supplementalen«) Überlegungen allein auf diese Bedeutung beziehen. Die semantische Bedeutung des Textes erklärt sich nicht von selbst, sie muss entschieden, das heißt interpretierend festgelegt werden. Das Gleiche gilt für Kontexte – auch sie müssen gedeutet werden –, darum ist die Unterscheidung zwischen Text und Kontext unmöglich aufrechtzuerhalten; sie kann auch nicht Grundlage für eine Trennungslinie zwischen alternativen Theorien mit entsprechenden Konsequenzen sein. Kurz, kein Text liest sich selbst, und alles, was man berücksichtigen will – Ergänzungen aller Art –, ist Text. Daher sind Verfassungsinterpreten immer und *notwendigerweise* sowohl »Textualisten« als auch »Supplementalisten«, und die einzige Meinungsverschiedenheit, die zwischen ihnen besteht, ist die, welcher Text es ist, der gelesen werden soll; oder, wenn man so will, welche Hintergrundbedingungen als Text bestimmt werden. Solche Meinungsverschiedenheiten haben Substanz, und was dabei herauskommt, hat Konsequenzen, aber nicht in dem Sinne, dass man einer der beiden Theorien gefolgt ist – man kann ihnen, eben weil sie Theorien sind, auch gar nicht folgen. Sollten unsere zwei Richter tatsächlich im gleichen Fall zu unterschiedlichen Entscheidungen kommen, dann nicht, weil sie unterschiedliche Theorien der Interpretation haben, sondern weil sie von unterschiedlichen Prioritäten oder Interessen, mithin von unterschiedlichen Überzeugungen ausgehen. Außerdem ist gut möglich, dass die beiden trotz ihrer unterschiedlichen theoretischen Loyalitäten zu genau der gleichen Entscheidung kommen, wenn der Text, auf den sich der eine beschränkt, sich dem gleichen Set ergänzender

Interessen oder Perspektiven gegenüber öffnet, die den Text des anderen bestimmen.

Dennoch geht die Behauptung zu weit, erklärte theoretische Loyalitäten – sogar Loyalitäten zu Theorien, die sich nicht operationalisieren lassen – hätten keine Konsequenzen. Solche Loyalitätserklärungen sind, wie Grey bemerkt, politisch zu verstehen: »Die meisten Rechtsanwälte teilen mit der Öffentlichkeit den ›vorrealistischen‹ Konsens, dass Richter ihre Entscheidungsnormen nur auf dem Wege der Verfassungsinterpretation gewinnen sollten.« Demnach bestünde also ein Konsens, dass sie »Textualisten« zu sein haben. Deswegen sagt Grey: »Was mich anbelangt, so werden, wenn ich meine Auffassung als ›nicht interpretativ‹ [»supplementalistisch«] bezeichne, meine Chancen, mich mit meinen Argumenten durchzusetzen, nicht gerade steigen.« Nun ließe sich diese Bemerkung als zynischer Rat abtun (»Nenne dich einen Textualisten, ganz egal wie du vorgehst«), aber sie verweist, wie ich meine, auf eine bedeutende Wahrheit: Theoretische Positionen diktieren oder generieren keine Argumente, sondern sie sind Teile von Argumenten und werden oft aufgerufen, weil eine Verbindung zwischen ihnen und bestimmten politischen und ideologischen Standpunkten wahrgenommen wird. Unter bestimmten politischen Bedingungen also kann die eine oder andere Theorie Bestandteil dieser oder jener Agenda oder Programmatik sein. So wird sich zum Beispiel in einem Machtkampf zwischen Judikative und Legislative die eine Partei ganz »natürlich« – will sagen auf dem Hintergrund ihrer gegenwärtigen Ziele – zu einer Theorie hinbewegen, während sich die andere – auf ebenso natürliche und politische Weise – mit der entgegengesetzten Theorie identifiziert. Außerdem kann es sein, dass sich diese Identifikation im Verlauf von ein, zwei Generationen dreht, wenn neue Bedingungen eintreten, die ehemalige »Textualisten« veranlassen, sich jetzt als »Supplementalisten« (oder Rechtsrealisten oder »Nichtinterpreten«) zu bezeichnen und umgekehrt. Kurzum, eine theoretische Loyalität zu bekennen hat häufig Konsequenzen – aber nicht insofern sie einen bestimmten Handlungsverlauf gebietet, sondern weil ein bereits in voller Blüte befindlicher Handlungsverlauf sich Theorie und Bekenntnis aneignet und ihnen Bedeutung gibt.

Wie wir sehen, haben wir es selbst dann, wenn etwas eine Theorie ist und Konsequenzen hat – in dem Sinn, dass es etwas zählt, wenn man Partei für sie ergreift –, nicht mit Konsequenzen der Art zu tun, die sich Theoretiker vorstellen. Nach unseren Beispielen lassen sich die möglichen Beziehungen zwischen Theorien und Konsequenzen auf drei reduzieren: entweder (1) *ist* etwas eine Theorie, hat aber keine Konsequenzen, weil es, als ein Set von Direktiven, von Interessen gereinigt wurde und von Voraussetzungen unabhängig ist, daher gar nicht angewendet werden kann; oder (2) etwas hat Konsequenzen, ist aber keine Theorie, sondern eine Anschauung oder eine Überzeugung wie im Fall des Eintretens für die Freiheit des Individuums; oder (3) etwas ist eine Theorie und hat Konsequenzen, aber diese sind politisch und nicht theoretisch, zum Beispiel wenn sich jemand aus verständlichen praktischen Gründen als »Textualisten« oder als »Supplementalisten« bezeichnet.

Eine Position allerdings gibt es, auf die sich ein »Konsequentialist« zurückziehen könnte: Mag sein, dass Theorie, streng genommen, ein unmögliches Projekt ist, das nicht gelingen kann, vielleicht haben ja auch Anschauungen und Thesen Konsequenzen, selbst wenn sie keine Theorien sind – aber: Wenn man eine Anschauung oder eine These in den Vordergrund rückt, handelt es sich dann nicht doch um »Theorie«? Und: Werden wir uns dieser Anschauungen und Thesen nicht bewusster, wenn wir sie in den Vordergrund rücken? Und: Wäre das nicht eine Konsequenz, und zwar eine, die selbst Konsequenzen hat? Kurz, Theorie mag nur eine Tätigkeit innerhalb einer Praxis sein, dann aber – und darauf will diese Position hinaus – fragt sich: Ist Theorie nicht eine besondere *Art* von Tätigkeit? Diese Aussage tritt in zwei Versionen auf, einer schwachen und einer starken. Die starke Version ist unhaltbar, denn sie ist eine Neuauflage der fundamentalistischen Theorie; die schwache Version wiederum ist so schwach, dass man, wenn man sie zugesteht, nichts zugestanden hat. Die starke Version ist eine Neuauflage der fundamentalistischen Theorie, insofern sie von einer Position ausgeht, von der aus unsere Ansichten hinterfragt werden könnten. Sie stellt sich also eine Position außerhalb unserer Ansichten vor, eine transzendentale Position, die Theoretiker, die ähnlich denken wie Chomsky, als vorhanden unterstellen oder suchen. Das Argument gegen die starke Behauptung deckt sich mit dem Argument gegen die fundamentalistische Theorie: Wir können uns nicht neben unsere Ansichten stellen, und deshalb hat jede Sichtweise, die wir ihnen gegenüber einnehmen, ihre

Grundlage in anderen Sichtweisen, in Bezug auf die wir keine bestimmte Sichtweise annehmen können, weil uns der entsprechende Abstand fehlt. Die schwache Behauptung akzeptiert dieses Argument zunächst einmal, findet dann aber doch einen Raum, in dem die Theorie ihre besondere Arbeit verrichtet: Auch wenn wir keine voraussetzungslose Sicht auf unsere Anschauungen gewinnen können, so gelingt es uns doch, *manche* von ihnen im Verhältnis zu anderen wahrzunehmen; und dann kann es sein, dass wir innerhalb des eingehegten Bezirks unserer Anschauungen Widersprüche entdecken, die uns bis dahin nicht bewusst waren, und damit auch Anlass haben, einige grundsätzliche Fragen zu stellen und zu beantworten. In vertrauterer Sprache gesagt: Theorie – oder das in den Vordergrund Rücken bestimmter Annahmen – fördert kritisches Bewusstsein.

Natürlich sieht man sich gelegentlich veranlasst, seine Thesen und Anschauungen zu überdenken und sie zu ändern, und es mag auch vorkommen, dass sich – als eine Konsequenz – dementsprechend auch die Praxis ändert. Das Dumme ist nur, dass dieses Überdenken durch alles Mögliche angestoßen werden kann und keine besondere Beziehung zu etwas hat, das als »Theorie« bezeichnet wird. Vor einigen Jahren veröffentlichte Lawrence Thompson eine Biographie über Robert Frost, in der er den Dichter als einen sehr unangenehmen, um nicht zu sagen bösartigen Menschen darstellte. Das Buch löste Bestürzung aus, besonders bei denen, die angenommen hatten, dass es eine Entsprechung gebe (oder geben sollte) zwischen der Qualität der Kunst eines Menschen und seinem Charakter. Dieser Annahme lag eine traditionelle und mächtige Auffassung von Wesen und Funktion der Literatur zugrunde. In dieser Auffassung (die auch heute noch verbreitet ist) hat Literatur etwas Edles: Sie erweitere und verfeinere das Empfinden und mache die Leser zu besseren Menschen. Dementsprechend müssen dann auch diejenigen, die auf andere einen veredelnden Einfluss ausüben können, ihrerseits edel sein – hier aber sah man einen unbestreitbar großen Künstler, der nach allem, was Thompson an Material zusammengetragen hat, ein Schuft gewesen sein muss. Vermutlich hat Thompsons Buch bei manchen, die dieser Auffassung waren, einen Prozess des Nachdenkens in Gang gesetzt, das heißt: Diese Leser wurden sich ihrer Unterstellungen bewusst. Was bei ihnen aber Konsequenzen hatte, war nicht Theorie, sondern ein Werk traditioneller Gelehrsamkeit, das noch nicht einmal den Anspruch erhob, kritisch zu sein.

Der Impuls, die einer Praxis zugrundeliegenden Prinzipien zu überprüfen, kann auch ausgelöst werden von etwas, das gar nicht innerhalb des jeweiligen Praxisbereichs angesiedelt ist: dadurch, dass man vierzig wird, sich die wirtschaftliche Situation plötzlich dramatisch ändert, dass man heiratet oder geschieden wird. Den Impuls kann aber auch eine Theorie geben – aber nicht notwendigerweise. Man könnte es also zur Übung machen, Annahmen, die man hat, in den Vordergrund zu rücken, und dabei vielleicht erkennen, dass sich manche von ihnen nicht mit einer offenbar bewährten Praxis vertragen, und dennoch mit einem Schulterzucken reagieren und die Dinge laufen lassen. Ein Lehrer, der sich erklärtermaßen für die Demokratisierung von Macht und Autorität einsetzt, kann im Klassenzimmer absolut autokratisch auftreten, und wenn ihn jemand darauf hinweist oder es ihm selbst auffällt, dann wird er vielleicht etwas über die begrenzte Aufmerksamkeitsbereitschaft der heutigen Jugend murmeln und weitermachen wie gewohnt. Auch wenn (so genannte) Theorie Bewusstsein produziert, muss es nicht »kritisch« sein, nicht unbedingt ein Vorspiel zur Veränderung. Wieder kommen wir zu dem Schluss, dass Theorie in keinerlei Hinsicht etwas Besonderes ist oder hat: Sie kann uns keine von unseren Anschauungen unabhängige Weltsicht bieten, und zu dem neuen Blick, den sie uns gelegentlich (aber nicht notwendigerweise) auf unsere Anschauungen im Verhältnis zu anderen werfen lässt, können wir auch durch andere Anstöße gelangen.

Wer meiner Argumentation bis hierher gefolgt ist, wird kaum verstehen, wie überhaupt jemand auf die Idee kommen kann, Theorie müsse Konsequenzen haben. Dennoch, es denken viele so und werden weiterhin so denken, also ist es an der Zeit, nach ihren Gründen zu fragen. Ein starker Grund ist, dass uns die Philosophie als Institution erfolgreich davon überzeugen konnte, dass die Antworten auf ihre Fragen von unmittelbarer Bedeutung für alles seien, was wir tun, wenn wir nicht gerade philosophieren. Dazu Richard Rorty:

> Die Philosophen meinen gewöhnlich, ihr Fach handle von zeitlosen, ewigen Problemen – solchen, die aufkommen, sobald wir zu reflektieren beginnen. […] Sie vermag jegliche übrige Kultur zu fundieren, da Kultur

überhaupt im Ansammeln von Wissensansprüchen besteht, und die Philosophie es ist, die über derartige Ansprüche ein Urteil fällt.[18]

Wie immer unser Handeln bei oberflächlicher Betrachtung also erscheinen mag, *im Grunde* sind wir von Prinzipien der Art geleitet, die die Philosophie als ihren speziellen Bereich reklamiert. Daher sollten wir uns auch an die Philosophie wenden, wenn wir freie Sicht auf diese Prinzipien und unser alltägliches Handeln gewinnen wollen.

Dass Philosophie für jeden Aspekt der Kultur relevant und zuständig ist, war so lange unbestritten, dass dies inzwischen weniger als Behauptung oder Argument erscheint denn als Gemeinplatz. Aber es ist ein Argument, und zwar eines, das die bestreitbare Aussage zum Inhalt hat, fast alles, was wir tun, sei eine verhüllte, wahrscheinlich auch verworrene Version der Philosophie. Diese Aussage verliert an Plausibilität, sobald wir uns daran erinnern, dass Philosophie nicht der Name einer natürlichen Art, sondern einer akademischen Disziplin ist, und zwar einer, deren Traditionen so speziell sind, dass sie ihre umfassenden Gebietsansprüche zu dementieren scheinen. Philosophie ist der Forschungsbereich, in dem Fragen gestellt werden zum Wesen der Erkenntnis, der Wahrheit, der Tatsache, des Sinns, des Geistes, der Handlung und so weiter; die jeweiligen Antworten fallen in einen vorhersagbaren Bereich von Positionen, die Realismus, Idealismus, Relativismus, Pragmatismus, Materialismus, Mentalismus, Platonismus, Aristotelismus, Kantianismus usw. heißen mögen. Natürlich gibt es andere Forschungsgebiete, die ähnlich gut entwickelt und artikuliert sind, die ebenfalls ein eigenes Spektrum von Positionen, Problemen, Lösungen und Anstandsregeln haben. Eins davon ist die Literaturkritik, bei der es um die Beschreibung und Bewertung sprachlicher Artefakte geht und deren Forschungsbegriffe historisch (Romantik oder Neoklassik?), gattungsbezogen (Maskenspiel oder Drama?), formbezogen (episodenhaft oder organisch?) oder stilbezogen (Seneca oder Cicero?) sind.

Obwohl sich die Traditionen von Philosophie und Literaturkritik in manchen Punkten überschneiden und sich ab und an aufeinander beziehen, haben beide Disziplinen doch ganz unterschiedli-

18 Richard Rorty, *Der Spiegel der Natur. Eine Kritik der Philosophie,* Frankfurt/M. 1987, S. 13.

che Zielsetzungen, so dass jemand, der sich auf einem der beiden Gebiete überhaupt nicht auskennt, ohne Schwierigkeiten auf dem anderen arbeiten kann. Es besteht keine gegenseitige Abhängigkeit, und man gewinnt nichts, wenn man zum Beispiel denkt, man müsse, da es so etwas wie eine »Philosophie des Handelns« gibt und Literaturkritik ja auch ein Handeln ist, sich in die Philosophie des Handelns vertiefen, um zu wissen, wie man Literaturkritik betreibt. Ein Literaturkritiker weiß, was er zu tun hat, einfach deshalb, weil er auf einem praktischen Gebiet tätig ist, und es ist nicht einzusehen, warum seine Tätigkeit sich verbessern oder ändern soll, wenn er die Kategorien und Fragestellungen einer Praxis auf anderem Gebiet heranzieht. Es ist natürlich immer möglich, einen Schritt von seinem Gebiet zurückzutreten und Fragen an es zu richten, die eigentlich (will sagen aus Konvention und geschichtlichen Gründen) zur Philosophie gehören. Man könnte also fragen, was ein Literaturkritiker über Welt, Bedeutung, Tatsache, Beweismittel usw. wissen muss, um seine Arbeit in einer Weise in Angriff zu nehmen, die ihm zugleich als Routine und als natürlich erscheint. Was man aber aus solchen Studien lernen kann, ist philosophischer, nicht literarischer Natur; und dass man Philosophisches lernen kann, ist kein Beweis dafür, dass Literaturkritiker tatsächlich Philosophie betreiben; und wenn jede Aktivität zum Gegenstand einer philosophischen Untersuchung werden kann, dann bedeutet dies noch lange nicht, dass jede Aktivität im Grunde philosophisch sei und sich nach philosophischen Normen zu richten hätte.

Philosophie ist eine Sache, Literaturkritik eine andere. Das scheint offensichtlich, und es gäbe daran auch nichts zu rütteln, wäre nicht Philosophie in den letzten fünfundzwanzig Jahren zu etwas geworden, was Literaturkritiker gerne auch tun möchten. Sie wollen Theorie betreiben, und das ist nur ein anderer Name für Philosophie. Wenn nun das Argument, das der Theorie Konsequenzen zuschreibt, schon dadurch gestärkt wird, dass Theorie eine eigene Disziplin ist, dann erscheint das Argument noch stärker, wenn Theorie ein Bestandteil des Gebiets ist, das sie als ihren Zuständigkeitsbereich reklamiert. Aber wenn Theorie (oder Philosophie) jetzt ein Praxisbereich innerhalb der Literaturstudien ist, so unterscheidet sie sich doch mehr von ihren Partnerdisziplinen, als diese sich voneinander unterscheiden. Ein Formalist und ein Mythenkritiker mögen sich streiten, aber sie arbeiten an derselben

Sache und konkurrieren um dasselbe Privileg, nämlich sagen zu können, was dieses Gedicht oder Theaterstück, dieser Roman bedeutet. Die Theorie blickt dagegen mit einer gewissen Verachtung auf Einzelinterpretationen herab, sie möchte etwas über Interpretation im Allgemeinen sagen – und ebenso wie eine philosophische Untersuchung einer wissenschaftlichen Aktivität nicht in den Bereich dieser Aktivität fällt, sondern in den der Philosophie, so ist eine Darstellung der Interpretation nicht ihrerseits Interpretation, sondern eine Darstellung. Es sind unterschiedliche Spiele und sie bleiben unterschieden, auch wenn sie von ein und derselben Person gespielt werden.

Jemand, so können wir jetzt sagen, der in unserem Fachgebiet arbeitet, mag ruhig diese oder jene theoretische Position haben – sich zum Beispiel für einen fundamentalistischen Theoretiker oder für einen antifundamentalistischen Theoretiker halten –, er könnte *zugleich* ein praktizierender Literaturkritiker sein – und sich zum Beispiel für einen Wordsworth- oder Miltonspezialisten halten. Aber wenn er sich mit einem dieser beiden Dichter beschäftigt, wird er die Fragen stellen und die Antworten geben, die in einer Forschungstradition stehen, mit der seine theoretische Position nichts zu tun hat. Ich mag überzeugt sein – und bin es auch –, dass sich mein Sinn für Literatur durch meine Geschichte, durch Erziehung und Ausbildung, ideologische Neigungen und so weiter gebildet hat. Diese Überzeugung hat dann jedoch keine Folgen, wenn ich herausfinden will, wer der Held in *Paradise Lost* ist, denn in diesem Moment werden alle Kategorien, Distinktionen und Imperative, die zu einem anderen Zeitpunkt vielleicht einmal zu Gegenständen metakritischer Untersuchungen werden, zur Stelle sein und die Konditionen meines Handelns bestimmen. Kurz: Theorie hat nicht einmal dann Konsequenzen, wenn der Praktiker selbst Theoretiker ist. Er kann die Theorie sein lassen, kann eines Morgens aufwachen und feststellen (was wir meiner Meinung nach alle tun werden), dass die Theorie von der Bühne abgetreten ist, und sein Lebenswerk doch ohne zu zögern fortsetzen.

Dieses Fazit widerspricht vielleicht der Erfahrung, dass es Kritiker gibt, die ihre Praxis scheinbar geändert haben, nachdem sich ihre theoretische Einstellung geändert hat, und die plötzlich Aporien und Dezentriertheiten entdecken, wo sie vorher Ironie und Einheit gesehen haben. Sprechen nicht Fälle dieser Art doch für

Konsequenzen der Theorie?[19] Keineswegs – sie zeigen nur, dass Thematisierung der grundlegende Modus der Literaturkritik bleibt und außerdem ein Handeln ist, das sein Material in der Theorie oder sonstwo finden mag. Die thematische Kritik entdeckt ein Werk als literarischen Ausdruck dieser oder jener Anliegen und Interessen, seien sie wirtschaftlicher oder psychologischer, politischer oder militärischer, sexueller, kulinarischer oder sonstiger Art. Daraus ergeben sich wirtschaftliche oder psychologische, soziologische oder politische oder philosophische Deutungen oder Lesarten, aber *keine* Beiträge zur Volkswirtschaftslehre, Psychologie, Soziologie, Politikwissenschaft oder Philosophie. Ein Kritiker, der so verfährt, kann diese und andere Disziplinen nach Begriffen, Unterscheidungen, Interessen usw. *durchforsten* – es ist tatsächlich schwer vorstellbar, dass er etwas anderes tun könnte. Aber eine Disziplin zu durchforsten und einiges zu übernehmen, heißt nicht, sie zu praktizieren. Wenn ich vorschlage, George Herberts Gedichte als religiöse Äußerungen zu lesen, praktiziere ich dann Religion? Wenn ich Gustave Flaubert vor dem Hintergrund des medizinischen Wissens im 19. Jahrhundert lese, praktiziere ich dann Medizin? Offensichtlich nicht – und wenn ich finde, dass es in einem Werk um die Grenzen der Sprache, die Bedingungen von Aussagen, die Relativität der Wahrheit geht, verfertige ich keine theoretische Studie. Praktizierte ich Religion, würde ich drängen, mahnen und predigen; wäre ich Mediziner, ich würde Wunden zusammenflicken und Rezepte ausstellen; und wäre ich Theoretiker, würde ich entweder für bestimmte formale und explizite Regeln eintreten oder zu beweisen suchen, dass es solche Regeln nicht gibt. Ich würde nicht untersuchen, wie sich solche argumentativen Positionen auf die Charaktere in einem Roman verteilen oder der dramatischen Struktur der romantischen Lyrik zugrunde liegen. Nur weil inzwischen die Theorie als eine Form der Praxis mit der Literaturkritik institutionell und disziplinär in einem Boot sitzt, wird der Umstand, dass sie thematisiert wird, auch als Beweis ihrer Macht aufgefasst, die Literaturkritik zu verändern. In Wirklichkeit geht die Macht aber in eine andere Richtung: Nicht anders als alle anderen Disziplinen oder Gegenstandsbereiche, die thematisch ausgeschlachtet werden, ist auch

19 Dieses Argument entwickelt Stephen Mailloux in »Truth or Consequences. On Being Against Theory«, in: *Critical Inquiry* 9 (Juni 1983), S. 760-766.

Theorie nicht folgenreiches Agens einer Veränderung, sondern passives Objekt der Aneignung.

Das bringt uns an einen dramatischen Wendepunkt. Am Anfang stand die im Feld zu findende starke These, Theorie habe Konsequenzen und diese seien weitreichend und von fundamentaler Bedeutung; jetzt aber sieht es so aus, als habe die Theorie alles Konsequente eingebüßt und stehe als hilfloses Spielzeug der Praxis da, die sie vorgeben sollte. Wir sind bestimmt zu weit gegangen, und es ist an der Zeit zuzugeben, was jeder weiß: Theorie hat Konsequenzen, nicht allerdings, weil sie etwas anderes ist als Praxis und diese anleiten kann, sondern weil sie selbst eine Form der Praxis ist und deshalb definitionsgemäß Konsequenzen für die Praxis hat.[20] In

20 Vgl. Mailloux, »Truth or Consequences«, S. 765 f. Auch Mailloux hält Theorie für eine Form der Praxis, kommt aber zu anderen Schlussfolgerungen als ich; er sagt, dass »Theorie die Praxis verändert« und zitiert zwei Beispiele dafür: die »theoretischen Annahmen«, die Edward Saids »praktische Untersuchungen des Orientalismus [...] anleiten«, und die »von der Neuen Kritik verhängte Ächtung intentionaler und affektiver Täuschungen«, die die Kritiker von »extrinsischen Vorgehensweisen« abhalten und stattdessen dazu bringen sollte, ihr Augenmerk auf die »intrinsischen Elemente im literarischen Text selbst« zu richten (ebd., S. 765, 764, 765). Um mit dem zweiten Beispiel zu beginnen: Die Aufforderung von Wimsatt-Beardsley, die Intentionen des Autors oder die Reaktionen des Lesers nicht zu berücksichtigen, hat ihre genaue Parallele in der Forderung des Rechtssystems, nicht über die Verfassung auf ergänzende Kontexte hinauszuschauen: beide machen die gleichen unmöglichen Vorschläge, beide geben den gleichen nicht zu befolgenden Rat. Das heißt, man kann zwar *sagen*: »Ziehe nur den Text heran und nicht seine äußeren Umstände oder den Zufall seiner variablen Effekte«, in Wirklichkeit aber kommt jeder Text nur in den Blick, weil es den Hintergrund seiner kontextuellen – auch intentionalen und affektiven – Umstände gibt, die auszuschließen oder einzuklammern wir aufgefordert werden. Man kann sich einbilden, man halte an Wimsatts und Beardsleys theoretischen Strukturen fest, tatsächlich aber geht das gar nicht. Man kann freilich sein Argument so vortragen, dass man nicht von Intentionen oder Affekten redet. Obwohl das wahrscheinlich eine Folge des Drucks wäre, den Wimsatt und Beardsley mit ihren Erklärungen ausüben, so wäre es doch keine Folge ihrer Theorie in dem Sinne, dass diese Antworten auf ihre Forderungen und Hoffnungen geben könnte. Man kann, wie ich oben gesagt habe, Konsequenzen theoretischer Art nicht einem Programm zuschreiben, das undurchführbar ist.

Das Beispiel von Said und dem *Orientalismus* lässt sich vergleichen mit der Diskussion der beiden Abgeordneten, von denen der eine liberalistischen, der andere utilitaristischen Anschauungen nahesteht. Es ist, wie Mailloux bemerkt, sicherlich der Fall, dass Saids Annahmen seine Praxis anleiten, seine Annahmen aber sind keine Theorien – sie sind nicht auf einem systematischen Verfahrens-

jeder Darstellung heutiger literaturkritischer Praxis muss Theorie also vorkommen, was bedeutet, dass es eine Zeit gab, in der Theorie kein Bestandteil literaturkritischer Praxis war. Dass sie es heute ist, macht einen Unterschied und hat Konsequenzen.

Was das Feld von Konsequenzen angeht, hat Theorie nicht eben viele – aber es gibt noch mehr zu sagen: Als eine Praxis hat Theorie alle die politischen und institutionellen Konsequenzen, die andere Arten von Praxis auch haben. Wer sie betreibt, kann veröffentlicht, befördert, entlassen, gefeiert, geschmäht werden; der Theorie können Tagungen und Zeitschriften gewidmet sein, auch Fachbereiche und Schulen; sie kann Parole (»Gebt mir Theorie oder den Tod!«) und Banner, kann Ziel und Programm sein. Alles das (und mehr) sind Konsequenzen, die nicht möglich wären, gäbe es keine Theorie. Aber obwohl das sicherlich Konsequenzen der Theorie sind, sind es keine theoretischen Konsequenzen; das heißt, es sind keine Konsequenzen einer Praxis, die Vorrang hat und Herrschaft ausübt über andere Praxisarten und diesen Anweisungen erteilen kann. Es ist ein Unterschied ums Ganze, ob man sagt, Theorie sei eine Form der Praxis oder sie forme Praxis – mit der ersten Formulierung beansprucht man für die Theorie nicht mehr als für alles andere; mit der zweiten beansprucht man alles. Selbst wenn also die These,

weg entstanden, um zu gültigen Erkenntnissen zu kommen, sondern mit ihnen werden Erkenntnisse *behauptet,* die sich als interpretative »Fenster« selbst generieren oder validieren. Saids These – oder Überzeugung oder Anschauung – ist, dass westliches Denken, damit also auch diplomatische und akademische sowie fiktionale Texte, ein Bild auf den Orient projiziert haben, das mehr oder weniger dessen Realität geworden ist. Ausgestattet mit dieser These oder gleichsam als deren Extension beschreibt Said Texte als Beispiele für einen Kolonialismus, der sich selbst nicht erkennt und in seinen Auswirkungen daher noch mächtiger und heimtückischer ist. Aber indem er solche Neubeschreibungen vornimmt, befragt Said keine Theorie, sondern produziert Weiterungen und Ausführungen seiner Anschauung. Seinen Lesern sagt er: »Versucht es mit dieser Annahme, macht sie zur Grundlage eurer Wahrnehmungen und seht, was ihr seht.« Es ist ein Vorschlag, und als solcher nicht theoretischer als der, die Vorworte zu Theaterstücken der Renaissance als Teile der Texte zu betrachten, in die sie einführen. Beide Vorschläge verändern gewiss die Praxis, aber nur deshalb, weil sie *praktische* (und nicht theoretische) Vorschläge sind; Vorschläge, in diese Richtung zu schauen und nicht in jene. Um auf die oben benutzte Formel zurückzukommen: Said ist ein Beispiel für etwas, das zwar Konsequenzen hat, aber keine Theorie ist; Wimsatt-Beardsley dagegen liefern ein Beispiel für eine Theorie, die Konsequenzen hat, aber keine theoretischen.

Theorie habe keine Konsequenzen, nur gilt, wenn Konsequenzen bestimmter Art gemeint sind, sind diese doch die einzigen, die zählen, denn sie wären die einzigen, die Theorie als etwas Besonderes erscheinen lassen könnten.

Wir können diese These überprüfen, indem wir uns Konsequenzen ansehen, die einen Theoretiker zufrieden stellen würden. Gewiss hat Chomskys Theorie Konsequenzen gehabt: Sie hat eine Disziplin revolutioniert und ihr mehr Einfluss verschafft; ihre Begriffe und Zielsetzungen strukturieren alles, was auf dem Gebiet passiert. Aber sie hatte nicht die Konsequenzen (und konnte sie nach den Argumenten, die ich hier vorgebracht habe, auch nicht gehabt haben), die sie beansprucht hat – sie hat das formale und algorithmische Modell von Spracherwerb und -gebrauch, das sie liefern wollte und um dessentwillen die ganze Arbeit getan wurde, nicht zustande gebracht. Der Erfolg der Theorie war im Großen und Ganzen politischer Natur, ein Erfolg also, der für Chomsky kein Trost sein dürfte, da er sich, wie alle Theoretiker, doch gerne über das Politische erheben würde. Paradoxerweise ist der aus institutioneller Sicht zu verzeichnende Triumph der Chomsky'schen Theorie zugleich ein Beispiel dafür, dass sie im Hinblick auf die sehnlichste Hoffnung gescheitert ist: Sie ist nicht über Gesichtspunkte hinausgelangt, konnte kein Bild der Sprache vermitteln, das für alle institutionellen Zusammenhänge gilt und keinem besonders verpflichtet ist. Chomsky ist es ergangen wie allen Theoretikern: Die Konsequenzen, die er haben möchte, sind nicht zu haben, und die, auf die er berechtigten Anspruch erheben kann, machen ihn ununterscheidbar von anderen politisch Handelnden und seine Theorie zu einer Kategorie, über die es nichts Besonderes zu sagen gibt – eben weil es nichts Allgemeines zu sagen gibt.

Auch über die politischen Konsequenzen der Theorie gibt es weder Besonderes noch Allgemeines zu sagen, denn sie sind spürbar, können aber nicht vorausgesagt werden; sie folgen nicht *aus* der Theorie, sondern *widerfahren* ihr – wenn auch, um es noch einmal zu sagen, weder notwendigerweise noch auf immer gleiche Weise. Als eine Praxis nimmt Theorie in den verschiedenen Fachdisziplinen eine unterschiedliche Gestalt an, nur in der Philosophie richtet sich die Aufmerksamkeit sofort und folgenreich auf Veränderungen in der Theorie. Das liegt daran, dass Philosophie (zumindest in der analytischen Tradition) Theorie *ist*, also das fundamentalistische Projekt, das Rorty beschreibt. Wenn man also sagt, in der Philosophie verändere eine Veränderung in der Theorie die Praxis, dann ist damit nicht mehr gesagt, als dass eine Praxis, die sich verändert, sich verändert. In der Literaturkritik dagegen, wo Theorie nur eine Praxis unter anderen ist, ist ihr Einfluss je nach Ort oder Universität verschieden. Mancherorts in den Vereinigten Staaten ist das Erscheinen eines theoretischen Manifests in *New Literary History*, *Diacritics* oder *Critical Inquiry* eine wichtige Nachricht, auf die man reagieren muss; andernorts wird sie, wenn überhaupt, aufgenommen wie die Nachricht von einem Scharmützel auf entlegenen Kriegsschauplätzen. In einer im Hinblick auf Theorie so vielgestaltigen Disziplin lässt sich die Frage nach deren Konsequenzen noch nicht einmal sinnvoll stellen.

Im rechtswissenschaftlichen Bereich liegen die Dinge wieder anders. Dort steht Theorie neuerdings im Mittelpunkt der Diskussion, vor allem wegen einer einzigen Frage, nämlich der Legitimität des richterlichen Prüfungsrechts oder, wie es in der angelsächsischen Literatur heißt, wegen der »countermajoritarian difficulty«.[21] Das Problem hat die Form einer Frage: Wie lässt sich in einer Demokratie rechtfertigen, dass bestimmte Personen, die lebenslang mit einem Amt betraut sind, die Gültigkeit von Gesetzen beurteilen, die von den gewählten Volksvertretern beschlossen wurden? Diese Frage ist buchstäblich die Forderung nach Theorie, nach einem Rechtfertigungsargument, für das weder Parteiinteressen irgendwelcher Art noch ein vorrangiges politisches Ziel vorauszusetzen sind und das seine Begriffe nicht der Praxis entlehnt, die sie regeln will. Für fundamentalistische Theoretiker kann ausschließlich ein solches Argument dafür sorgen, dass der Rechtsweg eindeutig ist – es *muss* einfach gefunden werden. Das ist bisher nicht gelungen, und also glauben antifundamentalistische Theoretiker, der Rechtsweg sei durch und durch politisch, nichts als Heuchelei. Beide Seiten halten übereinstimmend das richterliche Prüfungsrecht für »das fundamentalste [Problem] auf dem weiten Gebiet des Verfassungsrechts« und glauben beide, dass hier viel auf dem Spiel stehe.[22] So-

21 Zu dessen kritischer Diskussion vgl. James A. Thomson, »An Endless but Productive Dialogue: Some Reflections on Efforts to Legitimize Judicial Review«, in: *Texas Law Review* 61 (Dezember 1982), S. 743-64.

22 Ebd., S. 745.

lange diese Einmütigkeit Bestand hat, wird Theorie als folgenreiche Form der Rechtspraxis wohl weiter blühen und gedeihen.

Wir haben also drei Disziplinen, in denen Theorie unterschiedliche Konsequenzen hat, und diese Unterschiede selbst sind nicht beständig, sondern kontingent und veränderbar. Philosophie und Theorie sind nicht immer eins gewesen, sind es in einigen Teilen der Welt bis heute nicht – und sind es, geht es nach Rorty und anderen, wohl auch in unserem Weltteil nicht. Theorie hat in der Literaturwissenschaft nicht immer eine Glanzrolle gespielt, längst ist sie keine Wachstumsbranche mehr, und wenn die Dringlichkeit des Problem des richterlichen Prüfungsrechts jemals nachlassen sollte, dann würde Theorie vielleicht auch in der Welt des Rechts an Bedeutung verlieren. (Freilich könnte sie dann, wenn sie sich gut genug etabliert hat, in einem anderen Problembereich wieder auftauchen.) Wird Theorie abflauen? Wird sie in anderen, bisher noch von ihr unberührten Disziplinen einen neuen Aufstieg erleben? Werden die Konsequenzen ihres Erscheinens oder Niedergangs groß oder klein sein? Diese und andere Fragen ließen sich nur beantworten, wenn wir eine allgemeine Darstellung der Karriere hätten, die Theorie durchläuft; die aber gibt es nicht, weil die bestimmenden Faktoren immer begrenzt und kontingent sind – wer hätte voraussagen können, dass im Gefolge der Emigration europäischer Wissenschaftler in den späten 1930er Jahren die Literaturtheorie in die Vereinigten Staaten kam oder dass sie aufgrund der Marktbedingungen in den Geisteswissenschaften (durch verärgerte Inhaber eines Doktortitels) in die Rechtswissenschaften Eingang fand. Eine allgemeine Darstellung ist nicht erhältlich, wir müssen warten, bis es passiert. Wenn die Frage nach Konsequenzen der Theorie ihrerseits nicht theoretisch, sondern empirisch ist, dann kann sie auch nur eine empirische Antwort in Form spezifischer, historischer Untersuchungen zu den Konsequenzen finden, die diese oder jene Theorie hatte oder nicht hatte. Die Ergebnisse solcher Untersuchungen werden unterschiedlich ausfallen – in manchen Fällen wird es buchstäblich nichts zu berichten geben und in anderen wird der Bericht Bände füllen –, aber in keinem Fall wird eine Chronik der Konsequenzen von Theorien demonstrieren, dass Theorie – aus eigenem Recht, als inhärente Eigenschaft – Konsequenzen hat.

Hat nun eine Argumentation gegen Konsequenzen von Theorien Konsequenzen? Auch das ist eine empirische Frage, also lautet die Antwort: »Wir werden sehen.« Aber einige Konsequenzen, wahrscheinliche wie unwahrscheinliche, lassen sich benennen. Eine wahrscheinliche Konsequenz ergibt sich aus dem Begründungsproblem. Gäbe es eine breite Grundlage für das Argument gegen Konsequenzen (was äußerst unwahrscheinlich ist), dürfte die Suche nach bestimmten Rechtfertigungsarten aufhören oder zumindest mit anderen Hoffnungen weitergeführt werden, und das wäre eine Konsequenz. Um noch einmal zum Kontext der Rechtswissenschaft und ihrer »countermajoritarian difficulty« zurückzukehren: Das Problem würde an Dringlichkeit verlieren, die Debatte könnte unter anderen Voraussetzungen weitergehen, würden alle Parteien zu der Einsicht gebracht werden, dass (1) die Forderung nach einer Begründung für das richterliche Prüfungsrecht, die Interessen, Ziele, Agenden, Autoritäten usw. nicht voraussetzt, sondern einklammert, sich auf etwas richtet, das unerreichbar und dazu noch leer ist; und dass (2) mit Nichtvorhandensein einer solchen Begründung nicht etwa bewiesen ist, dass alles Heuchelei war, sondern dass Begründungen oder Rechtfertigungen vielmehr stets interessengeleitet sind und ihre Verständlichkeit und Macht aus der Praxis gewinnen, zu deren öffentlicher Verteidigung sie herangezogen werden. Das heißt: Kämen beide Parteien zu der Einsicht, dass die einzige Art von Begründungen politische Begründungen sind und dass ebendeswegen Argumente nicht wertlos, sondern notwendig sind, dann könnten sie sich vielleicht auch darauf einlassen, ihre gegensätzliche Programmatik durch die offen politischen Konsequenzen, die sich wahrscheinlich ergäben, zu empfehlen, und nicht weiter nach einer theoretischen Reinheit streben, die sie nie erreichen können. Ein solcher Schritt würde nicht viel ändern, weil, wenn ich recht sehe, Argumente immer interessengeleitet und politisch sind, ganz gleich wie ihr theoretisches Drum und Dran beschaffen ist – aber zumindest bestimmte Einwände hätten keine solche Macht mehr und bestimmte Appelle würden nicht länger als unrein gelten.

Auf der anderen Seite gäbe es für den Fall, dass sich das Argument für »Keine Konsequenzen« durchsetzen könnte, zumindest eine Konsequenz, eine nicht nur unwahrscheinliche, sondern unmögliche Konsequenz, die von vornherein ausgeschlossen werden kann. Unser Plädoyer dafür, dass Theorie ohne Konsequenzen bleibt, wird uns nicht, selbst wenn es überzeugend ist, auf einen vorkritischen Status zurückwerfen, gleich, ob wir diesen als Zustand der Unschuld oder als Agnostizismus konzipieren. Die Konsequenzen, die Theorie als eine Form der Praxis hat, sind real, auch wenn Theorie, die als fundamentalistisches oder antifundamentalistisches Projekt praktiziert wird, keine Konsequenzen haben kann – man könnte wohl auch sagen, *weil* sie keine »theoretischen« Konsequenzen haben kann, sind die »praktischen« Konsequenzen der Theorie real. Die Diskreditierung der Theorie könnte nur dann die Konsequenz haben, uns zu einer unkontaminierten oder ungemilderten Praxis zurückzuführen, wenn Theorie das unabhängige und abstrakte Kalkül ihrer stärksten Ansprüche wäre. Das aber ist sie nicht und kann es auch nicht sein, deshalb kann sie auch nicht die behaupteten Konsequenzen haben; und darin liegt die Gewähr dafür, dass sie stets die politischen Konsequenzen haben wird, die ich beschrieben habe. Theorie ist zwar kein Hebel für Veränderungen von außen, aber dass sie im Innern – innerhalb des Praxisfeldes – vorhanden ist, ist ein Zeichen dafür, dass sich bereits etwas verändert hat, dergestalt, dass sich ihre Art, Fragen zu stellen, nun mit anderen verbinden oder sie ersetzen konnte. Dieser Wandel ist nicht rückgängig zu machen, und seine Wirkung wird auch dann noch anhalten, nachdem das formale Programm der Theorie längst aufgegeben wurde.

Wird es aufgegeben werden? Wird Theorie aufhören? Sicher nicht aufgrund von Argumenten, die gegen sie vorgebracht werden, seien es meine oder die anderer. Argumente gegen die Theorie haben nur den Effekt, sie am Leben zu halten, weil ihr dadurch bescheinigt wird, dass sie von allgemeinem Interesse ist. Theorie wird nur aufhören, wenn sie sich totgelaufen hat; wenn die Bedürfnisse und Ängste, deren Ausdruck sie ist, verschwinden oder durch etwas anderes zum Ausdruck gebracht werden. Das geschieht bereits in der Literaturkritik; das sicherste Anzeichen dafür aus jüngerer Zeit ist das Erscheinen mehrerer großer Anthologien – von Josué Harari, Jane Tompkins, Robert Young – und von Reihen mit Titeln wie *New Accents*, die sich nur mit alten und gut verdauten Sachen beschäftigen. Das Verschwinden der Theorie macht sich nicht durch Schweigen bemerkbar, sondern durch immer mehr Gerede, immer mehr Zeitschriften, Tagungen und wachsende Beteiligung am Wettbewerb um das Recht, die Geschichte der Theorie zu resümieren. Die Zeit wird kommen, in der niemand diesen Wettbewerb gewinnen will, in der die Ankündigung einer weiteren neuen Untersuchung über die kritische Methode nicht als Versprechen, sondern als Drohung aufgenommen wird und in der die Einberufung einer weiteren Tagung zur Funktion der Theorie in unserer Zeit nur mehr ein Stöhnen hervorrufen wird. Diese Zeit mag bereits gekommen sein: Die Tage der Theorie sind gezählt, die Zeit ist vorgerückt, und das Einzige, was einem Theoretiker noch bleibt, ist, das auch zu sagen, wie ich es hier gesagt habe, und das, wie ich glaube, keinen Moment zu früh.

4. Das Recht möchte formal sein

I. Das Erzielen deutlicher und klarer Bedeutungen

Das Recht möchte formal sein. Das bedeutet erstens, dass das Recht nicht von einer anderen, nicht-rechtlichen Struktur absorbiert oder einem anderen Anliegen untergeordnet werden möchte. Das Recht wünscht, kurz gesagt, autonom und nicht etwas anderes zu sein. Zweitens möchte das Recht in seiner Absonderung eindeutig sein, d.h., es möchte, dass die Komponenten seiner autonomen Existenz sich von selbst verstehen und nicht der Unterstützung durch einen ergänzenden Diskurs bedürfen. Denn wäre es für das Recht erforderlich, an wichtigen Punkten auf einen ergänzenden Diskurs zurückzugreifen, dann hätte dieser Diskurs die Aufgabe, zu spezifizieren, was Recht ist, und folgerichtig wäre seine Autonomie mittelbar gefährdet. Es macht wenig aus, ob man schlicht erklärt, dass die Prinzipien und Mechanismen des Rechts in den Verästelungen eines anderen Systems fertig bereitliegen, oder ob man gestattet, dass seine Prinzipien und Mechanismen durch etwas festgelegt werden, das in ihnen nicht enthalten ist. In beiden Fällen würde die Unabhängigkeit und Selbstbestimmtheit des Rechts verschwinden.

Das Recht hat in seiner langen Geschichte viele Bedrohungen seiner Autonomie erlebt. Aber zwei scheinen ewig zu sein: die Moral und die Auslegung. Die Gefahren, die von beiden ausgehen, sind, wenigstens auf den ersten Blick, verschieden. Moral ist etwas, worauf das Recht bezogen sein möchte, aber nicht zu eng. Ein Rechtssystem, dessen Folgen an jedem Punkt mit unseren moralischen Vorstellungen aneinandergeraten, so dass die Kategorien »gesetzmäßig« und »moralisch richtig« nie (oder fast nie) zusammenfallen, wäre sofort verdächtig. Aber ein Rechtssystem, dessen Urteile sich völlig mit unseren moralischen Vorstellungen decken, wäre ebendeswegen überflüssig.

Der Supreme Court von Utah hat dies in einem Fall, in dem behauptet wurde, dass die grundlose Zahlung einer Partei auf die Hypothek einer anderen den Begünstigten rechtlich zur Rückzahlung verpflichte, prägnant auf den Punkt gebracht. Der Gerichtshof wies das Argument mit der Begründung zurück, »dass durch die Anerkennung einer von der rechtlichen Bindung verschiedenen, rein moralischen Verpflichtung als wirksame *consideration** die Notwendigkeit, eine Vertragspflicht zu finden, praktisch bis zum Verschwinden ausgehöhlt würde«.[1] Mit anderen Worten heißt dies, dass es für das Rechtssystem nichts zu tun gibt, wenn man von jemandes moralischer Pflicht in einer bestimmten Situation direkt auf jemandes rechtliche Verbindlichkeit schließen kann; das Moralsystem hat schon alles erledigt. Es mag scheinen (wie es für viele Naturrechtstheoretiker der Fall ist), dass ein solcher Zusammenfall der Kategorien sich empfiehlt, und sei es auch nur aus Gründen der Effizienz (warum soll man zwei Systeme haben, wenn man auch mit einem zurechtkommt?). Der Verteidiger einer gesonderten Rechtswelt wird indes sofort antworten, dass, weil die Moralvorstellungen notorisch verschieden und umstritten sind, die Gleichsetzung von Recht und Moral jedem Individuum zubilligt, sein eigener Richter zu sein. Statt eines einzigen unerschütterlichen Maßstabes, auf den die streitenden Parteien zurückgreifen können, würden wir viele Maßstäbe haben, ohne die Möglichkeit, zwischen ihnen zu entscheiden. Kurzum: Viele Moralmaßstäbe würden viele Rechte bedeuten, und dem Recht würden die wichtigsten wünschenswerten Eigenschaften fehlen: Allgemeinheit und Stabilität.

An dieser Stelle begegnet die Gefahr, die die Moral dem Recht – oder genauer: dem Rechtsstaat und der Rechtsregel – bereitet, der Gefahr, die von der Auslegung ausgeht. Bindeglied ist der Wunsch, eine breitere und stabilere Perspektive zu finden, als es die Perspektive lokaler oder individueller Betroffenheit ist. Moral frustriert diesen Wunsch, weil in einer Welt mit mehr als einer Kirche der Rückgriff auf Moral immer den Rückgriff auf die anfechtbare Moralvorstellung einer Person oder einer Gruppe bedeutet. Auslegung frustriert diesen Wunsch, weil in jenem pejorativen Sinne, den sie üblicherweise in solchen Diskussionen annimmt, »Auslegung« der Name für das ist, was sich ereignet, wenn die in einem Sachverhalt oder Text eingebetteten Bedeutungen zugunsten jener Bedeutungen beiseitegeschoben werden, die von einem beeinflussten, parteiischen Ziel gefordert werden. Auslegung ist in dieser Sicht der Versuch einer Moral, einer besonderen, interessierten Zielsetzung, sich selbst in die Welt hinein auszudehnen, indem sie ihre Bot-

* Vgl. unten S. 136 ff. (A.d.Ü.).

1 *Manwill v. Oyler,* 11 Utah 2d 433, 361 P.2d 177 (1961).

schaft jedem verfügbaren Raum einschreibt. Es folgt dann, dass irgendein Punkt des Widerstands gefunden werden muss, um die Herrschaftsambitionen aller Sondermoralen zu bremsen.

Das ist der Grund, weshalb der Formalismus sich als so anziehend erweist. Der Formalismus behauptet, dass es möglich ist, so selbstgenügsam eindeutige Zeichen zu formulieren, dass sie auslegungsresistent sind. Er behauptet, dass man Sätze von solcher Präzision und Schlichtheit schreiben kann, dass ihre Bedeutung so augenfällig ist, dass niemand – ungeachtet seiner Stellung oder Perspektive – sie ignorieren kann. Der Formalismus meint, dass man Verfahren ersinnen kann, die selbstläufig in dem Sinne sind, dass ihr Ablauf unabhängig ist von den Unterschieden unter den Handelnden, die sie in Gang setzen. In Gegenwart (im starken Sinne Derridas) eines derartigen Zeichens oder Satzes oder Verfahrens wird der interpretierende Wille gestoppt und gezwungen, seine Ziele innerhalb jener Grenzen zu verfolgen, die unübertrumpfbar vorgegeben sind. Er muss die Zeichen in Betracht ziehen, er muss die sich selbst erklärenden Gründe respektieren, er muss dem von den unnachgiebigen Verfahren vorgezeichneten Weg folgen, und wenn er dann gewinnt, wird der Sieg fair, gerecht und begründet sein.

Offenkundig besteht die Attraktivität des Formalismus in der Zahl der Probleme, die er löst oder wenigstens zu lösen scheint. Er stattet das Recht mit einer greifbaren Manifestation seines basalen Anspruchs, stabil und allgemein zu sein, aus; d. h. nicht schwankend und wechselnd, sondern als Referenzpunkt feststehend, auf den bezogen der Wechsel bewertet und kontrolliert werden kann. Er befähigt das Recht, widersprüchliche inhaltliche Standpunkte in Schach zu halten, durch die Errichtung prozeduraler Schwellenerfordernisse, die jene Ansprüche zwingen, eine Form anzunehmen, die das System anerkennt. Der Gedanke ist, dass dann, wenn eine Frage erst einmal als *Rechtsfrage* gestellt wurde, wenn sie in die richtige *Form* gebracht wurde, die Antwort auf sie durch Folgerungsbeziehungen zwischen dieser Form und anderen Formen des Systems gegeben wird. Wie Kelsen es in einem Buch, das treffend *Reine Rechtslehre* heißt, sagte:

Das Recht ist eine Ordnung [...] und [...] daher sind alle Rechtsprobleme als Ordnungsprobleme gestellt und zu lösen [...] Die Rechtstheorie wird so zu einer von allen ethisch-politischen Werturteilen befreiten, möglichst exakten Strukturanalyse des positiven Rechts.[2]

Kelsens letzte Formel sagt alles: Das Reich des Ethischen, das Reich des Politischen und das Reich der Werte im Allgemeinen sind Bedrohungen der Integrität des Rechts. Sie repräsentieren das, was ferngehalten werden muss, wenn Recht etwas anderes sein soll als eine falsche Bezeichnung für den lokalen (und illegitimen) Triumph eines partikularen Standpunktes.

Es gibt wenigstens zwei starke Argumente gegen diese Rechtskonzeption: Das erste, welches wir das humanistische Argument nennen könnten, wendet ein, dass ein so aufgefasstes Rechtssystem verarmt ist und dass, wenn man erst einmal die Verfahren von den Werten abgetrennt hat, es sich als außerordentlich schwer, wenn nicht unmöglich erweist, sie in Einzelfällen wieder miteinander zu verbinden. Da die von einem rein formalen System erzeugten Antworten inhaltsleer sein werden (das ist schließlich der formalistische Anspruch), wird die Wiedereinführung von Inhalt immer willkürlich sein. Das zweite Argument, das wir »radikal« oder »kritisch« nennen könnten, würde einfach feststellen, dass ein rein formales System unmöglich ist und dass jedes System, das auf diesen Status Anspruch erhebt, bereits mit dem behaftet ist, was es auszuschließen beansprucht. Werte, seien sie ethischer oder politischer Art, befinden sich immer schon diesseits der Mauer, und die Anhänger des Systems wissen entweder nichts von dessen Quellen oder sie sind damit befasst, sie mittels einer politischen Anstrengung zu verdunkeln, indem sie eine Scheinreinheit behaupten.

Im Folgenden werde ich eine Version der zweiten Antwort ausarbeiten und darlegen, dass das Recht, wie sehr es auch immer formal sein möchte, damit keinen Erfolg haben kann, weil – auf jeder Ebene, von der höchsten Abstraktion bis zum Einzelnen und Detailliertesten – jede Konkretisierung des Rechts bereits durch Auslegung infiziert und deshalb in Frage gestellt ist. Gleichwohl wird mein Ergebnis nicht sein, dass es dem Recht nicht gelingt, formal zu sein, sondern dass es, in einem Sinne, den ich erläutern werde, damit immer erfolgreich ist, obwohl die Natur dieses Erfolges – er ist eine politisch-rhetorische Leistung – dem Formalisten bitter schmeckt.

2 Hans Kelsen, *Reine Rechtslehre,* zweite vollständig neu bearbeitete und erweiterte Auflage, Wien 1960, 195.

Was in Auseinandersetzungen über den Formalismus auf dem Spiel steht, können wir begreifen, wenn wir uns einer jüngeren (Juli 1988) Entscheidung des Richters Alex Kozinski vom Berufungsgericht der Vereinigten Staaten für den 9. Bezirk zuwenden.[3] Der Fall betraf die Absicht einer Baugesellschaft namens Trident Center, ein Darlehen zu günstigeren Raten als den ursprünglich vereinbarten zurückzuzahlen. Unglücklicherweise (so schien es jedenfalls) unterband der Wortlaut der Originalvereinbarung ein solches Vorhaben mit folgender Klausel: »Der Hersteller soll nicht das Recht haben, von jetzt an die Kapitalsumme ganz oder teilweise innerhalb der ersten 12 Jahre zurückzuzahlen«.[4]

Der Anwalt von Trident stützte sich auf eine andere Stelle in der Vereinbarung, wo es heißt: »im Falle einer Vorwegzahlung wegen Nichterfüllung [...] vor dem 10. Januar 1996, beträgt die Vertragsstrafe für die Vorwegzahlung 10 %«.[5] Er behauptete, dass diese Klausel Trident die Option einräume, das Darlehen vorfristig zurückzuzahlen, unter der Voraussetzung, dass Trident bereit sei, eine Strafe wie vorgesehen zu bezahlen. Kozinski zeigte sich vollkommen unbeeindruckt von dieser Argumentation und wischte sie, wie er selbst sagte, »ohne weiteres« vom Tisch,[6] indem er zu seiner Rechtfertigung den klaren und eindeutigen Wortlaut des Vertrages zitierte. Unter Bezugnahme auf die Behauptung von Trident, dass die Gesellschaft berechtigt sei, Nichterfüllung herbeizuführen, indem sie den Kontoausgleich einschließlich der 10 % Buße anbiete, erklärte Kozinski, dass »der oben zitierte Wortlaut des Vertrages keinen Raum für eine solche Konstruktion lässt«,[7] ein Urteil, das durch den Umstand Lügen gestraft wurde, dass Tridents Anwalt es fertigbrachte, für gerade diese Konstruktion in seiner Argumentation Raum zu schaffen.

Es ist ein Charakteristikum von Fällen wie diesem, bei denen es um das Problem geht, was gesagt wurde und was nicht »ausdrücklich« gesagt wurde, dass die Verkündung einer unbestreitbaren Meinung immer während eines Streites über ebendiese erfolgt.

3 *Trident Center v. Connecticut General Life Insurance Company*, 847 F.2d 564 (9th Cir. 1988).

4 Ebd., 566.

5 Ebd.

6 Ebd.

7 Ebd., 567.

Im Hinblick auf Kozinskis rhetorische Haltung könnte das »bloße Zitieren« (das ist sein Ausdruck, und zwar ein ziemlich gefährlicher für seine Position) des Vertragswortlautes ausreichend sein, allen Streit zu beenden. Aber was er selbst unmittelbar in Gang setzt, ist Argumentation, indem er eine Folge von Analysen anbietet, die dafür bestimmt sind, seine Behauptung zu stützen, dass es »schwer ist, sich eine Sprache vorzustellen, die klarer und eindeutiger die Idee zum Ausdruck bringt, dass es Trident nicht gestattet ist, einseitig [dieses Wort ist verräterischer als Kozinski erkennt] das Darlehen während der ersten 12 Jahre zurückzuzahlen«.[8] Wenn dies tatsächlich so wäre, dann wäre es kaum zu begreifen, warum Kozinski sich genötigt fühlen sollte, wieder und wieder seine Meinung darzulegen. Ich werde seine Argumente nicht aufnehmen und sage nur allgemein, dass sie nicht sonderlich überzeugend sind und regelmäßig dazu führen, gerade jenen Interpretationsspielraum zu eröffnen, den Kozinski für nicht vorhanden erklärt. So behauptet er zum Beispiel, dass die Interpretation von Trident »auf einen Widerspruch zwischen zwei Vertragsklauseln hinausläuft«, während die »normale Verfahrensregel [...] die ist, dass die Gerichte Verträge, wenn möglich, so interpretieren müssen, dass innere Widersprüche vermieden werden«.[9] Aber es ist überhaupt kein Trick (oder wenigstens kein besonders raffinierter), die zwei Klauseln so zu interpretieren, dass sie sich auf zwei verschiedene vorweggenommene Situationen beziehen und nicht widersprüchlich sind (genau dies tun die Juristen von Trident): Bei normalem Verlauf der Dinge, wie er durch die Raten und den im Vertrag festgelegten Zeitplan der Zahlungen definiert ist, hat Trident kein Recht auf vorzeitige Zahlung; aber im außergewöhnlichen Fall der Nichterfüllung soll die Strafklausel mit vorzeitiger Zahlung wirksam werden. Selbstverständlich ist Kozinski mit Einwänden gegen diese Argumentationslinie gewappnet, aber diese Einwände umreißen ihrerseits eine Argumentationslinie und haben die Funktion (nicht weniger als die Interpretationen, die er zurückweist), den Wortlaut, dessen Vollständigkeit er ständig beschwört, aufzufüllen.

Kurzum (und das ist ein Punkt, auf den ich noch öfter zurückkommen werde): Kozinskis Behauptung der Existenz passfertiger, formaler Schranken wird von seinen Bemühungen Lügen gestraft,

8 Ebd., 566.
9 Ebd.

das zu stabilisieren, worauf er angeblich vertraut, nämlich die eindeutige Bedeutung einer absolut klaren Sprache. Der Akt der Konstruktion, von dem er sagt, dass für ihn kein Raum sei, wird von ihm kontinuierlich vollzogen. Mehr noch: Er vollzieht ihn in einer Weise, die sich nicht von jener unterscheidet, die er tadelt. Trident, so klagt er, versuche »eine gerichtliche Unbedenklichkeitsbescheinigung für die beabsichtigte Nichterfüllung zu erreichen«,[10] und die Lesart, die ihre Juristen vorschlagen, sei eher eine Verlängerung dieser Absicht als eine treue Wiedergabe dessen, was die Urkunde enthalte. Die Folgerung ist, dass *seine* Lesart nicht die Verlängerung von irgendetwas ist, von keinerlei Zweck ausgeht, abgesehen vom Zweck, skrupulös wörtlich sein zu wollen. Aber schon seine nächsten Worte enthüllen einen anderen, weniger desinteressierten Zweck: »Aber Nichterfüllung ist eine schmutzige Angelegenheit und sollte es sein [...] Angst vor diesen Sanktionen ist eine kräftige Medizin, die die Schuldner davon abhält, sich vor ihren Verpflichtungen zu drücken [...]«.[11] Und er ist natürlich jetzt dabei, diese kräftige Medizin durch seine Lesart zu verschreiben, eine Lesart, die nicht durch Vereinbarung erzeugt wurde, sondern durch seinen vorausgehenden Entschluss, Vertragspflichten, wann er kann, durchzusetzen. Der Widerspruch besteht also nicht (wie er es darzustellen sucht) zwischen der Rücksichtnahme auf das, was »der Vertrag offenkundig [...] vorsieht«,[12] und dem Verdrehen des Wortlauts gemäß einem von vornherein festgelegten Ziel, sondern zwischen zwei Verdrehungen, von denen eine kraft ihrer institutionellen Position – schließlich ist Kozinski der Richter – den Sieg davontragen wird.

Nur – sie tut es nicht. In der zweiten Hälfte seines Urteils gibt es eine überraschende Wende, die uns die weitere Problematik, die Kozinski in dem Fall sieht, zu Bewusstsein bringt und die Heftigkeit seiner Sprache (in der öfter der Zorn anklingt) erklärt. Die Wende besteht darin, dass Kozinski für Trident entscheidet, indem er die Erklärung des Bezirksgerichts kassiert, dass die klare und eindeutige Natur des Dokuments Trident keinen Klagegrund biete, und indem er auch die vom selben Gerichtshof verhängte Strafe wegen leichtfertigen Prozessierens außer Kraft setzt.

10 Ebd., 568.

11 Ebd.

12 Ebd., 567, Anm. 1.

Mit dieser Handlung reagiert Kozinski auf das zweite Argument von Trident, welches lautet, dass »auch wenn die Sprache des Vertrages eindeutig zu sein scheint, doch die Vereinbarung, die die Parteien wirklich trafen, davon ziemlich verschieden ist« und dass »externe Beweise« zeigen, »dass die Parteien übereingekommen sind, Trident könne jederzeit innerhalb der ersten 12 Jahre zurückzahlen, indem sie den vollen Betrag plus einer 10%igen Buße wegen Vorwegzahlung zahlt«.[13] Kozinski macht klar, dass er dieses Argument zurückweisen und auf das traditionelle Vertragsprinzip der Mündlichkeitsbeweisregel* bauen möchte, jene Regel (nicht des Beweises, sondern des Rechts), nach der »externer Beweis nicht zugelassen wird, um die Worte einer unzweideutigen, integrierten** schriftlichen Vereinbarung zu interpretieren, zu ändern oder zu ergänzen«.[14]

Er räumt allerdings ein, dass diese Regel in Kalifornien seit dem Fall *Pacific Gas & Electric Co.* gegen *G. W. Thomas Drayage & Rigging Co.*[15] nicht mehr befolgt worden ist, ein Fall, in dem der staatliche Oberste Gerichtshof bekanntlich erklärte, dass es so etwas wie ein klares und eindeutiges Dokument nicht gebe, weil es »unmöglich ist, die Bedeutung, die die Parteien den Worten gaben, allein aus der Urkunde zu entnehmen«.[16] Mit anderen Worten (meinen, nicht denen des Gerichts): Eine Urkunde, die oberflächlich besehen klar und eindeutig zu sein scheint, scheint deshalb so, weil »externes Beweismaterial« – also Informationen über die Bedingungen ihrer Errichtung einschließlich der Lage und des Gemütszustandes der Vertragsparteien – schon vorhanden und als Hintergrund vorausgesetzt ist. Was die Mündlichkeitsbeweisregel ausschließen soll, ist schon, und zwar notwendigerweise, in jenem Augenblick zitiert, in dem der Schriftsinn verstehbar wird. Mit einer bravourösen Geste drückt Kozinski zunächst seinen Abscheu vor jener Entschei-

13 Ebd., 568.

* *Parol evidence rule:* das Dogma, dass gegen eine Urkunde mündlicher Beweis einer abweichenden früheren oder gleichzeitigen mündlichen Vereinbarung nicht zulässig ist (CS/DS).

** Von erfolgter *Integration* spricht man, wenn die Bedingungen der getroffenen Übereinkunft in das Schriftstück aufgenommen wurden (CS/DS).

14 Ebd.

15 68 Cal.2d 33, 442 P.2d 641 (1968).

16 *Trident Center v. Connecticut General*, 568 (zitiert: 69 Cal.2d 38).

dung aus (»sie zerbröselt das Fundament unseres Rechtssystems«),[17] und dann verstößt er gegen sie, indem er sich ihr beugt.

Obschon wir unsere Zweifel an der Weisheit von *Pacific Gas* haben, haben wir keine Schwierigkeiten, den Sinn auch ohne einen externen Beweis, der uns führt, zu verstehen [...]. Wir müssen kassieren und an das Distriktgericht zurückverweisen, um dem Kläger Gelegenheit zu geben, einen externen Beweis über die Absichten der Parteien anzutreten.[18]

Das heißt: »Sie sagen, dass Worte keine klare und feststehende Bedeutung haben können und dass deshalb ein externer Beweis nicht ausgeschlossen werden darf. Ich denke, Sie haben Unrecht und weise Sie hiermit zurück, indem ich streng der Regel folge, die Sie mit Ihren Worten festgelegt haben«.

Aber natürlich hat er das nicht getan. Die ganze Geschichte der Mündlichkeitsbeweisregel – die Zwecke, denen sie dienen soll, die Ängste, auf die sie eine Antwort ist, die Hoffnungen, die sie birgt – bildet das externe Beweismaterial, bei dessen Annahme der Text des Falles jenen Sinn ergibt, den Kozinski »buchstäblich« nennt. Wenn er seine abschließende Formulierung einleitet (das richterliche Äquivalent zu »Du kannst mich«), indem er sagt, »wie wir die Regel lesen«, erkennt er an, dass das, was er tut, *lesen* ist und nicht bloß entgegennehmen.[19] Und dies anzuerkennen bedeutet anzuerkennen, dass *Pacific Gas* auch anders gelesen werden kann. Nichtsdestoweniger ist Kozinskis an Richter Traynor* adressierte Herausforderung belangvoll. Denn er sagt, dass die Frage, ob es möglich ist oder nicht, »eine ›perfekte mündliche Äußerung‹«[20] zu machen – eine Äußerung, die als »wirksame Einschränkung für öffentliches und privates Verhalten«[21] dienen soll –, nicht durch das Urteil eines Gerichtes geklärt werden wird. Entweder ist es möglich oder ist es nicht möglich; entweder können ein Gerichtshof oder ein Gesetzgeber oder eine verfassunggebende Versammlung Worte in der Weise anordnen, dass sie einschränken, was Interpreten

17 Ebd., 569.
18 Ebd., 569-570.
19 Ebd., 569.
* Richter Traynor saß dem State Supreme Court vor, der die Pacific Gas-Entscheidung fällte (CS / DS).
20 Ebd. (zitiert: 69 Cal.2d 37).
21 Ebd., 569.

mit ihnen machen können, oder sie können dies nicht. Der Beweis wird in der Sache liegen, in dem, was Texten zustößt oder Teilen von Texten, die die Zuflucht dieser (formalistischen) Hoffnung sind. Die Mündlichkeitsbeweisregel wird die erwünschte Wirkung nicht haben, wenn niemand in der Lage ist, ihr zu folgen.

Dass dies tatsächlich der Fall ist, zeigt allein schon der Versuch, die Regel zu formulieren. Man betrachte zum Beispiel die Formulierung, die sich in Abschnitt 2-202 des Uniform Commercial Code findet:

> Den Bedingungen, denen die Bestätigungsschreiben der Parteien zustimmen oder die in anderer Weise in einem Schriftstück festgelegt wurden, das von den Parteien als gültiger Ausdruck ihrer Vereinbarung hinsichtlich der darin aufgenommenen Bedingungen angesehen wurde, kann nicht unter Berufung auf eine frühere Vereinbarung oder eine gleichzeitige mündliche Absprache widersprochen werden. Aber sie können erläutert oder ergänzt werden
> a) im Wege von Verhandlungen oder durch den Handelsbrauch (Abschnitt 1-205) oder im Wege der Leistung (Abschnitt 2-208) und
> b) durch den Nachweis konsistenter zusätzlicher Bedingungen, es sei denn, das Gericht findet, dass das Schriftstück als vollständige und ausschließliche Erklärung der Vertragsbedingungen angesehen worden ist.[22]

Man könnte nahezu an jeder Stelle innehalten, um die Schwierigkeiten sichtbar zu machen, die für jeden potenziellen Nutzer dieses Abschnittes bereitliegen – beginnend etwa mit der Gegenüberstellung von »Schriftstück« und »angesehen wird«, welche den Konflikt reproduzieren, der gelöst werden soll (hat das Schriftstück sich zu seiner eigenen Bedeutung und Vollständigkeit zu äußern oder haben wir hinter es auf die Absichten der Parteien zu blicken?). Gestatten Sie, dass ich mich gleichwohl auf den Unterschied zwischen Erläutern oder Ergänzen und Widersprechen oder Variieren konzentriere.

Die Frage ist, wie man sagen kann, dass ein umstrittenes Beweisstück das eine oder das andere bewirkt. Die Antwort ist, dass man dies nur sagen könnte, wenn das Dokument, auf das bezogen der Beweis als dieser oder jener bezeichnet wurde, seine eigene Bedeutung erklären würde, denn nur dann könnte man auf »es« sehen und dann auf den Beweis und anschließend diesen als erläuternd

22 *Uniform Commercial Code*, 10. Aufl., St. Paul, Minn. 1987, 71.

oder widersprüchlich bezeichnen. Aber wenn die Bedeutung und Vollständigkeit des Dokuments selbstevident (ein wundervoll genauer Ausdruck) wären, dann wäre ein erläuternder Beweis überflüssig und das Problem würde niemals entstehen. Und auf der anderen Seite, wenn Bedeutung und Vollständigkeit des Dokuments nicht selbst-evident sind – wenn »es« nicht vollständig ist, sondern zusammengestückelt werden muss, um zu werden, was »es« ist –, dann kann die Beziehung eines Stücks des so genannten äußeren Beweises zu »ihm« erst bestimmt werden, nachdem der Beweis zugelassen wurde und nicht mehr äußerlich ist. Entweder gibt es kein Problem oder es kann nur unter Rückgriff auf das, worüber gestritten wird, gelöst werden.

Genau dasselbe Schicksal erwartet die Unterscheidung zwischen »konsistenten zusätzlichen Bedingungen« und zusätzlichen Bedingungen, die inkonsistent sind. »Konsistent in Beziehung wozu?«, ist die Frage; die Antwort lautet: »Konsistent in Beziehung zum Dokument«. Aber wenn das Dokument klar genug wäre, um seine eigenen Bedingungen zu formulieren, wären keine zusätzlichen Bedingungen nötig, um sie zu erläutern (Unterabschnitt b] ist, wie Sie sich erinnern werden, eine Erklärung für »erläutert oder ergänzt«), und wenn zusätzliche Bedingungen erforderlich sind, dann ist noch nichts da, wozu sie konsistent oder inkonsistent sein könnten. Das unterschwellige Problem hier hängt mit der – vorausgesetzten, aber nie in diesem Zusammenhang geprüften – Unterscheidung zwischen innen und außen zusammen, zwischen dem, was das Dokument enthält und was extern ist. Es ist klar, dass die Bestimmung dessen, was »innen« ist, immer eine Funktion dessen sein wird, was als »außen« befindlich schon vorausgesetzt wurde (ich benutze Anführungszeichen, um anzudeuten, dass die Unterscheidung eine interpretatorische und keine absolute ist). Wie es ein Kommentar formuliert: »Fragen, die die Zulässigkeit des Mündlichkeitsbeweises betreffen, können nicht gelöst werden, ohne die Natur und den Umfang des Beweises, der angeboten wird, zu berücksichtigen«. Und: »Deshalb muss das Gericht über das Schriftstück hinausgehen, um zu entscheiden, ob das Schriftstück als endgültiger Ausdruck der Übereinkunft der Parteien angesehen werden kann«.[23]

Das ist nirgends offensichtlicher als im Bereich des *Handelsbrau-*

23 Gordon D. Schaber und Claude D. Roher, *Contracts in a Nutshell*, 2. Aufl., St. Paul, Minn. 1984, 243.

ches, des ersten Wissenskomplexes, den der Commercial Code als besonders erklärungswirksam auszeichnet. *Handelsbrauch* bezieht sich auf Bedeutungskonventionen, die routinemäßig von den Mitgliedern eines Handelszweigs oder einer Industrie zugrunde gelegt werden. Er wird in Gegensatz zum *Normalgebrauch* gesetzt, das heißt, zu den Bedeutungen, die Worte normalerweise aufgrund ihres Platzes in der Struktur des Englischen haben. Die Bereitschaft der Gerichte, *Handelsbrauch* als legitime Erläuterung der Vertragssprache anzusehen, scheint nur ein kleines Zugeständnis an den Wunsch des Rechts zu sein, eine öffentliche – d.h. objektive – sprachliche Basis zu finden, aber tatsächlich ist sie tödlich, denn sie stößt eine Tür auf, die nicht mehr geschlossen werden kann (und es niemals gewesen ist).

In einem typischen Handelsbrauch-Fall wird einer Partei die Möglichkeit gegeben, zu »beweisen«, dass die Worte einer Vereinbarung nicht das bedeuten, was sie zu bedeuten scheinen, da sie aus einem speziellen Kontext stammen, einem Kontext, der durch die Erwartungen der Parteien definiert ist. So wurde z.B. in einem bestimmten Fall behauptet, dass aufgrund von *Handelsbrauch* der Begriff des Seehandels »Juni bis August« in einer Vereinbarung als »unter Ausschluss der Lieferung im August« zu lesen sei,[24] und in einem anderen Fall brachte die Einführung des Handelsbrauches das Gericht dazu, zu behaupten, dass ein Auftrag über Einundneunzig-Zentimeter-Stahl durch die Lieferung von Vierundneunzig-Zentimeter-Stahl erfüllt worden sei.[25] Aber wenn »Juni bis August« unter bestimmten, zweifellos überzeugenden Umständen so verstanden werden kann, dass der August ausgeschlossen ist und »Einundneunzig« »Vierundneunzig« bedeutet, dann kann alles alles bedeuten, sobald ein einigermaßen ausgearbeitetes Argument zur Stelle ist: »Einundneunzig« kann »Einhundertneunzig« bedeuten oder, im Falle eines Code, der so feststehend eingeführt ist, dass er die Erwartungen der Parteien beherrscht, könnte »Einundneunzig« auch heißen: »Zünde die Atombombe!«

Wem diese Argumentationsbahn allzu überstürzt einen schlüpfrigen Hang hinabzuführen scheint, der betrachte den oft zitierten

24 *Warren's Kiddie Shoppe, Inc. v. Casual Stacks, Inc.*, 120 Ga. App. 578, 171 S.E. 2d 643 (1969).

25 *Dekker Steel Co. v. Exchange National Bank of Chicago*, 330 F. 2d 82 (1964).

Fall *Columbia Nitrogen Corporation v. Royster Company*.[26] Die beiden Firmen hatten einen Vertrag geschlossen, nach welchem Columbia auf drei Jahre von Royster jährlich 31 000 Tonnen Phosphat kaufen sollte, mit einer Option, die Vertragsdauer zu verlängern. Die Vereinbarung war mit »detaillierten Vorschriften betreffend den Grundpreis, Steigerungen, Mindesttonnage und Liefertermine«[27] versehen, aber als die Phosphatpreise fielen, bestellte Columbia und nahm nur ein Zehntel dessen ab, was vereinbart war. Royster klagte verständlicherweise wegen Vertragsbruchs und erhielt ein Urteil des Landgerichts, das ihm 750 000 $ zusprach. Columbia legte Berufung ein, mit der Behauptung, dass in der Düngemittelindustrie

> aufgrund ungewisser Ernten und Wetterbedingungen, Anbaumethoden und landwirtschaftlicher Regierungsprogramme ausdrückliche Preis- und Mengenbedingungen in Verträgen [...] bloße Projektionen sind, die entsprechend den Marktgegebenheiten berichtigt werden müssen.[28]

Man möchte annehmen, dass dieses Argument versagen würde, denn es läuft darauf hinaus, festzustellen, dass der Vertrag das Papier nicht wert ist, auf dem er geschrieben steht. Wenn neu auftretende Umstände immer als bestimmend angesehen werden könnten, selbst angesichts sorgfältig ausgehandelter Bedingungen – warum soll man dann überhaupt verhandeln? Royster bringt diesen Punkt nicht direkt, sondern versucht, den (scheinbar) kürzeren Weg des Abschnitts 2-202 zu gehen. Schließlich ist selbst ein Handelsbrauch nach diesem Abschnitt dann unzulässig, wenn er den Bedingungen der Vereinbarung eher widerspricht, als dass er sie erklärt, und wie eine Autorität beobachtete, »ist es schwer, sich einen [...] Handelsbrauch vorzustellen, der direkter einer ausdrücklichen Vertragsbedingung widerspricht, als es der der *Columbia Nitrogen Corporation* tut«.[29] Der Gerichtshof sah es allerdings nicht so. Obwohl das Urteil behauptet, dass es »die wohlbegründete Regel« bestätige, »wonach der Nachweis eines Handelsbrauchs ausgeschlossen werden soll, wenn nicht vernünftig dargelegt werden kann, dass

26 451 F.2d 3 (1971).
27 Ebd., 9.
28 Ebd., 7.
29 Steven Emanuel und Steven Knowles, *Contracts*, Larchmont, N.Y. 1987, 160.

er mit den Vertragsbedingungen übereinstimmt«,[30] widerlegt diese Bestätigung sich selbst. Denn indem der Gerichtshof das Vorbringen eines »vernünftigen Konstrukts« anstatt einer offenkundigen Unvereinbarkeit (wie 31 000 unvereinbar ist mit 3100) zur Zulässigkeitsschwelle macht, räumt er mehr oder weniger ein, dass das, was zur Erfüllung des Abschnitts erforderlich ist, nicht die Darlegung einer formalen Kongruenz, sondern eine Übung in rhetorischen Fähigkeiten ist. Solange eine Partei eine Geschichte erzählen kann, die hinreichend umfassend ist, so dass sie erlaubt, die Vertragsbedingungen und den Nachweis des Handelsbrauchs komfortabel in ihren Rahmen einzupassen, solange wird jener Nachweis für konsistent und nicht für widersprechend angesehen werden. Was ein »vernünftiges Konstrukt« ist oder nicht, erweist sich als Funktion der Überzeugungskraft des Konstrukteurs und nicht als Funktion irgendeiner formalen Tatsache, die schon deutlich ist, bevor irgendein Überredungsakt stattgefunden hat.

Der Umfang, in welchem dieser Gerichtshof bereit ist, der Übung rhetorischen Einfallsreichtums Raum zu geben, zeigt sich an seiner endgültigen Zurückweisung der Behauptung von Royster, dass es in dem Vertrag keinerlei Vereinbarung über die Anpassung seiner Bedingungen gebe, um damit auf einen nachgebenden Markt zu reagieren. »Genau so ist es«, sagte das Gericht, es gibt dafür keinen Hinweis im Vertrag und ebendeshalb ist ihre Einbringung weder ein Widerspruch noch eine Inkonsistenz. Eben weil »der Vertrag über die Anpassung von Preisen und Quantitäten schweigt [...] erlaubt er weder eine Anpassung noch verbietet er sie, und diese Neutralität liefert eine günstige Gelegenheit für den Rückgriff auf den Handelsbrauch, um den Vertrag zu ergänzen und seine Bedingungen zu erklären«.[31]

Unnötig zu sagen, dass eine solche Auslegung als Interpretationsstrategie nahezu alles autorisieren könnte. Sie ist ihrerseits durch den ersten offiziellen Kommentar zu Abschnitt 2-202 autorisiert (und weshalb eine Vorschrift, die doch dazu bestimmt ist, den Vorrang vollständig integrierter Schriftstücke anzugeben, ihrerseits kommentierungsbedürftig ist, ist eine derart offenkundige Frage, dass es sich erübrigt, sie zu stellen): »Dieser Abschnitt weist endgültig die Annahme zurück, der Umstand, dass ein Schriftstück

30 *Columbia Nitrogen v. Royster Company*, 451 F.2d 3 (1971), 9.

31 Ebd., 9-10.

ausgestellt wurde, das bezüglich einiger Materien endgültig ist, könne gestatten, es so zu behandeln, als enthalte es alle getroffenen Vereinbarungen«.[32] Oder mit anderen Worten: Der Umstand, dass ein Schriftstück etwas Relevantes zum Sachverhalt sagt, bedeutet nicht, dass es alles dazu sagt; es mag zu einigen Dingen schweigen, und in Bezug auf diese Dinge ist die Mündlichkeitsbeweisregel zulässig. Aber natürlich ist die Zahl der Dinge unendlich, über die ein wie auch immer interpretiertes Dokument schweigt, und folgerichtig gibt es keinen Stopp für die Informationen, die eingeführt werden können, wenn sie sich nur erzählerisch mit dem Dokument verbinden lassen, das jetzt zu einer bloßen (wenngleich einer bedeutsamen) Komponente in einem breiteren vertraglichen Kontext wird.

Ein Weg, dies zu bewerkstelligen, wird durch die Mehrheitsmeinung im Fall *Masterson vs. Sine*[33] veranschaulicht. In diesem Fall wurde dem Versuch eines Konkursverwalters, ein Vorkaufsrecht auf ein bestimmtes Grundstück auszuüben (mit der Begründung, dass das Vorkaufsrecht der Konkursmasse zustehe), mit externen mündlichen Beweisen widersprochen, die nahelegten, dass es die Absicht der vertragschließenden Parteien war, das Eigentum in der Familie zu halten (Herr Masterson und Frau Sine waren Bruder und Schwester) und »dass deshalb das Vorkaufsrecht ein persönliches für die Treugeber ist und durch den Verwalter nicht ausgeübt werden kann«.[34] Das Instanzgericht ließ den Beweis mit der Begründung nicht zu, der schriftliche Vertrag sei eine vollständige und endgültige Verkörperung der Vertragsbedingungen und sage nichts über die Abtretbarkeit des Vorkaufsrechts. Das Berufungsgericht in der Person von Chief Justice Traynor (derselbe Traynor, der in Kozinskis Augen die Schurkerei mit *Pacific Gas* beging) antwortete mit der Feststellung: Ja, »die Urkunde schweigt zur Frage der Abtretbarkeit«,[35] aber gerade dieses Schweigen sei ein Grund gewesen, die Beweisführung zuzulassen, nicht als Kommentar zu der schriftlichen Vereinbarung, sondern als Beweis einer Nebenabrede – einer Abrede zu einer verwandten, aber benachbarten Angelegenheit –, die mündlich getroffen worden war.

32 *Uniform Commercial Code*, 71.
33 65 Cal. Rptr. 545, 436 R2d 561 (Cal. Sup. Ct. 1968).
34 Ebd., 562
35 Ebd., 565.

Die Schönheit dieser Neubeschreibung der Situation besteht darin, dass sie es fertigbringt, gleichzeitig die Integrität der in die Urkunde aufgenommenen Vereinbarung zu retten und eine andere Vereinbarung zu schaffen, deren Einlösung den Effekt hat, dass sie das, was die integrierte Vereinbarung zu sagen scheint, kassiert. Dies alles wurde erreicht, indem eine andere Geschichte über die Verhandlungen erzählt wurde. Die Parteien führten nicht eine, sondern zwei Verhandlungen. In der einen wurden die Fragen der Abtretung des Landes und der Option des Abtretenden auf Rückkauf geregelt; in der anderen (mündlich geführten) wurde die Frage der Reservierung der Option für Familienmitglieder geregelt. Die Erfordernisse des Formalismus sind zugleich erfüllt und vermieden; ein Resultat, das zwei Richter veranlasste, in abweichenden Voten darüber zu klagen, dass die Mündlichkeitsbeweisregel ausgehöhlt werde, dass die Entscheidung alle Abtretungsurkunden suspekt mache, ganz gleich wie vollständig und komplett diese seien, und dass das Vertrauen, das man früher in geschriebene Dokumente gesetzt haben mochte, materiell untergraben worden sei.

Es mag den Anschein haben, dass es diese Schlussfolgerung ist, zu der ich für meine Person im Laufe der Vorstellung dieser Beispiele gelangte. Denn gewiss ist die Moral von *Columbia Nitrogen*, *Warren's Kiddie Shoppe*, *Dekker Steel*, *Pacific Gas* und *Masterson v. Sine* (und von zahllosen anderen, die angeführt werden könnten) die, dass die Mündlichkeitsbeweisregel als Schranke gegen interpretative Angriffe auf die explizite Sprache von Verträgen und Verordnungen vollständig ineffektiv ist. Aber die Lehre, die ich daraus ziehen möchte, geht in eine völlig andere Richtung, eine, die sowohl die Macht der Mündlichkeitsbeweisregel bekräftigt (wenn auch nicht in einer Weise, die Formalisten angenehm finden werden) als auch die der Sprache, deren »Rechte« sie schützen möchte, um »eine wirksame Schrankenziehung für öffentliches und privates Verhalten zu liefern«.[36]

Es ist sicher so, dass *Masterson vs. Sine* sowie *Columbia Nitrogen* und die anderen lehren, dass ein Vertrag, gleichgültig, wie sorgfältig er aufgesetzt wurde, seiner Einbettung in eine überzeugend erzählte Geschichte nicht widerstehen kann und dass sich im Laufe der Entfaltung dieser Geschichte die ursprüngliche Bedeutung

36 Trident Center, 569.

ändert. Aber dieselben Fälle deuten auch an, dass die so erzählte Geschichte nicht irgendeine beliebige Geschichte sein kann. Es muss eine sein, die ihre Kohärenz aus jenen Materialien gewinnt, deren Berücksichtigung von ihr verlangt wird. Der bedeutende Umstand beim Masterson-Fall ist nicht, dass es hier dem Gericht gelungen ist, der Mündlichkeitsbeweisregel auszuweichen, sondern dass es die Mündlichkeitsbeweisregel ist – und nicht das erste Kapitel der Genesis oder das erste thermodynamische Gesetz –, der auszuweichen es sich verpflichtet fühlt. Das heißt, angesichts der Zwänge der institutionellen Umwelt – Zwänge, die dazu beitragen, das zu beurteilende Problem zu formen – konnte das Gericht auf seinem Weg nicht voranschreiten, ohne die Mündlichkeitsbeweisregel zu zitieren und zu behandeln (und das wäre selbst dann wahr, wenn die Regel nicht von jenem eifrigen Treuhänder zitiert worden wäre); folglich wird der Pfad zu jenem Ergebnis, das das Gericht schließlich erzielt, teilweise gerade von der Lehre gebahnt, die dieses Ergebnis nicht billigt.

Man sieht dies klar an dem Weg, den das Gericht zu der Entdeckung einschlägt, dass es nicht eine, sondern zwei Vereinbarungen gegeben hat. Es ist nicht hinreichend, sagt das Gericht, zu beachten, dass, wenn eine Vereinbarung zu einem Punkt schweigt, auf ihn bezügliche Informationen zugelassen sind, weil der offizielle Kommentar zu Abschnitt 2-202 hinzufügt: »Wenn die zusätzlichen Bedingungen von der Art sind, dass, wenn sie vereinbart worden wären, sie aus Sicht des Gerichts sicher in den Vertrag aufgenommen worden wären, dann muss der Beweis ihrer behaupteten Vereinbarung vom Beweisverfahren ausgenommen werden«.[37] Mit anderen Worten: Das Gericht muss festlegen, ob jene zusätzlichen Bedingungen, die eine Nebenabrede bilden könnten, von der Art sind, dass Personen, welche die Originalvereinbarung betrachten, ihre Einbeziehung in Betracht gezogen hätten, weil, falls sie dieser Art waren und nicht einbezogen wurden, ihr Ausschluss absichtlich geschah und die Originalurkunde als vollständig angesehen werden muss. Im Masterson-Fall argumentiert das Gericht damit, dass die Unerfahrenheit der Parteien im Grundstückshandel es unwahrscheinlich mache, dass sie sich der Nachteile des Versäumnisses, die gesamte Vereinbarung in die Urkunde aufzunehmen, bewusst

37 *Uniform Commercial Code*, 72.

gewesen seien, und entscheidet deshalb, »der Fall ist kein solcher, bei dem die Parteien sicherlich die Nebenvereinbarung aufgenommen hätten«,[38] wenn sie gemeint hätten, sie getroffen zu haben.

Wiederum ist der entscheidende Punkt nicht so sehr die Überzeugungskraft einer solchen Argumentation (in einer anderen Leitentscheidung fand das Gericht von New York die Argumentation nicht überzeugend)[39] als der Umstand, dass sie vorgebracht werden muss – und dies wäre selbst dann erforderlich gewesen, wenn die Argumentation zurückgewiesen worden wäre. Es stand dem Gericht frei (wie eine Anmerkung zur Entscheidung zeigt), zu befinden, dass das, was die Parteien natürlicherweise getan hätten, tatsächlich in einer bestimmten Situation nicht getan wurde und dass »das Unnatürliche wirklich geschah«.[40] Aber hätte das Gericht so entschieden, wäre der offizielle Kommentar gerade in dem Augenblick befolgt worden, in dem er für nicht einschlägig erklärt worden wäre, weil diese Entscheidung (oder irgendeine andere auf derselben Linie liegende) durch die Existenz eines Kommentars verbindlich geworden wäre. Es ist immer möglich, den Kommentar zu umgehen, so wie es immer möglich ist, der Mündlichkeitsbeweisregel zu entkommen – beide stellen keine absolute Sperre *gegen* das Erreichen eines bestimmten Resultats dar; es gibt immer etwas, das getan werden kann –, aber der Umstand, dass es der Kommentar ist, den man umgeht, macht ihn zu einer Interpretationsschranke, auch wenn er im strikten Wortsinne nicht zwingend ist.

Kurzum, die Mündlichkeitsbeweisregel ist dem Wunsch des Rechts, formal zu sein, in größerem Umfang zu Diensten, als man dies aufgrund dieser Beispiele denken möchte. Der Dienst, den sie leistet, ist jedoch nicht (wie manchmal behauptet wird) der Dienst, einen Formalismus zu retten, der schon vorhanden ist, sondern der schwächere (wenngleich anspruchsvollere) Dienst, den Weg zu bahnen, auf dem der Formalismus gestaltet werden kann. Ich bin mir natürlich bewusst, dass dieser Begriff des Formalen für jene seltsam klingen muss, für die Formalismus etwas »Gegebenes« im Gegensatz zu etwas Gemachtem ist. Aber tatsächlich sind wirksame Formalismen – Zeichen und Töne, die Bedeutungen verkünden, denen alle maßgeblichen Parteien zustimmen – immer das Produkt

38 Masterson, 731-32.

39 *Mitchill v. Lath,* 247 N.Y. 377, 160 N.E. 646 (1928).

40 Masterson, 731n.

von Kräften – Wunsch, Wille, Absichten, Umstände, Interpretation –, die in Schach gehalten werden sollen. Niemand hat das klarer gesehen als Arthur Corbin, der, als er feststellte, dass »gelegentlich behauptet wird, die Gerichte würden weder die klare Sprache eines Vertrages missachten noch etwas interpolieren, was nicht in ihm enthalten ist«,[41] für jenes Diktum folgenden Ersatz anbot:

> Wenn nach der sorgfältigen Prüfung der Worte eines Vertrages im Licht aller maßgeblichen Umstände und aller vorläufigen Interpretationsregeln, die auf der Erfahrung der Gerichte und der Sprachwissenschaftler beruhen, eine klare und eindeutige Bedeutung durch das Gericht erzielt ist, eine Bedeutung nämlich, die von einer Partei den Worten wirklich beigelegt wurde, wie die andere Partei Grund hatte zu erkennen, dann wird das Gericht jene klare und endgültige Bedeutung nicht missachten und etwa eine andere weniger überzeugende an seine Stelle setzen.[42]

Es gibt viele Wörter und Sätze in diesem bemerkenswerten Ausspruch, über denen man innehalten möchte (*maßgeblich, vorläufig, Erfahrung, wirklich*), aber für unsere Zwecke ist das bezeichnendste Wort *erzielt* und danach *überzeugend. Erzielt* ist eine Überraschung, weil für die Mehrheit in der Literatur eine klare Bedeutung etwas ist, das eine Interpretation einschränkt oder sogar ausschließt, während sie in Corbins Feststellung etwas ist, das die Interpretation zu gestalten hilft. Sobald die klare Bedeutung gestaltet ist, kann die Mündlichkeitsbeweisregel mit ursprünglicher Kraft angerufen werden: Du sollst diese Bedeutung nicht missachten – d. h., die Bedeutung, die im Laufe des Auslegungsprozesses hergestellt wurde – zugunsten einer, die so nicht hergestellt wurde. *Überzeugend* bezeichnet die geforderte (tatsächlich die einzige) Art der Herstellung – den Modus – der Überzeugung, und wovon jemand überzeugt ist, das ist eine Darstellung (Geschichte) der Umstände (»maßgeblich« nicht vor der Darstellung, sondern als ihr Ergebnis), auf die bezogen die Worte einer Übereinkunft nur eine Bedeutung haben können. Natürlich, wenn eine alternative Darstellung vorgelegt würde, mehr statt weniger überzeugend – vielleicht im Zuge einer Berufung –, dann würden die Bedeutungen, die aus *deren* Herstellung folgen, durch das Gesetz vor jenen Bedeutungsbehauptungen geschützt werden, von denen das Gericht nicht überzeugt wurde.

41 Gorbin, *Corbin on Contracts,* one-volume edition, St.Paul, Minn. 1952, 496.
42 Ebd. 497.

Wie Corbin in einer anderen Passage bemerkt: »Wenn ein Gericht sagt, dass es einen Vertrag in Übereinstimmung mit der ›klaren und eindeutigen‹ Bedeutung seiner Worte durchsetzen wird [...] dann hat die unterlegene Partei lediglich das Ziehen von Schlüssen angeregt [...], die das Gericht nicht ziehen will«.[43] Das heißt, die unterlegene Partei hat eine nicht überzeugende Geschichte erzählt und folgerichtig erscheinen die Bedeutungen, die sie anregt – d. h., die Schlüsse, die sie ziehen möchte –, dem Gericht eher gezwungen und dunkel als klar.
Die Leistung der Mündlichkeitsbeweisregel läuft also über zwei Stationen: In der ersten bewirkt ihre Anwesenheit in der »Auslegungsszene«, dass der Pfad eingeschränkt wird, den die Ausleger auf ihrem Weg zur Erzählung einer überzeugenden Geschichte (einer Darstellung aller »relevanten« Umstände) nehmen müssen; dann, nachdem die Geschichte einmal plausibel erzählt worden ist, wird die Regel gerufen, um die Bedeutungen zu schützen, die aus dieser Geschichte stammen.

Die Wendung, die noch erläutert werden muss, lautet: *überzeugende Geschichte.* Was ist das, und wie wird sie, in Corbins Worten, *erzielt*? Die Überzeugungskraft einer Geschichte ist nicht lediglich das Produkt der Argumente, die sie explizit präsentiert, sondern der Beziehung zwischen diesen Argumenten und anderen mehr verschwiegenen Argumenten – gleichbedeutend mit Vorurteilen –, die weniger vorgebracht als vorausgesetzt werden. Es ist diese zweite, verborgene Stufe von Argumenten – von Überzeugungen, die so sehr ein Teil des Hintergrundes sind, dass sie teilweise darüber entscheiden, was als Argument gehört wird –, die eine Hauptrolle bei der Gestaltung einer überzeugenden Geschichte spielt und deshalb auch die Hauptrolle bei der Erläuterung der Kategorie der »klaren und deutlichen« Bedeutung übernimmt.

Welche Sorte von Argumenten oder (tiefsitzenden) Annahmen ist das? Es ist schwer, zu generalisieren (und gefährlich, da Generalisierung das falsche Versprechen einer *formalen* Erklärung der Überzeugungsbildung enthält), aber man könnte sagen, dass sie an erster Stelle unter anderem Glaubenssätze enthält, die man als Moral bezeichnen könnte – Überzeugungen über die Art und Weise, in der die Dinge sind oder sein sollten, die in Maximen und Slogans

43 Ebd., 515.

gefasst sind wie etwa: »Ordnung muss sein« oder »Redefreiheit« oder »der amerikanische Weg« oder »die jüdisch-christliche Tradition« oder »wir müssen irgendwo eine Grenze ziehen«. Daraus folgt, dass, wann auch immer ein Disput über die klare Bedeutung eines Vertrages abläuft, auf irgendeiner Ebene eine Auseinandersetzung zwischen zwei (oder mehr) Visionen von dem, was das Leben ist oder wie es sein sollte, stattfindet.

Betrachten wir zum Beispiel noch einen anderen berühmten Fall der Auslegung: *In Re Soper's Estate.*[44] Die Fakten sind Stoff für eine Seifenoper. Nach zehn Ehejahren täuschte Ira Soper einen Selbstmord vor und tauchte in einem anderen Bundesstaat unter dem Namen John Young wieder auf. Dort heiratete er eine Witwe, welche drei Jahre später starb; danach heiratete er eine andere Witwe, mit der er fünf Jahre zusammenlebte, wonach er wiederum Selbstmord beging, diesmal aber wirklich. Der Rechtsstreit geht um eine von Soper-Young mit einem Geschäftspartner getroffene Vereinbarung, derzufolge beim Tode eines von beiden die Erträge aus der Lebensversicherung des Verstorbenen seiner Ehefrau ausbezahlt werden sollten. Die Frage lautet natürlich: Wer ist die Ehefrau – Frau Young oder die seit langem verlassene Frau Soper, die zu jedermanns Überraschung auftauchte, um ihre rechtmäßige Erbschaft einzufordern?

Die Mehrheit entschied für die zweite Ehefrau, Gertrude, obwohl ein scharfes abweichendes Votum zugunsten der verlassenen Adeline protokolliert ist. In beiden Meinungen gibt es eine Tendenz, den Fall so zu präsentieren, als sei er eine Lehrbuchillustration des klassischen Konflikts des Vertragsrechts zwischen der Ansicht (die normalerweise mit Williston in Verbindung gebracht wird), dass Festlegungen über den Integrationsumfang und die Bedeutung einer Vereinbarung so zu treffen sind, dass man die Vereinbarung selbst betrachtet, und der (später mit Corbin in Verbindung zu bringenden) Ansicht, dass solche Probleme nur dadurch entschieden werden können, dass man sich der Absichten der vertragschließenden Parteien vergewissert, das heißt, indem man von der Vereinbarung zugunsten von Umständen abweicht, die zwar nicht in ihr stehen, in deren Licht sie jedoch gelesen wird.

Aber was der Fall tatsächlich illustriert, ist die Unmöglichkeit

44 196 Minn. 60, 264 N.W. 247 (1935).

gerade dieser Unterscheidung. Die Minderheit hält das Banner der Buchstäblichkeit hoch, indem sie argumentiert, dass, nachdem ein Mann nur eine gesetzliche Ehefrau haben kann und nachdem Adeline im Zeitpunkt der Vereinbarung »die einzige damals lebende Ehefrau von Soper war«,[45] das Wort *Ehefrau* sich auf sie beziehen muss. Die Mehrheit erwidert, dass, denselben Standard von Buchstäblichkeit vorausgesetzt, die Vereinbarung einen Herrn Soper nicht erwähnt, sondern sich nur auf einen Herrn Young bezieht, als dessen einzige Ehefrau eine Dame namens Gertrude in Betracht kam. Richter Olson sagt, das Dokument könne tatsächlich nur als auf Adeline bezüglich gelesen werden, indem er dieselbe Art von mündlichem Beweis einbringt, die ihre Anwälte (und der abweichend Votierende) jetzt auszuschließen wünschen. Ein Beobachter, der lediglich auf die Urkunde sieht, könnte durchaus schließen, »dass zwei verschiedene Männer betroffen sind«, denn schließlich

> auf welche Weise [...] möchte eine Frau ihre Beziehung zu dem Verstorbenen als ›Ehefrau‹ anders begründen als mittels mündlichen Beweises [...] Adeline wurde, um ihre Beziehung darzustellen, notgedrungen aufgefordert, zu beweisen und bewies auch, hauptsächlich mündlich, dass ihr Ehemann, Ira Collins Soper, tatsächlich dasselbe Individuum war wie John W. Young, [und] Gertrude versuchte mit ähnlichen Mitteln, ihren Anspruch zu bekräftigen.[46]

Die Moral der Geschichte ist offenkundig, auch wenn sie das Gericht nicht wirklich gezogen hat: Es handelt sich weniger um einen Disput zwischen einer Lesart, die sich auf das Dokument beschränkt, und einer solchen, die darüber hinaus auf die Umstände achtet, unter denen es entstanden ist, als um einen Disput zwischen zwei widersprüchlichen Versionen der Umstände. Abhängig davon, welche dieser Versionen überzeugender ist – das heißt, abhängig davon, welche der beiden Geschichten über die Welt, die Verantwortung und die Ehefrauen fester steht –, wird die Urkunde eine der zwei wörtlichen Bedeutungen annehmen, die für sie vorgeschlagen wurden. Die Mehrheit ist von Gertrudes Geschichte überzeugt und kann daher ganz aufrichtig erklären, dass die »Vereinbarung auf niemand anderen zielt als auf Gertrude als Youngs ›Ehefrau‹«,[47]

45 Ebd., 433.
46 Ebd., 431.
47 Ebd.

und Richter Olsen mit einem e (ich widerstehe der Versuchung, auf die *differance* dieser Differenz einzugehen) kann mit vergleichbarer Aufrichtigkeit erklären: »Ich bin außerstande, diesem Wort eine andere Bedeutung beizulegen als lediglich: die einzige derzeit lebende Ehefrau von Soper«.[48] In der Tat, er *ist* außerstande, weil er als jemand, der sich zu der moralischen Sicht bekennt, die dem Anspruch der Adeline zugrunde liegt – eine Sicht, für die einmal eingegangene Verpflichtungen nicht durch nachfolgend eingegangene Verbindlichkeiten geschwächt werden können –, das Wort *Ehefrau* nur auf die erste in einer Reihe beziehen kann, die für ihn eine Nichtreihe ist; genau so, wie für Richter Olson mit einem o – in dessen Moral Verbindlichkeiten, die zum Zeitpunkt einer Vereinbarung bestehen, Vorrang haben vor Verbindlichkeiten, die ein gesetzlicher Formalismus anerkennt – *Ehefrau* sich nur auf jene Person beziehen kann, die »alle Freunde und Bekannten [...] als seine Ehefrau [...] anerkannt haben«.[49]

Die Mehrheit sagt zwar, dass die »Frage nicht ist, was Wörter buchstäblich bedeuten, sondern wie sie praktisch in Bezug auf den Sachverhalt wirken sollen«,[50] aber ihre eigene Argumentation zeigt, dass Wörter *niemals* eine buchstäbliche Bedeutung haben, außer im Kontext der Absicht, die sie verwirklichen sollen, und dass der intendierte Kontext – so wie er feststeht, wenn die eine oder andere Partei bei der Überzeugungsarbeit erfolgreich ist – die Bedeutung der Wörter bestimmt, statt durch die Bedeutung, die die Wörter schon (zu Recht) haben, bestimmt zu werden. Kurzum, das Problem ist nicht und kann niemals die angebliche Wahl zwischen wörtlicher und kontextgebundener Lektüre sein, sondern die relative Überzeugungskraft alternativer Kontexte, wie sie in ideologisch beladenen Erzählungen dargestellt sind. Deshalb ist es nicht verwunderlich, zu sehen, dass der Vertrauenserklärung von Richter Olsen in sprachliche Klarheit (»ich bin außerstande, zu konstruieren«) eine Verkündung der moralisierenden Geschichte, die diese Klarheit bewirkt, vorausgegangen ist.

48 Ebd., 433.
49 Ebd., 431.
50 Ebd., 433 (unter Bezug auf *City of Marshall v. Gregoire,* 193 Minn. 188, 198-199, 259. N.W. 377, 381-382.

Die Entscheidung sagt viel über das Unrecht, das er der unschuldigen Frau antat, die er zu heiraten vorgab. Nichts wurde gesagt über das Unrecht, das er seiner gesetzlichen Ehefrau antat. Von ihrem Mann verlassen zu werden, der dann eine andere angeblich heiratet und mit ihr in Gemeinschaft zusammenlebt, war so ziemlich das größte Unrecht, das ein Mann seiner Ehefrau antun kann.[51]

Die Mehrheit glaubt, dass etwas anderes (wobei die Beziehung zwischen dem Verstorbenen und Gertrude als belanglos beiseitegeschoben wird) ein größeres Übel ist, und denkt daher, wie die Minderheit, dass die Bedeutung des Vertrages offenkundig und unumgehbar ist.

Auch hier geht es mir weder darum, die Überlegungen einer der beiden Parteien zu diskreditieren, noch darum, die Behauptung beider abzutun, sie hätten sich auf einen formalen sprachlichen Umstand gestützt. Ich möchte lediglich ein weiteres Mal klarstellen, dass solche formalen Fakten immer »erzielt« sind und dass sie gerade durch jene Mittel erzielt werden – ein parteiisches Plädoyer für irgendeine ideologische Überzeugung –, denen sie dann rhetorisch (und nicht ohne Grund) entgegengesetzt werden.

II. Zwei Geschichten, ein Vertrag

Man muss sagen – und indem ich es sage, verkünde ich den Kern meiner Argumentation –, dass das Recht sich ständig selbst erzeugt und neu erzeugt aus dem wirklichen Stoff und den Kräften, die es gerade durch den Wunsch, Recht zu *sein,* vertreiben muss. Das Resultat ist ein Schauspiel, das als Farce beschrieben werden könnte (wozu die Anhänger des *critical legal movement* neigen). Aber ich möchte es anders beschreiben, nämlich als leuchtendes Beispiel für die Art, in der menschliche Wesen in der Lage sind, die Bahn, auf der sie voranschreiten, zu konstruieren – so weitgehend, dass sie während ihrer Herstellung »beweisen«, dass sie immer schon vorhanden war. Der Misserfolg sowohl der Rechtspositivisten als auch der Naturrechtler, das Ensemble neutraler Verfahrensweisen oder basaler moralischer Prinzipien zu finden, die dem Recht zugrunde liegen, sollte nicht so verstanden werden, als bedeute er, dass

51 Ebd., 433.

das Recht selbst ein Misserfolg ist, sondern eher so, dass es eine verblüffende Art von Erfolg ist. Die Geschichte der Lehre und der Anwendung des Rechts ist weder eine Geschichte rationalistischer Reinheit, noch eine solche von Inkohärenz und Bösgläubigkeit, sondern eine fast ovidische Geschichte der Wandlung unter dem Druck enorm komplizierter sozialer, politischer und ökonomischer Zwänge, eine Geschichte, in der der Sieg – in der Form des anhaltenden Weitergehens – stets einem Umstand abgerungen wurde, der aussieht wie eine sichere Niederlage, und mit strategischen Mitteln abgerungen wurde, die um so bemerkenswerter sind, als sie, statt verborgen zu sein, fast immer voll sichtbar sind. Nicht bloß, dass das Recht seine Identität aus dem Material erkämpft, das es verachtet, es tut dies auch noch öffentlich.

Wenn dies hinsichtlich der Beziehung des Rechts zu seiner Auslegung wahr ist, so ist es in gleicher Weise wahr in seiner Beziehung zur Moral, wie man ohne weiteres sehen kann, wenn man sich in die Lehre der *consideration* vertieft. *Consideration* ist ein Kunstausdruck und bezieht sich auf das Tauschelement bei einer Transaktion, die X vornahm oder vorzunehmen versprach als Gegenleistung für etwas, das Y tat oder zu tun versprach. Es ist ein Glaubensartikel des modernen Vertragsrechts, dass nur Vereinbarungen, die eine *consideration* aufweisen – eine Wechselseitigkeit des ausgehandelten Austauschs –, gesetzlich durchsetzbar sind. Mit diesem Erfordernis wird die Absicht verfolgt, das Reich der rechtlichen Verbindlichkeiten von dem größeren und mutmaßlich subjektiveren Bereich der moralischen Verpflichtungen zu trennen. Die Trennung wird dadurch vollendet (oder jedenfalls wird dies behauptet), dass formale (im Gegensatz zu wertgeladenen) Kriterien des Rechtsbindungswillens vorgesehen werden. Es gibt jede Art von Gründen, aus denen jemand Versprechen abgibt oder Handlungen vornimmt, die einem anderen Vorteile bringen und jede Art von Post-factum-Analysen, was das Versprechen bedeutete oder die Handlung beabsichtigte. Aber sobald im Gegenzug zu etwas Greifbarem, das nachgefragt wurde, etwas Greifbares angeboten wird, ist der Vorgang ein Rechtsgeschäft, und die Maschinerie der Rechtsverbindlichkeit schnappt zu.

Das Vorhandensein einer *consideration* hilft, einen *objektiven Beweis* zu liefern, dass die Parteien die Absicht hatten, eine verbindliche Vereinbarung zu treffen. Sie hilft den Gerichten, Vereinbarungen, die nach dem Willen der Parteien rechtlich durchsetzbar sein sollen, von [...] Schenkungsversprechen zu unterscheiden, von denen keine Partei erwartete, dass sie gerichtlich durchsetzbar sind.[52]

Durch die Kennzeichnung einer Region der Rechtsverbindlichkeit, die verschieden und unabhängig ist von der breiteren Matrix von Verpflichtungen, die unsere soziale Existenz bestimmen, spielt die *consideration* eine Rolle, die derjenigen ähnelt, die von der Mündlichkeitsbeweisregel gespielt wird (wenn sie gespielt werden könnte). Genau wie Richter Kozinski zu Trident sagt (oder sagen möchte): »Sie mögen die Vereinbarung, die Sie getroffen haben, vielleicht nicht schätzen, Sie mögen wünschen, Sie könnten alles noch einmal machen oder Sie hätten ein anderes Verhandlungsteam angestellt – jedenfalls ist dies die Vereinbarung, die Sie unterzeichnet haben und das ist ihr Inhalt und das war es«, so könnte ein anderer Richter sagen: »Sie mögen Ihr Geschäft bereuen, weil Sie wissen, dass jemand mehr für das Automobil zahlen will, aber Sie haben versprochen, es herzugeben, wenn er Ihnen 500 $ zahlen würde; er hat Ihnen 500 $ gezahlt und Sie müssen es hergeben«. Wie eine absolut eindeutige Sprache (wenn es die geben könnte) ist *consideration* ein Werkzeug, um das Moment des Rechtsgeschäfts von den es umgebenden Umständen abzuschneiden und es auf eine Form zu reduzieren, die über die Umstände hinausragt, in denen es später von einem Gericht untersucht wird.

Consideration ist demnach ein Teil der allgemeinen Anstrengung des Rechts, sich selbst von der Geschichte zu befreien und (im doppelten Sinne) eine Form anzunehmen, die die Zeit nicht ändern kann. *Consideration* kann als eine solche Form bezeichnet werden, weil sie keinen Inhalt hat, oder besser (es läuft auf dasselbe hinaus), weil sie keinen Inhalt, welcher Art auch immer, haben kann, vorausgesetzt, dass ein Austausch stattfindet und dass er freiwillig ist. Deshalb erklären Gerichte häufig, dass sie nicht die Angemessenheit der *consideration* prüfen werden,[53] d. h., sie werden nicht prüfen, ob die beiden Parteien gleichermaßen informiert waren, ob sie gleichwertige Vorteile durch den Austausch erhielten, ob sie gleichgewichtige Akteure am Markt waren oder nicht. Dies zu tun, bedeutete, genau jene Probleme – Fragen der Billigkeit, der

52 Emanuel und Knowles, *Contracts*, 72.

53 *Restatement of the Law Second, Contracts Second*, vol. 1, St. Paul, Minn. 1981, sec. 79.

Mittelverteilung, der Fairness, der relativen Leistungsfähigkeit, der Moral – wieder einzuführen, die *consideration* bestimmt ist auszuklammern (Studenten des Vertragsrechts wissen sehr wohl, dass alle diese Probleme auf Umwegen wiederkehren werden, aber der Umstand, dass ein solcher indirekter Weg erforderlich ist, ist wesentlich). Durch die Ausklammerung dieser Probleme wird (oder wird angeblich) der Akt des Vertragsschlusses insofern rein rational, als die Parteien ihre formalen Rollen im Hinblick auf ein mechanisches Erfordernis spielen: das Erfordernis von *consideration.* Dies verlangt im Gegenzug vom Gericht ähnlich mechanisch (formal) zu sein, damit es nicht einem Geschäft, das zwei freie Akteure rational geschlossen haben, ein Geschäft substituiert, das ihm, wenn sie es geschlossen hätten, lieber gewesen wäre.

> Wo eine Partei einen Vertrag über den Vollzug einer Handlung abschließt […] sollte ihre Schätzung des Wertes unberührt bleiben […] Es gibt […] absolut keine Regel, durch die die Gerichte geleitet werden könnten, wenn sie erst einmal von dem Wert abweichen, den der Vertragschließende festgelegt hat. Wenn sie versuchen, einen Standard festzulegen, muss er notwendig willkürlich sein, und […] dann ist das Resultat, dass das Gericht sein eigenes Urteil an die Stelle des Vertragschließenden setzt, und wenn es dies tut, macht es einen neuen Vertrag.[54]

Das heißt, die Parteien hatten vermutlich Gründe, so zu verhandeln, wie sie es taten, und das Gericht sollte diese Gründe nicht aus Gründen beiseiteschieben, die ihm überzeugender erscheinen. Die Verantwortung des Gerichts besteht darin, den Vertrag nur in einem schwachen Sinne zu »beurteilen«, zu entscheiden, ob er der erforderlichen Form der *consideration* genügt oder nicht. Würde es sein Urteil in einem strengeren Sinne ausüben, indem es die Bedingungen des Vertrages überprüft, würde sich das Gericht von einem Instrument des Rechts zu einem Instrument der Moral wandeln. Wenn dies geschähe, wäre das Resultat genau dasselbe, das eintritt, wenn die Zügelung der Interpretation versäumt wird: die Herstellung eines neuen Vertrages anstelle jenes Vertrages, den durchzusetzen Aufgabe des Rechts ist.

Auf die Schlussfolgerung mache ich vom Beginn dieses Essays an aufmerksam: Interpretation und Moral sind nicht einfach

54 *Wolford v. Powers,* 85 Ind. 294 (1882), 303.

doppelte Bedrohungen für die Autonomie und die Integrität des Rechts – sie sind dieselbe Bedrohung. Interpretation ist der Name für eine Tätigkeit, mit der eine bestimmte moralische Vision ihren hegemonialen Weg in Gebiete bahnt, aus denen sie formal verbannt worden ist.

Wenn Interpretation und Moralität dieselbe Bedrohung für das Selbstverständnis des Rechts darstellen, dann gilt das, was für das eine gilt, wahrscheinlich auch für das andere. Wie wir sahen, gilt für die Interpretation, dass sie sich bereits innerhalb der Grenzen befindet, welche sie ausschließen möchten. Die Mündlichkeitsbeweisregel funktioniert nicht und kann nicht funktionieren, weil die aufgenommene Vereinbarung, die sie beschützen soll, nur existent werden kann – Integration erreichen kann – durch ebendie (interpretativen) Mittel, die sie stigmatisiert.

Ähnlich funktioniert auch die Unterscheidung zwischen rechtlicher und moralischer Verpflichtung nicht, weil jede Spezifikation einer rechtlichen Verpflichtung schon selbst mit Moralität verknüpft ist. Der weitergehende Punkt, auf den ich hier nicht eingehen kann (obwohl dies von mir und anderen anderswo dargelegt wurde), ist der, dass der Forderung nach Verfahren, die zwischen widerstreitenden Moralprogrammen neutral sind, nicht entsprochen werden kann, weil diese Verfahren, um überhaupt Form anzunehmen, bestimmte Beweggründe bevorzugen und den anderen ein blindes Auge zuwenden müssen. Das gilt in spektakulärer Weise von den Verfahren, die um die Lehre von der *consideration* errichtet wurden, eine Lehre, die schließlich nicht als eine Alternative zur Moral sinnvoll ist, sondern gerade als Verkörperung der Moral auf dem Markt, eine Moral des rein geschäftlichen Interagierens von Agenten ohne eigene Geschichte, Geschlecht oder Klassenzugehörigkeit. Was immer man von dieser Konzeption von Geschäft und Handlung denkt, es ist schwerlich eine, die Moralfragen ausgeklammert hat; eher hat sie sie in einer besonderen Weise entschieden, und, darüber hinaus, in einer Weise, die weder notwendig noch unausweichlich ist. Wie E. Allan Farnsworth unterstreicht: Das Prinzip des »direkten bilateralen Austauschs« ist nicht die »einzig mögliche Basis für ein ökonomisches System«. Andere Gesellschaften haben »ihre Ressourcen eher durch Aufteilung auf der Grundlage von Begriffen der Großzügigkeit verteilt als durch Verhandlung auf der Grundlage von Begriffen des

Eigeninteresses«.[55] Historisch triumphierte die Moral des Eigeninteresses und mit ihr das Erfordernis der *consideration* nach einer letzten Anstrengung von Lord Mansfield, vertragliche und moralische Pflichten für ein und dasselbe zu erklären. Der Umstand, dass er unterlag, bedeutet nicht, dass die Moral als Problem im Vertragsrecht eliminiert wurde, sondern dass eine bestimmte Moral – die Moral der separierten Einmal-Geschäfte – so fest etabliert wurde, dass sie das Recht erhielt, sich »reines Verfahren« zu nennen und in der Lage war, einen Wachhund – genannt *consideration* – aufzustellen, dessen Job es ist, jede andere Moral in Schach zu halten.

In gewisser Weise ist dieses Ergebnis unausweichlich, wenn man voraussetzt, was wir bereits über das Recht bemerkt haben. Um Recht zu sein, muss es sich selbst *gegen* partikulare moralische Traditionen definieren. Daraus folgt, dass das Erste, was eine moralische Tradition machen muss, nachdem sie das Recht (oder einen bestimmten Teil seines Territoriums) besetzt hat, darin besteht, sich selbst als jenseits oder unter (es kommt nicht wirklich darauf an) der Moral befindlich zu präsentieren. Dies wiederum diktiert die Strategie, nach der jede alternative Moral ihren Weg zu machen hat: Sie wird materiell das Recht ändern, während sie die ganze Zeit behauptet, dass sie bewahrt, was sie ändert. Genau wie die siegreiche Auslegung eines Vertrages das Gericht überzeugen muss, dass sie keine Interpretation ist, sondern die einfache und klare Bedeutung, so muss die siegreiche Moral das Gericht überreden (oder das Gericht dahin lenken, sich selbst zu überzeugen), dass es sich keineswegs um eine bestimmte Moral handelt, sondern um einen eindeutigen Fall der Treue zur Form des Rechts.

Das Vertragsrecht vollbringt diese Großtat der Taschenspielerei, indem es in die *consideration*-Theorie eine bestimmte Zahl subversiver Begriffe einbringt, von denen der wichtigste der Begriff des »im Gesetz vorgesehenen Vertrages« ist. Nominell ist ein im Gesetz vorgesehener Vertrag ein Typ in der Taxonomie der Verträge, aber in der Praxis übersteigt er die Taxonomie und droht, sie widersprüchlich zu machen. Den Typ kann man am besten verstehen, wenn man ihn mit seinen zwei Nachbarn vergleicht, dem ausdrücklichen Vertrag und dem faktischen Vertrag. Ein ausdrücklicher Vertrag ist eine schriftliche oder mündliche Vereinbarung,

55 E. Allan Farnsworth, *Contracts*, Boston 1982, 6.

deren Begriffe explizit die Basis für *consideration* bilden: Ich werde dies tun oder ich verspreche, dies zu tun, wenn Du jenes tun wirst oder darauf verzichtest, es zu tun oder wenn Du versprichst, jenes zu tun oder versprichst, darauf zu verzichten, es zu tun. Nun kann es sein, dass die Parteien keine förmliche Vereinbarung getroffen haben, aber sich selbst in Bezug zu einem anderen in einer Weise verstehen, die nur mit dem Vorhandensein der erforderlichen Vertragsabsichten erklärt werden kann. Wenn Du einen zerbrochenen Gegenstand zu einer Reparaturwerkstatt bringst und sie wieder verlässt, dann ist Deine Handlung und die des Angestellten nur unter der Voraussetzung verständlich, dass Du Dich, im Austausch gegen dessen berufliche Fähigkeiten, zur Zahlung eines vernünftigen Betrages verpflichtet hast. Kurzum: Du und die Werkstatt – ihr habt einen Vertrag geschlossen, auch wenn dies nicht ausdrücklich ausgesprochen wurde. Es ist ein in den Fakten begründeter Vertrag; »begründet« heißt: durch das Verhalten der Vertragsparteien zustande gekommen.

Ausdrückliche Verträge und faktische Verträge sind demnach verschiedene Wege, um die Absicht kundzutun, Partei eines ausgehandelten Leistungsaustausches zu sein. Faktische Verträge andererseits sind keine Versuche, die Vorstellungen der Parteien hinsichtlich eines beabsichtigten Geschäfts festzustellen und durchzusetzen, sondern werden von einem Gericht den Parteien auferlegt, ohne Rücksicht auf die Absichten, die sie hatten oder die Handlungen, die sie vornahmen. Tatsächlich ist ein faktischer Vertrag das Urteil eines Gerichts, dass eine Partei eine bestimmte Absicht gehabt haben sollte oder in einer bestimmten Weise gehandelt haben sollte und dass aus Gründen der Gerechtigkeit und der Billigkeit diese Absicht oder diese Handlung ihr jetzt zusammen mit den Verpflichtungen, die daraus folgen, zugerechnet werden. Der Begriff des faktischen Vertrages sprengt alle Riegel, die *consideration* bestimmt ist, zu sichern, und liefert einem Gericht die Mittel, zu tun, was ein Gericht im Vertragsrecht nicht tun sollte, nämlich einen neuen Vertrag in Übereinstimmung mit seiner eigenen Moralvorstellung herzustellen. Der faktische Vertrag ist eine ins Herz der Vertragslehre eingesenkte Joker-Kategorie, und Gerichte, die sie oft anwenden, geben dies vielfach zu:

Ein faktischer Vertrag ist keineswegs ein Vertrag, sondern eine Verpflichtung, die durch das Gesetz auferlegt wird, zu dem Zweck, um Gerechtigkeit und Gleichheit ohne Bezugnahme auf die Absichten oder Vereinbarungen der Parteien durchzusetzen und in einigen Fällen trotz einer Vereinbarung zwischen den Parteien [...]. Es handelt sich um eine nichtkontraktliche Pflicht, die prozessual so behandelt werden muss, als sei sie ein Vertrag [...].[56]

Mit anderen Worten: Der Begriff des faktischen Vertrags gehört nicht zum Vertragsrecht, so wie es Stanley Henderson ausdrückt: »Das materielle Recht, Vorteile zu erhalten, die einem anderen verliehen sind, respektiert gesetzliche Kategorien, insbesondere jene des Vertragsrechts, nicht«.[57]

Was aber hat er dann hier zu suchen? Die Frage impliziert, dass es dem Vertragsrecht besserginge, wäre er nicht da oder es würde sein Vorhandensein in einer Weise gerechtfertigt, die die Behauptung von Konsistenz besser stützen könnte. Konsistenz ist allerdings kein Charakteristikum des Vertragsrechts, sondern sein (immer prekäres) Ergebnis, und zwar ein Ergebnis, dessen Möglichkeit davon abhängt, die Konflikte *nicht* zu lösen, die die Vertragstheorie enthält. Ebendeshalb, *weil* es eine Welt ist, die aus Materialien besteht, die in verschiedene Richtungen drängen, kann das Vertragsrecht bei seinem endlosen Vorhaben, sich selbst in ein formales Ganzes zu verarbeiten, erfolgreich sein. Das Vorhandensein kontradiktorischer Fassungen des Unternehmens im Vertragsrecht ist eher eine Gelegenheit als eine Verlegenheit. Die Räume, die durch das Nebeneinander von scheinbar unvereinbaren Impulsen – rein formal und intuitiv moralisch zu sein – eröffnet werden, befähigen das Recht, seinen Einfallsreichtum zur Geltung zu bringen.

Diese Räume bleiben selbst in Dokumenten offen, die vermutlich dazu entworfen wurden, sie zu schließen. Hierher gehört zum Beispiel Abschnitt 86 des *Restatement Second*, ein Abschnitt, der verspricht, die Spannung zwischen dem gesetzlichen und dem moralischen Begriff von Pflicht zu regeln, der aber damit endet, sie zu reproduzieren:

56 *Continental Forest Products, Inc. v. Chandler Supply Company*, 95 Idaho 739, 743, 518 R2d 1201 (1974), 1205.

57 Stanley Henderson, »Promises grounded in the Past: The Idea of Unjust Enrichment and the Law of Contracts«, *Virginia Law Review* 57 (1971), 1141.

86. Versprechen wegen empfangenen Vorteils
(1) Ein Versprechen, das in Anerkennung des Umstandes gemacht wird, dass der Versprechende vom Versprechensempfänger früher einen Vorteil empfangen hat, ist in dem Umfang bindend, der erforderlich ist, um Ungerechtigkeit abzuwenden.
(2) Ein Versprechen nach Absatz (1) ist nicht bindend,
(a) wenn der Versprechensempfänger den Vorteil als Geschenk gegeben hat oder der Versprechende aus anderen Gründen nicht ungerechtfertigt bereichert wurde, oder
(b) in dem Maße, als sein Wert gegenüber dem Vorteil unverhältnismäßig ist.[58]

Obwohl der Abschnitt eine direkte und feststellende Form hat, ist sein Inhalt, wie Grant Gilmore beobachtete, zögerlich und sogar schizophren.[59]

Durch die Anerkennung von Versprechen wegen empfangener Vorteile scheint der Absatz (1) entschieden in die Richtung eines weiten Begriffs von Rechtspflichten zu weisen (nach »klassischer Lehre« sind solche Versprechen nicht durchsetzbar, weil der Vorteil nicht gesucht wurde und nicht Teil eines zweiseitigen Tauschverhältnisses ist). Aber langsam: »Was Absatz (1) gab, nimmt Absatz (2) größtenteils wieder«.[60] Ein solches Versprechen ist nicht bindend, wenn der Vorteil in Form eines Geschenkes an den Versprechenden gefallen ist, das heißt, in einer Form, die nicht in ein zweiseitiges Geschäft eingebunden war, das heißt, in einer Form ohne *consideration.* Wie Henderson feststellt, bedeutet die Forderung von Absatz (2), »dass das Geschehen einem *consideration*-Test unterworfen werden muss, um festzustellen, welche Versprechen in die Kategorie von Versprechen, die ohne *consideration* bindend sind, eingeordnet werden müssen«, und er schließt, dass die Einschränkung, so wie sie formuliert ist, »die verlautbarte Wachstumspolitik« des Absatz (1) »aushöhlt«.[61] Aber das heißt, den Abschnitt zu betrachten, als wäre er ein logisches Statement (oder wollte eines sein), während er tatsächlich ein Bündel von Anweisungen ist, um eine besonders schwierige (aber wichtige) Aufgabe zu bewältigen, die Aufgabe nämlich, die formale Basis des Vertragsrechts aufrecht-

58 *Restatement Second, Contracts Second*, 233.
59 Grant Gilmore, *The Death of Contract*, Columbus 1974, 74-75.
60 Ebd.
61 Henderson, »Promises Grounded in the Past«, 1127.

zuerhalten, obwohl er gleichzeitig für die materiellen Anliegen Platz schafft, die der Formalismus auszuschließen wünscht. Indem zunächst die Tür für eine moralische Verbindlichkeit (für Versprechungen wegen empfangener Vorteile) geöffnet wird und ihr dann der Eintritt nur erlaubt wird, wenn sie mit einem Ursprung in einem Tauschhandel ausgestattet werden kann, liefert Abschnitt 86 eine Botschaft, und tut dies nicht trotz, sondern wegen seiner Schizophrenie. »Schränke das Erfordernis der *consideration* ein, aber tue es unter dem Vorwand ihrer Hochschätzung«. Diese Botschaft wird im offiziellen Kommentar wiederholt und erhält eine in ihrer Durchsichtigkeit fast bezaubernde Rechtfertigung (a):

Die Durchsetzung von Zahlungsversprechen wegen erlangter Vorteile wurde gelegentlich als auf ›früherer *consideration*‹ oder der ›moralischen Verpflichtung‹ des Versprechenden beruhend bezeichnet, und es gibt in einigen Staaten Gesetze mit entsprechenden Begriffen. Diese Begriffe werden hier nicht benutzt: ›frühere *consideration*‹ ist unverträglich mit der Bedeutung von *consideration*, wie sie in Abschnitt 71 festgelegt wurde, und es scheint keine Übereinstimmung darüber zu geben, was eine ›moralische Verpflichtung‹ begründet.[62]

Oder mit anderen Worten: »Sieh her – wenn wir die Absicht haben, die Vertragslehre zu revidieren, um sie mehr auf die Linie unserer moralischen Vorstellungen zu bringen, werden wir gut beraten sein, wenn wir das mit Begriffen tun, die die Vertragslehre, so wie sie gegenwärtig formuliert ist, akzeptabel findet. Weder *frühere consideration* noch *moralische Verpflichtung* sind solche Begriffe. Der erste versagt, weil er zu offenkundig ein ex post facto-Begriff ist im Hinblick auf das Austauschmoment, das einen Vertrag konstituiert. Er fordert uns zu unverblümt auf, einfach zu deklarieren, dass das, was nicht aus einem früheren Tauschhandel hervorgeht – ein unerbetener Vorteil –, tatsächlich die Basis eines Geschäftes gewesen ist. Der zweite versagt, weil er uns nicht mit einem Standard ausstattet – es sieht so aus, als gebe es keinen Konsens darüber, was eine ›moralische Verpflichtung‹ begründet – und zu unverblümt anerkennt, dass die Basis des Rechts schwankend ist. Es ist wahr, dass in einigen Zonen diese Begriffe benutzt wurden, aber die Nachteile, die sie mit sich bringen, sind größer als der Vorteil ihrer Benutzung. Wenn wir unsere moralischen Intuitionen dem Recht

62 *Restatement Second, Contracts Second*, 233-234.

inkorporieren wollen, dann müssen wir sicherstellen, dass sie so aussehen, wie das Recht möchte, dass sie aussehen.«

Das heißt: Sie müssen in eine Form gebracht werden, die zum Bild von *consideration* passt, dem Bild von einer frei gewählten Leistung im Gegenzug zu einer ebenso frei erbrachten. Der Umstand (wie ich ihn sehe), dass die Vorstellung, jemand wähle seine Verbindlichkeiten unabhängig von historischen Zwängen, eine Fiktion ist, dass die »Innenseite« des isolierten und »freien« Geschäfts immer determiniert wird von einer »Außenseite«, die sie nicht anerkennt, mag philosophisch zwingend sein; aber die Moralität von *consideration* – von einem Austausch, der durch nichts anderes beeinflusst wird als durch die im Augenblick des Geschäfts vorhandenen Gegebenheiten – ist zu fest in die Vertragslehre eingebettet, als dass sie durch irgendeine Analyse in Verlegenheit gebracht werden könnte. Sie ist so fest eingebettet, dass Gegenimpulse zur *consideration* in der Vertragslehre beherbergt und sogar ernährt werden können, wo sie dann die orthodoxe Sicht der Dinge mit der erforderlichen Flexibilität ausstatten, statt sie auszuhöhlen.

Henderson bemerkt, dass »das Gerichtsverfahren trotz konsistenten Festhaltens am Austauschkriterium eine wiederkehrende Tendenz zeigt, an einen Kodex von moralischen Pflichten zu appellieren, um die Durchsetzung eines einzelnen Versprechens zu rechtfertigen«.[63] Henderson nennt dies eine »fundamentale Inkonsistenz«, die in die »Vertragsanalyse eingebaut«[64] wurde. Aber wie die meisten »Bauten« ist diese Struktur weder zufällig noch unproduktiv. Um zu sein, was es behauptet zu sein – nämlich etwas anstatt alles oder nichts –, muss das Vertragsrecht eine Sicht auf die Geschäfte aufrechterhalten, in der seine Charakteristika rein formal sind; aber um zu sein, was es zu sein wünscht – nämlich sensibel gegenüber unseren immer wechselnden Vorstellungen darüber, wie die Menschen sich verhalten sollten –, muss das Vertragsrecht kontinuierlich alles, wovon es behauptet, dass es es ausschließt, einschmuggeln.

Ich muss erneut betonen, dass die so genannte formale Sicht der gesetzlichen Verbindlichkeit niemals wirklich formal gewesen ist, sondern die Erweiterung einer sozialen Vision war, von der sie im Augenblick des Triumphs dieser Vision losgelöst wurde. Die Span-

63 Henderson, »Promises Grounded in the Past«, 1122-1123.

64 Ebd., 1122.

nung zwischen der *consideration*-Lehre mit ihrer Privilegierung des autonom und egoistisch Handelnden und der Lehre von der moralischen Verbindlichkeit mit ihrer Anerkennung von immer schon bestehenden Verantwortlichkeiten ist eine Spannung zwischen zwei konkurrierenden Lebenskonzepten: Aber nur eines von ihnen hat das Recht erhalten, den als formal markierten (d. h., nicht mit einem besonderen Programm verbundenen) Pol in einer machtvollen (weil konstitutiv für einen institutionellen Raum) Opposition zu besetzen. In Anbetracht dieses Sieges ist der Umstand ohne praktische Folgen, dass die Behauptung der *consideration*-Lehre, sie sei rein formal, letztlich nicht aufrechterhalten werden kann. Sie wird durch die rhetorische Struktur, die sie erzeugt hat, aufrechterhalten, und um diese Struktur zu ändern, muss man sich den Anschein geben, sie ebenfalls aufrechtzuerhalten. Wie ich schon gesagt habe: Man kann die *consideration*-Lehre nur dadurch umgehen, dass man sie feinziseliert in Ehren hält.

Und wie macht man dies? Auf vielerlei Weise – eingeschlossen einige, die wir schon betrachtet haben. Man entwickelt eine Taxonomie von Vertragsarten, von denen eine gegen die Prinzipien der Taxonomie verstößt. Man produziert einen Text (das »Restatement«), der unter dem Vorwand, die Beschaffenheit des Gesetzes zu erhellen, seine Widersprüche in einer Form präsentiert, die sie weiter institutionalisiert. Man kündigt als »Rechtsprinzip« an, dass die Melioration des Landes eines anderen keinen Anspruch auf Entschädigung begründet, und im nächsten Satz erklärt man, dass dieses Prinzip »rein technisch« (d. h. gesetzlich) ist und verwirft es zugunsten »eines Rechtsmittels aus Billigkeit«.[65] Man entwickelt und erweitert Begriffe wie »vollstreckbares Versprechen«, »Zwang«, »fehlende Rechtsfähigkeit«, »Sittenwidrigkeit« und »ungerechtfertigte Bereicherung« und dehnt sie dann so weit aus, dass es keine Handlung gibt, die nicht mit dieser Terminologie gerechtfertigt werden könnte. Man beschwört die Unterscheidung zwischen öffentlich und privat, selbst wenn man dem öffentlichen Druck erlaubt, die Grenzen der Unterscheidung zu bestimmen. Kurzum: Man erzählt zwei Geschichten zur selben Zeit, eine, in der die Freiheit der Vertragsparteien behauptet und geschützt wird, und eine andere, in der diese Freiheit als Möglichkeit negiert und durch

65 *Pull v. Barnes,* 142 Colo.272, 350 F.2d 829 (1960).

fast alles, was das Gericht macht, unterminiert wird. Aber um sie stimmig erscheinen zu lassen, erzählt man die beiden Geschichten so, als seien sie eine einzige, als ob die zweite Geschichte, statt die angeblich formale Basis des Vertragsrechts auszuhöhlen, nur die Kanten abschleife und die zentralen Behauptungen (die auch Behauptungen über die Stabilität des Rechts sind) intakt ließe.

Illustrationen für diesen Vorgang gibt es überall im Recht. Tatsächlich *ist*, wie ich dargelegt habe, dieser Vorgang das Recht. Wegen eines praktisch klaren und ungeschminkten Belegs für den Ablauf dieses Vorgangs können wir uns einem klassischen Fall von Versprechen wegen Vorteilsempfangs zuwenden: Webb gegen McGowin.[66] Webb war Angestellter einer Holzfirma, und eine seiner Pflichten bestand darin, das obere Geschoss einer Mühle dadurch freizuräumen, dass er Kieferklötze, die 75 Pfund wogen, in das darunterliegende Geschoss warf. »Bei dieser Tätigkeit« erblickte er direkt unter sich in der aktuellen Falllinie McGowin, und statt den Block seinem Fall zu überlassen, lenkte er dessen Lauf dadurch ab, dass er mit ihm fiel, »so dass er dadurch Verletzungen von McGowin zuvorkam«, aber bei sich selbst »ernsthafte körperliche Verletzungen« hervorrief, in deren Gefolge er »zeitlebens übel verkrüppelt und für körperliche oder geistige Arbeit unfähig wurde«. Ein dankbarer McGowin versprach »in Anbetracht des Umstandes [...], dass er ihn vor dem Tode oder schwerem körperlichen Schaden bewahrt hatte«, Webb lebenslänglich alle zwei Wochen 15 $ zu zahlen.[67] Diese Summe wurde bis zu McGowins Tod bezahlt. Danach wurden die Leistungen eingestellt, und Webb klagte auf Wiederaufnahme der Zahlungen.

Der Sachverhalt ist, wie das Gericht einräumt, dem Schriftsatz des Klägers entnommen, wodurch von Anfang an klar ist, wo die (moralischen) Sympathien des Gerichts liegen. Es ist ebenso klar, welche Hindernisse im Weg stehen, um diese Sympathien in Rechtsmittel zu transformieren. Webbs Handlungen erscheinen an ihrer Oberfläche als spontaner und freiwilliger Ausdruck von Mitgefühl und als solcher für ein Rechtsmittel ungeeignet, welches den Nachweis eines Geschäfts pekuniärer Natur verlangt. Später im Urteil erklärt das Gericht jedenfalls, dass

66 Ala. App. 82, 168 So. 196 (1935).
67 Ebd., 196-197.

der zur Verhandlung stehende Fall deutlich von jener Klasse von Fällen unterschieden werden kann, wo die *consideration* eine rein moralische Verbindlichkeit oder eine Gewissenspflicht ist, die nicht mit einer Empfangsbestätigung durch den Versprechenden von Vorteilen materieller oder pekuniärer Natur verknüpft ist.[68]

Aber so wie die Fakten anfänglich berichtet werden, scheint die Kategorie der »reinen moralischen Verbindlichkeit oder der Gewissenspflicht« die einzige zu sein, unter die klar subsumiert werden kann. Die Klarheit, auf die sich das Gericht beruft, ist nicht eine Klarheit, die es findet, sondern eine Klarheit, die es herstellt, und dementsprechend ist die Geschichte, die das Urteil erzählt, die Geschichte dieser Herstellung.

Diese Arbeit ist schon im Gange, wenn die Fakten erzählt werden. Die Handlung, die die ganze Affäre in Gang gebracht hat, lief vermutlich in Sekundenbruchteilen ab, aber in ihrer Darstellung durch das Gericht (oder besser: in der Darstellung, die uneingeschränkt aus dem Schriftsatz des Klägers übernommen wurde) läuft diese Handlung in Zeitlupe ab: Zwischen den ersten Bericht, dass der Kläger »dabei war, den Klotz hinunterzuwerfen« (ein Ausdruck, der bereits die Dauer des Umstandes ausdehnt, der sich in einem Wimpernschlag ereignet haben muss) und seiner Entscheidung (wenn dies das richtige Wort ist), mit ihm hinunterzustürzen, schieben sich vier lange Sätze. Was diese Sätze bewirken, ist die Transformation einer augenblicklichen und instinktiven Reaktion auf eine unvorhergesehene Krisensituation in eine überlegte und bedachte Handlung.

Der erste Satz macht dies, indem er die Sequenz erneut beginnt und weiter ausdehnt: »Als er begann, den Block loszulassen« – »als er dabei war« hat jetzt Stufen: das Beginnen und was immer die nächste Stufe nach dem Beginnen ist (natürlich könnte das Beginnen selbst weiter unterteilt werden; es gibt kein Ende für den Prozess des Auseinanderziehens eines Prozesses). Diese Schnitttechnik führt dann zur Enthüllung dessen, was die Handlung stoppt: »Er sah J. Greeley McGowin, den Erblasser der Beklagten, auf dem Boden unten und zwar direkt auf der Stelle, auf die der Klotz gefallen wäre«. Der Bericht ist jetzt zum Drama nach Art des »Gefährdun-

68 Ebd., 198.

gen von Pauline«-Theaters* geworden. Wird der Klotz fallen? Was wird Webb tun? Das »gefallen wäre« sagt uns, dass er nicht wirklich fiel, und weckt in uns den Wunsch, zu erfahren, wie Webb ihn am Fallen hinderte; aber bevor dieser Wunsch in Erfüllung geht, informieren uns zwei weitere Sätze. Zunächst über das, was geschehen »wäre«, wenn der Klotz gefallen wäre (»hätte er ihn losgelassen, hätte er McGowin mit solcher Wucht getroffen, dass er schweren körperlichen Schaden oder den Tod verursacht hätte«), und zweitens, wie (auf welchen gedanklichen Wegen) Webb zu der Serie von Handlungen gelangte, die er schließlich vollzog (von jetzt an handelt es sich um ein voll entwickeltes Melodrama). »Der einzig sichere und vernünftige Weg für den Beklagten, dem zuvorzukommen, bestand darin, den Klotz festzuhalten und fallend seine Richtung von dem Platz, auf dem McGowin stand, wegzulenken, und der einzig sichere Weg, ihn wegzulenken, um dem Zusammenprall mit McGowin vorzubeugen, bestand für den Revisionskläger darin, mit ihm auf den tiefer liegenden Boden zu fallen«.

Ein Lehrer für Anfänger in Aufsatzkunde möchte veranlasst sein, diesen Satz und die ganze Passage als Wiederholung (»der tiefer liegende Boden« oder Varianten davon erscheinen fünfmal in fast ebenso vielen Sätzen) und Weitschweifigkeit (»um dem Zusammenprall vorzubeugen«) zu kritisieren. Aber eine solche Kritik würde die Wirkung und die Absicht hinter ihr verfehlen, nämlich einen punktuellen Moment zu einer Sequenz zu dehnen, lang genug, um das Ausspielen von frei gewählten Alternativen und Konsequenzen zu gestatten, so dass, wenn uns im nächsten Satz gesagt wird (in einer Kürze, deren Kraft direkt proportional ist zu der Weitschweifigkeit des Vorausgehenden): »der Kläger machte dies«, unsere Vorstellung von seiner Handlung hinreichend kompliziert ist, eine ausreichende Zahl von Stufen und Räumen hat, so dass wir sie als die Handlung eines rationalen und freien Akteurs betrachten.

So weit, so gut. Aber das Gericht ist erst auf halbem Wege zum Ziel. Webb Rationalität und Wahlfreiheit zuzuschreiben ist schon ein Erfolg – aber um wahrhaft wirkungsvoll zu sein, muss er um einen anderen ergänzt werden: Es muss gezeigt werden, dass Webbs Rationalität und Wahlfreiheit in einer reziproken Beziehung zu

* Perils of Pauline. Es handelt sich um eine legendäre Stummfilmserie, die 1914 in zwanzig Episoden gezeigt wurde.

der Rationalität und der Wahlfreiheit von McGowin steht. Denn schließlich erfolgte nach dem Sachverhalt sein Versprechen zur Ersatzleistung, *nachdem* der Vorteil empfangen wurde, und das Austauschelement für eine *consideration* fehlt offensichtlich.

Das Gericht behandelt diese Schwierigkeit in zwei gleichzeitig vollzogenen Schritten: Es quantifiziert den Vorteil und es verwandelt den quantifizierten Vorteil in einen, um den der Versprechende (McGowin) gebeten hat. Der Vorteil wird nicht mit einem gesetzlichen oder auch nur ökonomischen, sondern mit einem eklatant moralischen Argument quantifiziert (erinnern Sie sich, dass das Ziel dieser Schritte darin besteht, den Fall aus dem Reich der »rein moralischen Verpflichtung« zu lösen). Schließlich ist der Schutz des Lebens, so argumentiert das Gericht, ein Umstand, für den Ärzte kassieren und Patienten freiwillig einen Preis bezahlen. Folglich »sind Leben und Unversehrtheit des Körpers materielle, pekuniäre Werte, messbar in Dollar und Cent«.[69]

Das bedeutet, dass – weil, falls Webb ein Arzt gewesen wäre und McGowin sein Patient, das, was zwischen ihnen vorfiel, als ein Geschäft in Anbetracht geleisteter Dienste angesehen worden wäre – wir es so sehen werden. Im gleichen Augenblick, in dem eine Analogie so zu einem gesetzlichen Tatbestand überdehnt wird, wird der vorliegende Fall auf einen früheren bezogen, in welchem »ein Versprechen, [...] für das Hüten eines Ochsen zu zahlen, der vom Gelände des Beklagten entwichen und vom Kläger versorgt worden war«, mit der Begründung als gültig angesehen wurde, dass unter diesen Umständen das Versprechen »einer vorausgegangenen Bitte äquivalent«[70] war.

Das Gericht ignoriert bequemerweise jenen Umstand des Falles, der ihn von dem früheren unterschieden hätte (da der Ochse ein Verkehrsgut ist, kann sowohl sein Wert für den Eigentümer als auch der Wert der Dienste der Person, die für den Ochsen sorgt, kapitalisiert werden), und ergreift die Gelegenheit, auszurufen, dass der Dienst, den Webb McGowin erwies, »weitaus materieller war, als für seinen Ochsen zu sorgen«.[71] In dieser Feststellung vermischen sich die beiden widersprüchlichen Argumentationsstränge des Gerichts perfekt: Das moralische Argument, dass nichts ma-

69 Ebd..
70 Ebd., 197.
71 Ebd.

terieller sein kann als Lebensrettung, wird (mittels der Doppeldeutigkeit des Begriffs *materiell)* ein Argument, um zu entdecken, dass der vorliegende Fall von Lebensrettung sowohl mehr als auch weniger ist als moralisch, nämlich gesetzlich und quantifizierbar. Das moralische Bedürfnis des gerichtlichen Wunsches gebiert den Taschenspielertrick, mit dem der Fall von moralischer *consideration* abgekoppelt wird. Anschließend kann das Gericht triumphierend verkünden, dass »der zur Verhandlung stehende Fall deutlich von jener Klasse von Fällen unterschieden werden kann, bei der die *consideration* eine rein moralische Verbindlichkeit ist«.[72]

Für das Gericht bleibt nur noch übrig, seine Terraingewinne in einem letzten, atemberaubenden Zug zu konsolidieren. Nachdem gezeigt wurde, dass »der Versprechende einen materiellen Vorteil erhielt, der eine gültige *consideration* für sein Versprechen darstellt«, können wir das Versprechen als »eine Bekräftigung oder Bestätigung für geleistete Dienste ansehen, die die Vermutung erlauben, dass eine frühere Bitte um diesen Dienst geäußert wurde«, und das Gericht geht sogleich daran, den Fall so zu betrachten:

McGowins ausdrückliches Versprechen, den Kläger für die geleisteten Dienste zu bezahlen, war eine Bejahung oder Bestätigung dessen, was der Kläger getan hatte, *die die* Vermutung auslöst, dass die Dienste auf McGowins Bitte hin geleistet wurden.[73]

Und wann wurde diese Bitte geäußert? Nun, in jenem unendlich ausgedehnten Moment, in dem all die alternativen Handlungsabläufe und all die begleitenden Konsequenzen Webb und, wie uns jetzt implizit erzählt wird, auch McGowin durch den Kopf gingen. Das Handelsgeschäft zwischen freiwilligen und freien Personen, das in diesem Fall so offenkundig zu fehlen schien, ist jetzt erzeugt und hat einen Platz im Geiste zweier Parteien erhalten, die niemals ein Wort miteinander sprachen.

Die Schlussfolgerung ist ebenso unausweichlich wie phantastisch: »Die vom Kläger geleisteten Dienste waren nicht unentgeltlich«. Das heißt, sie waren ausgehandelt. Und woher wissen wir das? »Aufgrund des Einverständnisses von McGowin, zu zahlen, und der Annahme der Zahlung durch den Kläger«. Mit anderen Worten: Bedeutung und Gestalt dessen, was McGowin am 3. Au-

72 Ebd., 198.
73 Ebd.

gust 1925 tat, werden im Lichte dessen klar, was die zwei Parteien später taten. Unter den Bedingungen des »wirklichen Lebens« ist die Begründung bekannt und unstrittig. Wir wissen häufig nur dann, was wir taten, wenn nachfolgende Handlungen uns mit einem retrospektiven Verständnis unserer Taten versorgen. Aber die Welt des Vertrages ist kein »wirkliches Leben«; sie ist formal (oder sollte es sein) – und in *dieser* Welt sind Ereignisse unterschieden und unterscheidbar im Sinne von punktuellen Absichten und vorhergesehenen (nicht nachträglich konstruierten) Konsequenzen.

Das Gericht kommt hier einem Absturz in die Sprache der »vergangenen *consideration*« gefährlich nahe. Aber die Gefahr wird vermieden, weil im Kontext der Geschichte des Urteils (von der dies der Schluss ist), das Verhalten von Webb und McGowin nach dem Ereignis (ein Versprechen abzugeben und Zahlung entgegenzunehmen) zum Beweis dessen wird, was sie tatsächlich (nicht als nachträglich aufgedrängten Sachverhalt) während des Ereignisses taten: ein Geschäft abschließen.

Der Umstand, dass sie niemals miteinander sprachen oder sich jemals in irgendeinem realen Sinne trafen und der Umstand, dass das Geschäft, das sie abgeschlossen haben sollen, bizarr ist (»wenn du es auf dich nimmst, zeitlebens verkrüppelt zu werden, werde ich dir dreißig Dollar pro Monat zahlen«), mögen zum Innehalten veranlassen. Aber das Urteil ermutigt nicht zum Innehalten (abgesehen von jenen Augenblicken, in denen der Raum, in den dieses Geschäft eingeschoben werden soll, geöffnet wird), und das Gericht eilt schnell zu einem raschen Ende: »Aufgehoben und zurückverwiesen«.

In einer kurzen, aber aufschlussreichen abweichenden Begründung zieht Richter William H. Samford den Vorhang, der niemals wirklich geschlossen worden ist, noch weiter zurück. Er räumt ein, dass die Entscheidung, die er jetzt teilt, »nicht zweifelsfrei« ist und erkennt an, dass in Übereinstimmung »mit dem strikten Buchstaben des Gesetzes« Webbs Wiedergutmachungsleistung eingestellt werden müsse. Aber dann verkündet er nur schlicht das »Prinzip«, dem das Gericht folgte, ein Prinzip, das er dem Chief Justice Marshall zuschreibt, welcher sagte: »Ich glaube nicht, dass Recht von Gerechtigkeit getrennt werden sollte«.[74] Die Wirkung des Zitates

74 Ebd., 199.

ist komplex, aber schnell. Was Richter Marshall sagt, läuft auf eine Leugnung der Unabhängigkeit des Rechts hinaus. Aber der Umstand, dass der geachtetste Jurist in der Geschichte der Vereinigten Staaten dies sagte, macht seine Erklärung zu einer legalen und damit zu einer, die als legale Rechtfertigung für die Abweichung vom Rechtsstaat zitiert werden kann.

Erneut und auf verschiedenen Ebenen von Konstruktionen, die Konstruktionen stützen (Richter Samford legitimiert das kreative Werk seiner Kollegen, indem er es in einer Erzählung mit einem gleichermaßen kreativen Werk eines jetzt maßgeblichen Vorgängers verknüpft), bestätigt das rechtliche Establishment im Akt des Beiseiteschiebens seine Verpflichtung auf ein formales Verfahren. Wieder einmal wurden zwei Geschichten erzählt und dann in jene eine Geschichte geformt, die den Fortbestand der Tradition sichert.

III. Der verblüffende Trick

Ein übelwollender Leser des vorangegangenen Abschnitts oder sogar des ganzen Essays könnte sagen, dass ich gezeigt habe, dass das, was im Recht wirkt, das ist, womit man durchkommt. Das ist genau die Beobachtung, die von einigen Mitgliedern der Critical-Legal-Studies-Bewegung in Essays getroffen wurde, die, wie ich es tat, auf die Widersprüche hinweisen, die die Rechtsdogmatik spalten. Die Unterschiede zwischen jenen Essays und diesem liegen in den Schlussfolgerungen, die aus der Analyse folgen (oder angeblich folgen). Die Konklusion, die oft (aber nicht immer) von Anhängern der Critical Legal Studies gezogen wird, lautet, dass die Rechtsdogmatik unfähig ist, logisch konsistente Ergebnisse aus Regeln und Unterscheidungen mit einer klaren formalen Basis abzuleiten. Diese Unfähigkeit bedeutet, dass das ganze Verfahren zugleich nichtssagend und hinterhältig ist. Das Verfahren ist nichtssagend, weil seine Ergebnisse vollkommen ad hoc ausfallen – beim Fehlen fester Definitionen oder Grenzen können die dogmatischen Begriffe willkürlich und in beliebige Richtungen manipuliert werden –, und das Verfahren ist hinterhältig, weil diese ganzen Ad-hoc-Festlegungen uns präsentiert werden, als seien sie von einer abstrakten und gottähnlichen Maschine erzeugt worden. Eine repräsentative

Bekundung aus einem wohlbekannten Essay von Clare Dalton, die viele meiner eigenen Argumente vorwegnimmt:

Wir müssen [...] begreifen, [...] dass eine dogmatische Inkonsistenz notwendig die Kraft jedes konventionellen Rechtsarguments unterminiert und dass entgegengesetzte Argumente mit gleicher Kraft vorgebracht werden können. Wir müssen auch verstehen, dass Rechtsargumente ihre eigene inhärente Unbestimmtheit verdecken und weiterhin als gangbarer Weg zu sprechen und zu überreden erscheinen.[75]

Mit »dogmatischer Inkonsistenz« meint Dalton erstens die Unfähigkeit der Dogmatik, sich selbst rein zu halten – wie sie unterstreicht, werden die Pole angeblich fester Gegensatzpaare durch den jeweils anderen Begriff definiert und können deshalb nicht das leisten, was sie vorgeben zu leisten –, und zweitens das Vorhandensein widersprüchlicher Rechtfertigungsargumente in der Dogmatik, die von Rechtslehrern und Juristen ad hoc und in opportunistischer Weise eingesetzt werden. Deshalb können »entgegengesetzte Argumente mit gleicher Kraft vorgebracht werden«. Angesichts des Spielraums in der Logik der Rechtfertigung kann der Sachverhalt eines Falles dazu gebracht werden, mit gleicher Plausibilität eine beliebige Zahl von Ergebnissen zu zeitigen, von denen keines von einer festen Grundlage von Prinzipien abgeleitet wurde. Nichtsdestoweniger, so fährt Daltons Klage fort, präsentieren die Verteidiger des Rechts diese Ergebnisse, als seien sie aus einem Verfahren hervorgegangen, das ebenso bestimmt wie unpersönlich ist.

Darauf würde ich zunächst erwidern, dass dogmatische Inkonsistenz konventionelle Argumente nur dann zunichte macht, wenn diese Argumente vom partikularen Anlass ihrer Entstehung losgelöst und dann dem Konsistenzkriterium mit einem anderen Argument, unabhängig von irgendwelchen besonderen Umständen, unterworfen werden. Aber da Argumente nur unter besonderen Umständen Gewicht haben oder nicht, ist die Inkonsistenz, die Dalton dokumentieren kann, nicht fatal, und beunruhigend nur dann, wenn der Kontext nicht Recht und dessen Wirkweise ist, sondern Philosophie und deren Erfordernisse.

Recht ist jedenfalls nicht philosophisch (es sei denn, es leiht sich Argumente der Philosophie für seine eigenen Zwecke aus), sondern

75 Clare Dalton, »An Essay in the Deconstruction of Contract Doctrine«, *Yale Law Review*, 94 (1985), 1007.

pragmatisch, und von einem pragmatischen Standpunkt aus ist es die Inkonsistenz der Dogmatik, die das Recht in die Lage versetzt, zu funktionieren. Dalton sagt, ohne es zu merken, dasselbe, wenn sie im gleichen Atemzug dem konventionellen Argument wegen seiner Inkonsistenz die Kraft bestreitet und dann klagt, dass das konventionelle Argument, wiederum wegen seiner Inkonsistenz, zu viel Kraft entfaltet. Das ist nicht so sehr ein Widerspruch als eine (nicht ganz ausformulierte) Unterscheidung zwischen zwei Arten von Kraft, einer guten und einer schlechten. Die gute Kraft ist die Kraft von eindeutig bestimmten Verfahren, und die fehlen dem Recht. Die schlechte Kraft ist die Kraft rhetorischer Virtuosität, und die besitzt das Recht in beschämendem Überfluss. Aber die rhetorische Natur des Rechts ist ein beschämender Umstand nur, wenn man erwartet, dass es algorithmisch arbeitet, und das ist die Forderung (von der es harte und weiche Varianten gibt) der Position, die Dalton zurückweist. Durch die Stigmatisierung des rhetorischen Gehalts von Recht macht sie sich von ihren Gegnern ununterscheidbar, da sie – wie jene – das Recht an einem Standard von rationaler Bestimmtheit misst. Nur dort, wo die Verteidiger dem Recht gute Noten geben, findet sie es überall versagend.

Meine These lautet, dass Daltons Beschreibung des Rechts zwar exakt ist, aber eher eine Beschreibung von Stärken als von Schwächen darstellt. Wenn Dalton feststellt, dass die normativen Aussagen des Rechts (»Fairness«, »Gerechtigkeitserfordernis«, »guter Glaube«) so vage formuliert sind, dass der Augenblick der »Normwahl« aufgeschoben wird, »bis ein individueller Richter gehalten ist, eine individuelle Entscheidung zu treffen«,[76] dann will sie nur sagen, dass, obwohl die normativen Formulierungen des Rechts das Vokabular und die begriffliche ›Umgebung‹ der Entscheidungsfindung spezifizieren, sie keine Grenzen dafür setzen, was ein Richter auf seinem Weg, ein plausibles (im Sinne von erkennbar legales) Resultat zu erzielen, mit diesem Vokabular tun kann. In Abwesenheit eines mechanischen Entscheidungsverfahrens besteht reichlich Raum für richterliche Manöver (obwohl, wie ich gezeigt habe, diese Manöver weit davon entfernt sind, völlig frei zu sein), und wenn die »individuelle Entscheidung« stark genug ist – wenn die Geschichte, die sie erzählt, ausreichend bruchlos scheint –, wird sie

76 Ebd., 1035.

die Norm geschaffen haben, die sie triumphierend zu ihrer Rechtfertigung zitiert. Das ist genau das Problem, könnte Dalton erwidern: Das Recht ist zugleich total rhetorisch und damit befasst, seine eigene Rhetorizität auszulöschen. Genau, würde ich antworten, und ist es nicht wunderbar (ein absichtlich nicht bewertendes Wort) anzusehen? Es mag wahr sein, dass »wir keine vertrauenswürdige und deshalb keine legitime Basis haben für die Zuteilung von Verantwortlichkeit zwischen vertragschließenden Parteien«,[77] aber auch wenn die Legitimität nicht in Form eines bestimmten Systems von Regeln und Unterscheidungen vorgefertigt ist, wird sie doch kontinuierlich durch jene Mittel erzielt, die Dalton detailliert prüft.

Betrachten Sie zum Beispiel ihre Erörterung des Zusammenspiels zwischen der Lehre von der *consideration* und dem Vertrauen. Sie hat die Geschichte des Second Restatement, Abschnitt 71 und 90 erneut erzählt (einer definiert die Vertragspflicht unter den Bedingungen von *consideration,* der andere betrifft die »Verträge ohne *consideration*«) und die Vermeidung »der verwickelten Fragen, wie man sich ihre Koexistenz vorzustellen habe«[78] sowohl im Restatement selbst als auch in den Fällen, die es zitieren, bemerkt. Die Mechanismen der Vermeidung, die sie beschreibt, schließen die sequentielle Anwendung der dogmatischen Lehren ein, so dass jede von ihnen aufrechterhalten werden kann und ein Widerspruch zwischen ihnen für alle Zeiten abgewendet zu sein scheint. Ferner die Festsetzung verschiedener Maßnahmen der Wiedergutmachung derart, dass ein Unterschied suggeriert wird, den allerdings die Analyse der Fälle nicht stützt. Schließlich die Ausarbeitung verschiedener Begrifflichkeiten, die die Ursache dafür sind, dass die »Vertrauensrhetorik anders klingt als die *consideration*-Rhetorik«, obwohl, wenn es die Gelegenheit verlangt, die beiden Begrifflichkeiten zusammengezogen werden können und »ununterscheidbar zu werden«[79] beginnen. So eindrucksvoll dies auch ist, es ist dennoch nur ein Teilkatalog der dem Recht zur Verfügung stehenden Mechanismen. Mechanismen, die es gestatten, eine Unterscheidung, die nicht endgültig aufrechterhalten werden kann, zu verstärken und bei anderer Gelegenheit abzuschwächen und zu wieder

77 Ebd., 1066.
78 Ebd., 1084.
79 Ebd., 1091.

anderen Zeiten bequem zu vergessen. Die Geschichte ist verblüffend, und Dalton charakterisiert sie korrekt als »die Geschichte, wie unmöglich Scheinendes möglich gemacht wird«.[80]

Es ist, kurzum, die Geschichte der Rhetorik, der Kunst, den (sprachlichen) Grund zu konstruieren, auf dem man zuversichtlich gehen kann. Bei der Durchmusterung eines Falles, der die Virtuosität des Rechts auf ihrem Höhepunkt zeigt, ruft Harry Scheiber aus:

> Man wird [...] an eine blendende Doppelfinte erinnert, den rückhändig fliegenden Überkopf-Wurf eines Unsterblichen des Basketballs. Erst bei Wiedergabe in Zeitlupe versteht man den ganzen Zug und erst dann realisiert man, dass die Herausforderung der Schwerkraft einer seiner wesentlichen Bestandteile ist![81]

Scheiber nennt dies den »verblüffenden Trick« des Rechts, den Trick, durch den sich das Recht in der Luft selbst konstruiert, ohne jemals den Boden zu berühren. Es ist ein Trick, den Dalton und andere kritisieren, aber es ist der Trick, durch den das Recht existiert, und es ist schwer vorstellbar, dass es ohne ihn funktioniert. Die Alternativen könnten entweder die entschiedene Rationalität sein, die von jeder kritischen Rechtsanalyse als unmöglich erwiesen wird, oder die ständige Enthüllung von Kunststücken mit Mitteln, aus denen der »verblüffende Trick« besteht. Aber wenn man der zweiten Alternative folgte und sich jedes Rechtsverfahren in eine entlarvende Analyse der Bedingungen seiner Möglichkeit verwandelte, würden niemals Entscheidungen getroffen und das Hauptgeschäft des Rechts würde nicht getan. Vielleicht ist dies das Ergebnis, das wir wünschen, aber irgendwie zweifle ich daran und tendiere deshalb zum Glauben, dass die kreative Rhetorizität des Rechts jede Anstrengung, sie zu zerstören, überlebt.

Es bedarf kaum der Erwähnung, dass ich nicht der Erste bin, der erklärt, dass die Operationen des Rechts rhetorisch sind. Tatsächlich ist dies Daltons Standpunkt, obwohl sie ihn zu einer Anklage formt, und es ist auch der Standpunkt anderer, die (in der Tradition Ciceros) die Rhetorizität des Rechts positiver sehen.

Unter der Rubrik »rhetorische Jurisprudenz« hat Steven J. Burton eine Beschreibung des Rechts ausgearbeitet, die in vielen Punk-

80 Ebd., 1087.

81 Harry Scheiber, »Public Rights and the Rule of Law in American Legal History«, *California Law Review* 72 (1984), 236-237.

ten mit der hier präsentierten übereinstimmt. Seine Grundthese lautet, dass das »partikulare Recht einer Gesellschaft eine mögliche Organisation menschlicher Beziehungen und eine öffentliche Verpflichtung darstellt, es in empirische Realität zu überführen«. Jede Anwendung des Rechts »überführt diese vorgestellte Welt in mancher Beziehung in Realität«.[82]

In dieser Argumentation folgt das Recht nicht der Organisation menschlicher Beziehungen oder wiederholt sie, sondern stellt sie her, und zwar mit Mitteln, die es erfindet. Anstatt wie Wissenschaft (zumindest in vorkuhnscher Beschreibung) zu verfahren, die ihre Darstellung korrigiert, um »besser zur Welt zu passen«, ist Recht eine praktische Disziplin, die operiert, um die Welt zu ändern, »damit sie besser zur Darstellung passt«.[83] Diese Veränderung wird durch einen Diskurs bewirkt, der die Autoritäten, auf die er sich beruft, selbst erzeugt. »Ein rhetorisches Verstehen betrifft die in einem lokalen Rechtsdiskurs vorausgesetzten Beweiskriterien und damit die Wirkungen des Diskurses auf das, was die Parteien, mit oder ohne gute Gründe, ernsthaft als Recht oder Rechtsargument akzeptieren«.[84] Eine rhetorische Jurisprudenz stellt keine zeitlosen Fragen; sie forscht nach den partikularen Bedingungen der Überredung, nach Gründen, die wirkungsvoll sind. Und das Interessante, das sie über die normativen Ansprüche des Rechts herausfindet, ist nicht, ob diese eingelöst werden können oder nicht (streng genommen können sie es nicht), sondern es ist der Hebel, den man erhalten kann, indem man sie zitiert:

> Ob solche Rechtsvorstellungen vernünftig sind oder nicht – sie beeinflussen in Rechtsdiskursen ständig die Gedanken und Handlungen vieler Rechtsakteure. Dementsprechend sind sie ein bedeutender Gegenstand rhetorischer Forschung im Rahmen der Anstrengung, rechtliche Rechtsanwendung zu verstehen.[85]

Es überrascht nicht, dass ich dies sehr zustimmungswürdig finde. Ich werde erst nervös, wenn Burton sich von der Beschreibung des Rechts als rhetorisch der Behauptung zuwendet, dass diese Be-

82 Steven J. Burton, »Rhetorical Jurisprudence: Law as Practical Reason« (unpubliziertes Manuskript), 69.

83 Ebd., 63.

84 Ebd., 9.

85 Ebd., 2.

schreibung, wenn sie beachtet würde, wohltuende Folgen für die Rechtsanwendung haben könne:

»Rhetorische Kritik lenkt die Aufmerksamkeit auf Charakteristika des Rechts, die von einem Rechtsdiskurs als erstem Schritt zur möglichen Verbesserung dieses Diskurses als eines *rechtlichen* vernachlässigt werden«.[86] Der Verlauf dieser Verbesserung ist nicht ausformuliert, aber er scheint aus der Überlegung zu folgen, dass wir, nachdem wir einmal wissen, dass das Recht rhetorisch ist, besser in der Lage sind, in ihm zu funktionieren; besser befähigt, zu »hören, nachzudenken und Handlungen zu rechtfertigen«.[87] Aber das Wissen, dass das Recht rhetorisch ist, könnte dieses nur verbessern, wenn wir dadurch *gegen* die Rhetorizität isoliert würden – dann würde Burton den Wunsch nach wissenschaftlicher Jurisprudenz hegen, den sein Essay verwirft –, oder wenn dieses Wissen das Recht rhetorischer machte, als es bereits ist – ein inkonsistentes Ziel, da der Zustand des Rhetorischen, also an die Erfordernisse und Zwänge des Augenblicks gebunden zu sein, keine Steigerung zulässt.

Ist erst einmal »das Recht vom praktischen Standpunkt aus als ein System von Gründen für Handlungen begriffen«,[88] wird man weder Distanz zu diesen Begründungen gewinnen, noch von ihnen überzeugter sein, weil man dieses Verständnis erreicht hat. Es werden immer noch partikulare Begründungen sein, die sie schon waren, bevor Burton sie so nannte, und sie werden nach wie vor im Kontext partikularer Zwänge begegnen und nicht im Kontext einer allgemeinen Anerkennung als partikular. Die Lehre von der Rhetorizität des Rechts – die Lehre, dass Gründe nur innerhalb der Konfigurationen von Handlungsweisen Gründe sind und dass sie keine Gründe sind, die Handlungsweisen von einer übergeordneten Position erzeugen – muss auf sie selbst ausgedehnt werden. Sie kann nicht in größerem Umfang als Generalthese dienen als die formalistischen Thesen, die sie ersetzt. Formalisten jedenfalls machen ihren Fehler legitimerweise, da es *ihre* Position ist, dass partikulare Gewohnheiten aus Generalprinzipien folgen oder folgen sollen; dies kann nicht ohne innere Widersprüchlichkeit die Position eines Rhetorikers sein, auch wenn das Generalprinzip selbst rhetorisch ist.

86 Ebd., 9.
87 Ebd., 69.
88 Ebd.

Burtons Flirt mit dem, was ich andernorts die »antifundamentalistische Theoriehoffnung« genannt habe (die Hoffnung, dass wir dadurch, dass wir uns der Rhetorizität unserer Fundamente bewusst werden, eine [nicht rhetorische] Perspektive auf sie gewinnen, die wir vorher nicht hatten), ist im Werk von James Boyd White eine voll entfaltete Romanze. White definiert das Recht (in meiner Sicht korrekt) als »einen Satz von Hilfsmitteln zum Denken und Argumentieren«.[89] Dieser Satz, so argumentiert er, ist offen und schließt die Begriffe ein, die man für die Basis des Unternehmens hält. Im Ergebnis ist das Recht auf jeder Ebene kreativ und konstruiert seine Prinzipien sogar bei deren Anwendung.

Denn während er die Sprache des Rechts spricht, muss der Jurist immer bereit sein, zu versuchen, es zu ändern: eine Distinktion hinzuzufügen oder fallenzulassen, eine neue Stimme zuzulassen, eine neue Autoritätsquelle anzuführen, und so weiter. Seine Leistung ist in diesem Sinne immer argumentativ, nicht nur im Hinblick auf das Resultat, das er zu erreichen sucht, sondern auch im Hinblick auf die Version des Rechtsdiskurses, die er benutzt – die er schafft –, in seinem Reden und Schreiben. Das heißt, der Jurist sagt nicht ständig nur: ›so sollte dieser Fall entschieden werden‹, sondern auch: ›hier – diese Sprache – ist die Weise, in der über diesen und andere Fälle gesprochen werden sollte. Die Sprache, die ich spreche, ist die angemessene Sprache der Gerechtigkeit in unserer Kultur‹ [...] in diesem Sinne ist Rechtssprache immer argumentativ konstitutiv für die Sprache, die sie verwendet.[90]

Bis zu diesem Punkt bin ich mehr oder weniger an der Seite von White, aber unsere Wege trennen sich, wenn seine Beschreibung der Wirkungsweise des Rechts zur Forderung nach einer neuen Form von Rechtspraxis führt: »Dies bedeutet, dass vor uns als Juristen ständig die Frage steht, welche Art von Kultur wir haben werden«.[91] Aber die Frage »vor uns« ist immer eine rechtliche, formuliert in der Terminologie der Rechtskategorien und möglicher Handlungsverläufe. Der Umstand, dass immer nachgewiesen werden kann, dass eine Rechtsfrage eine Quelle in den vorausgesetzten kulturellen Werten hat, bedeutet nicht, dass es Aufgabe einer juristischen Untersuchung wäre, diese Werte zu entdecken oder zu

89 James Boyd White, *Hemdes' Bow: Essays on the Rhetoric and Poetics of the Law*, Madison 1985, 33.

90 Ebd., 34.

91 Ebd., 42.

revidieren. Gewiss könnte man sich immer in dieser Aufgabe engagieren, aber das bedeutet, Recht nicht so zu verwalten, wie es die Mitglieder der Institution akzeptieren.

White betont dies selbst, wenn er wieder und wieder feststellt, dass die Wirkungsweise des Rechts partikular ist: »Es beginnt immer an einem bestimmten Platz unter bestimmten Leuten«, und deshalb »kann man nicht idealisieren«, indem man sagt, »so sollte es allgemein sein«.[92] Aber dann ist es White, der idealisiert und sagt, wie es allgemein gehen sollte. Nach seiner Auffassung sollte so eine ständige philosophische Diskussion über die gesellschaftlichen Werte und Ziele hervorgerufen werden. Geschähe dies, würde es sich nicht um Recht, sondern um Moralphilosophie handeln. Die unheilbare partikulare Perspektive des Rechts – seine Verwurzelung in speziellen Debatten, die spezielle und rechtzeitige Lösungen verlangen – lässt keinen Raum für die ausgedehnten Reflexionen, die White empfiehlt. Tatsächlich brandmarkt sie sie zugleich als unangemessen. Ein Richter, der immer innehalten würde, um »seine fundamentalen Haltungen und Methoden dem Test eines aufrichtigen Eingehens auf die Argumente für das Gegenteil auszusetzen«,[93] würde nicht seine Aufgabe als Richter, sondern etwas anderes erledigen, etwas zweifellos Wertvolles, aber aus rechtlicher Sicht Unpassendes und sogar Verantwortungsloses (es sei denn, diese Übung wäre vorbereitend, strategisch, zum Zwecke der Bekanntgabe einer Folgerung; in diesem Falle würden jemandes Überzeugungen nicht um ihrer selbst willen auf Alternativen getestet – als ein Versuch, das Bewusstsein zu erweitern –, sondern wegen eines Zieles, auf das ein endliches Bewusstsein im Vorhinein verpflichtet wurde).

Whites Fehler besteht darin, die Perspektive, von der aus man Fragen nach der Natur des Rechts (ist sie formal oder moralisch oder rhetorisch?) stellen würde, mit jener Perspektive zu vermischen, von der aus man in der Hoffnung fragen möchte, dass die Antworten von Nutzen sind, um mit der Rechtsarbeit weiterzukommen. Aus der ersten Perspektive (der Perspektive einer metakritischen Fragestellung) könnte man entscheiden, dass das Recht ein Prozess ist, in dem »wir und unsere Ressourcen dauerhaft durch unsere eigenen kollektiven Aktivitäten von neuem hergestellt

92 Ebd., 39.
93 Ebd., 47.

werden«.[94] Aber jene, die in diesen Prozess verwickelt sind, handeln charakteristischerweise nicht in der Absicht, diese Neuherstellung zu fördern, sondern in der Absicht, entweder (als Anwalt) zu gewinnen oder (als Richter) zu entscheiden.

Im Hinblick auf diese Absicht wird ein Bericht über die Rhetorizität des Rechts entweder irrelevant sein (das heißt, er berührt die Probleme, die der Fall aufwirft, nicht) oder gefährlich (ihn einzuführen, könnte die Position schwächen, die Sie verteidigen) oder – unter bestimmten Umständen – marginal hilfreich (so, wenn Sie sich und Ihre Kollegen daran erinnern, dass das Recht keine exakte Wissenschaft und weniger streng ist als Wissenschaft mit ihrem Beweisverlangen). Aber selbst in diesem letzten Falle wird die These von der Rhetorizität des Rechts keinen neuen Weg zum Umgang mit Recht gewiesen haben; sie wird lediglich eine Möglichkeit mehr zu einer Praxis hinzugefügt haben, die noch in großem Umfang von den Zielen bestimmt wird, die das Recht weiterhin haben wird, den Zielen, ein Argument zu gewinnen oder eine Entscheidung zu verfertigen. Das sind erfolgsorientierte Aktivitäten, und sich in diesen ernsthaft zu engagieren bedeutet, die Offenheit für den Anderen schon ausgeschlossen zu haben, von der White möchte, dass wir sie annehmen.

White sieht dies nicht, weil er meint, dass, wenn Offenheit für den Anderen das Recht charakterisiert (im Gegensatz zu den geschlosseneren Charakterisierungen, die von formalistischen Theoretikern angeboten werden), die im Recht Handelnden ihrerseits offen sein müssten. Da die Geschichte zeige, dass das Recht »einen Boden für Herausforderung und Wandel liefert«,[95] müssten wir aus Motiven von Herausforderung und Wandel handeln. Aber obwohl Herausforderung und Wandel häufig die Nebenprodukte des Einfallsreichtums der Rechtsakteure darstellen, sind sie nicht die Motive, derentwegen üblicherweise eine Rechtshandlung vorgenommen wird. Es kann sein, dass, wie White behauptet, das Recht als rhetorischer Prozess niemals gegenüber dem interpretativen Druck alternativer Diskurse abgeschlossen werden kann und eine »strukturelle Offenheit«[96] zeigt, aber daraus folgt nicht, dass jene,

94 Ebd., 45.
95 Ebd.
96 Ebd.

die mit dem Recht arbeiten, dies in der Absicht tun, in besagter Weise offen zu sein. Das ist vielmehr die Absicht derjenigen, die eine Art von kritischem Selbstbewusstsein pflegen.

Wie es scheint, sieht White für das Recht folgende Zukunft voraus: Der Rechtsakteur wird beständig »die Angemessenheit jeder Sprache anzweifeln und darauf achten, sich der Grenzen ihrer Formen des Denkens und Verstehens bewusst zu sein«; sie wird auf »Vielstimmigkeit« verpflichtet werden und wird »zutiefst gegen monotones Denken und Reden sein, *gegen* die einzelne Stimme, den einzelnen Aspekt des Selbst oder der Kultur, die den Rest bestimmen«.[97]

White nennt diese Vision »rhetorisch«, aber es ist eine seltsame Rhetorik, die sich vorstellt, dass Konflikte im Mahlstrom eines vielstimmigen Pluralismus endgültig gelöst werden. In Wahrheit sind Whites Hoffnungen für das Recht nicht rhetorisch, sondern transzendental. Er betrachtet die Szene der Überredung als lediglich temporär, und, wie Habermas, schaut er vorwärts in eine Zeit, in der alle Parteien ihre forensischen Waffen niederlegen und sich in dem Bestreben treffen werden, eine neue und vernünftigere Gemeinschaft zu errichten. Diese »Verpflichtung zur Offenheit«,[98] diese Entschlossenheit, »vorsichtig und poetisch zu sein«,[99] mögen bewundernswert sein, aber es ist schwer zu sehen, welchen Platz sie in einem Prozess haben könnten, der Urteile durch eine einzelne Stimme *verlangt,* auch wenn gezeigt werden kann, dass diese Stimme plural konstituiert wurde. White mag damit beginnen, dass er Differenz anerkennt und feiert, aber am Ende kann er sie nicht tolerieren.

Dasselbe kann über Peter Goodrich gesagt werden, einen kritischen Rechtswissenschaftler britischen Stils, der in Büchern und Essays von enormer Bildung und Gelehrtheit »das Konzept einer Rhetorik der Rechtssprache« ausarbeitet, welches »die rhetorischen, soziolinguistischen und locker pragmatischen Dimensionen und Kontexte jeder kommunikativen Praxis«[100] betont. Goodrich beginnt mit der Beobachtung, dass ein »definitorisches Merkmal

97 Ebd., 124.
98 Ebd.
99 Ebd., 125.
100 Peter Goodrich, *Legal Discourse: Studies in Linguistics, Rhetoric, and Legal Analysis*, New York 1987, 5-6.

jedes Formalismus« die »Zurückweisung der Geschichte«[101] ist, das heißt, der Hintergrundumstände, die die angeblich selbstgenügsame und selbstgegebene Norm oder Lehre bestimmen. Er findet dann die Quelle des Formalistentraumes in »der Unterscheidung von Logik und Rhetorik«,[102] eine Unterscheidung, die die traditionellen Kategorien der Sprachphilosophie hervorbringt, mit einem reinen semantischen Kern im Mittelpunkt und jenen Bedeutungen, die durch die sozialen und politischen Bedingungen an der gebrandmarkten Peripherie erzeugt werden.

Natürlich insistiert Goodrich darauf, dass dieses reine Zentrum ein »Mythos«[103] ist, »offensichtlich mehr rhetorisch als wirklich«,[104] ein Kunstgriff, um die Aufmerksamkeit abzulenken von den »tatsächlichen ›sozialen Fakten‹ oder den historischen und partikularen ›Formen des Lebens‹, die die inhaltliche Bedeutung gesetzlicher Regeln bestimmen«.[105] Wenn wir erst einmal wahrnehmen, dass Bedeutung »das Produkt oder Ergebnis von Kommunikation zwischen sozial organisierten Individuen und Gruppen« ist, dann werden wir auch sehen, dass es unmöglich irgendwelche »selbstartikulierten Einheiten des Diskurses« geben kann, weil jeder Text ungeachtet dessen, wie autonom er zu sein scheint, »andere Bedeutungen impliziert, andere Texte, andere Diskurse und ständig die Grenzen jeder bestehenden Diskursinstanz überschreiten wird«.[106]

Erneut befinde ich mich in Übereinstimmung mit Analyse und Schlussfolgerung: Das Recht ist weniger ein formaler Mechanismus, der bestimmte Regeln auf selbstgegebene faktische Situationen anwendet, als »vorwiegend der Diskurs der Macht«,[107] das heißt, ein Diskurs, dessen Kategorien, Distinktionen und ehrwürdige Formulare Extensionen eines bestimmten politischen Programms sind, das sich nicht selbst als solches bekanntgibt. Goodrich unterstützt und erweitert diesen Schluss, indem er Fälle analysiert, in denen, wie er zeigt, es eher »die persuasive Funktion

101 Ebd., 27.
102 Ebd., 61.
103 Ebd., 77.
104 Ebd., 58.
105 Ebd., 57.
106 Ebd., 147.
107 Ebd., 88.

bestimmter rhetorischer Techniken«[108] ist als irgendeine unabhängige Logik, die Entscheidungen erzeugt, obwohl die Entscheidung immer als eine präsentiert wird, die »den Unterschied zwischen dem formalen, normativen Charakter des rechtlichen Verfahrens und dem materiellen Gehalt [...] einer Auseinandersetzung«[109] bestärkt. Kurzum: Das Recht ist ständig damit befasst, den ideologischen Gehalt seiner Mechanismen zu verwischen, damit es sich selbst als einen »Diskurs« darstellen kann, »der in seiner Forderung nach Universalität und Vernunft kontextunabhängig ist«.[110] So etabliert es rhetorisch seine Unabhängigkeit von gerade den sozialen und politischen Werten, die seinen Inhalt ausmachen, indem es »eine konstante, zentripetale Anstrengung unternimmt, sich selbst durch Differenzierung und durch den Ausschluss von Diskursen und Sprachen, die es umgeben, aufrechtzuerhalten«.[111] »Indem es die [...] Implikationen der eigenen Institutionalisierung vermeidet oder sie ausschließt«, nämlich seinen Status als eines historischen und kontingenten Diskurses, und »durch die Behandlung von Rechtsproblemen als solche der Syntax oder von lexikographischer Art, [...] verwaltet und kontrolliert das Recht [...] die Hierarchie sozialer und politischer Beziehungen, [...] obwohl es offenkundig nicht mehr tut, als gewisse allgemeine und inhärent unkontroverse, rechtsspezifische Aktivitäten und Funktionen zu verhindern und zu erleichtern«.[112]

Sieht man von einigen aufgeblasenen Wendungen ab, dann entspricht dies genau meiner Erläuterung des Rechts, das ständig zwei Geschichten erzählt, von denen die eine bestreitet, dass die andere überhaupt erzählt wurde. Der Unterschied besteht darin, dass für Goodrich diese Erklärung auf einen Skandal hinausläuft, während er für mich lediglich analytisch auf die Strategien aufmerksam macht, mit denen das Recht aus fremdem Material jene Autonomie formt, die zu fordern es verpflichtet ist. Müsste das Recht seine Kategorien und Begriffe begleitet von einer Analyse ihrer Wurzeln im außerjuridischen Diskurs einsetzen, würde es seine Autorität nicht ausüben, sondern demontieren. Kurzum: Es wäre nicht länger Recht. Good-

108 Ebd., 90.
109 Ebd.
110 Ebd., 175.
111 Ebd.
112 Ebd., 176.

rich sieht ziemlich richtig, dass man ein Anhänger des Rechts nur werden kann, wenn man die Quellen der Normen prüft, die man internalisiert: »Der ganze Prozess der Sozialisation in die rechtlichen Einrichtungen ist eine Frage des Lernens von Ehrerbietung und Gehorsam, eine Frage expliziter und impliziter Erziehung zu den erforderlichen Arten der Interaktion – den Formen, Verfahren und Sprachen – zwischen den verschiedenen Ebenen, Funktionen und Topoi des Rechtssystems«.[113] Aber er denkt, wir könnten und sollten diese Erziehung unterlassen und alles in den Vordergrund stellen, um dessen Ausschluss sie bemüht war. Wir müssen »die hermetische Sicherheit [...] materieller Jurisprudenz herausfordern«,[114] wir müssen die »alternativen Bedeutungen«[115] sichtbar machen, die von der gesetzlichen Bedeutung ignoriert werden:

Bei der Lektüre des Gesetzes ist es ständig nötig, sich der kompositorischen, stilistischen und semantischen Mechanismen zu erinnern, die es dem Rechtsdiskurs erlauben, seine historische und soziale Genese zu negieren. Es ist nötig, das Schweigen, die Lücken und das empirische Potenzial des Gesetzestextes zu prüfen und bei den Mitteln zu verweilen, mit welchen er sich die Bedeutung anderer Diskurse und sozialer Beziehungen aneignet, obwohl er ausdrücklich bestreitet, dies zu tun.[116]

Nun, es mag sein, dass man »bei der Lektüre des Gesetzes« – das heißt, indem man es einer soziologischen und dekonstruktiven Analyse unterwirft – alles erinnern muss, was im Laufe der Selbstkonstitution vergessen wurde, aber die Anwendung des Rechts verlangt dieses Vergessen, verlangt einen Rechtsdiskurs, der »sich die Bedeutung anderer Diskurse aneignet [...] obwohl er ausdrücklich bestreitet, dies zu tun«. Und wenn man erwidert, dass eine Tätigkeit, die derart von jeder Konfrontation mit den Zufällen ihrer Entstehung losgelöst ist, keinen Respekt verdient, würde ich im Gegenzug erwidern, dass jede Tätigkeit in dieser Weise isoliert ist und dass ihr Entstehen als Tätigkeit – als einer von anderen Aktivitäten verschiedenen Aktivität – von einer gewissen Unkenntnis ihrer Schulden und Komplizenschaften abhängt. Wie ich es an anderer Stelle formuliert habe,

113 Ebd., 173.
114 Ebd., 132.
115 Ebd., 183.
116 Ebd., 204.

›Vergesslichkeit‹, im Sinne von: nicht gleichzeitig alles im Gedächtnis behalten, ist eine Bedingung des Handelns und die Differenz zwischen den Handlungsweisen […] ist eine Differenz zwischen verschiedenen Arten von Vergesslichkeit.[117]

Das gilt selbst für die Tätigkeit der Erinnerung an das, was andere Tätigkeiten vergessen haben. Denn um sich bei dieser Tätigkeit zu engagieren, muss Goodrich selbst die empirischen Bedingungen vergessen (oder wenigstens ausklammern), die das Recht entstehen lassen und seine Operationen bestimmen, Bedingungen, die den Bedarf nach Verfahren, Streitigkeiten beizulegen, einschließen und den Zwang zu prompten Rechtsmitteln und Entscheidungen. Ich kritisiere Goodrich nicht, sondern unterstreiche nur, dass sein Vorhaben nicht freier von Vergesslichkeiten ist als das Vorhaben, das er auseinandernimmt. Sein Irrtum ist es, zu meinen, dass das Projekt derart frei sein könne, und er denkt *dies,* weil er an die Möglichkeit eines allgemeinen Diskurses glaubt, der alles in Betracht zieht und nichts ausschließt. Es gibt aber keinen solchen Diskurs, sondern nur die partikularen Diskurse, die ihre Zugkraft gerade durch die Mittel gewinnen, die Goodrich beklagt. Und tatsächlich ist es mehr als eine kleine Ironie, dass Goodrich schließlich die materielle Fassung der Rechtsanwendung verachtet und versucht, sie stattdessen in die (nicht weniger, aber in anderer Weise materiellen) Vorschriften eines philosophischen Seminars zu fassen.

Recht ist aber keine Philosophie; es ist Recht, auch wenn es, wie alles andere, zum Gegenstand philosophischer Analyse werden kann, in welchem Falle es zu etwas von dem, was es unter seinen eigenen Bedingungen ist, Verschiedenen wird. Um sicher zu gehen: Die Wendung »unter seinen eigenen Bedingungen« bezieht sich gerade auf das Konstrukt, das Goodrich entlarvt, und es als ein Konstrukt zu entlarven, ist eine vollkommen respektable Sache. Gleichwohl kann das Recht dies nicht tun und gleichzeitig noch als Recht operationabel bleiben. Es ist sicher wahr, was Goodrich behauptet und demonstriert, dass das Recht »seine beste Deutung nicht unter seinen eigenen Prämissen findet«,[118] aber das bedeutet nicht, dass das Recht nicht bestens unter seinen eigenen Prämissen *angewendet* wird, da es nur bei selbstbewusstem und ohne metakritischen Vorbehalt erfolgendem Einsatz seiner eigenen Prämissen

117 Stanley Fish, *Doing What Comes Naturally*, Durham, N.C. 1989, 397.
118 Goodrich, *Legal Discourse*, 212.

überhaupt angewendet werden kann. Goodrich beendet sein Buch mit einem Aufruf zu einem »interdisziplinären Studium des Rechts [...] mit dem Ziel [...] die Geschlossenheit des Rechtsdiskurses zu brechen«.[119] Das ist ein wertvolles Vorhaben und eines, das (mit seiner Hilfe) bereits Erfolge zeitigt; aber es ist ein akademisches Projekt, in seiner Form von den Normen der akademischen Forschung (die selbst Formen von Geschlossenheit sind) bestimmt. Sobald das Seminar vorbei ist und der Zugriff der Normen der Philosophie nachgelassen hat, wird der Rechtsdiskurs erneut geschlossen (obwohl die Form seiner Schließung endlos revidierbar ist), und das Recht wird erneut die Aufgabe übernehmen, gleichzeitig die formale Autonomie zu erklären und zu gestalten, die seine prekäre, machtvolle Existenz begründet.

Ich kann nicht schließen, ohne kurz über drei weitere Punkte zu sprechen. Zunächst sollten meine Darstellung und meine Verteidigung der Rhetorizität des Rechts – d. h. der Strategien, mit welchen es aus Anliegen und Perspektiven, die es ostentativ desavouiert, Ergebnisse erzielt – nicht als Billigung dieser Ergebnisse verstanden werden. Obwohl Rechtstheorie überwiegend in dem Bemühen besteht, eine direkte Verbindungslinie zwischen einigen Beschreibungen der Funktionsweise des Rechts und der Richtigkeit (oder Falschheit) einzelner Entscheidungen zu ziehen, war es meine (antitheoretische) These, dass jeder Entscheidung, die das System hervorbringt, automatisch »Richtigkeit« verliehen wird; das heißt, jeder Entscheidung, die sich aus dem persuasiven Arrangement bestimmter Argumente ergibt. Sobald ein Argument bewiesen hat, dass es für die relevanten Beteiligten – einen Gerichtshof, eine Jury – überzeugend ist, sagen wir, dass es richtig ist, womit wir meinen, dass es jetzt Recht ist (nichts ist so erfolgreich, wie der Erfolg), dass es gesetzlich richtig ist. Natürlich sind wir noch frei, der Entscheidung aus anderen Gründen zu widersprechen, sie unter moralischen Bedingungen »falsch« zu finden oder unter den Bedingungen einer langfristigen Gesundheit der Republik. In diesem Falle würden wir jedoch unsere Zuflucht nicht zu einer alternativen Form des rechtlichen Vorgehens nehmen, sondern zu alternativen Argumenten innerhalb derselben allgemeinen Form, die erfolgreich – d. h. überzeugend – wären. In meiner Sicht ist

119 Ebd.

das rechtliche Vorgehen immer dasselbe: ein offenes, wenngleich gebundenes Forum, auf dem forensische Kämpfe kontingent und temporär gewonnen werden; deshalb werden bevorzugte Resultate nicht dadurch erzielt, dass das Spiel gewechselt wird, sondern, dass es effektiver gespielt wird (und was effektiver ist oder nicht, ist selbst etwas, das man nicht im Voraus wissen kann). Kurz, selbst wenn die Fälle, die ich diskutiere, anders entschieden, zurückverwiesen oder aufgehoben würden, die Entscheidungswege würden jene sein, die ich hier beschrieben habe.

Das bringt mich zu meinem zweiten Punkt. Es könnte scheinen, dass ich mit der Feststellung, das Rechtsverfahren sei immer dasselbe, das Recht in eine ahistorische Abstraktion gebracht und mit ebender Universalität und Stabilität ausgestattet habe, die meine Argumentation so häufig bestritten hat. Dieser Einwand (den ich selbst erhebe, weil andere ihn sicher erheben werden) beruht allerdings auf logischer Beckmesserei und der Annahme, man könne nicht gleichzeitig der Geschichte und der Kontingenz gerecht werden und entschiedene kategorische Erklärungen über die Art, wie die Dinge *immer* sind, abgeben.

Aber ich sage, dass die Dinge immer historisch und kontingent sind; das heißt, ich privilegiere Geschichte, indem ich mich weigere, eine Schranke ihr gegenüber anzuerkennen – ein bestimmter Satz von Fakten, eine monumental sich selbst verkündende Art von Sprache –, und es ist nur ein philosophischer Salontrick, der dieses Beharren auf Geschichtlichkeit ins Ahistorische verdreht. Die Alternative zu meiner Darstellung müsste die Rechtsoperationen in einer vom historischen Prozess unabhängigen Realität gründen (seien es Gott, die krude Materie oder universelle moralische Prinzipien), und es erscheint seltsam, zu folgern, dass ich, weil ich die Existenz einer solchen Realität ausschließe, unhistorisch sein soll.

Um klarzustellen: Die Möglichkeit, dass solch eine unabhängige Realität sich mir morgen selbst enthüllt, bleibt lebendig, aber es ist keine Möglichkeit, die mein gegenwärtiges Verständnis dieser Dinge beeinflussen kann, noch würde der Akt ihres rituellen Anerkennens (wie Dalton, Burton, White und Goodrich anregen) irgendeine Konsequenz haben. Gleichwohl ist der vorliegende Essay in einem bestimmten Sinne nicht historisch: Er leistet keine historische Arbeit; das heißt, er verzeichnet nicht in irgendeinem Detail irgendeinen der kontingenten Läufe, die das Recht in jenen

Gebieten genommen hat, die es als seine eigenen markierte. Diese Arbeit wird jedoch keineswegs durch meine These präkludiert, und tatsächlich wird der Wert jener Arbeit erheblich gesteigert, wenn diese These erst einmal akzeptiert ist. Sind erst einmal Kontingenz (oder Ad-hoc-Charakter oder Improvisation oder Rhetorizität) als konstituierend für das Leben des Rechts anerkannt, können seine vielen und variantenreichen Erscheinungsformen ohne Entschuldigung und ohne umfänglichere (das heißt hochphilosophische) Rechtfertigung erkundet werden.

Das bringt mich zu meinem letzten Punkt. Nehmen wir, der Diskussion zuliebe, an, dass ich Recht habe mit dem Recht und dass es seine Aufgabe ist, ebendie Autorität herzustellen, die es rückwirkend beschwört. Warum sollte dies so sein? Warum sollte Recht *diese* sich selbst ausnehmende und vielleicht selbst täuschende Form annehmen? Die knappe Antwort darauf lautet, dass es die Aufgabe des Rechts ist, zwischen uns und der Kontingenz zu stehen, aus der heraus seine eigenen Strukturen gebildet wurden. In einer Welt ohne grundlegende Wesentlichkeiten – die Welt des menschlichen Lebens; es mag eine andere wesentlichere Welt geben, aber wir wissen nichts von ihr – gibt es immer Institutionen (die Familie, die Universität, lokale und nationale Regierungen), denen die Aufgabe zugewiesen ist, jene Räume (oder sind es Bühnen?) bereitzustellen, in denen wir die Differenzen meistern, welche, sollte ihnen voller Einfluss gewährt werden, uns abhalten würden, in dem, was wir gern Zivilisation nennen, zusammenzuleben.

Und schließlich: Welche Alternativen gibt es? Entweder die unmögliche Alternative, das Recht auf klare und unveränderliche Abstraktionen zu gründen, oder die unbrauchbare Alternative, diese Unmöglichkeit in jede Phase der Rechtsoperationen einzuführen, unbrauchbar deshalb, weil der Effekt solcher Einführung jene Operationen derart schwächen würde, dass sie am Ende verschwinden würden. Das überlässt uns dem Recht, wie es ist – etwas, woran wir glauben, weil es auf unsere Wünsche antwortet, auch wenn es deren Schöpfung ist.

Aus dem Amerikanischen von Colin Sample und Dieter Simon

5. Gewalt

In den einleitenden Kapiteln seiner maßgebenden Studie *Der Begriff des Rechts* wendet sich H.L.A. Hart vehement gegen John Austins Auffassung, Recht sei im Wesentlichen eine »Situation, in der eine Person einer anderen einen von Drohungen unterstützten Befehl gibt und sie im Sinne der Nötigung zwingt, sich dem Befehl zu unterwerfen«. (S.18)[1] Hart wendet ein, diese Sicht mache keinen Unterschied zwischen dem Recht und einem Banditen, der seinem Opfer befiehlt, »ihm seinen Geldbeutel zu übergeben, und der droht, es zu erschießen, wenn es sich weigert«. (S.18) Es sei schlicht widersinnig, sagt Hart, das Recht auf das Niveau eines solchen Vergleichs herunterzubringen. Schließlich sei »der bloß temporäre Einfluß einer Person auf eine andere natürlich das genaue Gegenteil des Rechts mit seinem relativ andauernden und etablierten Charakter. Tatsächlich ist es für die meisten Rechtssysteme ein Verbrechen, eine solche kurzfristige Zwangsgewalt [*coercive power*] wie die des Bankräubers auszuüben.« (S.42) Zwangsgewalt ist hier der Schlüsselbegriff, denn er bezeichnet die für Hart wichtige Unterscheidung zwischen dem, was das Recht ist, und dem, was Banditen tun: »Das Recht tut Individuen keinen Zwang durch bloße Gewaltanwendung an, sondern verpflichtet die Mitglieder einer Gesellschaft auf allgemeine und unparteiliche Regeln« (S.284) – ohne Ansehen der Person. Ohne »die Idee einer Regel« sei es, so Hart, »hoffnungslos [...], selbst die elementarsten Formen des Rechts zu erhellen«. (S.117) Natürlich sieht auch er, dass Regeln nicht völlig zwanglos sind, denn wo immer es rechtliche Regeln gibt, sei »das menschliche Verhalten in einem gewissen Sinn nicht dem freien Willen unterworfen, sondern obligatorisch [...]«. (S.119) Der Ausdruck »in einem gewissen Sinn« lässt erkennen, welchen Unterschied Hart zwischen der rechtlichen Verpflichtung und dem Modell des Banditentums machen möchte. Unter der Herrschaft des Gesetzes sind wir nicht völlig frei – eine solche Freiheit würde der Idee des Rechts eklatant widersprechen –, aber die Verpflichtungen, denen wir unterworfen

1 H.L.A. Hart, *Der Begriff des Rechts*, Frankfurt/M. 1973. Im Text mit Seitenzahlen zitiert.

sind, sind nicht Folgen bloß willkürlicher Gewalt, sondern einer Gewalt, die unabhängigen und autoritativen Ursprung hat. Dieser Ursprung ist die Herrschaft des Rechts (*rule of law*), die, wie Hart sagt, »Befugnisse auf Personen überträgt, welche dadurch besonders zur Gesetzgebung qualifiziert sind, dass sie sich einer bestimmten Verfahrensweise unterwerfen«. (S. 112) Zwischen dem Ursprung der Gewalt und ihrem Objekt besteht in Harts Darstellung ein bemerkenswert großer Abstand. Im Banditenszenario ist der Zwang direkt und diskret, unter geregelten Rechtsverhältnissen steht die Zwangsgewalt dagegen am Ende einer langen und vielfach gegliederten Kette, deren Anfang die Herrschaft des Rechts selbst bildet, welche nicht eine Handlung bevollmächtigt, sondern ein Verfahren, das nur von Personen in Gang gesetzt werden kann, die vorgeschriebene und abstrakte Qualifikationsanforderungen (Alter, Ausbildung, fachliches Können) erfüllen; und diese wiederum bevollmächtigen andere Personen, die weiteren formalen Anforderungen genügen müssen. Von dieser Kette und nicht von einem vorübergehend dominierenden Gesetzlosen geht die Verpflichtung aus, und der Gehorsam, der aus ihr folgt (wenn er denn folgt), ist nicht das Ergebnis von Macht und Gewalt, sondern eines auf Grundsätzen beruhenden Prozesses.

So jedenfalls mag es scheinen. Doch könnte man nicht auch sagen, dass das Verfahren die Gewalt nicht beseitigt, sondern nur maskiert, indem es sie abschwächt, hinter einer Folge von Schirmen verbirgt? Immerhin ist die zentrale Frage, die das Ausgangsproblem wieder in den Mittelpunkt rückt, erst noch zu stellen: Wer macht die Regeln? Und hinter dieser lauert eine weitere (in Wirklichkeit die gleiche) Frage: Wer sagt, wer die Regeln machen soll? Wenn sich herausstellt, dass die Antwort darauf lautet: »Wer die Gelegenheit nutzt und sie durchsetzt«, dann schrumpft der Unterschied zwischen dem Verhalten des Banditen und dem regelgeleiteten Rechtssystem rasch zusammen, dieser Bandit wäre nur besser getarnt. Ebendiese Gefahr wittert Hart, wenn er später im Buch eine andere, subtilere Form des Zwangs ausmacht, einen Zwang, den das Gericht ausübe, wenn es unter dem Schutz seiner Verantwortung, das Gesetz zu interpretieren, das Gesetz stattdessen *macht* und damit die Wahrheit von Bischof Hoadlys berühmter Bemerkung demonstriert: »Wer immer die absolute Autorität besitzt, geschriebene oder gesprochene Gesetze auszulegen, er ist der

Rechtsgeber für alle Absichten und Zwecke, und nicht die Person, die sie zuerst niederschrieb oder aussprach.« (S. 196) Wie Hart dazu anmerkt, ist dies nichts weiter als eine ältere Version einer uns bekannten Maxime: »Recht (oder Verfassung) ist, was die Gerichte sagen, daß es sei.« (S. 197) Wenn es sich tatsächlich so verhält, dann ist die Herrschaft des Rechts, oder genauer: der Rechtsregel eine Illusion, denn nun fällt die Regel als ein Zwang, als eine Absicherung gegen willkürliche Gewalt den täglichen Gewalthandlungen der Richter zum Opfer, die je nachdem, wie sie eine Sachlage sehen (und sich wünschen), den Ton angeben. Hier haben wir es nicht nur mit einer »vorübergehenden« Dominanz einer Person über eine andere, sondern über viele andere, auch mit einer gewaltsamen Gefangennahme zu tun, die noch schlimmer ist als die von Seiten des Banditen, denn sie hat das Aussehen legitimer Autorität.

Das große Verdienst von Harts Untersuchung liegt darin, dass sie aufzeigt, wie nahe sich die Gefahr, die dem Recht durch Gewalt droht, und die Gefahr, die dem Recht durch Interpretation droht, sind – so nahe, dass es auf eine Identität hinausläuft. Wenn uns das Recht vor zufälligem, unvorhersehbarem, willkürlichem Zwang schützt, dann sind wir, insofern wir der Gnade eines interpretierenden Gerichts ausgeliefert sind, nicht weniger in Gefahr, als hinge unser Leben von der Gnade eines bewaffneten Angreifers ab. In beiden Situationen stehen wir hilflos einer Autorität gegenüber, die sich zufällig in der Situation befindet, damit durchkommen zu können. Natürlich besteht ein Unterschied zwischen beiden Situationen, denn im einen Fall steht ein (manchmal demokratisch gewählter) Gesetzgeber zwischen dem, der Zwang ausüben möchte, und seinem Opfer; doch wenn Bischof Hoadly Recht hat und der Interpret tatsächlich »der Rechtsgeber für alle Absichten und Zwecke« ist, kann das nur ein schwacher Trost sein. Ist der Bandit das paradigmatische Beispiel für Gewalt außerhalb des Rechts, dann ist die Interpretation die Gewalt, die im Recht haust; und wie der Bandit muss sie reguliert und überwacht werden, damit sie den Anspruch des Rechts nicht untergräbt, die allgemeinen Prinzipien von Gerechtigkeit und Gleichheit durchzusetzen. Es ist von entscheidender Bedeutung, dass Recht nicht von einer bestimmten Person ausgeht – auch nicht von einem Richter des Obersten Gerichtshofs –, sondern von einer unpersönlichen Quelle, die sich partikularen (interpretativen) Wünschen und Absichten widersetzt. Harts *Be-*

griff des Rechts ist eine weit ausgreifende Suche nach einem solchen Punkt des Widerstands, und nachdem er ihn in den Schriften seiner Vorgänger nicht gefunden hat, erklärt Hart, ihn gefunden zu haben: in der »Idee einer Regel« (S. 117), genauer in der Idee »deutlich bestimmter Regeln«, aus denen das »rechtliche Leben« (S. 188) bestehe. Eigentlich müsste man sagen, dass deutlich bestimmte Regeln (wenn wir für den Moment davon ausgehen, dass es sie wirklich gibt) ein von Fall zu Fall neues Urteil nicht *erlauben*, weil sie die Richtung so klar angeben, dass kein Raum bleibt, in dem die Urteilsfindung sich bewegen könne. Deutlich bestimmt heißt, kurz gesagt, durch und in sich vollständig entschieden und festgelegt, so dass keine Notwendigkeit besteht, zusätzliche Erklärungen zu geben oder Hinzufügungen vorzunehmen. Deutlich bestimmte Regeln dienten als Schranken oder Mauern, auf denen geschrieben stehe: »Kein Durchgang für Interpretationen.«

Da in Harts Sicht das Gesetz alles ist, was zwischen uns und »dem freien Gebrauch der Gewalt (S. 236) steht und da Recht für ihn nur denkbar ist unter der Bedingung deutlich bestimmter Regeln, ist es kaum überraschend, dass er das Fehlen solcher Regeln mit dem Anbruch des Chaos gleichsetzt: »Wenn es nicht möglich wäre, allgemeine Verhaltensstandards bekannt zu machen, und zwar ohne weitere Anweisung – Standards, die bei entsprechender Situation ein besonderes Verhalten verlangen –, gäbe es nicht das, was wir jetzt als Recht erkennen.« (S. 173) Dieser eine Satz ist ein Kompendium der Ängste und Wünsche, von denen die Tradition beherrscht ist, in der Hart schreibt – und zugleich auch deren Explikation. Es muss eine Art der Kommunikation geben, die allgemein und nicht an das Sprachsystem einer bestimmten Gemeinschaft gebunden ist. Ist eine solche allgemeine Kommunikation hergestellt, muss sie jedem verständlich sein, unabhängig von dessen persönlichen Erziehungs-, Bildungs- und kulturellen Erfahrungen. Dieses Verständnis muss sich so unmittelbar einstellen, dass keine zusätzlichen Erklärungen nötig sein dürfen. Es muss sich selbst genügen, und zwar so vollkommen, dass Umarbeitungen, Erklärungen oder Anweisungen – sonst unter dem Namen Interpretation bekannt – eine Pietätlosigkeit wären. Es dient der Anpassung, der Hörer oder Leser wird »aufgefordert«, das heißt: verpflichtet, er hat keine Wahl, keine Möglichkeit, seine kreative Einbildungskraft zu nutzen, und nur wenn das der Fall ist, nur wenn solche allgemeinen, abgesicherten und interpretationsresistenten Standards vorhanden sind, gibt es Recht und Gesetz.

Dieser Punkt wurde durch das Urteil in der Sache *Cargill Commission Co. vs. Swartwood* (198 N.W. 536 [1924]) zugespitzt. Das Gericht weigerte sich, eine frühere mündliche Abmachung zwischen den Parteien, die bald darauf einen schriftlichen Vertrag schlossen, zu berücksichtigen. In seiner Entscheidung berief es sich auf die so genannte »Mündlichkeitsbeweisregel (*parol evidence rule*)«, die besagt, dass ein Schriftstück, wenn es die vollständige und endgültige Willenskundgabe der vertragschließenden Parteien ist, durch mündliche Zeugnisse weder verändert noch damit Widerspruch gegen es erhoben werden kann. Die Intention dieser Regel ist offensichtlich: Das Schreiben – die greifbare Evidenz einer bindenden Abmachung – soll als maßgeblich erhalten werden, indem die Regel Interpretationen als unzulässig erklärt. Die Alternative dazu ist so schrecklich, dass das Gericht sie nur in Betracht ziehen kann, indem es sie gleichzeitig verwirft:

Wäre es anders, würden geschriebene Verträge nicht entsprechend der einfachen Wirkung ihrer Sprache, sondern in Übereinstimmung mit der Geschichte ihrer Verhandlung vollzogen, wie sie von der prozessführenden Partei erzählt wurde, die im Verlauf der Tatsachenfeststellung zu diesem Zeitpunkt die größere Überzeugungskraft hat. Was Verträge angeht, würde die Herrschaft des Gesetzes bloßen Vorstellungen von Menschen darüber weichen, wer gerichtliche Prozesse gewinnen sollte. Ohne diese [die *parol evidence rule*] gäbe es keine Sicherheit für die Durchsetzung eines geschriebenen Vertrages. Würde diese Sicherheit aus unserem Recht entfernt, wäre die Konsequenz allgemeines Chaos. [...] (S. 538)

Hart braucht einhundertundvierzig Seiten, um von der Ablehnung der Gewalt zu ihrer Gleichsetzung mit Interpretation und dem potenziellen allgemeinen Chaos zu kommen. Das Gericht im Cargill-Prozess vollzieht diesen Schritt in vier Sätzen, die als beispielhaft für eine formalistische Argumentation gelten können. Die »einfache Wirkung« der Vertragssprache wird den wechselnden und variablen Wirkungen von beeindruckend – d. h. mit nachdrücklicher Gewalt – erzählten Geschichten gegenübergestellt. Auf der einen Seite eine feste (maßgebende) Form, auf der anderen die vielen Formen des einfallsreich gesprochenen Worts. Einerseits die unabhängige Gewalt einer sich selbst auslegenden Sprache, andererseits die Gewalt kunstvoller Verdrehungen seitens interessierter Akteure. Wenn die Gewalt der Interessen Tatsachen verschleiern darf, wenn die Feststellung der Tatsachen zu einem Wettkampf zwischen Überredungsstilen wird, dann geht der Begriff des Vertrags – einer durch ihre verbale Darstellung besiegelten Vereinbarung – über Bord, und sobald dies geschieht, bricht alles – jegliche kommunikative Sicherheit und Vertrauensbereitschaft – zusammen.

Das Cargill-Urteil macht deutlich, dass nach Auffassung des Gerichts, der sich Hart anschließt, die Grundlage des Rechts sprachlicher Natur ist. Die Schutzmaßnahmen, die vom Gesetzgeber ergriffen werden, um die verheerenden Folgen der Gewalt abzuwehren, bestehen aus Sprache. Wenn sie *als* Schutzmaßnahmen dienen sollen, müssen sie aus einer bestimmten Art der Sprache gemacht sein, einer Sprache, die in der Lage ist, ein, wie Hart sagt, »Kennzeichen der Autorität« zu setzen. (S. 136) Ein solches Kennzeichen regiert den Bereich, in dem es seine Wirkung tut. Es ist so umfassend und in dem, was es erklären will, auf nichts andres als auf sich selbst angewiesen, dass es niemand missverstehen oder falsch lesen kann. Ein Kennzeichen der Autorität ist deutlich bestimmt, und weil man ein solches Kennzeichen hervorbringen kann, kann man auch deutlich bestimmte Regeln festlegen und schließlich ein echtes Rechtssystem ausarbeiten. Solange deutlich bestimmte, in Kennzeichen der Autorität verkörperte Regeln als etwas verfügbar sind, auf das wir uns im Fall eines Streites beziehen können, haben wir »die Idee eines Rechtssystems« in »embryonaler Form« vor uns, den »Keim der Idee rechtlicher Gültigkeit«.

Einige Leser werden in den Formulierungen »Kennzeichen der Autorität« und »deutlich bestimmte Regeln« eine bekannte Sprachtheorie wiedererkennen. Dieser Theorie zufolge ist Kommunikation verankert in etwas, das wahlweise wortgetreue Sprache, neutrale Sprache, objektive Sprache, einfache Sprache, wissenschaftliche Sprache, denotative Sprache, explizite Sprache usw. genannt wird. Alle diese Bezeichnungen nehmen Bezug auf eine Sprachebene, die immun ist gegenüber kontextuellen Variationen und deshalb auch resistent gegenüber Interpretationen. Das Problem, das sich mit dieser Theorie stellt, ist bekannt: Sie kann sich nicht gegen die Vielfalt behaupten, die ein so offensichtliches Kennzeichen der Interpretation ist; nichts verursacht so viel Streit wie die Bedeutung der angeblich einfachen oder wortgetreuen Sprache. Wie kann angesichts dieser allgegenwärtigen Streitigkeiten etwas Sprachliches »deutlich bestimmt« sein? Hart beantwortet diese Frage, indem er die Sprache in zwei Zonen einteilt: In ihrem Zentrum befinde sich ein »sicherer Kern« fester Bedeutungen und an ihrem äußeren Rand, in einer »Zwielichtzone« ein Bereich der Unsicherheit und des Zweifels. Meinungsverschiedenheiten entstünden in der Zwielichtzone, wo eine gewisse Lockerheit und Vagheit eine »offene Struktur« (S. 172) zur Folge habe. Doch Meinungsverschiedenheiten brauchen einen Bezugspunkt – etwas, *worüber* man verschiedener Meinung ist –, und diesen Bezugspunkt sieht Hart im sicheren Kern, der die Parameter eines jeden vorstellbaren Streits festlegt. An diesem Kern fänden Interpretationen ihre Grenze, selbst wenn sie sich mit (relativer) Freiheit in der Zwielichtzone bewegen könnten. Aufgrund dieser »Dualität von sicherem Kern und Zwielichtzone« (S. 172) könne sich Kommunikation vollziehen: »Wenn wir überhaupt miteinander kommunizieren sollen, [...] dann müssen die Worte, die wir gebrauchen [...], auf gewisse Standardfälle zutreffen, bei denen ihre Anwendung unzweifelhaft ist«,[2] denn »wenn wir [...] eine allgemeine Verhaltensregel [...] entwerfen, [...] fixiert die Sprache, die in diesem Zusammenhang verwendet wird, notwendige Bedingungen, denen entsprechen muß, was innerhalb der Reichweite dieser Regel liegen soll, und einige klare Beispiele dessen, was gewiß innerhalb ihrer Reichweite liegt, werden unserem Bewußtsein vorschweben.« (S. 179)

Hart geht also von Worten mit festen Bedeutungen zu Regeln mit einem Kernbestand an festen Bedeutungen über, anschließend, wie wir noch sehen werden, weiter zu historischen Materialbereichen (Urteile, Gesetze), deren Bedeutung nicht weniger festliegt. Er räumt ein, dass es am Rande jeder Ebene Variationen und Differenzen gibt (»nichts kann diese Zwielichtzone des Zweifels [...] abschaffen«), hält aber daran fest, dass diese letztendlich durch die Stabilität des Zentrums, durch den »sicheren Kern«, den »Keim«, den »Embryo« unter Kontrolle gebracht und in Schach gehalten werden. Durch die Verwendung dieser Worte zur Charakterisierung dessen, was zwischen uns und dem Vormarsch der zwanglosen Interpretation steht, macht er uns (ungewollt) auf deren

2 H.L.A Hart, »Positivism and the Separation of Law and Morals«, in: *Harvard Law Review* 71 (1957-58), S. 607.

Fragilität aufmerksam. In jeder dieser räumlichen Metaphern ist der unbewegte Punkt (Kern, Zentrum, Keim, Embryo) umgeben von einem viel größeren Bereich (vager Horizont, Zwielichtzone, offene Struktur), und der vermittelte Eindruck ist der einer aufständischen Macht, die stets drauf und dran ist, die Festung in der Mitte zu überrennen, die Demarkationslinie zwischen dem Variablen und dem Konstanten zu verwischen und das Kennzeichen der Autorität (durch Überschreiben) zu löschen. Es ist Harts Strategie, uns (und sich selbst) immer wieder zu versichern, dass Übergriffe interpretativer Absichten nur abgewehrt werden können, wenn wir uns an den »Kern« halten, aber es ist eine Verzweiflungsstrategie, und manchmal scheint er selbst zu merken, dass sie schon lange gescheitert ist.

Die Abfolge ist stets die Gleiche: Er bietet einen Kandidaten an, der die Position des »Kennzeichens der Autorität« ausfüllt – von etwas, das von sich aus so klar ist, dass es Verständigung erzwingt und Interpretationen ausschließt –, aber dann relativiert er den Status des »Kennzeichens« so, dass er dessen Autorität ernsthaft in Frage stellt. Zu verfolgen ist das zunächst an seiner Darstellung der »primären Verpflichtungsregeln« (wobei »primär« natürlich eine andere Welt ist, so wie Kern, Zentrum usw.), von Regeln, die »Beschränkungen der freien Gewaltausübung, des Diebstahls und des Betrugs enthalten müssen, weil die Menschen ihre Neigung, dies zu tun, unterdrücken müssen, wenn sie in enger Nachbarschaft miteinander auskommen wollen«. (S. 131) Wenn diese Regeln zuerst aufkommen, sind sie »inoffiziell«, sie entspringen nämlich dem gemeinsamen Wunsch nach Frieden und Sicherheit und nicht einem entwickelten und kodifizierten rechtlichen Apparat. Aber nachdem er sie eingeführt hat, zeigt Hart sofort ihre Unzulänglichkeit: Sie funktionieren nur in kleinen Gemeinschaften, »wo jeder durch familiäre Bande, gemeinsame Gefühle und Vorstellungen mit dem anderen verbunden ist«. Mit Zunahme der Bevölkerung und der Pluralisierung von Meinungen – man hat den Verdacht, der Ärger fange bereits an, wenn die Anzahl von zweien erreicht wird – können »Zweifel über den Inhalt der Regeln oder über die präzise Absicht einer Regel« auftauchen. Ohne einen »autoritativen Text« oder »einen Beamten, dessen Erklärungen zu diesem Punkt autoritativ sind [...] gibt es kein Verfahren, um diese Zweifel zu beheben«. (S. 132) Schon in einem frühen Stadium ist also ein Regime primärer Regeln durch »Unbestimmtheit« gekennzeichnet, daher müssen diese »auf verschiedene Weise ergänzt werden«.

Wenn aber die Regeln unsicher sind und Ergänzungen brauchen, wie können sie dann Regeln sein? Harts Projekt wäre kompromittiert, noch bevor es richtig entwickelt ist. Der *Punkt* ist doch, dass die Regeln für sich stehen und ein Zentrum (einen Kern, Keim, Embryo) anbieten, an das sich alle Parteien wenden können, wenn es zum Streit kommt. Wenn die Regeln unvollständig sind, wenn niemand wissen kann, was sie sind, ohne dass Ergänzungen vorgenommen werden, dann schränken die – so genannten – Regeln die Interpretation nicht ein, sondern provozieren sie. Hart, um Hilfsmittel nicht verlegen, führt, um Einwänden zuvorzukommen, eine neue Verteidigungslinie ein: in Gestalt der »sekundären Regeln«, die die »Mängel« der primären Regeln beheben sollen. Von den sekundären ist vor allem die »Erkenntnisregel« zu nennen, eine »Regel für die schlüssige Identifizierung der primären Verpflichtungsregeln«, eine Regel, die ein »affirmatives Anzeichen« liefert, ob eine primäre Regel, die interessiert ins Spiel gebracht wird, wirklich »eine Regel der Gruppe« ist. (S. 135 f.) Damit sie diese Funktion erfüllen kann, muss eine Erkenntnisregel auf einer »anderen Ebene« (S. 135) angesiedelt sein als andere Regeln des Systems, und Harts Darlegung besteht zum großen Teil darin, diese Differenz genauer zu bestimmen. Er findet die Differenz zuerst in der Tatsache, dass diese Regel »eine autoritative Liste oder ein Text der Regeln« sein kann, »den man in einem Dokument geschrieben oder auf einem öffentlichen Monument eingemeißelt findet«. Aber sofort wird ihm klar, dass Inschriften zur Erklärung des Unterschieds nicht ausreichen, denn Schriften können sich ebenso leicht ausbreiten wie mündlich überlieferte Sprüche oder unerklärte Anschauungen. »Entscheidend ist die Anerkenntnis des Bezugs auf das Geschriebene oder Eingemeißelte als etwas *Autoritatives*« (S. 135 f.), und das geschieht, wenn die Erkenntnisregel »anerkannt« wird. (S. 142) Aber der Begriff »Anerkennung« steht in offensichtlichem und unheilbarem Widerspruch zur Forderung, dass die Regel eine »letzte« und »oberste« (S. 149) Regel sein soll. Eine Regel, die von der Anerkennung derjenigen abhängig ist, die sich durch sie binden lassen sollen, kann in beiderlei Hinsicht scheitern: Sie kann nicht erkannt oder abgelehnt werden, eventuell zugunsten anderer Kandidaten. Um eine Erkenntnisregel im starken Sinn zu sein – und das ist der einzige Sinn, in dem sie ihre Leistung erbringen könnte –, muss sie fähig sein, sich selbst zu erkennen und anzuerkennen, und sie muss, anstatt auf Akzeptanz zu warten, dazu *nötigen*. Wie aber kann eine Regel »ein oberstes Gültigkeitskriterium« (S. 150) sein, wenn ihre Gültigkeit entweder unbemerkt bleiben oder Thema einer Auseinandersetzung werden kann?

Die gleiche Schwierigkeit stellt sich bei Harts zweitem Versuch, der Erkenntnisregel einen besonderen, privilegierten Status zuzuschreiben. Dieses Mal wird behauptet, diese Regel solle »auf einer anderen Ebene« (S. 135) angesiedelt sein als die übrigen und als das System, dessen Mittelpunkt oder Kern sie ist. Es liege, so Hart, in der Natur dieser Regel, dass wir, sobald wir mit ihr konfrontiert sind, »ans Ende der Fragen nach der Gültigkeit« kommen, »denn dann haben wir eine Regel erhalten, die [...] Kriterien für die Bestimmung der Gültigkeit anderer Regeln liefert. Aber hier gibt es dann, anders als sonst, keine weitere Regel mehr, welche Kriterien für die Bestimmung ihrer eigenen Gültigkeit liefert.« (S. 151) Während andere Regeln »Kriterien erfüllen« müssen, um Gültigkeit zu erlangen, gibt es »keine Frage nach der Gültigkeit gerade dieser Erkenntnisregel, die die Kriterien angibt«. (S. 153) Aber diese Frage war bereits aufgetaucht, als Anerkennung zum Kriterium für die Bestimmung der Erkenntnisregel gemacht wurde, denn dieses Kriterium bringt genau das mit sich, was die Erkenntnisregel angeblich beseitigt, nämlich einen Entscheidungsspielraum, in dem wiederum die Gespenster des Streits, des Zweifels, der Unsicherheit ihr Unwesen treiben. Sie galten zuvor als Mängel der primären Regel, welche die Erkenntnisregel gerade beheben sollte. Wenn diese Regel unbeachtet bleiben oder abgelehnt werden kann, dann ist mit ihr die Untersuchung nicht an ihr Ende gelangt, sondern hat gerade erst begonnen, und wir sind nicht besser dran als zuvor.

In diesem Abschnitt seiner Erörterung weiß Hart durchweg, dass er die Erkenntnisregel von dem Bereich, den sie regeln soll, fest abgrenzen muss; sie kann kein bloßes Element in diesem Bereich sein, sondern muss ihm vorausgehen. »Selbst wenn diese Regel als positives Gesetz erlassen würde, stünde sie dadurch noch nicht auf der Ebene der positiven Gesetze. Denn der Rechtsstatus eines solchen Erlasses hinge notwendig von der Tatsache ab, daß jene Regel zuvor schon existiert hätte und von dem Erlaß unabhängig wäre.« (S. 156 f.) »Die Behauptung ihrer Existenz kann nur eine externe

Tatsachen-Aussage sein«. (S. 155) Ihre Existenz ist also keine Sache der Schlussfolgerung oder der Interpretation, sondern sie muss evident und unmittelbar einleuchtend sein, »denn die Regel, mit der man schließlich Recht identifiziert, entzieht sich den gewöhnlichen Kategorien, die zur Beschreibung eines Rechtssystems dienen, aber oft für erschöpfend gehalten werden«. (S. 156) Aber auch wenn Hart die Unabhängigkeit und die jedem einleuchtende Klarheit der Regel betont, gibt er eine verstörende Antwort auf die Frage, wie sie zu identifizieren sei. Wenn man bedenkt, welchen Anforderungen diese Regel genügen soll, dürfte sich diese Frage gar nicht stellen, andernfalls wäre die Regel nicht mehr eine »oberste« und »letzte«, und sie würde ihre Suprematie an die Handlung abgeben, die in der Antwort enthalten ist. In diesem Fall ist die Antwort, um das Mindeste zu sagen, überraschend. Wenn die Identifizierung der Erkenntnisregel »in Zweifel gezogen wird« (schon indem Hart diese Möglichkeit einräumt, hat er das Spiel verloren), »kann man sie durch einen Hinweis auf die allgemeine Rechtspraxis beweisen: Man kann auf das aufmerksam machen, was die Gerichte als Recht identifizieren.« (S. 153) Das aber heißt den Wagen vor das Pferd spannen: Harts gesamte Argumentation hängt von einer Regel ab, die vom Bereich der Praxis *getrennt* ist, von einer Regel, auf die Praktiker und Schlichter zurückgreifen können, wenn sie im Zweifel sind, was sie tun sollen oder wenn zwischen verschiedenen Ansichten vermittelt werden soll. Kann man jedoch von der Regel nur Kenntnis haben, indem man sie aus der Praxis extrapoliert, dann wird die Praxis nicht durch die Regel generiert oder geprüft, sondern diese geht aus der Praxis hervor. Damit aber gibt es, weil nämlich die Praxis nicht festliegt – nicht in allen Punkten gleichförmig und sicher ist –, nicht eine, sondern viele Regeln und auch keinen *unabhängigen* Mechanismus, um zwischen ihnen zu entscheiden. Sobald die Erkenntnisregel in die Praxis zurückverweist, ist sie keine Tatsache mehr, sondern eine Sache der Interpretation. Und damit ist der Weg frei für die Situation, die Hart gerade vermeiden wollte: nämlich dass Recht ist, was das Gericht sagt. Wenn man die Regel lokalisiert, indem man darauf blickt, »was die Gerichte als Recht identifizieren«, dann kommt, was die Gerichte tun, zuerst und dann die Regel. Kurzum, die Erkenntnisregel ist in einem viel stärkeren Sinn sekundär, als Hart das will; sie tritt nachträglich zu der Tätigkeit hinzu, die sie anleiten möchte, und diese

Tätigkeit wird nicht durch die Regel begrenzt, sondern sie schafft die Regel und schafft sie auch wieder ab, je nach Gelegenheit und Machtverhältnissen.

Mit »dieser Tätigkeit« meine ich natürlich die Interpretation und will nun das Scheitern der Erkenntnisregel zum Anlass nehmen, eine eigene Regel aufzustellen: Worauf immer man sich berufen mag, um Interpretationen keinen Raum zu geben, bei näherer Prüfung wird es sich als Produkt der Interpretation herausstellen oder, um es in Harts Worten zu sagen: Auch wenn es immer möglich ist, einen festen Kern von einem ihn umgebenden Bereich offener Strukturen zu unterscheiden, so hat sich dieser Kern doch unter Einwirkung ebender Kräfte gebildet, die er angeblich abstößt. Während die Unterscheidung zwischen Kern und Zwielichtzone in jedem bestimmten Moment möglich ist, können die *interpretativen* Bedingungen, innerhalb derer die Unterscheidung unmittelbar einsichtig ist, im nächsten Moment in Frage gestellt und ausgeschlossen werden. Wenn das geschieht, wird jedoch diese Unterscheidung nicht so sehr verschwinden, als dass sie eine andere *historische* Form annimmt, die aber nicht weniger prekär ist als ihr Vorgänger. Diese Überlegung stellt Hart selbst an, wenn er bemerkt, ein »Auslegungs-Kanon« – verbale Anweisungen, die den Spielraum der Interpretation einschränken sollen – benutze »allgemeine Ausdrücke, die wiederum Auslegung verlangen« (S. 176), und wenn man das erkennt, erkennt man auch, dass die Schwierigkeit nicht gelöst ist, sondern größer wird, wenn man an einen Kanon einen weiteren anhängt (die Formulierung von Begrenzungen begrenzt). Egal wie viele oder welche Arten von Regeln man verkündet, der Spielraum der Interpretation wird kein bisschen kleiner, denn jeder neue Versuch, sie zu kontrollieren, wird zur Gelegenheit ihrer Ausübung.

Hart sieht beides und sagt es auch, dennoch begreift er nicht ganz, was er sich einhandelt, glaubt er doch weiter daran, dass die Unfähigkeit von Regeln, Handeln einzuengen, nur partiell sei. Mindestens könnten sie doch den Bereich einengen, in dem Interpretation stattfindet. Er ist der Ansicht, dass eine in angemessen allgemeinen Begriffen formulierte Regel (z. B. »Die Benutzung von Fahrzeugen ist im Park nicht gestattet«) mit »Standardfällen« für ihre Anwendung versehen werden kann, die sich auf »zentrale« oder »einfache Fälle« beziehen, im Verhältnis zu denen weniger einfache und klare Fälle eingeordnet werden können. »Konfrontiert mit der Frage, ob die Regel, die den Gebrauch von Fahrzeugen im Park verbietet, auf eine bestimmte nicht eindeutige Kombination von Umständen anwendbar ist, kann die Person, die diese Frage beantworten muß, nichts weiter tun, als in Erwägung zu ziehen (wie das jeder tut, der einen Präzedenzfall benutzt), ob der vorliegende Fall dem einfachen Fall in den ›relevanten‹ Hinsichten ›genügend‹ ähnelt.« (S. 177) Die Worte »genügend« und »relevant« zeigen, dass Hart sich bewusst ist, dass der Ermessensspielraum breit bleibt, den er mit seiner Formulierung lässt, dennoch bleibt dieser Spielraum eingegrenzt, abgesteckt durch einen einfachen Fall, welcher der Interpretation eine Leitlinie gibt und sie zugleich in Schach hält.

Wollte sie nur die Praxis beschreiben, aktuelle Fälle an klaren, paradigmatischen Fällen abzugleichen, wäre Harts Ausführung makellos; doch wie ich sie lese, ist sie keine Beschreibung einer im Zaum gehalten Interpretation, sondern eines Triumphs derselben. Die Frage ist nicht, ob es wirklich einfache Fälle gibt – es gibt sie sicherlich –, sondern ob ihre Einfachheit eine Bedingung und eine Eigenschaft von irgendetwas anderem ist, und wenn ja, von was. Hart kann darauf nur antworten, ein einfacher Fall sei von sich aus und in sich einfach, unabhängig von den Interpretationen, die er anleiten soll. Doch denkt man nur einen Augenblick nach, sieht man auch schon, dass es sich genau umgekehrt verhält. Ein einfacher Fall ist ein Fall, über den irgendwann einmal *gestritten* wurde; seine Beschaffenheit war also bereits einmal Gegenstand der Diskussion, und an einem bestimmten Punkt wurde eine Beschreibung seiner Bedeutung – seiner *Regel* – für überzeugender gehalten als andere. An *diesem* Punkt wurde der Fall dann auch entschieden, nun war er klar und einleuchtend, alle Zweifel bereinigt, und er wurde »einfach«. Einfachheit ist keine Eigenschaft des Falls als solchem – es gibt keinen Fall als solchen –, sondern einer Interpretationsgeschichte, in deren Verlauf sich eine Interpretationsstrategie – die alles hatte, stipulierende Definitionen, vorausgesetzte Unterscheidungen, Beweiskanons usw. – gegen andere durchgesetzt hat. Damit wurde diese Geschichte abgeschlossen, kann aber jederzeit wieder neu aufgerollt werden. Bei späterer Gelegenheit können die Annahmen, die zur Entscheidung geführt haben und auf deren Grundlage der Fall zum »einfachen Fall« wurde, diesen Charakter verlieren und zum Streitobjekt werden. Sie sind dann nicht mehr der fix und fertige Hintergrund, in dessen Kontext Debatten geführt werden. Und wenn das geschieht, werden sich die widerstreitenden Argumente oder Interpretationsstrategien auf dem Feld der Interpretation wieder messen, bis eins von ihnen die anderen überwältigt und der Fall eine *neue* feste und einfache Bedeutung gewonnen hat. Es wird immer paradigmatische einfache Fälle geben – und Hart hat vollkommen Recht, wenn er sie in den Mittelpunkt der gerichtlichen Entscheidung stellt –, aber sie sind weit davon entfernt, der Gewalt der Interpretation Einhalt zu gebieten – schließlich verdanken sie sich ja ebendieser Gewalt. Denn sie wurden aufgrund interpretativer Bemühungen geschrieben und neu geschrieben.

Ein anderer Name für diesen Vorgang ist Präzedenzfall. Hart sieht darin ein Mittel, durch die Bezugnahme auf eine bestimmte (und daher bestimmende) Vergangenheit die Kontrolle über eine unbestimmte Gegenwart zu gewinnen. Um den maßgeblichen Satz noch einmal zu zitieren: Die Person, die zu entscheiden hat, muss überlegen, »ob der vorliegende Fall dem einfachen Fall in den ›relevanten‹ Hinsichten ›genügend‹ ähnlich ist«. Dabei umgeht Hart die Frage, wem denn der einfache Fall ähnlich ist, wem er *gleicht.* Harts Antwort (die er gibt, indem er sie nicht gibt): Der einfache Fall gleicht sich selbst, entwickelt seine eigenen Konfigurationen. Und in Bezug auf diese gleichen ihm spätere Fälle oder eben nicht. Aber Ähnlichkeit und ihr Gegenteil – Identität also und Differenz – sind nicht dem Objekt immanent, sondern entstehen aus der Sichtweise, die sich aus verschiedenen Kriterien der Wahrnehmung ergibt. Betrachte ich zwei Gedichte oder zwei Fälle als ähnlich, dann wegen der Kategorien (Größe, Periode, Thema etc.), in deren Rahmen ich suche. Würde ich im Rahmen anderer Kategorien (von Identität und Differenz) suchen, erschiene das Verhältnis zwischen beiden Gedichten oder Fällen als ein anderes; und da beide *in den Begriffen* der zwischen ihnen festgestellten Beziehung bekannt sind, wären auch die Gedichte und Fälle verschieden, abhängig von den je verschiedenen Kategorien der Differenz, innerhalb derer sie gesehen werden. Das aber bedeutet, Ähnlichkeit ist immer ein Konstrukt (durch Interpretation gewonnen) und kann deshalb immer wieder neu konstruiert werden. (Das Gleiche gilt für Differenz.) Genau das geschieht, wenn Präzedenzfälle zitiert werden. Der so genannte einfache Fall sitzt nicht still und misst schweigend Abstand oder

Nähe zwischen sich und dem gegenwärtigen Fall. In Wirklichkeit kommen Forderungen aus beiden Richtungen, denn es sind die Interessen und Anliegen des gegenwärtigen Falls, die zum Vergleich drängen und die Bedingungen diktieren, unter denen der »einfache Fall« Gestalt annimmt und als solcher gesetzt wird.

Wenn also erklärt wird, worin Einfachheit und Klarheit des entschiedenen Falls bestehen, werden die Bedingungen dieser Charakterisierung von genau dem Fall festgelegt, der gerade entschieden werden soll. Nicht die Vergangenheit kontrolliert die Gegenwart, sondern die Gegenwart die Vergangenheit, denn sie liefert die Perspektive, aus der beide Zeitpunkte aufeinander abgestimmt werden müssen. So verhält es sich mit dem Präzedenzfall genau umgekehrt wie normalerweise angenommen: Präzedenz ist der Prozess, in dem Vergangenheit durch die Gegenwart produziert wird, damit sie dann als Produzent der Gegenwart zitiert werden kann. Auf diese Weise erlangt das Recht die von Ronald Dworkin so genannte »artikulierte Konsistenz«,[3] eine Weise des Denkens und Redens über sich selbst, die Kontinuität stiftet und immer wieder neu schafft und die für seinen höchsten Anspruch so wichtig ist, nämlich einen unveränderlichen Mittelpunkt zu haben, der Autorität begründet. Artikulierte Konsistenz ist keine Tatsache, sondern eine Leistung, etwas, das man verschiedenen Materialien immer wieder abringen muss, um hinterher erklären zu können, diese hätten diese Form immer schon gehabt. Im Cargill-Prozess befürchtete das Gericht, dass die Herrschaft des Gesetzes der Macht der überzeugenden Rede weichen könnte, würde die Mündlichkeitsbeweisregel nicht berücksichtigt. Aber das Recht *insgesamt* ist nichts weiter als eine überzeugende Geschichte, die ständig weiter aufgemöbelt und dem Publikum wie auch Agenten des Rechtssystems, den Erzählern dieser Geschichte, mitgeteilt wird. Wieder ist sich Hart dieses Sachverhalts bewusst, denn er geht auf die Möglichkeiten ein, die Gerichte haben, um durch das Netz der Präzedenzfälle zu schlüpfen; vor allem die Möglichkeit, im Hinblick auf den früheren Fall eine »Unterscheidung« vorzunehmen und festzustellen, dass der Geltungsbereich seiner Regel zu eng ist und die Belange des gegenwärtigen Falls nicht abdeckt, so dass dieser dann unabhängig von jenem entschieden werden kann. Man müsse nur, erläutert Hart,

3 Ronald Dworkin, »Schwierige Fälle«, in: ders., *Bürgerrechte ernstgenommen,* Frankfurt/M. 1990, S. 154.

»rechtlich relevante Unterschiede« zwischen den beiden Fällen erdenken, und er fügt hinzu: »Die Klasse dieser Unterschiede kann aber niemals erschöpfend bestimmt werden.« (S. 187 f.) Will sagen, für das Auffinden des Unterschieds gibt es keine Einschränkungen, keinen natürlichen Haltepunkt. Darauf macht Hart aufmerksam, übersieht jedoch, wie verhängnisvoll dieser für sein ganzes Projekt ist. Denn munter verkündet er weiter, die Gerichte seien, »unerachtet dieser zwei Formen legislativer Tätigkeit« an Regeln gebunden, die in ihrer »überwiegenden Anzahl ebenso deutlich bestimmt sind wie jede positive Regel auch«. (S. 188) Dabei geht aus seiner eigenen Untersuchung hervor, dass Regeln nur so weit deutlich bestimmt sind, wie die Interpreten dies wollen, und wenn sie Änderungen für nötig halten, wird es ihnen stets gelingen, diesen Regeln eine neue Form zu geben und sie dann für ›deutlich bestimmt‹ zu erklären, auch wenn sie selbst es waren, die sie gerade festgelegt haben.

An einer Stelle ist Hart nahe daran, dies zuzugeben, nämlich dort, wo er auf Situationen zu sprechen kommt, in denen »Gerichte eine rechtsschöpferische Befugnis aus(üben), die das oberste Kriterium festlegt, durch das die Gültigkeit derselben Gesetze, die sie überhaupt erst in ihr Richteramt einsetzen, festgestellt wird.« (S. 211) Manchmal also begründen Gerichte die Autorität (die Erkenntnisregel) selbst, um sie dann zur Legitimation ihres Handelns heranzuziehen. (Genau so wurde die amerikanische Praxis des richterlichen Prüfungsrechts häufig beschrieben.) Es mag der Fall sein, sagt Hart, dass Gerichte, »wenn sie unvorhergesehene Fragen, welche die fundamentalsten Verfassungsregeln betreffen, entscheiden, ihre Autorität im nachhinein (empfangen), nachdem die Fragen aufgetaucht und die Entscheidungen gefallen sind«. (S. 212) Kurz, es kann der Fall eintreten, dass, wie ich zu Beginn dieses Abschnitts sagte, derjenige Autorität hat, der die Gelegenheit ergreift, handelt und die Handlung dann bindend macht; so ist, wie Hart selbst bemerkt, »nichts so erfolgreich wie der Erfolg«. (S. 212) Eine bemerkenswerte Äußerung: Sie deckt sich vollkommen mit meinem Argument, nicht mit meiner Ablehnung von »Kernen«, »Zentren« und »Kennzeichen für Autorität«, sondern im Hinblick auf ihren Status als historische Konstruktionen, die immer nur so lange gelten, wie eine stärkere Konstruktion sie nicht verdrängt hat. Hart nähert sich also dieser Position, schiebt sie dann aber beiseite und beruft sich wieder auf die Unterscheidung zwischen festgefügtem Kern und Randbereich des Zweifels, als ob nichts gewesen sei. »Nicht alle Regeln«, sagt Hart (sehr richtig), sind »überall und insgesamt zweifelhaft [...] Die Möglichkeit, daß die Gerichte die Autorität besitzen, jederzeit solche Grenzfälle der obersten Gültigkeitskriterien zu entscheiden, beruht nur auf der Tatsache, daß zu einer bestimmten Zeit die Anwendung jener Kriterien auf ein weiteres Rechtsgebiet, einschließlich der Regeln, die jene Autorität übertragen, zu keinen Zweifeln Anlaß gab, obwohl ihre genaue Kernbedeutung und ihr Sinnhorizont zweifelhaft sind.« (S. 211) Hart verfehlt den Punkt, der seiner sein sollte und es fast gewesen wäre: Tatsächlich gibt es zu einem gegebenen Zeitpunkt umfangreiche zweifelsfreie Bereiche, die einen sicheren Kernbestand ausmachen, doch ist dieser Kernbestand von ebenden Kräften geschaffen worden, die er jetzt (freilich nur *vorübergehend*) in Schach hält. Erfolgreich ist immer noch das, was Erfolg hat. Was dieser Erfolg allerdings mit sich bringt, sind (zeitweise) umfangreiche zweifelsfreie Bereiche. Im Übrigen dürfen wir nicht vergessen, dass diese Bereiche eine zweifelhafte Grundlage haben, d. h., in Frage gestellt werden können und insofern (außer im Sinne ihres momentanen Übergewichts) nicht festliegen.

Ich könnte diese Lektüre von *Der Begriff des Rechts* weiter fortsetzen, sie würde aber nichts Neues mehr bringen, nur Varianten des Musters, das wir inzwischen mehrfach gesehen haben: Hart schlägt einen Mechanismus vor, der Gewalt – ob in Gestalt des Banditen oder des Interpreten – eindämmen soll, und in allen Beispielen erweist sich Gewalt als Inhalt des Mechanismus, der sie unter Kontrolle halten soll. Gleichgültig wie viele Schichten von Regeln, einfachen Fällen, Kernbeständen feststehender Bedeutungen und Präzedenzfälle wir vorfinden, im Grunde kommt es nur auf eines an: auf die Vormachtstellung einer Person – oder offensiv verfolgter Interessen. Der Traum von »richterlich angewandten allgemeinen Regeln« (S. 284) bleibt, was er ist, ein Traum. Man wird Richard Rorty wohl zustimmen müssen, wenn er die Interpretation als eine Tätigkeit charakterisiert, bei der der Akteur – ob Richter oder Literaturkritiker – »einfach den Text in eine Form presst, die seinem Zweck dienlich ist«, und dafür sorgt, dass sich der Text »auf das bezieht, was für diesen Zweck von Bedeutung ist«.[4]

4 Richard Rorty, *Consequences of Pragmatism,* Minneapolis 1982, S. 151.

Mit seinen lässig-brutalen Formulierungen benennt Rorty die Angst, die Hart und viele andere zu ihren Projekten treibt; die Angst nämlich, dass (1) nichts zwischen der Ausübung der Gewalt und ihren Opfern steht, und dass (2) unsere Aktivitäten am Ende sinnlos sind. Auf den Punkt gebracht hat diesen Sachverhalt Wayne Booth: Wenn Meinungsverschiedenheiten »durch die machtvollsten Mittel der Überredung und Überzeugung« entschieden werden, sind wir »in dem, was wir tun, zu einem Gefühl der Vergeblichkeit« verurteilt und ständig gebunden an den »Kläger, der seine Sache am werbewirksamsten vertritt«.[5] Die Alternative wäre freilich, etwas zu finden, das der Überredungskraft Einhalt gebieten kann, und für die meisten, die über dieses Problem nachgedacht haben, ist dieser Halt eine Form der Rationalität, sei es eine Logik, eine bestimmte Sprache, eine deutlich definierte Regel, ein monumentaler Text oder eine neutrale Prozedur. E. D. Hirsch fasst eine ganze Tradition (die spätestens mit Platon beginnt) zusammen, wenn er erklärt, es sei »von größter Bedeutung, Hypothesen und Beweismittel von der Rhetorik, die zu ihrer Mitteilung gebraucht werden«, zu unterscheiden.[6] Dies ist darum von größter Bedeutung, weil Rhetorik per definitionem die machtvolle Präsentation einer interessierten Beweisführung ist – Rhetorik ist ein anderes Wort für Gewalt –, und was gewünscht wird, ist eine Möglichkeit, das Interesse zu neutralisieren, so dass die vom System generierten Entscheidungen keine Produkte eines partiellen oder parteilichen Standpunkts sind.

Nach einem solchen Weg sucht Hart. Doch selbst wenn er ihn finden sollte (in einer Regel oder einem Präzedenzfall), hätte er damit nur die halbe Arbeit getan, denn die Neutralisierung von Interessen ist eine sowohl innere wie äußere Aufgabe. Der Erfolg, den die Rhetorik haben mag, wenn es ihr gelingt, das Denken von rein rationalen Erwägungen abzulenken, ist von Tendenzen im Denken ebenso abhängig wie von äußeren Kräften. Ein illegitimer Appell kann kaum Wirkung zeigen, wenn es nichts gibt, woran appelliert werden kann. (Erinnern wir uns, dass primäre Regeln notwendig sind, weil Menschen zu niederträchtigem Handeln neigen.) Wenn von parteilichem Getue echte Evidenz unterschieden werden soll, muss eine entsprechende Trennung im Denken stattfinden, sonst

5 Wayne Booth, *A Rhetoric of Irony*, Chicago und London 1974, S. 195.
6 Eric D. Hirsch, *The Aims of Interpretation*, Chicago 1976, S. 154.

würde das Echte nicht erkannt. Es gehört zum Programm des Rechts, das Individuum vor Gewalt zu schützen, daher muss es auf dem Wege der Neutralisierung auch die Kräfte unter Kontrolle bringen, die im Individuum vorhanden sind; Kräfte, die es, wenn sie nicht kontrolliert werden, zum Umsturz der Regeln veranlassen würden, die ihm eine Welt der Sicherheit und Stabilität bieten. Deshalb müssen Leute wie Hart, die für einen neutralen Raum in der Welt eintreten, sich auch für einen neutralen Raum im Denken einsetzen, einen Raum, der frei ist von Widersprüchen, Vorurteilen und Voraussetzungen. So rät uns Stephen Toulmin angelegentlich, alle »Voreingenommenheiten und Vorurteile« unberücksichtigt zu lassen, um auf eine »desinteressierte Art«[7] handeln zu können; Wayne Booth empfiehlt, »unseren eigenen Hypothesen gegenüber skeptisch zu sein« und uns einer »vorsichtigen Haltung gegenüber uns selbst und unseren Reaktionen«[8] zu befleißigen. Das klingt gut, bis man darüber nachdenkt, wie man dieser Empfehlung entsprechend handeln soll. Wie schafft man es, sich von sich selbst zu distanzieren? Zu welchem Teil von sich selbst kann man sich tentativ verhalten? Die Antwort ist: Toulmin und Booth nehmen einen *psychologischen* Kern an, der jenen Kernen vergleichbar ist, die Hart in festliegenden Regeln, entschiedenen Bedeutungen, eindeutig geklärten Fällen usw. zu finden meint. Dieser rationale Kern in uns soll es sein, der uns vorm Druck unserer Anschauungen und Voraussetzungen schützt. Die Gefahr, die von diesen Voraussetzungen ausgehen soll, die Gefahr, illegitimen Appellen zu erliegen, ist nichts anderes als die Gefahr, die vom Banditen in Harts Szenario ausgeht. Mit einem Unterschied: Dieser Bandit sitzt in unseren Köpfen, aber das ist letztendlich gar kein Unterschied, wie Terry Eagleton verdeutlicht, wenn er den von einer »ideologischen Obsession« ausgeübten »geistlosen Zwang« zu einer Handlung gleichsetzt mit dem Druck, den jemand ausübt, der uns »eine Pistole an den Kopf hält«.[9] Man könne sich, fährt Eagleton fort, »von Argumenten und Beweisen überzeugen« lassen oder aber Überzeugungen haben, »weil sie bequem [...] oder modisch und

7 Stephen Toulmin, »The Construal of Reality«, in: W. J. T. Mitchell (Hg.), *The Politics of Interpretation*, Chicago 1982, S. 107.

8 W. Booth, *A Rhetoric of Irony*, S. 226.

9 Terry Eagleton, »Ineluctable Opinions«, in: W. J. T. Mitchell (Hg.), *The Politics of Interpretation*, Chicago 1982, S. 376.

exzentrisch« sind. Im ersten Fall sei man »in der Lage, Argumente gegeneinander abzuwägen« und auf eine »›freiere‹« Art und Weise überzeugt zu werden, im zweiten Fall dagegen werde man zum Opfer eines »spontanen ideologischen Vorurteils«. (S. 376) Ursprung dieses Vorurteils ist man natürlich selbst, weswegen man auf kuriose Weise zum Opfer seiner selbst wird. Daraus folgt, dass man, wenn man nicht mehr Opfer sein will, auch selbst nicht mehr sein darf. Das zumindest steckt in Eagletons seltsamer Formulierung »geistloser Zwang«. Denn das Zwingende in seinem Szenario sind die Anschauungen und Voraussetzungen, von denen einem der Kopf voll ist. Um nicht gezwungen zu werden oder zu sein, müsste man seinen Kopf leeren, sodass man, mit Wallace Stevens' Wort, einen »Winterkopf« hätte.

Problematisch an dieser Strategie ist, man kann sie schlicht nicht befolgen, und selbst wenn wir mit ihr etwas anfangen könnten, wäre die Bedingung, völlig frei zu sein von ideologischer Kontrolle, vernichtend, denn dann gäbe es auch nichts mehr, *mit dem* oder *für das* wir frei sein könnten. Nichts, *mit* dem wir frei sein könnten, weil wir, würden jede Meinung, jede Anschauung, jeder Gesichtspunkt, alle Widersprüche und Vorurteile aus unserem Denken eliminiert, nichts mehr hätten, mit dem wir kalkulieren, bestimmen und entscheiden könnten; und nichts, *für* das wir frei sein könnten, weil ein völlig richtungsloses Denken – eines, das nicht dieses oder jenes Ziel, weder Plan noch Absicht mitbringen und verfolgen würde – keinen Grund sähe, in diese und nicht in jene Richtung zu gehen oder überhaupt eine Richtung einzuschlagen. Es wird oft behauptet, Vernunft sei das, was bleibe, würden Anschauungen, mitgebrachte Meinungen und Vorurteile beiseitegelassen oder ignoriert, aber Vernunft, rationales Denken kann nicht arbeiten, wenn es keinen Inhalt hat – wenn es sich nicht auf irgendwelche als gegeben vorausgesetzte, aus Definitionen, Unterscheidungen und nach bestimmten Kriterien gebildete Sätze beziehen kann. Und dieser Inhalt wird Anschauungen und Haltungen reflektieren, die ihrerseits prägen, was mir die rationale Überlegung als Ergebnis vorschreibt. (Woraus sich, noch einmal, ergibt, dass der »Kern« immer schon im Zwielicht liegt.) Ich bin mir bewusst, dass ich mit dieser Art zu argumentieren zwei Dinge miteinander identifiziere, die häufig unterschieden, einander sogar entgegengesetzt werden, nämlich Vernunft und Anschauung bzw. Glauben (*belief*). In der

Tat, es wäre nicht zu viel gesagt, wenn man behauptete, die Suche nach einer Möglichkeit, die Rechtsprechung von gewaltsamen Einflüssen frei zu halten, sei abhängig von diesem Gegensatz. Denn wenn man Erkenntnis als das definiert, was unabhängig ist von jeder besonderen Sichtweise, dann können eine bestimmte Anschauung, ein Glaube oder die Überzeugung, dass sich etwas so und so verhält – alle drei Begriffe sind dabei nur andere Namen für Perspektive –, nur Hindernisse auf dem Weg zur Rechtsprechung sein. Überzeugungen, die auf Glauben beruhen, oder Anschauungen erweisen sich, so betrachtet, als parteilich: Sie dienen bestimmten Absichten und Interessen, und wenn man ihrem Appell, der auf nichts weniger als Zwang hinausläuft, Widerstand entgegensetzen will, muss man sich von ihnen distanzieren und ihre Macht neutralisieren. Aber das genau, so behaupte ich, kann man nicht tun, sofern man ein Wesen bleiben will, das in der Lage ist, zu handeln. Kurz, man kommt von seinen Anschauungen oder Glaubensüberzeugungen nicht los, und damit auch nicht von der Gewalt, vom Druck, der von einem Standpunkt ausgeht, der parteilich ist – der weder neutral noch autoritativ noch begründet ist.

Wir sehen nun: Beide Strategien, Gewalt unter Kontrolle zu halten, scheitern auf gleiche Weise. Auf der einen Seite steht der Versuch, eine *äußere* Barriere zu errichten – beispielsweise eine feststehende Regel, einen einfachen Fall oder eine entschiedene Bedeutung –, aber regelmäßig zeigt sich, dass man sie nicht unterscheiden kann von dem, was sie zurückhalten möchte: Gewalt ist schon auf dieser Seite des Eingangs, weil sie der Eingang *ist*. Andererseits findet sich der Versuch, im *Innern* tätig zu werden und das Denken von den Tendenzen zu säubern, die dem Reiz der Gewalt entsprechen. Es zeigt sich jedoch, dass das zugleich unmöglich und buchstäblich gegen einen selbst gerichtet ist: Ein so gereinigtes Denken hätte nichts mehr in sich. Ein Denken, das gegen Druck geschützt ist, ist eine Idealvorstellung und ebenso unerreichbar wie das Ideal einer Regel, die einen Halt bietet gegenüber Angriffen interpretativer Absichten. Insofern der Geist überhaupt etwas ist, *ist* er ein Gebilde aus bereits vorhandenen Druckverhältnissen, Zielen, Bedürfnissen und Interessen; die Regel wiederum, sofern sie verständlich ist, ist eine Extension von Interessen und Absichten, die nicht draußen zu halten sind, weil sie bereits innen sind. Soweit das Recht zwingend ist, ist es das im Verhältnis zu ebenden Vorurteilen und Widersprüchen, die es angeblich neutralisiert – die Gründe, warum wir etwas tun oder lassen, *sind* Gründe allein kraft der vorgefassten Meinungen und Voraussetzungen, die wir mitbringen.

Die unausweichliche Schlussfolgerung, zu der ich schon mehrfach gekommen bin, ist: Die Gewalt des Rechts ist immer schon ununterscheidbar von den Kräften, denen es sich entgegenstellt. Oder, bündig zugespitzt: *Man hat immer eine Pistole am Kopf.* Manchmal ist die Pistole eine buchstäbliche Tatsache; manchmal ist sie ein Grund, eine Behauptung, deren Gewicht untrennbar verknüpft ist mit einem schon als gegeben vorausgesetzten Ziel; manchmal ist sie ein Wunsch, das Herbeisehnen eines Zustands, zu dem man prädisponiert ist; manchmal ist sie ein Bedürfnis, das man in sich trägt; und manchmal ein Name, den man internalisiert hat – Vaterland, Gerechtigkeit, Ehre, Liebe, Gott. Was immer die Pistole ist, stets wird sie eine Art Zwang sein, ein Imperativ, der einem Interesse entspringt, das zu einem Interesse in uns selbst spricht. Und damit komme ich zu einem zweiten Aphorismus: Wir haben nicht nur stets eine Pistole am Kopf, vielmehr gilt: *Die Pistole an unserem Kopf ist unser Kopf.* Die Interessen, die uns bedrängen und zu etwas zwingen wollen, sind reizvoll und üben daher nur in dem Umfang Druck aus, in dem sie bereits in uns wirksam und tatsächlich wir selbst *sind.* Am Ende zwingen wir uns immer selbst, und zwar durch Kräfte – Anschauungen, Überzeugungen, Gründe, Wünsche –, von denen wir uns keinen Zentimeter wegbewegen können.

Man kann auch sagen, dass Zwänge auf den Willen und deshalb auch auf die Interpretation einwirken, aber diese Zwänge hausen im *Inneren* des Willens und bieten keinen von ihm unabhängigen Bezugspunkt. Mit dem *Inneren* meine ich etwas, das dem direkt entgegengesetzt ist, das Hart anspricht, wenn er im Hinblick auf die Imperative des Rechtssystems zwischen internem und externem »Gesichtspunkt« unterscheidet. In seiner Analyse arbeitet man von einem externen Gesichtspunkt dirigiert, wenn man in der Art eines anthropologischen Beobachters feststellt, dass »eine soziale Gruppe [bestimmte] Regeln anerkennt« (S. 99); von einem internen dirigiert, wenn man diese Regeln »gebraucht«, um seinen täglichen Verpflichtungen zu genügen. Der intern dirigierte Akteur muss die Regeln, von denen er sich leiten lässt, nicht angeben – und tut es charakteristischerweise auch nicht. Sein Wissen von ihnen ist integral, umfassender als das des bloßen Beobachters und kommt darin zum Ausdruck, wie er die Regeln von einem Moment zum anderen anwendet. Gegen diese Darstellung Harts würde ich einwenden, dass keiner dieser »Gesichtspunkte« wirklich »intern« ist. Freilich sind sie verschieden: Im einen Fall stellt der Akteur die Regeln dar, ohne ihnen verpflichtet zu sein, im anderen Fall hat er mit ihnen viel zu tun, stellt sie (in der Regel) aber auch nicht dar. Beide Akteure befinden sich jedoch im gleichen (ich würde sagen unmöglichen) Verhältnis des *Abstands* zu den Regeln, insofern diese auf Distanz gehalten und geprüft werden können, nur dass für den einen die Prüfung oder das Untersuchen der Regeln den Endpunkt der Tätigkeit markiert, während der andere sie dann auch gebraucht oder anwendet. Die Worte »gebrauchen« und »anwenden« zeigen, was ich meine: Die Regeln sind in Harts Bild getrennt von einem Selbst, das sie anwenden kann oder auch nicht. »Gebrauchen« und »anwenden« zeigen ein instrumentelles Verhältnis und einen unabhängigen Akteur an. Ich habe aber versucht, deutlich zu machen, dass sich kein Akteur je in einem solchen Verhältnis befindet und dass die Imperative, auf die er reagiert, nicht auf Distanz gehalten – »gewichtet«, wie Eagleton sagt – werden können, weil sie für jede seiner Gesten, auch für die des Abwägens, konstitutiv sind.

Das ist die einzige »innere« Perspektive, die diesen Namen verdient. (Tatsächlich gibt es gar keine andere Perspektive: Selbst der »externe« Beobachter macht seine Beobachtungen unter einem Blickwinkel, den er nicht beobachten kann, weil er seine Grundlage ist; seine Urteile sind also, da auch sie aus dem »Inneren« einer anderen Gemeinschaft stammen, nicht weniger »intern« als die eines Mitglieds der Gemeinschaft.) Aber das ist genau die Perspektive, die Hart nicht annehmen oder anerkennen kann, denn sie lässt keinen Platz für einen »Kern« oder einen »Mittelpunkt«, auf den die Vorurteile und Wünsche des Akteurs sich zu Urteilszwecken beziehen ließen. Im Hinblick auf diesen Kern und die Möglichkeit seiner interesselosen Feststellung schwebt Hart das Bild einer überlegenen Gruppe von Bürgern vor, die im Unterschied zu ihren weniger reflektierten Mitbürgern den Gesetzen nicht aus Angst oder Gewohnheit gehorchen, sondern sie »kritisch [...] würdigen«, (S. 113) ihnen also bewusster und rationaler gehorchen. Dieses Selbstbewusstsein bezeichnet Harts interne Sichtweise, die tatsächlich dann erreicht wird, wenn der Akteur sich von allem, was in ihm ist, gereinigt hat zugunsten eines Standards, den er dem eigenen vorzieht. Was Hart intern nennt, ist also eine maskierte externe Sichtweise, die, wie ich mehrfach gezeigt habe, gar nicht erreicht werden kann.

Wenn ich so rede, könnte der Eindruck entstehen, als würde ich Harts Angst vor einer Welt ohne Ordnung und Prinzipien bestätigen, einer Welt, die in den Händen von Banditen oder von Richtern ist, die in ihren willentlichen Handlungen völlig uneingeschränkt sind, auch nicht unter der Kontrolle eines rationalen Kerns stehen. Aus meiner Argumentation ergibt sich aber, dass sich diese Angst nicht erfüllen kann und auf einem falschen Verständnis von Gewalt beruht. Diese ist nicht »bloße« Gewalt, die nichts mit einer Absicht oder einem Programm zu tun hätte. Gewalt ist einfach ein (pejorativer) Name für die Wucht oder die Durchsetzung mancher Standpunkte, und in einer Welt, in der das Drängen bestimmter Sichtweisen nicht einem unabhängigen Gericht zur Beurteilung vorgelegt werden kann, ist Gewalt einfach eine Bezeichnung für das, was ganz natürlich aus einer Überzeugung folgt. Sie erweckt den Anschein der Anarchie nur, wenn man sie als leeren und blinden Drang betrachtet; versteht man unter Gewalt jedoch ein *offensiv verfolgtes Interesse*, dann bekommt sie einen Inhalt, und dieser ist ein Komplex von Absichten und Zielen, die von einer Vision getragen sind und nach einer vollständigen Agenda, mit Schritten, Stadien und Richtungen, in die Tat umgesetzt werden. Gewalt ist, kurz gesagt, bereits eine Sammlung all dessen, was angeblich von ihr bedroht ist: Normen, Standards, Gründe, ja sogar Regeln. Man könnte natürlich einwenden (oder beklagen), dass solche Regeln, Standards und Gründe nur lokale Bedeutung haben, parteilich sind, keinen Ansatzpunkt für eine prinzipiengeleitete Urteilsbildung bieten. Aber damit landeten wir wieder beim Traum von einem neutralen Prinzip – oder aber bei einer Erkenntnisregel, einem einfachen Fall, einem Kernbestand bereits entschiedener Bedeutungen –, und ich könnte nur noch einmal die Analysen der voranstehenden Seiten anbieten, auf denen gezeigt wird, dass Neutralität nicht zu haben ist, weder in ihrer materiellen noch in ihrer psychologischen Form. Wie ich nun noch zeigen möchte, ist dieser Zustand keineswegs verhängnisvoll, macht gewiss auch nicht handlungsunfähig. Das geschähe offenbar nur dann, wenn die Alternative zu Neutralität prinzipienlose Gewalt wäre. Doch die Alternative zu Neutralität ist prinzipiengeleitete Gewalt – und ich behaupte nun mal, dass es keine andere Art der Gewalt gibt –, und darum hat das Nichtvorhandensein von Neutralität einfach nicht die von Hart befürchteten Konsequenzen, sie *kann sie nicht haben.* Die Abwesenheit äußerer oder unabhängiger Zwänge bedeutet nur, dass die Zwänge in den Umständen meiner Anschauungen – dem Umstand, dass ich zu einer bestimmten Vorstellung überredet wurde; dem Umstand, dass ich keine Position suche, sondern immer schon eine habe – immer und unausweichlich *in Kraft* (*in force*) sind. Dass man sich von seinen Anschauungen nicht einen Zentimeter lösen kann, heißt auch, dass man sich nicht einen Zentimeter von Normen und Prinzipien lösen kann.

Damit sind unsere praktischen Probleme freilich nicht gelöst, noch immer stehen wir vor der Schwierigkeit, wie wir zwischen Anschauungen entscheiden sollen, wenn uns ein Maßstab fehlt, der nicht unseren Anschauungen entnommen ist. Diese Schwierigkeit lässt sich nicht beseitigen, doch verurteilt uns das nicht zu einem Zustand von Ungewissheit und Lähmung, sondern zum Konflikt: Wir müssen die andere Partei überzeugen und dazu bringen, ihre Einstellung zu ändern, und das mit Argumenten, die nur im Verhältnis zu wiederum anderen Einstellungen Bedeutung haben. Der Verlauf dieser Überzeugungsarbeit ist unvorhersehbar und theoretisch nicht zu bestimmen, es gibt keine Garantie, dass eine der beiden Parteien gewinnt, obwohl es soziale Strukturen gibt – und das Recht ist eine davon –, in denen eine Partei siegen muss, weil eine Entscheidung zu treffen ist. Aber wenn es zu einem Sieg kommt, entweder, weil eine Partei der anderen nachgibt, zu deren Seite die erste dann gehört, oder durch einen richterliche Anordnung, dann ist dieser Sieg immer nur temporär. Denn ihm ging eine Auseinandersetzung voraus, das gewaltige Drängen eines parteilichen Standpunkts, und es ist immer möglich, sogar wahrscheinlich, dass eine Sache, die bereinigt schien, doch noch nicht erledigt ist und die Auseinandersetzung von neuem beginnt.

Wieder sind wir an einem Punkt angelangt, der Harts schlimmste Befürchtungen zu bestätigen scheint, in diesem Fall die Furcht vor einer rechtlichen (?) Anordnung, die durch »den bloß temporären Einfluss einer Person über eine andere« (S. 42) bestimmt ist. Die ganze Last von Harts Klage liegt auf dem Wort »temporär«, an dessen Stelle wir auch »gelegentlich«, »lokal«, »vorübergehend«, »ad hoc« usw. setzen können. Es ist leicht einzusehen, dass solche Worte etwas Besorgniserregendes haben, stehen sie doch im Gegensatz zu der in unserer Rechtskultur so mächtigen Auffassung, dass das Tun von Gerichten und Richtern darin besteht, die beständigen Rechts- und Moralprinzipien in die Gegenwart hineinreichen zu lassen. (Darum geht es beispielsweise Richard Dworkin mit seinem Begriff »Recht als Integrität« und seiner Unterscheidung zwischen Prinzip und Politik).[10] Es gibt alle möglichen guten Gründe, warum diese Auffassung noch immer eine so prominente Rolle in der Geschichte spielt, die das Recht über sich selbst erzählt, auch wenn sich, realhistorisch, eine ganz andere Geschichte abgespielt hat. Immerhin könnte das Rechtssystem für sich kaum damit werben, dass es auf Gewalt beruht (man denke nur an die schlechte Presse, die dieses Wort hat), und hoffen, dennoch als Recht akzeptiert zu werden. Hart besteht zu Recht darauf, dass es im Wesen des Rechts liegt, sich von Gewalt zu unterscheiden, und diese Unterscheidung ist durchaus *real*, insofern sie sich auf die Auffassung bezieht, die die Gesellschaft von ihren Grundlagen in Bezug auf jene Kräfte hat, die sie zu zersetzen drohen. Diese Auffassung aber, und darauf will ich hinaus, ist, so notwendig sie für die Verfassung einer Gesellschaft oder Gemeinschaft sein mag, ein Konstrukt, ein »bloß temporärer Einfluss«, den eine Vorstellung oder Absicht über konkurrierende Absichten gewonnen hat. Und selbst wenn dieser temporäre Einfluss durch einen anderen abgelöst wird, gilt die Unterscheidung zwischen Recht und Gewalt weiterhin, nur ihr Inhalt und die Anordnung ihrer Begriffe wird sich geändert haben. Es ist die Abfolge von Unterscheidungen, die die Geschichte des Rechts ausmacht, eine Geschichte, zu der ein Kontinuitätsanspruch gehört, den die Ereignisse, die im Lauf dieser Geschichte stattgefunden haben, Lügen strafen.

Also leben die Menschen, die in einem Rechtssystem arbeiten, mit einer Lüge, indem sie nämlich etwas als absolut hinstellen, das sie als unsicher und vorübergehend erkennen sollten? Keineswegs. Wie alle Menschen leben sie *innerhalb* temporärer Einflüsse, die sie zugleich stärken als auch zunichte machen (indem sie die Gegebenheiten, die zu handeln erlauben, ständig ändern), und keine Analyse ihrer Situation, auch nicht die hier angebotene, wird sie

10 Vgl. Dworkin, *Bürgerrechte ernstgenommen*, und: ders., *Law's Empire*, London 1986.

davon abhalten. Das heißt, die Anerkennung der Tatsache, dass unter langfristiger Betrachtung Recht und Gewalt sich nicht voneinander trennen lassen, hat ihrerseits nichts Gewaltsames. Denn man lebt nicht »auf lange Sicht«. Und in der Abfolge kurzer Laufzeiten, die unser Leben ausmachen, ist die Unterscheidung zwischen Recht und Gewalt unangreifbar, die Form allerdings, die diese Unterscheidung jeweils hat, lässt sich sehr wohl bestreiten.

Ich sage das in Abwehr einer Schlussfolgerung, zu der die Linke neigt: nämlich dass eine Anerkennung der zeitlich kontingenten Natur unserer »grundlegenden« Annahmen deren Gewalt mildern und die Chance erhöhen würde, dass wir uns ihnen nicht einfach unterwerfen. Aber dieser Schluss ist nur möglich, wenn man den Fehler macht zu glauben (was ich die »antifundamentalistische Hoffnung« genannt habe), man könne die Anerkennung der Kontingenz in eine Möglichkeit zu deren Vermeidung verwandeln, so als sei anerkannte Kontingenz bereits transzendierte Kontingenz. Man mag *allgemein* wissen, dass das Rahmenwerk von Überzeugungen ein historisches Produkt ist, aber dieses Wissen führt uns nicht zu einem Ort, an dem diese Überzeugungen nicht mehr gelten würden. Wir bleiben in die Geschichte eingebettet, auch wenn wir wissen, dass es Geschichte ist, in die wir eingebettet sind; und dieses Wissen kann, vergleicht man es mit anderen Behauptungen über unsere Überzeugungen (zum Beispiel der, dass sie der unveränderlichen Natur der Dinge entsprächen oder entsprechen sollten), durchaus befriedigend sein; es hat im Verhältnis zu den besonderen Überzeugungen (es selbst eingeschlossen), von denen wir jetzt ergriffen und durch die wir konstituiert sind, jedenfalls nichts Gewaltsames.[11]

11 Dieser Aufsatz wurde fertiggestellt, bevor Robert N. Moles *Definition and Rule in Legal Theory* (Oxford und New York 1987) erschienen ist. Moles' Schwerpunkt ist ein anderer als meiner (er möchte John Austin rehabilitieren), aber in vielen Punkten ergänzen wir uns. Vgl. zum Beispiel S. 103: »Hart nimmt fälschlicherweise an […], Denkweisen seien autonom und würden unabhängig von dem Willen und den Wünschen ihrer menschlichen Urheber existieren«; S. 119: »Wenn die […] Kernelemente […] nur Extrapolationen von der Praxis der Gerichte sind, dann sind sie zu vage, um eine Hilfe zu sein«; S. 156: »Die Unterscheidung zwischen einer ›buchstäblichen‹ und einer ›absichtsvollen‹ Vorgehensweise stellt uns vor eine falsche Dichotomie«; und S. 183: »›Verzerrung‹ ist ein unvermeidlicher Zug der Erkenntnis und kann deswegen nicht die pejorativen Konnotationen haben, an die man erst einmal denkt, wenn man das Wort benutzt.«

6. Beinahe Pragmatismus: die Rechtslehren von Richard Posner, Richard Rorty und Ronald Dworkin

I.

In *The Problems of Jurisprudence*[1] erklärt Richard Posner, er sei Pragmatist, worunter er versteht, dass er viele, wenn nicht die meisten Ziele der Rechtstheorie ablehnt, allen voran deren Hauptziel: nämlich zu einer Darstellung des Rechts zu gelangen, die abstrakt und streng normativ ist und mit der Ergebnisse, Entschlüsse und Entscheidungen voraussagbar werden. Gleich eingangs lesen wir, er werde »gegen die ›künstliche Vernunft‹, gegen Dworkins These der ›richtigen Antwort‹, gegen den Formalismus, gegen übergeordnete Gerechtigkeitskonzepte wie ›ausgleichende Gerechtigkeit‹, gegen ›Naturrecht‹ und ›Wohlstandsmaximierung‹ [...] gegen den ›strengen Rechtspositivismus‹« (S. 26) argumentieren. Am Ende erklärt Posner die Suche nach »einem übergeordneten Prinzip zur Lösung von Rechtsstreitigkeiten« für gescheitert (S. 302): Es seien »keine Schlüssel gefunden« worden. (S. 455) Diese erfolglose Schlüsselsuche gibt dem Buch seine Struktur. Mögen andere Abhandlungen zur Rechtslehre das Argument Schritt für Schritt zu einem prächtigen Gebäude (oder Reich) aufbauen, bei ihm, Posner, »gibt es kein Gebäude« (S. 69), nur den wiederholten Versuch, ein neues Fundament zu legen, das dann aber sofort als ebenso »morsch« erwiesen wird wie das zuvor. (S. 392)

Das Gefühl, dass man es mit einem negativen Projekt zu tun hat, bekommt man gleich zu Beginn, wenn der Autor den Begriff der Objektivität erörtert. Diese, sagt Posner, gebe es in drei Geschmacksrichtungen. Erstens das ambitionierteste Projekt der »Objektivität als Entsprechung zu einer äußeren Realität« (S. 7); zweitens im wissenschaftlichen Sinn als ein Verfahren, das sich unabhängig davon wiederholen lasse, welche Person es ausführt: »Ein Ergebnis ist in diesem Sinn wiederholbar, wenn verschiedene Forscher, die nicht die gleichen ideologischen Ansichten mitbringen [...], sich gezwungen sähen, mit ihm übereinzustimmen« (S. 7);

1 Richard A. Posner, *The Problems of Jurisprudence,* Cambridge, Ma. 1990. Die Seitenzahlen im Text beziehen sich auf diese Ausgabe.

und drittens gibt es einen Begriff von Objektivität im Sinn von »schlicht vernünftig – das heißt ohne willentlichen, persönlichen oder (im engeren Sinn) politischen Bezug, weder völlig unbestimmt noch in einem ontologischen oder wissenschaftlichen Sinn bestimmt, zudem offen für einleuchtende Erklärungen, auch wenn diese nicht notwendig überzeugen«. (S. 7)

Die erste Art von Objektivität – die Übereinstimmung unserer Operationen und Methoden mit einer unabhängigen äußeren Wahrheit – stehe, so Posner weiter, »in den meisten Rechtsfällen außer Frage«. (S. 31) Die zweite, wissenschaftliche, die wiederholbare und konvergente Art der Objektivität wiederum hält er für »manchmal erreichbar, doch angesichts der Einstellungen von Juristen und der Zwänge, denen sie unterworfen sind, angesichts der Art von Problemen, mit denen sie zu tun haben, (ist sie es) oft auch nicht«. Die dritte Form der Objektivität, die Posner als »dialogisch« (*conversational*) bezeichnet, die in Momenten erfolgreicher Überzeugungsarbeit zustande kommt und an den Augenblick gebunden bleibt, »ist erreichbar – aber das sagt nicht viel« (S. 31) Und zwar deshalb nicht, weil diese Form der Objektivität nicht methodisch oder planvoll erreicht wird (die dialogische Objektivität darf ja gerade nicht mechanisch erzeugt werden, denn in diesem Fall wäre sie die wissenschaftliche, an Wiederholbarkeit orientierte Spielart der Objektivität), wodurch sie, schließt Posner, eher zufälligen Charakter hat. In jeder Situation kann sie vorkommen oder auch nicht, was davon abhängt, wie homogen die relevante Gemeinschaft ist, wie sich geschickte Anwälte zu den verfügbaren argumentativen Ressourcen verhalten, wie groß der Druck ist, in dieser oder jener Richtung zu einem Urteil zu gelangen, auf welchen Wegen eine Entscheidung erreicht werden kann und wie die unzähligen *Kontingenzen* beschaffen sind, die am Ende glücklich zusammentreffen oder eben nicht.

Mit einem Wort: Dialogische Objektivität ist eine *politische* Errungenschaft und damit das Gegenteil dessen, was man gemeinhin unter Objektivität versteht, das Gegenteil nämlich vom Zustand einer Gewissheit, wie er mit der Feststellung eines felsenfesten und bleibenden Tatbestands und/oder Prinzips verbunden ist. Für jemanden, der Objektivität nur in dieser (harten) Form gelten lässt, wird das für den Augenblick erreichte Resultat eines unbestimmten, chaotischen, aber institutionalisierten »Dialogs« nicht viel taugen. Das trifft auch auf die wissenschaftliche, an Wiederholbarkeit gebundene Objektivität zu, weil sie sich, so wie Posner sie fasst, von der sanfteren, gesprächsorientierten Art nur graduell unterscheidet. »Die einzige Möglichkeit, [das Recht] objektiver zu machen« – die einzige Möglichkeit also, die auf den Dialog setzende Objektivität des Rechts auf die Höhe der Wissenschaftlichkeit zu bringen –, »besteht darin, die Gerichte und den Gesetzgeber kulturell und politisch homogener zu machen.« (S. 32)

Der einzige Unterschied zwischen wissenschaftlicher und im Dialog gewonnener Objektivität beruht also auf dem Unterschied zwischen einer Gemeinschaft mit weitgehend gleichen Anschauungen und einer Gemeinschaft, in der ganz verschiedene Ansichten herrschen, in der eine Einigung darum immer wieder ausgehandelt werden muss. Aber da auch im ersten Fall die Beständigkeit weitgehend zufällig ist, jeweils ein Stadium in der Geschichte einer Fachdisziplin oder einer Gesellschaft, ist es eine Beständigkeit, die durch unvorhergesehene Umstände stets wieder zunichte gemacht werden kann.[2] Darum ist die wissenschaftliche, auf Wiederholbarkeit setzende Objektivität nicht weniger politisch als die am Dialog orientierte. Die Frage ist nur, welche Homogenität die an der Entscheidung beteiligten Kräfte erreichen konnten. »Rechtliches Denken kann nicht dadurch objektiv gemacht werden, dass es in eine Entsprechung zur ›wirklichen‹ Welt gebracht wird. Die Objektivität, die es hat, verdankt es kulturell homogenen Verhältnissen und nicht einer metaphysischen Realität oder methodischer Strenge.« (S. 30)

Wenn es in einer pragmatistischen Perspektive mit der methodischen Strenge nicht weit her ist, bleibt dann nicht auch der Rechtspositivismus auf der Strecke? Der Rechtspositivismus ist die Hoffnung, Rechtsentscheidungen durch ein Verfahren zustande kommen zu lassen, das keiner apriorischen Werteorientierung ausgeliefert ist: »Die einzige Voraussetzung für einen Rechtspositivisten besteht darin, dass er ein starkes Vertrauen in Prämissen und Methoden hat, um von ihnen ausgehend bzw. mit ihnen zu Schlussfolgerungen zu kommen.« (S. 40) Dieses Vertrauen aber hält Posner für unbegründet, denn Prämissen seien stets bestreitbar und böten keine feste Grundlage für die Argumente, die auf ihnen

2 Das ist die großartige Lehre aus Thomas Kuhn, *Die Struktur wissenschaftlicher Revolutionen*, Frankfurt/M. 1977.

aufbauen. Solange ihre Anfechtbarkeit nicht bemerkt werde, »werden Urteile, weil logisch deduzierbar, auch streng objektiv erscheinen«. (S. 48) Wenn aber zuletzt der Vorhang gefallen sei, werde, so Posner, zu sehen sein, »dass die Entscheidungen letzten Endes nicht objektiver sind als Entscheidungen, die in einer Institution gefällt werden, die die Ad-hoc-Natur ihrer Abläufe offener legt«. (S. 48) Mit »viel Resonanz« könne man dafür eintreten, »dass gleiche Dinge gleich zu behandeln« seien, dieser Gedanke aber »ist leer, wenn nicht Kriterien angegeben werden, worin die ›Gleichheit‹ besteht, und [...] diese Kriterien sind politisch«. (S. 42) So viel zu dem, was H. L. A. Hart die Idee der Gerechtigkeit in ihrer einfachsten Form nennt, nämlich »dass man dieselben allgemeinen Regeln ohne Vorurteile, Interessen oder Launen auf eine Vielzahl verschiedener Personen anwendet«.[3]

Was für große, abstrakte Begriffe wie die »Idee der Gerechtigkeit« gilt, das gilt nicht minder für Regeln. Auch sie, sagt Posner, seien in ihrer Funktionsweise politisch, weil sie, selbst wenn sie als formal und allgemeingültig behauptet werden, fast immer in den Dienst »ad hoc bestimmter Ausnahmen und Anpassungen« (S. 46) gestellt würden. Wirklich formale Regeln mögen sich vielleicht in Spielen finden, in denen ein Spieler zum Beispiel nicht frei entscheiden kann, dass sein Turm nicht »von der Dame seines Gegners geschlagen« (S. 50) wird. Richter dagegen könnten genau das, sie müssten, so Posner, nur sagen, »sie handeln so, um einer höherrangigen Regel zu folgen«. (S. 50) Bei Spielen beziehen sich die Regeln auf sorgfältig beschriebene und statische Welten; die Welt jedoch, in der rechtliche Regeln angewandt werden, ist vielgestaltig und wechselhaft: der Reichtum ihrer Phänomene überschreitet die Versuche, sie formal einzupferchen, bei weitem. Weil »Regeln kontinuierliche Phänomene dichotom zerschneiden« (S. 46), »unterdrücken sie potenziell relevante Umstände des Streitfalls« (S. 44), und ein Richter ist frei, zu entscheiden, was unterdrückt wird und was nicht.

Richter werden also von Regeln nicht eingeengt, sondern diese bieten ihnen Gelegenheit, je nach Temperament zu handeln und sich den richterlichen Blick durch sie beschränken oder aber erweitern zu lassen. Richter, die gegenüber »mangelnder Sauberkeit,

3 H. L. A. Hart, *Der Begriff des Rechts*, Frankfurt/M. 1973, S. 284.

sogar Unordnung« großzügig sind, werden »sensibel für die Besonderheiten eines Falles« sein, während jene, die sich der Tradition und der Kontinuität verpflichtet fühlen, sich den Autoritäten fügen werden, »dem Gesetzgeber, den Gründervätern, höheren oder früheren Richtern«. (S. 49) Obwohl beide Richtertypen Regeln anwenden, fungieren diese nicht als Kontrollinstanzen persönlicher Präferenzen (so die Standardbegründung für Regeln und ihren Wert), sondern als deren Vehikel: »Richter sind durch Regeln nicht *gebunden*, irgendetwas Bestimmtes zu tun.« (S. 47) Genau davor haben die Positivisten Angst: vor einem Rechtssystem, das kein System ist, sondern ein windiges Gebäude, das aus Stücken von allem Möglichen besteht und zusammengehalten wird von vorübergehenden politischen Zwecken (wenn es denn zusammengehalten wird): »Das *common law* ist eine riesige Ansammlung von Richterrecht, lose verknüpft durch anfechtbare Interpretationen von mehrdeutigen Rechtsverordnungen.« (S. 47)

Loses Zusammenhalten, so stellt es sich heraus, ist jedoch all der Zusammenhalt, den man nach Posners Vorstellung braucht. Während nämlich »exakte Forschung« und »reines« rationales Denken nicht realisierbare Ideale sind, füllen andere praktische Gründe diese Lücke. Praktisches Denken ist, so Posner, »ein mit allem Möglichen vollgestopfter Sack, mit Anekdoten, Innenschau, Phantasie, gesundem Menschenverstand, Einfühlungsvermögen, Zuschreibung von Motiven, Autorität des Sprechers, Metaphern, Analogien, Präzedenzfällen, Brauch, Gedächtnis, ›Erfahrung‹.« (S. 73) In einer Hinsicht findet Posner diese Liste zu lang; moniert, dass ihre Bestandteile nicht alle von derselben Art und nicht sorgfältig genug gegeneinander abgegrenzt sind; andererseits aber ist sie auch zu kurz, weil einige Nennungen geteilt und unterteilt werden könnten. Diese Unsauberkeit nun macht das praktische Denken zu dem, was es ist. Es ist keine in sich selbst geschlossene algorithmische oder mechanische Kalkulation, sondern eine sich ständig verändernde Ansammlung von Daumenregeln, Lehren, Sprichwörtern, Präzedenzfällen, Märchen, Vorurteilen, Hoffnungen, Zielen, Ängsten, vor allem aber von Anschauungen und Überzeugungen.

Im Bereich des formalen objektiven Denkens (wenn es so etwas gäbe) ist die Anschauung (eine persönliche Präferenz) genau das, was der Kontrolle unterliegt, damit die unpersönliche Logik der deduktiven Maschine reibungslos laufen kann. In der (realen)

Welt des praktischen Denkens dagegen dienen Anschauungen – die Intuitionen, »die so tief liegen, dass wir nicht wissen, wie wir sie hinterfragen sollten« (S. 73) – als Voraussetzungen des Denkens. Sie werden nicht durch Beweise kontrolliert oder ausgestochen (wie im populären Bild des »guten« Denkens), sondern sie geben Brauchbarkeit und Bedeutung verschiedener Beweisarten weiter und ordnen diese in eine bereits vorhandene Struktur ein. »Reines« Denken schafft eine Grundlage, auf der sich Absichten aufgreifen lassen; praktisches Denken dagegen beginnt mit Absichten, mit Neigungen, dem Wunsch, diese oder jene Welt zu bewohnen und aufzubauen, und ebendiese Neigungen beeinflussen und dirigieren, wie Beweise eingesetzt und überhaupt gesehen werden.

Diesen Punkt illustriert Posner an der Lehre des Präzedenzfalls. Der Lehre gemäß soll er als Kontrollinstrument fungieren, tatsächlich aber komme Kontrolle, sagt Posner, durch die »Entscheidung« zustande, »wie der Präzedenzfall zu lesen« sei. Den Schlüssel zum Urteil liefere genau diese »Wahl, die nicht durch den Präzedenzfall diktiert ist – eine Wahl, die sich darauf bezieht, was der Präzedenzfall sein *soll*«. (S. 95) Sie ist nicht durch Logik bestimmt, sondern durch die Richtung, die der Richter einschlagen will. Das heißt nicht, dass er jede beliebige Richtung einschlagen kann. Die Wahlmöglichkeiten, die alternativen Formen also, die der Wahl offenstehen, sind begrenzt durch die gegenwärtige Verfassung des praktischen Denkens, durch die Argumente, die funktionieren, die durchdringen werden, durch die Kategorien, die gesichert, und die Unterscheidungen, die zuverlässig angewandt werden können.

Posner fragt, ob ein Präzedenzfall gesetzt werden kann, wenn im älteren Fall der Angeklagte »ein Linkshänder war, im gegenwärtigen aber Rechtshänder ist«. Seine Antwort ist nein, aber nur deshalb, »weil keine politischen oder ethischen Überlegungen gemacht werden, die eine so enge Interpretation rechtfertigen würden«. (S. 96) Das heißt, ein Richter, der zu einem bestimmten Urteil kommen will, kann den Unterschied zwischen Links- und Rechtshändern nicht aufgreifen. Er ist in der Wahl seiner Mittel eingeschränkt durch das, was kulturell zum jeweiligen Zeitpunkt als vernünftig akzeptiert wird (also nicht durch die Kraft der Vernunft selbst). Irgendwann allerdings könnte auch der Tag kommen, an dem die Unterscheidung zwischen Links- und Rechtshändern rechtliche Relevanz erlangt und für die Rechtsgemeinschaft von Interesse ist (möglicherweise im Kontext einer neuen und überzeugenden Darstellung kriminellen Verhaltens). Was praktisches Denken ist, liegt nicht fest, und sein Inhalt wird nicht immer derselbe sein. Aber was immer die Inhalte sind, seine Überlegungen und Kalküle sind rhetorischer, nicht logischer Natur. Denn zunächst geht es darum herauszufinden und zu erspüren, wo die Linien der Autorität gezogen werden: Welche früheren Urteile als fähig angesehen werden, das Problem zu lösen, welche Regel lässt sich heranziehen, ohne dass sie in Frage gestellt oder ihre Eignung bestritten würde, mit welchen Maximen (»man darf nicht von eigenen Fehlern profitieren«) werden Diskussionen beendet, welche Vergleiche haben die Zeiten überdauert; »welche politisch anerkannte Quelle« (S. 82) hat welche zitierfähige Äußerung getan, welche Ziele gehen gegenwärtig im Bereich »rationaler« Erwägungen unhinterfragt durch? Schließlich wird man fragen, ob sich dieses »maßgebende« Material in Richtung der Absichten, Neigungen, Intuitionen und Anschauungen, die man verfolgt, »bearbeiten« lässt.

In dieser Perspektive wird Autorität rhetorisch und politisch behandelt, Autoritäten kommen nicht fix und fertig daher, nicht in Gestalt eines reinen Kalküls, nicht als Offenbarung durch eine Schrift, sondern sie werden gemacht, geformt in Debatten und Konflikten, durch ein Handeln begründet, das keinen festeren Grund hat als Überredung und Überzeugung (beide sind andere Bezeichnungen für praktisches Denken), letzten Endes also hergestellt und aufrechterhalten durch Gewalt (*force*): »Um es klipp und klar zu sagen, die *ultima ratio* des Rechts ist [...] die Ausübung von Gewalt [force] – genau das, was die meisten liberalen Definitionen der Rationalität nicht wollen.« (S. 83) Posner schließt sich hier der Sicht von Holmes, den er auch zuvor schon zitiert hat, an und erweitert sie zugleich: »Ich halte Gewalt, so weit als möglich durch gute Manieren gemilderte Gewalt, für die *ultima ratio*, und ich sehe zwischen zwei Gruppen, die völlig unterschiedliche Welten schaffen wollen, kein anderes Mittel der Auseinandersetzung als Gewalt.« (S. 19, Anm. 29) Dieser Schluss ist natürlich schockierend, folgt aber unweigerlich aus Posners Argumentation, und zwar aus einem Grund, den Holmes schön auf den Punkt bringt: Auseinandersetzungen zwischen »Gruppen, die völlig unterschiedliche Welten schaffen wollen«, könnten nur dann mit rationalen, nicht gewaltsamen Mitteln beigelegt werden, wenn rationale Inhalte und

Methoden unabhängig von den Programmen bestimmter Gruppen vereinbart werden können. Diese Möglichkeit jedoch schließt Posner aus, wenn er erklärt, dass Objektivität im ontologischen Sinn dem Recht (und vielem anderem) nicht zur Verfügung steht und ihm nur wissenschaftliche, replizierbare (manchmal erreichbar) sowie dialogbasierte (zufällig erreichbar) Objektivität zugesteht.

Wie schon bemerkt, die zweite und die dritte der oben angeführten Versionen von Objektivität sind im Grunde genommen gleich, was sie unterscheidet liegt nicht auf erkenntnistheoretischer, sondern auf soziopolitischer Ebene. In einer Disziplin, die auf wissenschaftliche Objektivität Anspruch erheben kann – wie zum Beispiel die Naturwissenschaften, zumindest in bestimmten ihrer Bereiche –, wird über möglicherweise bestreitbare Voraussetzungen aus historischen, fachpolitischen und gesellschaftlichen Gründen nicht debattiert. In jenen Disziplinen dagegen, die durch dialogbasierte Objektivität charakterisiert sind, finden allerorten Auseinandersetzungen statt, auch grundlegende Voraussetzungen gelten keineswegs als unantastbar. (Doch werden, worauf Posner korrekt hinweist, nicht alle gleichzeitig so betrachtet werden.) In beiden Situationen – der einen, in der potenzielle Auseinandersetzungen quasi ausgesetzt, der anderen, in der ständig Auseinandersetzungen geführt werden –, sind Streitigkeiten, wenn sie einmal ausbrechen, nur mit politischen Mitteln zu schlichten. Man kann dann ein sakrosanktes (gleichwohl angreifbares, wenn es denn jemand wagen oder auch nur daran denken würde) Grundprinzip der jeweiligen Angelegenheit anrufen (»wenn wir von Gesetzen und nicht von Menschen regiert werden wollen [...]«); oder irgendwer, der in der Position ist, damit durchzudringen, erklärt die Debatte für beendet; oder der Streit wird offiziell beigelegt durch eine Abstimmung, auf dem Verwaltungsweg (womit er bei nächster Gelegenheit von neuem ausbrechen wird), möglicherweise auch durch militärische Intervention.

In dieser (sicher nicht erschöpfenden) Liste möglicherweise »autoritativer« Aktionen spricht man eigentlich nur bei der letzten von »Gewalt«. Solange es jedoch kein neutrales Kalkül oder Prinzip gibt, auf das Streitende rekurrieren können, sind die anderen Aktionen nur weichere Versionen der letztgenannten, Beispiele für das, was Holmes als Milderung durch »gute Manieren« bezeichnet. Auf solche Milderung sollte man gewiss nicht leichtfertig verzichten, denn ohne gute Manieren – ein schwacher Ausdruck für die Bereitschaft, dem Gegner nicht den Schädel einzuschlagen – würde die Zivilisation scheitern. Das hätte, wenn es geschähe, nichts damit zu tun, was uns manche seit kurzem immer wieder sagen, was andere uns bereits sagten, als Juvenal seine dritte Satire noch nicht geschrieben hatte, dass wir nämlich den Glauben an Prinzipien und grundlegende Wahrheiten verloren hätten; nein, uns Sterblichen sind solche Prinzipien und Wahrheiten einfach nicht gegeben. Wir begingen sofort Brudermord (und Muttermord und Vatermord und Völkermord und welche Art Mord auch immer), würden wir unsere Energien nicht in Verfahren und Gewohnheiten investieren, deren Design darauf angelegt ist (wie es derzeit schick ist zu sagen), den Dialog am Laufen zu halten. Kurzum, Gewalt tritt in harten und weichen Versionen auf, und ceteris paribus ist weich besser als hart (um die übliche maskuline Metapher umzukehren, die vielen akademischen Diskursen zugrunde liegt). Allerdings nicht immer, denn alles andere bleibt nicht immer gleich. Denn in jedem Augenblick gibt es Ziele und Voraussetzungen, denen wir derart verpflichtet sind, dass es als gesellschaftlich – nicht persönlich – verhängnisvoll erscheint, wenn sie in Frage gestellt werden. Unter solchen Herausforderungen sieht es dann so aus, als sei eine weiche Reaktion – die andere Wange hinzuhalten, noch eine Seite zu schreiben – ein Verrat an unseren Werten, an unserer Verantwortung für die Welt.

An dieser Stelle wird man auf die Unterscheidung zwischen legitimer und illegitimer Gewalt kommen, eine Unterscheidung, die, wie H. L. A. Hart bemerkte, grundlegend ist für den Anspruch des Rechts, Recht zu sein und nicht Gewalt im rechtlichen Gewand. In anderer Form – wobei die Grenze anders, aber ebenso ernsthaft gezogen wird – wird diese Unterscheidung dann von denjenigen in Anspruch genommen, gegen deren Räubereien man glaubt, sich wehren zu müssen. Im Grunde – der größte Teil unseres Lebens ist dem Wunsch gewidmet, vermeiden zu können, »im Grunde« Stellung beziehen zu müssen –, im Grunde also ist unvernünftig, was der andere Kerl glaubt, und es ist illegitime Gewalt, die er anwendet, um seine Anschauungen zu verteidigen. Learned Hand, den Posner ebenfalls zitiert, sagt dazu: »Werte sind inkommensurabel. Es gibt auch Lösungen, die auf dem Wege des Kompromisses, oder *wie immer man das nennen will*, erreicht werden. Es muss eine

Lösung sein, über die sich die Leute nicht allzusehr aufregen; mehr Objektivität aber ist nicht zu erwarten.« (S. 129, Anm. 10)[4]

Mehr steht nicht zu erwarten, wenn man sich der Bedingung bewusst ist, deren strikte Anerkennung die Grundlage des pragmatistischen Denkens ist, nämlich der, wie Posner sie nennt, Heterogenität; ich würde eher von Differenz sprechen. (Dass auch der Pragmatismus seine begründende Prämisse hat, steht nicht im Widerspruch zu seinem gegen jede fundamentalistische Theorie gerichteten Ansatz, denn seine spezielle Prämisse – die Irreduzibilität der Differenz – *ist* antifundamentalistische Theorie.) In einer heterogenen Welt, einer Welt also, in der die Menschen situiert sind – in der sie mit bestimmten Absichten bestimmte Positionen einnehmen und ihre Absichten mit Blick auf bestimmte Ziele, Vorstellungen und Hoffnungen verfolgen, die sich aus bestimmten Anschauungen ergeben –, in dieser Welt ist niemand in einer universellen oder allgemeinen Situation (denn das eben wäre ja keine Situation), und deshalb kann auch keine Perspektive (ein verräterisches Wort) einen privilegierten Anspruch erheben. In dieser Welt, der Welt der Differenz, wie Posner meint, dem ich hier folge, in unserer Welt, wird die Bestimmung dessen, was ist (als Tatsache gilt) und was sein sollte, immer politisch erfolgen, und im (sicher eintreffenden) Fall, in dem verschiedene Ansätze aufeinanderprallen, werden die Mechanismen der Entscheidungsfindung ebenfalls politische sein, im persönlichen Bereich nicht anders als im institutionellen.

Wie also vollzieht man nun das Recht? »Wenn zwei soziale Vorstellungen aufeinanderprallen, welche setzt sich durch? [...] Wie entscheidet ein Richter zwischen zwei miteinander konkurrierenden sozialen Vorstellungen?« (S. 148) Posners Antwort auf diese Frage wird alle mit Besorgnis erfüllen, die eine Rechtslehre suchen, in der politische Überlegungen entweder eliminiert oder (wie bei Dworkin) zweitrangig sind. Aber sie ist unausweichlich, sofern man berücksichtigt, was der Frage vorausgeht: »Oft wird eine Entscheidung auf der Grundlage von stark verinnerlichten persönlichen Werten getroffen, und oft sind diese Werte immun gegenüber Argumenten.« (S. 148 f.) Der letztere Teil ist besonders

4 Learned Hand, »A Personal Confession«, zit. nach: *The Spirit of Liberty: Papers and Addresses of Learned Hand*, 3. Aufl., New York 1960, S. 307 (Hervorhebung von mir).

verhängnisvoll, weil das Argument, die Beweisführung, die für jeden Akteur bindend ist, und zwar unabhängig von seinen »persönlichen Werten«, angeblich der Lebensnerv des Rechts sein soll. Aber, fügt Posner umgehend hinzu, dass die persönlichen Werte eines Richters sich gegenüber Argumenten immun zeigen, bedeute nicht, dass sie unzugänglich seien für Veränderungen. Zu Veränderungen kann es kommen und kommt es auch, aber nicht auf dem Weg einer »rational durchdachten Exposition« (S. 149), sondern durch Konversion, die Posner sehr schön beschreibt als »einen plötzlichen, tief emotionalen Wechsel von einem nichtrationalen Bündel von Anschauungen zu einem anderen, das keineswegs rationaler (oft weniger rational) ist«. (S. 150)

Und was kann dieses Umschalten bewirken? Fast alles und nichts Besonderes. Anders gesagt: Es gibt keinen sicheren Weg – keine Folge formalisierbarer oder gar probabilisierbarer Schritte – zur Konversion; es gibt auch keine Mittel oder Stimuli, die »von Natur aus« zu schwach wären, eine Konversion hervorzubringen. Sie kann aus allem Möglichen folgen – aus einem zufällig gelesenen Bibelvers, einem Sturz vom Pferd auf der Straße nach Damaskus, dem unvermuteten Anblick der ersten grauen Haare –, denn wenn nur die historische und psychologische Situation passend ist, wenn die Umstände, die Druck ausüben, die geeigneten sind, kann so gut wie alles »Menschen in ihren Denkgewohnheiten erschüttern«. (S. 150)

Posners Beispiel ist die Frauenbewegung, die seiner Meinung nach zu Einfluss kam, weil »viele Frauen und einige Männer« sich veranlasst sahen, die Rolle der Frauen »in einem anderen Licht« zu sehen. Das geschah nicht, indem »ihnen unwiderleglich bewiesen wurde, dass die Situation ›wirklich‹ so ist«, sondern nur, »weil ihnen eine neue Perspektive angeboten wurde, die bei vielen einen Schock des Wiedererkennens ausgelöst hat«. (S. 150) Und auch das nicht bei allen. Da waren neue Metaphern, Analogien, revidierende Geschichtsschreibungen, Parolen (»das Persönliche ist das Politische«), die für manche Leute Offenbarungen waren (»Wir sahen einst durch einen Spiegel ein dunkles Bild«[5]), andere wiederum fanden das alles absurd und irrelevant. Wenn sich das Denken der

5 »Once I saw through a glass darkly« ist ein Bibelvers; die deutsche Version musste modfiziert werden, um die im Englischen sehr prominente Bedeutung zu tragen (Anm. d. Hg.).

Menschen, also auch der Richter, durch Konversion ändert und nicht durch rationale und logische Operationen, dann ist Veränderung etwas *Kontingentes*, und Voraussagbarkeit – die das Recht so schätzt und für sich beansprucht – eine Schimäre. Natürlich kann sich Kontingenz manchmal durchsetzen, aber nicht als Ergebnis eines Plans oder einer Kampagne, sondern durch Begriffe oder Vokabulare, die irgendwie »in der Luft« liegen und einen »Einstellungswandel« bewirken, der, wird er von einem Historiker oder Soziologen bemerkt, als etwas gesehen werden wird, das von niemandem verursacht wurde, schon gar nicht durch einen rationalen Prozess. Es ist einfach nur etwas, das früher »praktisch undenkbar« (S. 151) war und plötzlich selbstverständlich wurde. »Worauf ich hinaus will«, schließt Posner, »ist, dass es zu den großen Wendepunkten im Recht des zwanzigsten Jahrhunderts (und im gesamten Recht) nicht aufgrund von tiefen Reflexionen über den Sinn der Verfassung gekommen ist [...], sondern aufgrund veränderter Einstellungen.« (S. 152)

II.

Mit solchen Äußerungen treibt Posner seine antiessentialistische, gegen jede Grundlagentheorie gerichtete, (im strengen Sinn) antirationale, antimetaphysische und tief pragmatistische Sicht des Rechts auf die Spitze. Und ich muss wohl kaum eigens darauf hinweisen, dass ich ihm in fast jedem Punkt zustimme. Wenn ich mir die voranstehenden Seiten ansehe, habe ich keinen großen Wert darauf gelegt, meine Darstellung von Posners Argumentation von meinen eigenen Überlegungen deutlich zu trennen. Natürlich habe ich ein paar kleinliche Anmerkungen, aber nicht mehr; doch jetzt werde ich so kleinmütig sein und sie erproben.

Wenn Posner sagt, ein »Gerichtsurteil sticht normalerweise sogar eine besser begründete akademische Untersuchung aus, weil das Recht so viel Wert auf Beständigkeit legt« (S. 95), dann, so scheint mir, schreibt er dem »rationalen Denken« ein Privileg, eine Unabhängigkeit zu, die er ihm andernorts verweigert. Müsste man, im Sinn seiner ganzen Argumentation »besser begründet« nicht durch »anders begründet« ersetzen? Müsste man damit nicht anerkennen, dass der Wunsch nach Stabilität selbst ein Grund ist, und als solcher nicht besser und nicht schlechter als alle akademischen Gründe, die im Kontext institutioneller Normen geltend gemacht werden? Und wenn Posner den »Ansatz des offensichtlichen Sinns« kritisiert, der »kommunikative Absicht und breitere Zielsetzungen« von Gesetzesbestimmungen als Argumente ausschließt, dann geht er offensichtlich davon aus, dass ein solcher Ausschluss möglich wäre, dass man Texte auf eine Weise lesen könne, die Zwecke und Ziele ausklammert, die nicht schon »im« Schriftstück seien. Aber Sprache lässt sich (wie ich anderswo ausführlich erörtert habe) nur auslegen, wenn man einen Zweck und eine Absicht unterstellt. Kein Lesen endet da, wo der offensichtliche Sinn erfasst ist, denn schon dieser wird sich im Licht intentionaler Umstände gebildet haben, von Zielen, die Akteure verfolgen, die im wirklichen Leben situiert sind. Was verschiedene Arten zu lesen unterscheidet, ist nicht, dass die eine Lesart den kommunikativen Zweck einkalkuliert, die andere dagegen nicht; der Unterschied besteht zwischen verschiedenen Lektüren, die sich im Licht unterschiedlicher kommunikativer Zwecke vollziehen. Formalistische (rechtspositivistische) oder buchstabengetreue Interpretationen sind nicht nur nicht zu empfehlen (was Posner im Sinn zu haben scheint), sondern sie sind schlicht unmöglich.

Um zum Ende dieser kurzen Liste gelegentlicher, nicht schwerwiegender Ausrutscher zu kommen, muss ich noch anmerken, dass es im Kontext dieses inspirierenden Buches nicht angeht, die »Überzeugung durch Rhetorik« den »kühlsten Formen der rational begründeten Exposition« (S. 149) gegenüberzustellen. Eine rational begründete Exposition (die in verschiedenen Fachdisziplinen zu verschiedenen Zeiten auch verschiedene Formen annimmt) ist selbst eine Spielart der Rhetorik, kühler vielleicht, wenn die Hitze der Rede in Dezibeln gemessen wird, aber angetrieben von einer Vorstellung, die nicht weniger parteilich und anfechtbar ist als die Vision, die jede rhetorische Leistung beflügelt, die diesen Namen verdient.

Wie ich (schon zweimal) betont habe, haben diese Meinungsverschiedenheiten mit Posner wenig Gewicht. Doch sollte diese Bemerkung nicht als Hinweis darauf verstanden werden, dass ich keine wirklichen Probleme mit diesem Buch hätte, denn es enthält eine anfangs kaum spürbare, in seiner zweiten Hälfte aber deutlich sichtbare Tendenz, und zwar eine, die, wie ich meine, in nun doch schwerwiegendem Widerspruch zu Posners stärksten Einsichten steht. Ich möchte versuchen, meine Kritik bündig zusammenzufassen, indem ich an die Stelle zurückkehre, an der er erklärt, von den drei Spielarten der Objektivität sei die dritte – nämlich die dialogbasierte – in der Rechtsprechung zwar zu erreichen, dann sofort einschränkend hinzufügt, »das« habe »nicht viel zu sagen«. (S. 31) Auf den folgenden Seiten aber gewinne ich eher den Eindruck, als folge ihm zu viel daraus, »das« gesagt zu haben. Tatsächlich, scheint mir, ist *alles*, was aus der »dialogbasierten Objektivität« folgt, zu viel, denn in Posners Folgerungen zeigt sich, dass er eine pragmatistische Darstellung des Rechts mit einem pragmatistischen Programm verwechselt.

Eine pragmatistische *Darstellung* des Rechts befasst sich mit der Frage, wie Recht funktioniert und gibt, wie ich meine, die richtige Antwort: Recht funktioniert nicht so, dass zunächst ein übergeordnetes Prinzip oder ein logisches Kalkül oder eine maßgebende Offenbarung identifiziert wird und man sich dann darauf stützt. Vielmehr geht es darum, mit wackligen und heterogenen Mitteln zu versuchen, politische Lösungen für Auseinandersetzungen zu finden, Lösungen, die in unpolitischen und abstrakten Begriffen (Gerechtigkeit, Gleichheit usw.) gefasst werden müssen. (Diesen Anspruch erhebt das Recht, und die Öffentlichkeit kann das auch einfordern.) Gemessen an den Standards, die für festgelegte und prinzipiengeleitete Prozeduren gelten sollen, versagt das Recht kläglich (das ist der Vorwurf, der von den *Critical Legal Studies* erhoben wird); gemessen am pragmatistischen Standard aber – so unbefriedigend dieser für Positivisten, Objektivisten wie auch für Dekonstruktivisten sein mag – kommt die Rechtsprechung zurecht und erhält sogar gute Noten, weil sie *funktioniert*. Ein pragmatistisches *Programm* dagegen fragt: »Was folgt aus der pragmatistischen Darstellung?«, und findet darauf auch eine Antwort. Aber mit ebendieser Antwort wird der Pragmatismus seinem eigenen Grundsatz untreu (nämlich dem, keinen zu haben) und verwandelt sich, ohne es zu merken, in den Typus von fundamentalistischer Theorie und essentialistischer Doktrin, den er ablehnt.

Posners Antwort – sein Programm – hat die Form eines auf der Seite der Wissenschaft stehenden Empirismus, der ganz offensichtlich mit der Tradition des Rechtsrealismus zu tun hat. Anzeichen für eine »realistische« Position tauchen schon frühzeitig auf, wenn er im Laufe seiner Darlegung der Absicht, die er mit dem Buch verfolgt, die Brauchbarkeit der Interpretation als Erklärungskonzept anzweifelt und erklärt, »Wir täten besser daran, diesen Begriff auszurangieren«. (S. 31) Nun ist es ein beliebtes Verfahren rechtsrealistischer Polemik, Begriffe und alles mögliche andere auszurangieren, und niemand hat sie besser beherrscht als Felix Cohen.[6] Voller Hohn lässt der sich über den Begriff der Korporation aus: Eine Rechtsabstraktion sei das, eine fiktive Größe. Wo, fragt er, wo denn sehen wir so etwas wie eine Korporation? Und erwidert: Dies sei »keine Frage, die sich durch empirische Beobachtung beantworten lässt«. (S. 810) Ebenso wenig eine Frage, fährt er fort, deren Beantwortung »eine Analyse politischer Überlegungen oder gesellschaftlicher Ideale erforderlich macht. Sie hat den gleichen metaphysischen Status wie die Frage, mit der sich die Scholastiker so ausgiebig beschäftigt haben sollen, nämlich: ›Wie viele Engel haben auf einer Nadelspitze Platz?‹«[7] Kurz, die Frage richte sich auf ein spekulatives, mythisches Nichtobjekt, beruhe auf Aberglauben und nicht auf Beobachtung und verhindere so, die Dinge zu sehen, wie sie wirklich sind. Leider sei das Recht (noch) keine Wissenschaft und verfalle deshalb dem Reiz von »Mythen, die auf die Einbildungskraft Eindruck machen [...], wo exaktere Diskurse das Denken kaltließen«.[8] Was dabei herauskomme, klagt Cohen, sei ein zirkuläres Rechtsdenken, in dem die Begriffe des Gewerbes miteinander interagieren, »ohne auf dem Boden verifizierbarer Tatsachen Ruhe zu finden«.[9]

Das Mittel, diesen bejammernswerten Zustand aufzuheben, ist in der Anklage enthalten: Schafft die magischen, aber substanzlosen Worte ab, aus denen das Vokabular der Jurisprudenz besteht, und wir werden einen unverstellten Blick auf Situation und Probleme gewinnen, mit denen wir uns dann wirklich beschäftigen können. Würden Ausdrücke wie »Eigentum« und »ordentliches Gerichtsverfahren« »in nichtrechtlichen Begriffen definiert« – definiert also in einem deskriptiven Vokabular, das wirklich Bezug hat zu »empirischen sozialen Tatsachen« –, kämen wir in die Lage, »die

6 Felix S. Cohen, »Transcendental Nonsense and the Functional Approach«, in: *Columbia Law Review* 35 (Juni 1935), S. 809-48.

7 Ebd., S. 809 f.

8 Ebd., S. 812.

9 Ebd., S. 815, 814.

klassischen theologischen Rechtsbegriffe durch realistische, wissenschaftlich-rationale Darstellungen von rechtlichen Ereignissen zu ersetzen«.[10] Befreiten wir uns von »übernatürlichen Gebilden, die, es sei denn, man glaubt daran, keine verifizierbare Existenz haben«, könnten wir schließlich mit der »tatsächlichen Erfahrung«[11] in Berührung kommen. Sobald das geschehen sei, wenn uns »statistische Methoden« nahe genug an die »wirklichen Tatsachen des richterlichen Verhaltens«[12] herangeführt hätten, werde der »realistische Anwalt« oder Richter in der Lage sein, sich über alle Verzerrungen »zu erheben«, die sich durch »seine eigene moralische Voreingenommenheit« und durch die »moralische Voreingenommenheit des Autors der Rechtslehre, die er zu Rate zieht«,[13] ergeben. Er werde sich nicht länger »durch seine eigenen Worte zum Narren halten« lassen,[14] und auch nicht durch Worte von irgendwem anderen.

An diesen Zitaten (die sich ohne weiteres aus Schriften von Jerome Frank und anderer früher Realisten ergänzen ließen) sehen wir, dass die wesentliche Geste des Realismus aus zwei, möglicherweise in sich widersprüchlichen Teilen besteht: Löse dich zunächst vom Mythos der Objektivität, wie er in hoch tönenden, aber leeren Rechtsbegriffen (der Herrschaft des Gesetzes, der Neutralität eines ordentlichen Gerichtsverfahrens) verkörpert ist, und ersetze ihn dann durch den Mythos der »wirklichen Tatsachen« oder des »exakten Diskurses« oder der »wirklichen Erfahrung« oder einer »wissenschaftlich-rationalen Darstellung« – will sagen, gehe von einem Essentialismus, der mit Naturrecht oder begrifflicher Logik identifiziert wird, zu einem anderen über, der im strengen Empirismus der Sozialwissenschaften gesehen wird.

Auf das Problem dieser Abfolge hat vor langer Zeit bereits Roscoe Pound hingewiesen, der vielen Beobachtungen der Realisten eine gewisse Überzeugungskraft zubilligte, sich dann aber »skeptisch« zeigte hinsichtlich des Vertrauens »in die Fähigkeit, eine unangreifbare Grundlage zu finden, die frei ist von Illusionen und die der neue Realist von den mit Illusionen infizierten Juristen der

10 Ebd., S. 820 f.

11 Ebd., S. 822.

12 Ebd., S. 833.

13 Ebd., S. 841.

14 Ebd.

Vergangenheit als einzige übernimmt«.[15] Wenn man sich anschaut, mit welcher Insistenz Realisten auf die Unvermeidbarkeit von Voreingenommenheiten, auch auf die Werthaltigkeit menschlichen Tuns hinweisen, wird man den Rückgriff auf die Ebene des nicht interpretationsbedürftigen *factum brutum*, gelinde gesagt, fragwürdig finden, ebenso die Annahme, wir könnten, hätten wir uns des besonderen Vokabulars unserer Rechtskultur entledigt (würden uns nicht durch unsere eigenen Worte zum Narren halten), sehen, wie die Dinge wirklich (nämlich unabhängig von jedem diskursiven System) sind. Voller Verachtung behandeln Cohen und Frank das theologische Denken und den Glauben, und sind doch selbst, wie Pound bemerkt hat, Gefangene eines Glaubens und der Illusion – sofern dies das richtige Wort ist –, die mit jenem einhergeht.

Natürlich ist Illusion *nicht* das treffende Wort, denn um davon reden zu können, müsste es einen Standpunkt geben, der weder von metaphysischen Wesenheiten noch von apriorischen Wertsetzungen kontaminiert ist. Doch, wie gerade die Realisten (und Posner mit ihnen) in ihren lichteren Momenten sagen: Es gibt keinen solchen Standpunkt, keinen Bereich reiner, unvermittelter Erfahrung, keine neutrale Beobachtersprache, um jene zu beschreiben. Der Anwalt oder der Jurist, der den Schritt von dem im Recht kodifizierten Begriffsapparat zum Apparat statistischer Methoden und zur behavioristischen Psychologie macht, tauscht nicht die von besonderen Perspektiven abhängigen Tatsachen eines künstlichen diskursiven Systems gegen wirkliche, ungeschminkte Tatsachen, sondern Tatsachen, die in einem diskursiven System – einer anfechtbaren Artikulation der Welt – entstehen, gegen Tatsachen oder Sachverhalte, die einem anderen System entspringen. Das heißt nicht, es gäbe keine Kategorie des Realen, doch ist, was sie füllt, stets abhängig von der wirksamen Macht des Vokabulars einer Disziplin oder einer gesellschaftlichen Gruppe. Würde man sich, wie die Realisten wollen, vom besonderen Jargon des Rechts lösen, fände man sich gleichwohl nicht auf dem gereinigten Boden einer erkenntnistheoretischen Revolution wieder (»jetzt aber von Angesicht zu Angesicht«), sondern auf dem bereits besetzten Boden einer anderen Vorgehensweise, die nicht weniger speziell,

15 Roscoe Pound, »A Call for a Realist Jurisprudence«, in: *Harvard Law Review*, 44 (März 1931), S. 699.

auch nicht weniger verfangen ist in Anliegen und Interessen, die sie weder benennen noch erkennen kann.

Die Lektüre von *The Problems of Jurisprudence* hat bei mir den Eindruck hinterlassen, dass Posner sich mit dem im vorigen Abschnitt Gesagten im Großen und Ganzen einverstanden erklären würde. So tief, wie er in die Werke von Peirce, Wittgenstein, Kuhn, Rorty und Gadamer (ganz zu schweigen von Fish) eingestiegen ist, sollte er den Verlockungen des empiristischen Essentialismus widerstehen können. Aber er kann es nicht. Am Ende des Kapitels über das praktische Denken beklagt er sich, das Recht schleppe noch immer zu viel Begriffsgepäck mit sich herum, und hofft, dass sich die Lage bessern werde, »wenn das Recht sich zu einem einfachen Funktionalismus oder Konsequentialismus bekennen würde« – zu dem Programm also, das Recht genau definierten sozialen Zielen anzupassen, denen es sich bewusst unterordnet:

> Nehmen wir an, Rechtslehren und rechtliche Institutionen hätten nur praktische Ziele. Das Ziel eines neuen Konkursrechts zum Beispiel könnte es sein, die Zahl der Konkurse zu senken. [...] wenn das Gesetz dieses Ziel nicht erfüllt [...], dann wird es außer Kraft gesetzt. Das Recht würde zu einer Methode der Sozialtechnik und seine Strukturen und seine Gestaltung könnten objektiv evaluiert werden, ungefähr so, wie es bei Bauingenieuren der Fall ist. Das wäre ein Triumph des Pragmatismus. (S. 122)

Eine vielschichtige Äußerung, die mehrere Argumente im Blick hat, welche Posner später bearbeitet, auch das (maßvoller als erwartet ausfallende) Argument für die ökonomische Analyse des Rechts. In seinem Kapitel über diesen Ansatz spielt Posner noch einmal die bekannte These durch, dass, selbst wenn das Recht seine Funktionsweise nicht in ökonomischen Begriffen beschreibt, seine Geschichte zeigt, dass rechtliches Handeln von ökonomischen oder ähnlichen Begriffen bestimmt wird, ob die rechtlichen Akteure es wissen oder nicht. Es ist, als ob irgendwo tief drunten, im Bereich des stillschweigenden und nicht expliziten Wissens, »die Richter die Regeln und Prozeduren übernehmen und befolgen und zu den Urteilen kommen *wollten*, die den Wohlstand der Gesellschaft vergrößern«. (S. 356) »Wenn Richter eine andere Sprache sprechen, während sie ökonomische Dinge tun, dann sollte uns das nicht mehr überraschen als das Tun von Geschäftsleuten, die Grenzkosten und Grenzerlöse vergleichen, ohne diese Begriffe zu benutzen und oft auch ohne überhaupt nur zu wissen, was sie bedeuten«. (S. 372 f.)

Hier treffen sich Posners erklärter Pragmatismus und seine frühere Parteinahme für die Recht-und-Ökonomie-Bewegung. Wenn er sagt, das Ziel jeder Rechtslehre sollte praktisch sein, dann meint er (auf gut realistische Art), die Rechtslehre sollte so rekonzeptionalisiert werden, dass sie mit den Grundtatsachen des Lebens im Einklang steht – und also in der Sprache von Recht und Ökonomie verfasst sein, denn in seiner Sicht ist dies die Sprache der wirklichen Motive und tatsächlichen Ziele. Wenn es »das Ziel pragmatischer Analysen ist, die Diskussion abzubringen von semantischen und metaphysischen Fragen und für faktische und empirische Fragen zu öffnen« (S. 387), dann wären die pragmatische Analyse und das pragmatische Programm von Erfolg gekrönt, wenn Rechtsbegriffe durch ökonomische Begriffe ersetzt sind oder wenn »die positive Wirtschaftstheorie des Rechts unter eine umfassendere Theorie – vielleicht, aber nicht notwendigerweise, eine ökonomische Theorie – des Verhaltens subsumiert wird, das wir Recht nennen«. (S. 374)

Möglich ist das schon. Aber auch dann werden wir der Semantik (den bloß verbalen Größen) und der Metaphysik (den auf dem Glauben beruhenden Erklärungen dessen, was ist) nicht entkommen, sondern uns nur an neue Versionen davon hängen. Wie oft bemerkt wurde, sind »Wohlstandsmaximierung«, Effizienz, Pareto-Superiorität, der Kaldor-Hicks-Test und alle anderen Elemente, auf die sich die Recht-und-Ökonomie-Bewegung stützt, sämtlich befangen in metaphysischen Annahmen und kontroversen Vorstellungen über die Welt, wie sie ist oder wie sie sein sollte. Ein Wandel, wie er Posner wohl vorschwebt, würde nicht zu Methoden führen, die der objektiven Bewertung zugänglich sind, sondern zu Methoden, die keine festere Grundlage haben als die rundum anfechtbaren Voraussetzungen, die sie »autorisieren«. Außerdem, und noch wichtiger: Sollte dieser Wandel eintreten, käme dabei nicht ein empirisch besser verwurzeltes Recht heraus, sondern überhaupt kein Recht. Es würde aufhören, als distinkter und besonderer Bereich der Forschung und des Handelns zu existieren; eine Unternehmung einer bestimmten Art wäre aus der (selbst nicht fixierten, sondern formbaren und revidierbaren) Welt der Unternehmungen ausgeschieden.

Zur Debatte steht hier das Wesen des Wunsches, auf den das

Recht eine Antwort ist. In Posners Sicht (obwohl er das so nicht sagt) kann das Recht auf einen Wunsch reagieren, der sich pragmatisch definieren lässt (der Wunsch, Konkurse zu verhindern, oder der Wunsch, die Integrität der Familie zu schützen). Wenn man dieser Auffassung ist, ist es auch sinnvoll, zu sagen, die Formen und das Vokabular des Rechts sollten mit diesem Wunsch zusammenpassen, und man sollte sie kritisieren, wenn sie es nicht tun. Ich allerdings würde den Wunsch, aus dem Recht entsteht, anders, (in einem locker gefassten Sinn des Wortes) philosophischer beschreiben. Recht entsteht, weil die Menschen Voraussagbarkeit, Stabilität, gleichen Schutz für alle, Gerechtigkeit usw. wünschen und weil sie glauben wollen, dass es möglich ist, diese Dinge zu erhalten, indem unparteiische Verfahren eingesetzt werden. Diese unvollständige Liste von Wünschen und Forderungen, die zur Entstehung des Rechts führen, ist mehr oder weniger identisch mit der Liste dessen, was Posner im Verlauf seines Buchs entlarvt: erst Objektivität und dann feste Regeln, wertfreie Urteile, unpersönliche Zwänge, das Recht auf Privatheit, Willensfreiheit, Präzedenz, Intention, Geist, richterliche Zurückhaltung (*judicial restraint*) usw. Mehrfach bezeichnet er sich als jemanden, der seine Aufgabe darin sieht, diese Begriffe im Dienst »des Kampfs gegen metaphysische Entitäten im Recht« (S. 185) zu »entmystifizieren« (S. 184), und er äußert sich abschätzig über die Illusionen, Prätensionen und falschen Vorstellungen, mit denen sich die Menschen in unserer Rechtskultur selbst täuschen.

Was jedoch bei diesem Kampf herauskäme (sollte er oder irgendwer sonst damit Erfolg haben), wäre kein aufgeräumtes und gereinigtes Begriffsuniversum, sondern ein Universum, dem die Requisiten, die vorhanden sein müssen, wenn das Recht überzeugend als begründet gelten soll, genommen wären. Das Rechtssystem wird nur funktionieren – nicht im realistischen oder ökonomischen Sinn, sondern im Sinn einer Reaktion auf die Wünsche und Forderungen, die der Grund dafür sind, dass es Recht überhaupt gibt –, wenn wir die metaphysischen Begriffe beibehalten, die Posner abschaffen will. Wenn uns die Geschichte unseres Lebens mit dem Recht etwas sagen will, dann, dass wir sie behalten *werden*, ganz gleich, was ökonomische oder dekonstruktive Analysen leisten werden.

Ganz wohl scheint es Posner dabei nicht zu sein; dort zum Beispiel, wo er dem Einwand begegnet, ein behavioristisches Vokabular (dem er den Vorteil zuschreibt, »fiktive« Größen wie Geist, Intention, Gewissen und Schuld zu eliminieren) würde »dem Recht [...] die Moral und seinen besonderen menschlichen Inhalt nehmen« (S. 178); er sagt dazu:

> Es gibt keinen [...] Grund zu befürchten, dass philosophische Spekulationen die Achtung vor dem Gesetz, geschweige denn seine Einhaltung, in irgendeiner Weise affizieren [...]. Philosophen, die an den Determinismus glauben, verhalten sich in ihrem persönlichen Leben genau so wie andere Menschen. Wenn Freiheit eine Illusion ist, dann ist sie eine von den Illusionen [...], die wir nicht loswerden, egal was wir sonst glauben. (S. 178)

Das ist ganz richtig, aber nicht, weil Menschen (wie Posner nahelegt) unbelehrbar an ihren »Illusionen« hängen, sondern weil es jeweils ganz unterschiedliche Zwecke und Absichten sind, die uns dazu bewegen, uns entweder mit der Philosophie des Geistes zu beschäftigen oder Recht anzuwenden oder es zu machen; es gibt keinen Grund zu vermuten, dass ein Schluss, zu dem man auf dem einen Gebiet kommt, Einfluss auf zentrale Annahmen des anderen hat. (Davon später mehr.) Im Recht geht es wesentlich um Dinge wie Gewissen, Schuld, persönliche Verantwortung, Gerechtigkeit, Unparteilichkeit, und keine aus einer anderen Fachdisziplin importierte Analyse, die »beweist«, dass es all das gar nicht gibt, wird sie aus unserer Rechtskultur entfernen – es sei denn, die Gesellschaft entschiede sich, eine Rechtskultur als einen Luxus zu betrachten, auf den sie verzichten kann.

Was Posner die »Illusionen« nennt, mit denen Menschen, die im öffentlichen Leben handeln, ihre Rollen abstützen, sind in Wirklichkeit die Annahmen (die nicht mehr und auch nicht weniger angreifbar sind als andere), die diese Rollen konstituieren. Nimmt man sie weg (keine leichte Aufgabe, wie Posner zugibt), dann beseitigt man auch die Rollen und die Vorteile, die sie für das Individuum und die Gesellschaft haben. Posner ist zuzustimmen, wenn er sagt, »die meisten Richter glauben, ohne Beweise dafür zu haben (in Wirklichkeit angesichts drückender Beweise...), dass die Effektivität des Gerichtswesens vom Glauben des Publikums abhängt, dass Richter das Recht nicht machen, sondern finden«. (S. 190) Das impliziert, dass dieser Glaube besser begründet wäre, könnte man unabhängige Beweise für ihn beibringen. Tatsächlich aber ist dieser Glaube selbst grundlegend und konstitutiv für eine Art Vertrag zwischen Rechtswesen und Öffentlichkeit, demzufolge jede Seite glaubt, was die andere Seite über sich selbst glaubt, woraus dann eine Welt entsteht, in der sich Erwartungen und ein Sinn für gegenseitige Verantwortung wechselseitig bestätigen, ohne dass dem von außen nachgeholfen werden müsste. Und wenn Richter »sich und andere« davon überzeugen, »dass ihre Entscheidungen durch das Gesetz diktiert sind« (S. 193), dann ist diese Überzeugungsarbeit nicht eine bewusste, strategische Selbsttäuschung, sondern hat mit dem Gebiet, mit den Erfahrungen zu tun, die man während des Jurastudiums, der praktischen Arbeit und eines Lebens im Gerichtssaal macht. Dabei ergibt sich nicht, wie Posner will, ein »falsches Gefühl des Gebundenseins« (S. 193), sondern ein Gefühl, das von der Mitgliedschaft in einer Gemeinschaft, aus deren (tief verankerten) Annahmen man seine Identität bezieht, untrennbar ist. Wie ich bereits sagte, Posner weiß das alles, er weiß sogar, dass die Fiktionen, die er entlarvt, notwendig sind, dass »der Glaube, Richter stehen unter dem Zwang des Gesetzes, ein tief sitzender Zug unserer Rechtskultur ist« (S. 194), und dass sich diese »Situation nicht ohne grundlegende *und nicht unbedingt wünschenswerte* Veränderungen des politischen Systems ändern wird«. (S. 193)

III.

Vielleicht weiß Posner sogar etwas noch Tieferes, ahnt zumindest, dass die Forderung, ein pragmatistisches Programm aufzustellen, um die Rechtskultur zu entmystifizieren und den Schutt von Begriffssystemen wegzuräumen, die aus dem Glauben kommen, im Widerspruch steht zur Einsicht in die Heterogenität der Verhältnisse sowie in die Differenz als dem Zustand, der sich nicht überwinden lässt, indem man sich auf einen felsenfesten Untergrund aus empirischen sozialen Tatsachen bezieht. Denn dieser ist, nicht anders als die Tatsachen, die als seine Bestandteile gelten, eine interpretative Konstruktion, ein Erraten der Besonderheiten der Welt aus reiner Vorstellungskraft heraus, das letztendlich auf nichts Stärkerem beruht als auf seiner eigenen Überzeugungskraft. (Wobei diese von der Anzahl der Wünsche abhängt, die die betreffende Geschichte befriedigen kann.)

Pragmatismus, habe ich gesagt, verwandelt sich, sobald er Programm wird, in ebendie essentialistische Position, die er überwinden will. Als Darstellungsform der Kontingenz und von Vereinbarungen, die im Dialog und nicht ontologisch fundiert sind, kann Pragmatismus sich nicht als eine neue und bessere Grundlage für unsere Arbeit empfehlen, ohne sich in Widersprüche zu verwickeln. Wenn die pragmatistische Darstellung richtig ist, dann sind wir ohnehin alle immer schon Pragmatisten. Man mag noch so groß in der Sprache einer fundamentalistischen Theorie daherreden, fundamentalistische Theorie bleibt Rhetorik – ein Gebäude, das auf Voraussetzungen aufbaut, die jederzeit angefochten werden können. Darum ist solches Reden nicht weniger provisorisch und angreifbar als das, »welches zugegebenermaßen auf momentanen Einfällen beruht«. (S. 48) Doch selbst unter dieser Bedingung – wenn Kontingenz und Heterogenität der Werte öffentlich vertreten werden – ändert sich unser Handeln nicht. Das Bewusstsein der Kontingenz verhilft uns weder dazu, sie zu beherrschen (als könnte das Wissen um eine unentrinnbare Situation uns in die Lage versetzen, ihr zu entkommen) noch auch nur besser mit ihr umzugehen (ein ziemlich inkohärenter Gedanke). Wenn eine pragmatistische Darstellung des Rechts (oder irgendeines anderen Gebiets) zeigt, dass die Praxis weder von übergeordneten Prinzipien noch von einer unfehlbaren unpersönlichen Methode noch von einer neutralen Beobachtersprache untermauert ist, dann gibt es weiter nichts zu sagen (»zu sagen, man sei Pragmatist, heißt nicht viel« [S. 28]) und auch keine Richtung, in die man *unbedingt* gehen müsste. Man gelangt von einer pragmatistischen Darstellung mit ihrer Betonung des unaufhörlichen Konstruierens, des endlosen, unvorhersehbaren Erreichens und immer wieder Erreichens dialogbasierter Objektivität gewiss nicht zu der schönen neuen Welt, in der Konstruktionen endlich abgeschafft sind. Nimmt man den gegen jede fundamentalistische Theorie gerichteten Ansatz des Pragmatismus wirklich ernst (eine Haltung, die Posner wegen seines Empirismus letzten Endes nicht zu Gebote steht), wird man sehen, dass mit ihm absolut nichts anzufangen ist.

Dieses Argument verortet mich in einer Minderheitsposition im pragmatistischen Lager, denn die meisten *Verfechter* des Pragmatismus (von denen ich nie einer war) sind der Meinung, aus der pragmatistischen Argumentationsweise müsse etwas folgen;

es müsse, wie es im Titel eines Buches von Richard Rorty heißt, »Konsequenzen des Pragmatismus« geben.[16] Rorty denkt das auch, obwohl es zuzeiten so aussieht, als stünden die Konsequenzen, die er sieht, in einer so lockeren Beziehung zum Pragmatismus, dass dem nicht viel Bedeutung beizumessen ist. Dennoch verbindet er mit dem Triumph des Pragmatismus häufig zumindest eine Hoffnung. Es ist nicht Posners Hoffnung auf eine »sozialtechnische Methode, [...] die der objektiven Bewertung offensteht« (S. 122), sondern die Hoffnung, dass, wenn wir die Suche nach einer solchen Methode aufgäben und sie als eine Investition abschrieben, die sich nicht bezahlt gemacht hat, wir von der (vergeblichen) Suche nach »metaphysischem Trost«[17] ablassen und uns stattdessen dem Trost zuwenden, den wir uns als menschliche Wesen, die wir alle im selben antifundamentalistischen Boot sitzen, selbst geben können: »Letzten Endes sagen uns die Pragmatisten, das, worauf es ankomme, sei die Loyalität zu anderen Menschen, die sich im Dunkeln aneinanderklammern, und nicht unsere Hoffnung, die Dinge richtig zu sehen.«[18]

Würde man also aufhören, Anschauungen und Bemühungen *anderer* Leute nach einem Maßstab des absolut Richtigen schlechtzumachen, könnte man mehr Zeit darauf verwenden, sich mit diesen Anschauungen wohlwollend auseinanderzusetzen und diese Bemühungen schätzen zu lernen. Wer das tue, so Rorty, werde eine speziell pragmatistische Fähigkeit immer weiter ausbilden, nämlich »phantasievolles Einfühlungsvermögen«, das »Vermögen, sich die wirkliche und mögliche Demütigung anderer vorzustellen«, sowie den »Wunsch, sie zu verhindern«.[19] Man erwirbt diese Fähigkeit, obwohl sie in mancher Hinsicht eine Antimethode ist, weil es bei ihr um die Vermehrung der Perspektiven und nicht um ihre Verengung auf eine einzige wahre und richtige geht, durch eine Technik, die methodischen, wenn nicht methodologischen Charakter hat: man praktiziert »Neubeschreibung«, nicht in Richtung auf Wahrheit, sondern in der Bereitschaft, andere Vokabulare auszuprobieren, »um unser Verständnis des ›Wir‹ so weit auszudehnen, wie wir

16 Richard Rorty, *Consequences of Pragmatism*, Northfield 1982.
17 Ebd., S. 166.
18 Ebd.
19 Richard Rorty, *Kontingenz, Ironie und Solidarität*, Frankfurt/M. 1989, S. 158 f.

nur können«.[20] »Wir sollten Ausschau halten nach marginalisierten Gruppen, die wir instinktiv noch immer unter ›sie‹ einordnen, nicht unter ›wir‹. Wir sollten versuchen, unsere Ähnlichkeiten mit ihnen zu sehen.«[21] Auf diese Weise könnten wir vielleicht einen »größeren Sinn für Solidarität schaffen als der, den wir gegenwärtig haben«.[22] In diesem Prozess, hofft Rorty, wird die Philosophie ihre Orientierung an der Wahrheit verlieren und zu einer der »diversen Techniken« werden, »unser Vokabular moralischer Überlegungen neu zu weben, damit es neue Überzeugungen aufnehmen kann (zum Beispiel, dass Frauen und Schwarze mehr können, als weiße Männer gedacht hatten; dass Besitz nicht heilig, dass Sexualität eine Privatangelegenheit ist)«.[23]

Mein Problem mit Rortys Formulierungen lässt sich an diesem letzten Satz festmachen. Rorty schreibt, es gebe eine allgemeine unspezifische Fähigkeit, die uns, sofern wir sie immer weiter ausbildeten, zu Menschen mache, die sehen, dass Frauen und Schwarze mehr können, als weiße Männer ihnen zutrauen, dass Eigentum nicht heilig und Sexualität Privatsache ist. Ich dagegen ziehe die umgekehrte Richtung vor: Zuerst wird eine Frage aufgeworfen, die sich im wirklichen Leben stellt und die Männer und Frauen bedrängt, die in öffentlichen oder privaten Kontexten Entscheidungen treffen oder handeln, und dann werden im Verlauf von Diskussionen oder kraft eines neuen und fesselnden Vokabulars, oder angestoßen durch Äußerungen einer besonders verehrten Person oder durch tausend andere kontingente Interventionen, einige die Situation auf neue, ganz andere Weise sehen. Diese Erfahrung einer »Konversion« ist keiner besonderen Fähigkeit zuzuschreiben, die etwa durch die regelmäßige Praxis der Neubeschreibung – oder Übungen in Empathie – erworben wird. Zuzuschreiben ist sie der (kontingenten) Tatsache, dass ein bestimmtes Argument, ein Zeugenbericht, ein bevorzugter Vergleich oder auch nur ein Sonnenstrahl, der im richtigen Moment durchs Fenster schien, bei dem oder jenem augenblicklich »gegriffen«, gewirkt hat.

Worauf ich hinaus will: Solche Augenblicke, die (wenn auch, wie ich fürchte, nur ungenau) beschrieben werden könnten als

20 Ebd., S. 316.
21 Ebd., S. 316 f.
22 Ebd., S. 317.
23 Ebd.

Phänomene der Anteilnahme, lassen sich nicht planen, auch nicht dadurch vorbereiten, dass man eine besonders empathische Ader entwickelt. Das führt mich dazu, Fishs erstes Gesetz der Toleranzdynamik zu verkünden (Toleranz ist Rortys pragmatistische Tugend, bei Posner ist es die kontextuelle Klarheit): *Toleranz wird ausgeübt im umgekehrten Verhältnis dazu, ob etwas auf dem Spiel steht.* Wenn ich Vorträge über John Milton höre, lausche ich mit einer Aufmerksamkeit, die sich auch auf mein eigenes, früher veröffentlichtes Werk erstreckt, auf den Platz, den dieses Werk im Feld der Milton-Studien einnimmt, auf aktuelle Projekte usw. Und deshalb stimme ich beim Zuhören (nicht nachdem ich zugehört habe) *unwillkürlich* zu (»sehr richtig«), missbillige etwas (»nicht schon wieder diese alte Leier«), ärgere mich (»hat mich völlig falsch verstanden«) oder zeige andere Reaktionen, die zu erwähnen zu peinlich wäre. Höre ich dagegen einen Vortrag über George Eliot, dessen Romane ich gelesen, über die ich aber nichts geschrieben und zu denen ich mir auch keine explizite Meinung gebildet habe, höre ich anders zu und kann mich ganz entspannt dem Vergnügen hingeben, interpretative Fähigkeiten anderer vorgeführt zu bekommen. Höre ich verschiedene Vorträge nacheinander, lasse ich mich vielleicht von einem nach dem anderen überzeugen, fühle mich aber nicht verpflichtet, ein Urteil der Art abzugeben, wie Vortragende dies untereinander tun. Im zweiten Szenario bemüßige ich mich offenbar einer größeren Toleranz, verhalte mich auch empathischer als im ersten, tue das aber deshalb, weil ich bei George Eliot nichts investiert habe, während mein Investment in Milton seit zwanzig Jahren gewachsen und mittlerweile untrennbar verbunden ist mit dem Gefühl für meine Karriere, also auch mit dem Gefühl für mich selbst.

Das Beispiel zeigt, denke ich, dass Toleranz (oder, wem das lieber ist, Anteilnahme) keine eigenständige Fähigkeit ist, keine kontextunabhängige Tugend, sondern eine Art der Bezugnahme oder der Beachtung, deren Form davon abhängt, wie verbunden man sich bereits fühlt. Die Rorty'schen Aufforderungen – »Seid tolerant« oder: »Lerne mit Pluralitäten zu leben«;[24] oder: »Gehe sicher, dass du merkst, wenn jemand leidet«; (S. 158) oder: »Erweitere dein Verständnis für das ›Wir‹«[25] – sind wie die biblische »seid vollkom-

24 Ebd., S. 121.
25 Ebd., S. 316.

men« oder die elterliche »sei gut«. Man möchte erwidern: ja, aber im Verhältnis wozu denn? Man kann nicht *einfach nur* tolerant sein, sondern man ist tolerant (oder eben nicht) in dem Maße, das eine bestimmte Situation mit ihren Zwängen und der jeweiligen Geschichte der Beteiligten zulässt. »Sei nicht grausam« ist eine Direktive, die nach Kontextualisierung schreit, und wenn sie auf eine qualifiziertere Art gegeben wird – sei nicht grausam, wenn du kannst; oder: Sei nicht grausam, ceteris paribus; oder: Sei nicht grausam, es sei denn, die Alternative erscheint noch schlimmer –, dann wird noch deutlicher, dass die Wirkmacht der Direktive davon abhängt, was dem Gefühl nach in der jeweiligen Situation auf dem Spiel steht. Es ist dieses Gefühl, dass etwas auf dem Spiel steht, und zwar nicht nur hier und jetzt, sondern allgemein, etwas, das von zentraler Bedeutung und dringend ist – es ist dieses Gefühl, das Rorty gern gemildert, wenn nicht eliminiert sähe, obwohl, wie er reumütig berichtet, selbst William James nicht imstande schien, sich von dem Gefühl frei zu machen, dass das Leben »ein wirklicher Kampf ist, in dem, wenn man Erfolg hat, etwas auf ewig für das Universum gewonnen wird«.[26] Es ist Rortys Hoffnung – eine in Anbetracht seiner (Anti-)Prinzipien unbegründete Hoffnung –, dass wir das Leben vielleicht nicht mehr als Kampf erlebten und uns nicht an festgefahrenen Fronten gegenüberstünden, »würde der Pragmatismus ernst genommen«[27] – würden wir uns nur als Kreaturen sehen, die sich in einer Welt ohne letzte Begründungen aneinanderklammern, und nicht als Philosophen, die auf der Suche nach einer Grundlage sind.

Rortys Vision hat, so wie er sie präsentiert, zweifellos ihren Reiz, doch seine utopische Konsequenz folgt nicht aus dem Pragmatismus, ebenso wenig wie Posners empiristische Konsequenz. Beide Theoretiker gehen von der Feststellung aus, dass Differenz irreduzibel sei und es darum auch keine übergeordneten Prinzipien geben könne. Das gesagt, machen sie sich aus unerklärlichen Gründen doch daran, ein übergeordnetes Prinzip zu verkünden, der eine das Prinzip unverzerrter empirischer Forschung, der andere das Prinzip immer toleranter werdender Forscher. Beide Programme unterscheiden sich beträchtlich, sind aber in ähnlicher Weise illegitim. Denn beide berufen sich auf einen Ansatz, aus dem weder

26 Rorty, *Consequences of Pragmatism*, S. 174.
27 Ebd.

notwendig noch auch nur wahrscheinlich ein bestimmter Handlungsverlauf folgt. Kurz – und um es noch einmal zu sagen: Sie verwechseln eine pragmatistische Darstellung mit einem pragmatistischen Programm und verfehlen dabei den Unterschied zwischen dem Pragmatismus als einer Wahrheit, die wir *aus*leben, und dem Pragmatismus als einer Wahrheit, *durch* die wir vielleicht leben können. Wir leben den Pragmatismus *aus*, weil wir uns in einer Welt befinden, die keine transzendenten Wahrheiten und keine wasserdichten Logiken besitzt (auch wenn diese in einem Raum existieren mögen, der uns verschlossen bleibt). Daher müssen wir zurechtkommen mit einem Koffer gestopft voller Metaphern, Analogien, Daumenregeln, inspirierenden Phrasen, Zaubersprüchen und windigen »Gründen«, die den Dialog am Laufen halten und uns zu temporären, jederzeit revidierbaren Abschlüssen verhelfen. Aber wir können nur *durch* den Pragmatismus leben, wenn wir die pragmatistische Einsicht – dass nämlich keine Universalien oder sich selbst ausführenden Methoden oder sich selbst erklärende Texte in Sicht sind – begreifen und daraus etwas Positives machen; wenn wir also das Bewusstsein der Kontingenz nutzen als einen Weg, diese zu meistern oder zu perfektionieren (in welchem Fall sie keine Kontingenz mehr wäre), und uns (durch einen Entwurf und nicht als geschichtliche Geschöpfe) in etwas Neues zu verwandeln. Während Kontingenz die Antwort auf die Frage sein mag: »Was stützt letztlich Recht?«, kann sie die Frage: »Wie praktiziert man Recht?«, dagegen nicht beantworten. *Darauf* muss die Antwort lauten: »Indem man alle Mittel (Lehren, Präzedenzfälle, Regeln, magische Metaphern, Standardbegriffe) einsetzt, die die Rechtskultur zu bieten hat.« Analytiker oder Beobachter des Rechts werden wissen, dass sich solche Mittel letztlich nicht außerhalb der Grenzen dieser Kultur begründen lassen; Praktiker jedoch müssen sich mit Begründungen von außen nicht befassen (sie sind keine Philosophen oder Anthropologen), Praktiker holen sich ihre Begründungen, wo sie diese kriegen können.

IV.

An einer Stelle wird man Begründungen nicht bekommen können, nämlich in der Praxis der Beschreibung der Praxis, für die man eine Begründung sucht. Rorty und Posner nehmen auf unterschiedliche Weise, beide aber irrtümlich an, die Beschreibung einer Praxis habe über diese hinaus noch Einfluss auf ein anderes Spiel als das der Beschreibung. Man kann (wie Posner, Rorty und ich) der Meinung sein, dass man das Recht am besten mit pragmatistischen Kategorien zu beschreiben vermag, daraus aber folgt nicht, Recht lasse sich mit pragmatistischen Kategorien am besten praktizieren und auch nicht, dass man mit ihnen eine neue Quelle der Begründung von Entscheidungen eröffnet. So gibt es keinen Grund zu glauben, dass die Ergebnisse eines Beschreibungsversuchs zum Rezept für die Praxis oder deren Begründung gemacht werden können. Das Beschreiben ist *selbst* eine Praxis, mit eigenen Konventionen, Anforderungen und *inneren* Begründungen, die sich notwendigerweise von den Begriffen der Praxis unterscheiden, die ihr Gegenstand ist.

Dieser Punkt betrifft die andere große Kritik, die ich an Posners Buch üben möchte, unmittelbar, nämlich seine Position in der Frage der Rechtsautonomie. Posner glaubt, der zusammengewürfelte, eklektische Inhalt der Rechtslehre bedeute, dass sie nichts Besonderes, Eigenständiges sein könne. Der Gedankengang ist einfach: Da das Recht offensichtlich Gebrauch macht von Materialien, Lehren und Normen aus einer Vielzahl anderer Disziplinen und sogar Nichtdisziplinen (es scheint für seine wahllosen Anleihen keine Grenze zu geben) und diesen Autorität zubilligt, muss es selbst multidisziplinär, kann es nicht autonom sein. »Interdisziplinäres Rechtsdenken ist unausweichlich« (S. 439), sagt er, und sei es nur, weil es »kein Rechtsdenken gibt« (S. 459), sondern nur einen »mit informellen Methoden vollgestopften Sack« (S. 455). In diesem finden sich auch Regeln, allerdings sind diese »vage, mit offenem Ende, schwach begründet, höchst anfechtbar und nicht in aller Offenheit veränderbar, dafür aber oft verändert«. (S. 455) Die Tatsache jedoch, dass in einem Forschungs- und Praxisbereich Materialien, Begriffe und Methoden aus anderen Bereichen vorkommen, die eine flüchtige und variable Mischung ergeben, heißt nicht, dass nichts da wäre – keine bestimmte Absicht oder Perspektive –, um dieser Mischung eine Richtung zu geben und sie zu kontrollieren.

Der Gedanke, Recht sei nicht Recht, sei keine Disziplin mit eigener Integrität, wenn es nicht rein sei, ist nur stichhaltig, wenn disziplinäre Integrität in einem, wie Posner sagt, »starken« Sinn verstanden wird, nämlich als »ein Fachgebiet, das nicht in anderen Fachgebieten wildert, sondern durch Fähigkeiten, Wissen und Erfahrung, die nicht anderen Fachgebieten entliehen sind, sachgerecht – ja optimal – kultiviert wird.« (S. 431)

Posner sieht ganz richtig, dass das Recht diese starke Anforderung nicht erfüllen kann, dann aber kann dies auch kein anderes Fachgebiet. So autark ist kein disziplinärer Bereich, alle sind, sowohl im Hinblick auf ihre Legitimität als auch auf ihre Arbeitsweise, abhängig von Annahmen und Materialien, die nicht aus ihnen selbst kommen, auf die man sich vielmehr einfach bezieht, zum Beispiel mit der Einstellung: »Das ist doch selbstverständlich«, oder: »Wenn man diese Voraussetzung nicht machen kann, welche dann?« Was ein Fachgebiet ausmacht, was es eine Sache macht und keine andere, »ein armes Ding, aber mein Eigen«, ist nicht seine Reinheit – die gibt es nicht –, sondern eine feste Absicht, ein unbeirrbarer Sinn für die Bedeutung des Unternehmens, für das, *wofür* das Fachgebiet oder die Disziplin da ist, der Grund, warum die Gesellschaft diese Leistung erbracht haben möchte (wenn auch nicht immer mit Freude). Eine Disziplin verliert nicht dadurch ihren Sinn, dass in ihr alles Mögliche, manchmal sogar ganze Materialbereiche aus anderen Fachgebieten mitspielen, weil sie das in einer Form tun, die von den Definitionen, Unterscheidungen, Konventionen, Problematiken und Dringlichkeiten abhängt, die bereits vorhanden sind, wenn sie dazugezogen werden.

Das heißt jedoch nicht, dass ein Fachgebiet in seinem Kern unverändert bleibt, wenn solch »fremdes Zeug« Eingang in es gewinnt. Ein Vorhaben, das seinen Umfang vergrößert, indem es fremdes Material aufnimmt, bleibt nicht dasselbe, doch wird es auch in seiner neuen Form noch immer als dieses Vorhaben zu erkennen sein. Seine Form kann sich so lange verändern, wie es seine diakritische Identität behält: als die Form, die eine bestimmte Aufgabe (etwas für die Gerechtigkeit zu tun; ein Gedicht zu verstehen; das Finanzwesen zu erklären; die Vergangenheit einzuholen) nun annimmt. Es existiert kein natürlicher Grund, warum irgendwelche Projekte dieser Art ewig dauern müssten; vielleicht wird die Welt eines Tages ohne Ökonomie, Literaturkritik oder Geschichte als disziplinär abgegrenzte Aufgabenstellungen dastehen. Bevor das geschieht, wird der natürliche Konservatismus der Disziplinen – der Überlebenstrieb, der sie zu institutionellen Exempeln von Fishs erstem Gesetz macht (Toleranz wird geübt im umgekehrten Verhältnis dazu, ob etwas auf dem Spiel steht) – verhindern, dass das entliehene Material den Entleiher erdrückt. Trotz der sich in letzter Zeit häufenden endzeitlichen Rufe nach Interdisziplinarität erweisen sich die Disziplinen als bemerkenswert robust und schwer zu töten.

Zu den Verlockungen der Interdisziplinarität will ich gleich noch etwas sagen, zuvor aber noch einmal unterstreichen, was ich bereits gesagt habe: Rechtsautonomie sollte nicht als ein Zustand hermetischer Selbstgenügsamkeit verstanden werden – den kann es gar nicht geben –, sondern als ein Zustand, der kontinuierlich wieder und wieder erreicht wird, indem das Recht das Material, das Geschichte und Zufall ihm an den Weg legen, aufnimmt und sich aneignet (und in diesem Prozess das »Eigene«, das es produziert, verändert). Disziplinäre Identität wird nicht im absoluten Gegensatz zum anderen behauptet und aufrechterhalten, sondern in deren fortwährender Anerkennung und Überwindung durch die unterschiedlichsten Maßnahmen der Assimilation und Inkorporation.

Daher ist es abwegig, sich (wie Posner) zu beklagen, dass das Recht, wenn es fremde Konzepte und Materialien übernimmt, dies oft auf grobe und schlampige Weise tut und es nicht schafft, sich die neuesten Techniken und Formulierungen zunutze zu machen. Posner bemerkt an früher Stelle, dass das Recht, obwohl es offenbar von »ethischen Einsichten« abhängig ist, sich weigert, »ethisches und politisches Material für die Urteilsfindung [...] in wissenschaftlichen Materialien [und] statistischen Werken zu suchen« und stattdessen auf seine eigenen »früheren Entscheidungen« (S. 94) zurückgreift. Später, im Hinblick auf die Sprachphilosophie, kommt er auf diesen Punkt zurück:

> Wenn Philosophen zu schlichte Textauffassungen kritisieren – die Anwälte und Richter für ihre Auslegung von Gesetzes- und Verfassungstexten oft ungeprüft übernehmen –, können Juristen diese Angriffe damit abtun, dass sie behaupten, was sie tun, sei eine ganz eigene Sache? (S. 440)

Und er fragt auf der gleichen Argumentationslinie: Sollte »die Rechtslehre [...] nicht von ihrer Frömmigkeit ablassen«, so dass die Richter »schließlich doch noch [...] Rhetorik und Realität der formalistischen Rechtsprechung aufgeben?« (S. 462)

Die Antwort auf diese Fragen hat Dean Pound gegeben: in seiner vor langer Zeit schon geführten Auseinandersetzung mit dem Programm des Realismus, das fordert, zu Beginn der Arbeit »eine objektive wissenschaftlichen Tatsachenerhebung vorzunehmen«.[28] Tatsachen, sagt Pound, »müssen ausgewählt werden und das, was wichtig ist, bestimmt sich nach einem Bild oder Ideal der Wissenschaft und des Themas, das sie behandelt«.[29] Mit anderen (meinen) Worten, die Form, in der Materialien aus anderen Disziplinen in das Recht Eingang finden, bestimmt sich nach der Auffassung, die es von seinem eigenen Zweck und dem Nutzen hat, die diese »fachfremden« Informationen für diesen Zweck haben. Pound bemerkt, dass die Rechtslehre immer wieder aufgefordert wird, »sich ruhig zu verhalten«, bis Metaphysiker, Ethiker und Psychologen mit ihren Debatten zu Ende gekommen und einen maßgebenden wissenschaftlichen Standpunkt erarbeitet hätten, und doch, meint er, waren »bestimmte allgemeine Ideen [...] gut genug für die Rechtswissenschaft des letzten Jahrhunderts«.[30] Die Rechtslehre könne eben nicht warten, »bis sich die Psychologen geeinigt haben (falls das überhaupt wahrscheinlich ist), und es besteht auch kein Anlass zu warten«, denn »wir können den wichtigen aktuellen Psychologien eine ausreichende psychologische Grundlage für juristische Zwecke entnehmen«.[31]

Für juristische Zwecke – diese und nicht die Zwecke der Fachdisziplinen, bei denen Anleihen gemacht werden, sind maßgebend. Die Tatsache, dass ein bestimmter Begriff des Selbst oder des Textes oder der Intention in Psychologie, Philosophie oder Literaturwissenschaft als der beste gilt, heißt nicht, dass er auch juristischen Zwecken am besten dient. Dagegen mag Posner einwenden, es sei unverantwortlich, wenn Juristen bei ihrer Arbeit überholte oder in Verruf gekommene Darstellungen wichtiger Gegenstände heranziehen. Es muss allerdings wieder festgestellt werden, dass Darstellungen an Unternehmungen gebunden sind, an Projekte, die von ihrem eigenen (in der Regel metaphysischen) Gefühl informiert

28 Pound, »A Call for a Realist Jurisprudence«, S. 700.
29 Ebd.
30 Ebd., S. 706.
31 Ebd.

werden, was getan werden muss und wozu. Es ist unsinnig zu verlangen, dass Projekte, die von einem anderen (und ebenso metaphysischen) Gefühl, was zu tun ist, animiert werden, dem Stand des Wissens der Disziplinen, die sie plündern, treu sein oder überhaupt über es informiert bleiben sollten. Das Recht nimmt sich, was es braucht, und das bestimmt sich nach *seiner* Logik, nicht nach der von Philosophie, Literaturkritik, Psychologie oder Ökonomie. (Deshalb ist in den Fachbereichen für englische Sprache und Literatur die Psychoanalyse in ihrer klassischen, von der heutigen gängigen Psychologie ad acta gelegten Form so lebendig und produktiv.)

Posner sieht das nicht, weil er denkt, bei einem Projekt komme es darauf an, die ganze empirische Wahrheit über einen Gegenstand herauszufinden. Seiner Meinung nach unterscheiden sich Projekte nur dadurch voneinander, dass sie verschiedenen empirischen Gegenständen zugeordnet sind (oder sich selbst zugeordnet haben) – dem Geist, der Vergangenheit, der Wirtschaft, den Sternen, den Planeten –, deren Wahrheit sie auf den Grund kommen sollen. Nur ist es beim Recht leider so, dass es eine solche Zuweisung im Geist des wahren Empirismus nicht akzeptiert: »Das Recht ist nicht bereit, sich pauschal auf konkrete, praktische Ziele zu verpflichten«, vielmehr schwafele es weiter über »so ungreifbare Dinge wie den Schutz der Menschenwürde, die Sicherung von Gerechtigkeit und wie wichtig es ist, die Ideale oder Intentionen der Schöpfer einer Verfassung zu schützen«. (S. 123) Kurzum, das Recht sei eine Schurkendisziplin, die es ablehnt, sich an den allgemeinen Bemühungen zu beteiligen, die richtigen Antworten zu finden; nur darum sei die Liste der Rechtsbegriffe (»metaphysischer Entitäten«), die zu streichen sind, so lang, dass fast die gesamte Rechtskultur zu streichen ist.

Zu diesem Schluss kommt Posner selbst nicht (an einigen Stellen scheint er die Besonderheit des Rechts, die er sonstwo angreift, zu stützen), aber dieser Schluss folgt unvermeidlich aus seinem strengen Empirismus. Wenn erst die »ungreifbaren Dinge« – Gerechtigkeit, Fairness, Würde –, die er »zu nebulös« findet, als dass damit »Fortschritte zu machen« wären, (S. 123) zugunsten »konkreter Tatsachen« abgeschafft seien, werde auf der Landkarte der Disziplinen ein Land weniger verzeichnet sein, und wo Recht gewesen sei, wären dann Sozialwissenschaften. Wollten wir Posners Rat befolgen und uns der »Schale der Falschheit und der Vortäuschung«, die das Vorhaben »undurchsichtig« mache, (S. 469) entledigen, hätten wir uns am Ende des ganzen Vorhabens entledigt. Das wäre ein Verlust, nicht weil Gerechtigkeit, Fairness und menschliche Würde verloren gingen – ich glaube wie Posner, dass diese Begriffe rhetorische Konstruktionen sind –, sondern weil wir uns der argumentativen Ressourcen berauben würden, für die diese Abstraktionen jetzt stehen. Wir könnten nicht mehr sagen, »was die Gerechtigkeit fordert« oder »was die Fairness gebietet«, und diese Ausdrücke dann mit den Handlungsverläufen füllen, die wir uns wünschen. Das aber ist es, was Recht zu tun hat: Möglichkeiten anbieten, begrenzte parteiliche Programme so umzuformulieren, dass sie als natürliche Folgen aus abstrakten unpersönlichen Imperativen präsentiert werden können. Andere Disziplinen haben andere Aufgaben – die diversen ästhetischen Urteile zu begründen oder verständliche Vergangenheiten zu produzieren – und sie verfügen auch über ein je eigenes Vokabular, das längst nicht so mit der Welt verheiratet ist, wie manchmal behauptet wird, sondern sie erst schafft.

Disziplinen sollten nicht verstanden werden als Partner in einem einzigen gemeinsamen Projekt (die eine Welt und die Wege, in denen wir sie beschreiben), sondern sie machen bestimmte Aufgaben (und Welten) möglich und sogar vorstellbar (die Arbeit des Rechtsanwalts, die Literaturkritik, die Ökonomie usw. sind keine natürlichen Arten, sondern Namen für geschichtliche Praxisbereiche), und wenn wir wollen, dass diese oder jene Arbeit weiter gemacht wird – wenn wir Begriffe wie Fairness und Gerechtigkeit benutzen wollen, um die Dinge in bestimmte Richtungen zu lenken –, müssen wir bestimmte disziplinäre Vokabulare beibehalten, nicht trotz der Tatsache, dass sie keiner unabhängigen Begründung fähig sind, sondern *weil* sie keiner anderen Begründung fähig sind als der von innen heraus.

Posner sieht die Sache anders; seiner Meinung nach gibt es nur eine einzige Aufgabe – nämlich die richtigen empirischen Tatsachen zu finden. Die Fachdisziplinen, wie er sie sieht, beteiligen sich entweder an dieser Aufgabe oder ergehen sich in zügellosen »theologischen« Fluchten. Anders gesagt: Posner ist zumindest streckenweise Essentialist. (Dass er Kategorien als bloß »verbal« abtut [S. 468], sagt eigentlich alles.) Er geht davon aus, dass sich der gegenwärtige Zustand der Disziplinen mit ihren Grabenkämpfen und besonderen Ansprüchen mit der Zeit ändern wird, dass wir zu einer »umfassenden Theorie« (S. 374) gelangen werden, zu einer allgemeinen einheitlichen Wissenschaft, unter die alle einzelwissenschaftlichen Projekte subsumiert werden könnten. Obwohl er der Verschiedenartigkeit in seinem Buch so große Anerkennung zollt, ist er am Ende doch einer schönen, auf Empirie gründenden Zukunft verpflichtet, in der Verschiedenartigkeit, wo nicht beseitigt, so zumindest begründet und zu etwas Realerem fest verknüpft sein wird.

Und genau deshalb verteidigt er interdisziplinäres Arbeiten, das, wie er sagt, »die disziplinären Grenzen verwischt«. (S. 432) Vermutlich wird das »Verwischen« eines schönen Tages auf deren vollständiges Auslöschen hinauslaufen, und es wird nur noch eine Disziplin geben. (Ihr sollt keine anderen Disziplinen haben neben mir.) Das ist die grundlegende Voraussetzung und erklärte Hoffnung der Interdisziplinarität (sie ist eher eine Religion als ein Projekt), wie kürzlich Julie Thompson Klein[32] festgestellt hat. Sie sieht im interdisziplinären Impuls den Wunsch nach einer »einheitlichen Wissenschaft, einem allgemeinen Wissen, nach Synthese und Integration des Wissens«.[33] Disziplinäre Grenzen, sagt sie, zerteilen die brüderlichen Wege der Forschung und zwingen die Individuen, bestimmte Teile von sich zu entwickeln. Darüber ignorierten sie die »ganze Person«[34] und es entstehe eine Gesellschaft, die selbst fragmentiert sei und »wieder zu einem Ganzen gemacht werden«[35] müsse. Klein beklagt das kämpferische Vokabular, das für Diskussionen innerhalb der wie auch zwischen den Fachdisziplinen kennzeichnend ist, was zu »imperialistischen Ansprüchen« führe.[36] Infolgedessen würden die Disziplinen als »sich bekriegende Festungen«[37] wahrgenommen. Entsprechend bedauert Klein, dass unser »Vokabular – ja unsere ganze Logik der Klassifikation – uns prädisponiert, in Begriffen der Disziplinarität zu denken«.[38]

32 Julie Thompson Klein, *Interdisciplinarity: History, Theory, and Practice*, Detroit 1989.
33 Ebd., S. 19.
34 Ebd., S. 23.
35 Ebd., S. 41.
36 Ebd., S. 79.
37 Ebd., S. 78.
38 Ebd., S. 77.

Könnten wir also unser Vokabular ändern und müssten nicht mehr auf eine Weise sprechen, die Hierarchien und Spaltungen bewirkt, dann würden wir uns auch nicht mehr als ortsgebunden erfahren, sondern als Mitglieder einer riesigen, miteinander verbundenen Gemeinschaft. Mit Hilfe der Interdisziplinarität könnten wir die Differenz abschaffen. (Ihr sollt die interdisziplinäre Wahrheit schauen, und sie wird euch frei machen.) Differenz ist jedoch kein Zustand, der zu heilen wäre, sondern Grundtatsache der menschlichen Existenz. Wir sind endliche Kreaturen, deren Perspektive keine allgemeine ist (das wäre ein Widerspruch in sich), sondern eine partikulare. (Diese Partikularität allerdings lässt sich als solche nicht erfahren; und wer denkt, sie sei es doch, führt unwillentlich ebenden objektiven Gesichtspunkt wieder ein, den er eigentlich aufgeben wollte.) Die, wie Klein sagt, »Prädisposition«, in Begriffen des Selbst und der anderen, von besser und schlechter, richtig und falsch zu denken, in Begriffen also, die in partikularen Erfahrungen verankert sind, lässt sich nicht ändern, es sei denn, wir selbst könnten verändert, aus situierten Wesen – die die Welt aus einem bestimmten Blickwinkel sehen und konstituieren – zu Wesen gemacht werden, die zugleich überall und nirgends sind. Das ist das implizite, bisweilen auch explizite Ziel des interdisziplinären Programms, und das ist auch, ob als solches anerkannt oder nicht, das Ziel eines Programms der Vereinigung aller disziplinären Arbeitsansätze zu einer einzigen allgemeinen Aufgabe. Das Versprechen der Interdisziplinarität ist – wie das des Pragmatismus, der entweder gesteigerte Anteilnahme (Rorty) oder felsenfeste Realität (Posner) verheißt –, dass wir sein werden wie Gott. Eva glaubte das. Ich nicht.

V.

Vermutlich um das Seine zu einer Welt beizutragen, in der mehr Anteilnahme und Toleranz herrschen, lädt Rorty alle seine Bekannten ein, sich mit ihm unter dem Dach des Pragmatismus zu versammeln. Einer, der diese Einladung dankend abgelehnt hat, ist Ronald Dworkin, der für einen Moment fast so klingt wie ich, wenn er sagt: »Im [Pragmatismus] gibt es nichts, das zu akzeptieren wäre.«[39] Aber die Skepsis, die wir beide dem Pragmatismus als Programm entgegenbringen, ist, so denke ich, bei Dworkin anders flektiert. Er nämlich meint, der Pragmatismus habe zu wenig von einem Programm; ich dagegen sage, dieser hat, zumindest in den Formen, die er bei Posner und Rorty angenommen hat, zu viel davon. Diese Differenz zwischen uns veranlasst Dworkin, die Fäden unserer früheren Kontroversen wieder aufzunehmen.

Ihn beschäftigt weiterhin mein Versuch, die Theorie zugunsten dessen abzuwerten, was ich »angereicherten Praxisbegriff« genannt habe. In meinem Verständnis von Praxis, so Dworkin, wirke diese »flach und passiv«, ich beraubte sie des »reflexiven, introspektiven und argumentativen Tons [...], der ein Grundzug von ihr« sei, ich unterschätzte zudem »die Komplexität der inneren Struktur von Praktiken, auf die man ganz natürlich verfallen kann«.[40] Unnötig zu sagen, dass ich damit nicht einverstanden bin. Im Gegenteil, ich behaupte, Dworkin ist es, der die innere Struktur der Praxis in ihrer Komplexität unterschätzt, und dies veranlasst ihn zu einer vergeblichen, also unnötigen Suche nach verbindlichen Einschränkungen, die Praxis, recht verstanden, bereits enthält. Damit ist nicht gesagt (wie es Dworkin tut), dass Praxis, zumindest in manchen Formen, von Theorie nicht zu trennen ist, sondern dass (1) kompetente Praktiker genau wissen, wofür die Praxis, die sie betreiben, *gut* ist, und nicht weiter darüber nachdenken müssen, ein Verständnis, das ohne weiteres Nachdenken ein Gefühl dafür generiert, was angemessen ist und was nicht, und dass (2) dieses Wissen keine theoretische Bedeutung hat, die in irgendeiner Weise interessant wäre.

Ich möchte diesen Punkt gern deutlicher machen und zu diesem Zweck vor allem einen Satz aus Dworkins wichtigem und einflussreichem Aufsatz »Schwierige Fälle« herausgreifen: »Wenn ein Richter die festgelegten Praktiken seines Rechtssystems akzeptiert – das heißt, wenn er die Autonomie akzeptiert, die ihre unterschiedlichen konstitutiven und regulativen Regeln gewähren –, dann muss er gemäß der Lehre der politischen Verantwortlichkeit

39 Ronald Dworkin, »Pragmatism, Right Answers, and True Banality«, in: Michael Brint und William Weaver (Hg.), *Pragmatism in Law and Society*, Boulder, San Francisco, Oxford 1991, S. 359-388, S. 369.

40 Ebd., S. 382.

eine bestimmte allgemeine politische Theorie akzeptieren, die diese Praktiken rechtfertigt.«[41]

Die erste zu stellende Frage ist: Was ist überhaupt damit gemeint, ein Richter akzeptiere die bewährten Praktiken des Rechtssystems *nicht*? Heißt das, er erkennt die Autorität des Obersten Gerichtshofs nicht an? Oder: Weigert er sich als Richter an einem Berufungsgericht, die Entscheidung einer niedrigeren Gerichtsinstanz zur Kenntnis zu nehmen? Oder: Entscheidet er einen Fall, ohne auf irgendeinen anderen Fall, der irgendwann entschieden wurde, Bezug zu nehmen, schlägt stattdessen eine beliebige Seite in der Bibel oder im *Hamlet* auf und richtet sich nach dem ersten Satz, der ihm in die Augen springt? Weigert er sich gar, überhaupt ein Urteil zu fällen? Die Ausgangsfrage ist natürlich rhetorisch, denn sie zählt Handlungsweisen auf, denen zu folgen für jemanden, der sich als Richter versteht, *undenkbar* ist. Ich betone das Wort »undenkbar«, um zu zeigen, dass es nicht darum geht, Optionen gegeneinander abzuwägen – akzeptieren oder nicht akzeptieren, das ist hier nicht die Frage. Nein, hier ist entscheidend, dass jeder sich auf eine Weise verhält, die untrennbar ist von der Stellung, die er oder sie in einem institutionellen Tätigkeitsbereich einnimmt. Wenn man fragt: »Was tut ein Richter?«, kann die Antwort sein: »Ein Richter denkt über Fälle nach, indem er sie in eine Geschichte früherer Fälle einfügt, in denen es um ähnliche Probleme ging.« Oder: »Wenn ein Richter arbeitet, dann mit einem Bewusstsein von seinem Platz in einer hierarchischen Struktur, die ihrerseits anderen hierarchischen Strukturen (einem Gesetzgeber, einem Justizministerium) verantwortlich ist.« Oder: »Ein Richter ist jemand, der in Erfüllung seiner Pflicht gewisse Materialien zu Rate zieht, zu denen (zumindest in unserer Tradition) die Bibel oder Shakespeare *nicht* gehören.« Oder, ganz einfach: »Ein Richter ist jemand, der ein Urteil fällt.«

Es muss betont werden, dass ein Richter diese Dinge nicht zusätzlich zu seiner Mitgliedschaft in einem bestimmten Berufsstand tut, auch nicht, weil er aufgrund dieser Zugehörigkeit dazu gezwungen ist. Seine Tätigkeiten sind der *Inhalt* dieser Mitgliedschaft, und es bedarf keiner besonderen Anstrengung, sie sich ins Gedächtnis zu rufen; es besteht auch keine Gefahr, dass ein Praktiker sie vergisst. Zu keinem Zeitpunkt standen sie als etwas

41 Ronald Dworkin, »Schwierige Fälle«, in: ders., *Bürgerrechte ernstgenommen*, Frankfurt/M. 1990, S. 181 f.

zur Debatte, über das man befinden, das man billigen oder missbilligen könnte. Kein Jurastudent oder junger Rechtsanwalt wird jemals gehört haben: »Gut, so gehen wir in der Regel mit Verträgen um, glauben Sie, dass sie damit zurechtkommen?« Nein, man hat alles gelernt, was mit Verträgen – mit Gegenleistung [*consideration*], Vertragsbruch und Rechtsmitteln dagegen – zu tun hat, und indem man diese »Fakten« gelernt hat, hat man zugleich (und nicht »zusätzlich«) die passenden, ja obligatorischen Methoden gelernt, mit denen Ergebnisse produziert werden. Der normative Aspekt des Rechts sitzt nicht auf den praktischen Grundlagen auf (wie ein Sahnehäubchen auf einem Kuchen), sondern ist immer dabei, und jemand, der die in einer Sparte des Rechts wichtigen doktrinären Argumente einstudiert hat, weiß nicht nur, was ein Praktiker tut, sondern auch, was er kraft seiner professionellen Kompetenz selbst tun muss.

Kurzum, es gibt nichts in der Beziehung zwischen einem Praktiker und der Praxis, in die er eingenistet ist, was willentlich wäre und damit nichts, was Annahme oder Ablehnung ausgesetzt wäre. Könnte man nicht sagen, dass ein künftiger Richter im Verlauf der Internalisierung der praktischen Routinen auch die Begründungen dieser Routinen internalisiert, Theorien also? Die Antwort, so denke ich, hängt davon ab, was man unter Begründung versteht. Wenn man einen Vertragsanwalt auffordert zu begründen, warum er Kategorien wie »Angebot und Annahme«, »Irrtum«, »Unmöglichkeit«, »Vertragsbruch« usw. benutzt, würde man sich wahrscheinlich einen verständnislosen Blick einhandeln; nicht anders würde ein Buchhalter schauen, wenn man ihn bäte, sein Vertrauen in Statistiken zu begründen, oder ein Zimmermann, der begründen sollte, warum er sich auf Hammer und Nägel verlässt. Vertragsanwalt, Buchhalter, Zimmermann zu *sein* heißt, ohne nachzudenken auf diese Werkzeuge zu vertrauen. Bäte man einen Vertragsanwalt um eine »tiefere« Begründung für die routinemäßige Verwendung seines Vokabulars, bekäme man eventuell die Standardgeschichte der »klassischen« Vertragstheorie zu hören, in der zwei Personen autonom einen Austausch von Gütern oder Dienstleistungen aushandeln, deren Wert sie bestimmen können, wie sie wollen. Eine derartige Antwort wäre gleichbedeutend mit einer Theorie, und Leute, die in der Lage wären, sie zu liefern, könnten als Leute gelten, die über eine Theorie zu ihrer Praxis verfügen.

Was allerdings nicht heißt, dass die Theorie notwendig wäre für diese Praxis, sie gar hervorbrächte. Eine auf Verlangen gegebene theoretische Erklärung ist möglicherweise nicht viel mehr als die Wiedergabe von etwas, das man vor Jahren im Jurastudium auswendig gelernt hat, das aber nichts zu tun hat mit den praktischen Kenntnissen, die man sich in der Zwischenzeit erworben hat. Demzufolge verhalten sich Leute, die sich als Theoretiker betrachten, in ihrer Praxis auf eine Weise, für die ihre Theorie nicht verantwortlich gemacht werden könnte – und dennoch würde ihre Praxis von dieser mangelnden Übereinstimmung nicht beeinträchtigt. So können Anwälte oder Juristen, die unfähig oder nicht willens sind, auf die Forderung nach theoretischer Begründung einzugehen, gleichwohl die geschicktesten Praktiker sein. Darauf wiederum könnte ein strenger Vertreter der Theorie (in der Art von Chomsky) erwidern: Menschen, die ihre Arbeit gut machen, dazu aber keine Theorie liefern können, gehen gleichwohl auf der Basis theoretischer Grundsätze vor; was ihnen fehle, sei allein die Fähigkeit, sie zu artikulieren. Würden sie sich diese aneignen, könnten sie auch wortreich über die Voraussetzungen ihrer beruflichen Arbeit reden, würden ihre Arbeit womöglich besser ausführen, vielleicht sogar dem Ideal von Dworkins Herkules nahekommen. Das aber wäre nicht anders, als wolle man sagen, ein Radfahrer, der die Physik des Gleichgewichts erklären kann, sei deshalb ein besserer Radfahrer; oder ein Autofahrer, der anhand des Verhältnisses zwischen Gewicht des Wagens, Geschwindigkeit und Straßenzustand die Länge des Bremswegs berechnen kann, sei ein sichererer und geschickterer Fahrer. Natürlich ist die Fähigkeit, Erklärungen geben oder Berechnungen vornehmen zu können, bewundernswert und wirklich eine Fähigkeit; aber Fähigkeiten dieser Art sind eben andere als die, die man für die praktische Arbeit braucht, die man bei Gelegenheit auch »theoretisch« beschreiben könnte.

Natürlich hat Dworkin recht: In manchen praktischen Zusammenhängen ist die Beziehung zwischen theoretischen und performativen Fähigkeiten enger als in anderen. Zu diesen Praktiken gehört auch die Rechtsprechung, denn, wie ich in einem früheren Aufsatz formuliert habe, »zur Rechtsprechung [...] gehört als Teil ihres Repertoires Selbstreflexion«.[42] Das bedeutet, dass ein Richter

42 Stanley Fish, *Doing What Comes Naturally*, Durham, N.C. 1989, S. 378 f. Gleichzeitig veröffentlicht von Oxford University Press.

es im Gang der Formulierung seiner Urteilsbegründung für sachdienlich halten kann, sich auf ein rechtliches »Prinzip« zu berufen, zum Beispiel auf: »Ein Gericht kann Abmachungen zwischen kompetenten privaten Individuen nicht überwachen«; oder, abstrakter: »Das Gesetz muss farbenblind sein in Bezug auf die Wahrung von Rechten.« Doch in dem Moment, in dem er sich auf sie beruft, haben solche »Prinzipien« rhetorische und keine theoretische Funktion, sie können etwas zu einer Argumentation beitragen, doch den Vorsitz führen sie nicht. Solche Prinzipien (und davon gibt es jede Menge) gehören zum Arsenal von Anwälten oder Richtern – sie befinden sich auf irgendeinem Regal im Archiv verfügbarer Argumente (der Begriff stammt natürlich von Aristoteles) –, und wer die Fähigkeit hat, sie anzuwenden, der weiß eben auch, wann man sie vom Regal herunterholen muss und in eine Rede einfügen – aber das ist Improvisationswissen. Wenn das geschehen ist, sind sie, wie andere Dinge aus jenem Archiv, verbale Artillerie. Deren Wirkung ist abhängig von dem Moment, in dem sie in die Rede passt, aber sie stehen in keiner logischen oder philosophischen Priorität zu eher ärmlichen Waffen, selbst wenn sich ihre Wirkmacht bis zu einem gewissen Grad dem *Ruf* ihrer Vorrangigkeit verdankt. Aristoteles wies seine Schüler an, ihre Reden mit Maximen zu spicken, weil ihnen dies einen Anschein von Klugheit verleihe. Augustinus riet dem Prediger, so oft wie möglich aus der Schrift zu zitieren; und sein Schüler aus dem siebzehnten Jahrhundert, der Dichter George Herbert, empfahl Darstellungen von Frömmigkeit, weil sie »Heiligkeit beweisen«. Ähnlich mag ein Starredner auf rechtlichem Gebiet angelegentlich dazu raten, sich regelmäßig auf Prinzipien zu berufen, um das Publikum vom hohen Ernst des Redners zu überzeugen. Ich sollte hinzufügen, dass es hier nicht um Aufrichtigkeit oder Unaufrichtigkeit geht. Ein Redner oder Prediger, der eine Maxime, einen Grundsatz, ein Gebot in seine Rede einfließen lässt, wird diese höchstwahrscheinlich für wahr halten. Aber Maxime oder Grundsatz sind ja nur ein Element des Falles, den er konstruiert, und in dieser Eigenschaft nicht mehr und nicht weniger grundlegend als die anderen Elemente (Statistiken, Präzedenzfälle, empirische Beispiele), die eine zusammenhängende Geschichte ergeben.

Theorie oder die Verwendung von Theoriesprachen können ein *Element* einer Praxis sein, sind aber in den meisten Fällen nicht deren treibende Kraft, sondern ergeben sich als Reaktion auf die Anforderungen eines als strategisch wichtig erkannten Moments; dann nämlich, wenn sich ein Praktiker fragt: »Was könnte ich jetzt beibringen, um mein Argument zu stärken?« Natürlich gibt es viele praktische Zusammenhänge, in denen es zu solchen Momenten nicht kommt, weil in ihnen die Angabe von Gründen keine Rolle spielt. Wie Dworkin sagt, indem er sich auf einen meiner früheren Aufsätze bezieht, »hat [der Baseballspieler] Denny Martinez nie Begründungen aktenkundig gemacht«,[43] was, so wie ich es verstehe, heißt, dass Martinez' Widerstand gegen Theorien (wie er sich in einem Gespräch mit einem Sportjournalisten zeigte) durch die Tatsache zu erklären ist, dass seine Arbeit – das Baseballspielen – nicht in dem Sinn mit Reflexion zu tun hat wie, sagen wir, die Arbeit eines Anwalts. Diesen Unterschied gibt es wirklich und er ist durchaus bedeutsam. Aber er besteht nicht zwischen Praktiken, in denen Theorie eine Rolle spielt, und solchen, in denen sie keine Rolle spielt, sondern zwischen Praktiken, in denen die Verwendung von Theoriesprachen nützlich ist, und anderen, in denen sie als merkwürdig betrachtet würde. (»Der Bursche denkt zu viel, um ein guter Shooter zu sein.«)

Nach Dworkin bezeichnet dieser Unterschied eine Hierarchie, der zufolge jemand, der eine reflexive Praxis betreibt, demjenigen, der einfach seine Arbeit tut, überlegen ist, vielleicht sogar in moralischer Hinsicht. Er ist seiner Hochschätzung des reflexiven Temperaments (seine Version des uralten Anspruchs der Philosophie, die höchste der freien Künste zu sein, die allen anderen vorausliegt) so verpflichtet, dass er Theorie selbst an Orten findet, von denen er kurz zuvor noch sagte, dort sei sie nicht zu finden: »Sogar beim Baseball [...] hat Theorie mehr mit Praxis zu tun, als Fish denkt. Der letzte Spieler, der die 400 schlug, vor fünfzig Jahren, war der beste Hitter der neueren Zeit, und vor jedem Schlag legte er sich eine Theorie zurecht.«[44] Nun gibt es kaum einen größeren Bewunderer des hier gemeinten Ted Williams als mich, seit meiner Kindheit ist er mein Idol (vielleicht auch Dworkins, schließlich stammen wir beide aus Providence, einer die Red Sox verehrenden Stadt); bis es in Stücke fiel, trug ich über Jahre ein Bild des »Splendid Splinter« in meiner Brieftasche mit mir herum. Aber die Tat-

43 Dworkin »Pragmatism, Right Answers, and True Banality«, S. 382.
44 Ebd.

sache, dass Williams das Schlagen gelernt und über das Thema ein viel gerühmtes Buch geschrieben hat, heißt nicht, dass seine Leistungen ein Ergebnis seiner Studien sind oder dass Spieler (wie Babe Ruth oder Mickey Mantle), denen technische Grübeleien über ihre Kunst weniger lagen, schlechter waren. Williams selbst bezeugt, dass für ihn keine Beziehung zwischen Theorie und Praxis besteht, wenn er auf die Ansicht eines anderen »denkenden« Schlagmanns, auf Ty Cobb, zu sprechen kommt. »Ty Cobb [...] pflegte zu sagen, die Richtung des Schritts hänge davon ab, wo der Wurf ankommt – kommt er innen, steigst du ein bisschen aus, kommt er außen, dann rückst du besser ein Stück zur Platte«[45] Dazu bemerkt Williams trocken: »Das ist falsch, denn das geht gar nicht.« Und erklärt auch warum: Angesichts der Ballgeschwindigkeit und der Entfernung zwischen Pitcher und Batter »hat der Batter seinen Schritt schon ausgeführt, bevor er überhaupt weiß, wo der Ball sein wird oder was er sein wird«.[46] Das heißt, Cobb, der Inhaber des auf sein Spielerleben gerechnet höchsten Schlagdurchschnitts in der Geschichte des Baseballs (.367), hat nicht verstanden – theoretisch nicht verstanden –, was er praktisch tat, und zwar besser als sonst jemand, der je Baseball gespielt hat, besser sogar als Ted Williams (Durchschnitt 344). Cobb sei der »klügste Hitter von allen«,[47] sagt Williams an einer anderen Stelle seines Buchs, und wir müssen annehmen, dass die Intelligenz, die er Tag für Tag bewies, nichts mit seinen theoretischen Fähigkeiten zu tun hatte, die, wie Williams gezeigt hat, mangelhaft waren.

Wenn nicht theoretisch, welcher Art ist die Intelligenz dann, die Williams so bewundert hat? Vielleicht können wir eine Antwort aus Williams' Darstellung der eigenen »theoretischen« Praxis erschließen. Im Grunde, meint er, sei intelligentes Schlagen nichts anderes, als »sich einen Plan zu machen, die Situation kennen zu lernen, den Gegner zu kennen und, was am wichtigsten ist, sich selbst zu kennen«.[48] Letzteres mag in akademischen Ohren ziemlich sokratisch klingen und, wie man meinen möchte, auf tiefe Introspektion hindeuten. Williams selbst aber meint hier nicht mehr (aber auch nicht weniger), als dass er seine körperlichen Fähigkei-

45 Ted Williams und John Underwood *The Science of Hitting,* New York 1986, S. 47.
46 Ebd.
47 Ebd., S. 84.
48 Ebd., S. 14.

ten kennt, also weiß, wo seine Stärke liegt, wie schnell er schlägt, wie stark Arme und Beine sind. Man muss sich selbst in dem Sinne kennen, wie man die Situationen und seine Gegner kennen muss; muss also auf alle Elemente der Aufgabe achten und darf weder unaufmerksam noch zerstreut sein. Das wird deutlich, wenn Williams sagt, »zum richtigen Denken gehören auch Vermutung und Antizipation«.[49] Ein Hitter, der beobachtet, dass »ein Pitcher Fastballs und Curveballs wirft und dass nur die Fastballs in die Strike Zone kommen […], wäre dumm, wenn er einen Curveball erwarten würde.«[50] Mit anderen Worten, der kluge Hitter *passt auf* und denkt so, wie Williams es sich in seinem hypothetischen Szenario vorstellt:

Beim ersten Mal out durch einen Fastball. Beim zweiten Mal erwartet man einen Fastball, ist dann aber out mit einem Curveball. Beim dritten Mal, im siebten Inning, sagst du dir: »Gut, er weiß, dass ich Fastballs gut treffe und hat mich mit einem Curveball gekriegt. Ich werden einen Curveball erwarten, obwohl er mich beim ersten Mal mit einem Fastball erwischt hat.«[51]

Es ist alles da: Der Spieler kennt die Situation (es ist das siebente Inning, das Spielende naht), er kennt seinen Gegner (der ist auch klug genug, sich Gedanken zu machen), er kennt sich selbst (ich bin mit Fastballs gut) – und das Können besteht darin, auf alle diese Dinge gleichzeitig aufzupassen. »Aufzupassen« ist jedoch keine Fähigkeit, die vom »Gefühl« zu trennen ist, das ein erfahrener Spieler für das Spiel hat, und es ist auch keine in irgendeinem Sinn theoretische Fähigkeit. (Es sei denn, es wäre eine Sache der Theorie, sorgfältig auf alle Eventualitäten zu achten, wenn man eine belebte Kreuzung überquert. Dann aber wäre Theorie auch nur ein anderer Name dafür, dass man seinen Weg durchs Leben macht, und also wäre nicht viel darüber zu sagen.) Aufpassen ist nichts weiter als eine der Fähigkeiten, die mit im Spiel sind, wenn man gut ist in dem, was man tut.

Nun mag es ja sein, dass Dworkin, wenn er von der theoretischen Komponente der Praxis spricht, gar nichts Großartiges damit meint, sondern nur die Gewohnheit, achtsam zu sein und

49 Ebd., S. 29.
50 Ebd.
51 Ebd., S. 32.

aufzupassen. Wenn das so ist, dann wäre der Unterschied zwischen Dworkin und mir lediglich terminologischer Art, also ohne größere Bedeutung. Das behauptet er am Schluss des Aufsatzes, den er für *Pragmatism in Law and Society* geschrieben hat (vgl. Anm. 39). Aber irgendwie glaube ich das nicht. Denn mit jeder Formulierung, die uns näher zusammenbringt, tut sich erneut eine Kluft auf; dann zum Beispiel, wenn er erklärt, ein guter Richter werde »natürlich sehen, dass er, in Fishs Begriffen, sowohl ein Theoretiker sein muss als auch, und kraft dessen, seine Rolle als Teilnehmer zu spielen hat«.[52] Was mich daran stört, ist die kaum merkliche Äquivokation zwischen »als auch« und »kraft dessen« (die mit einem strategisch platzierten »und« zugekleistert wird). Das Erstere legt nahe, ein Theoretiker zu sein sei etwas, das über die Teilnehmerrolle hinausgeht, während das Zweite die Theorie *in* die Rolle *einbaut*. Wenn er die Theorie jedoch in die Rolle einbaut, so wie Williams' Aufmerksamkeit gegenüber dem Pitcher und den Momenten vor dem Pitch eingebaut ist ins Spiel des Hitters, dann gibt es keinen Grund, das Theorie zu nennen, dann ist es einfach nur die Eigenschaft, nicht im Dienst einzuschlafen. Soll aber Theorie doch etwas mehr sein und zur Teilnehmerrolle hinzutreten (Dworkins »als auch«), dann sind wir wieder zurück im Reich des Metakommentars und der hohen Abstraktion, und Dworkin kann lange versichern, dies sei nicht seine Heimat. Eine ähnliche Äquivokation steckt in der Aussage, Theorie sei »zweite Natur«.[53] Träfe dies tatsächlich zu, und Theorie fände sich auf jedem Gebiet, dann würde es die Dinge nur durcheinanderbringen, würde man die Theorie separieren und ihr einen ehrenvollen Namen geben. Und wäre sie zweite Natur in dem Sinne, dass sie die erste, die ohne sie »flach und passiv« wäre, vollkommener macht, dann wäre Theorie ein besonderes Projekt, das nur solch heldenhafte Gestalten wie Dworkins Herkules in Angriff nehmen können. Und ebendarum dreht sich die Debatte zwischen ihm und mir: Hat Dworkin nun ein Projekt oder nicht? Die Frage »Projekt oder nicht?« bestimmt auch (weniger scharf) meine Meinungsverschiedenheiten mit Posner und Rorty, die beide, trotz ihres erklärten Pragmatismus, glauben, dass die Praxis von der Theorie oder Antitheorie profitieren könne. Wo genau auch immer die Unterschiede zwischen Posner, Rorty und Dworkin lie-

52 Dworkin, »Pragmatism, Right Answers, and True Banality«, S. 381.
53 Ebd., S. 382.

gen mögen, sie alle denken, sie hätten eine Empfehlung zu geben, einen Hinweis auf etwas, mit dem sich das Spiel verbessern ließe. (Rortys Version ist, wie wir sahen, die vorsichtigste und am wenigsten robuste.) Ich dagegen kann nur empfehlen, das Spiel unbeirrt weiterlaufen zu lassen, denn es braucht keine Empfehlungen von mir, und wird durch nichts, was ich zu sagen habe, irgend besser.

7. Modischer Multikulturalismus

I placed a jar in Tennessee,
And round it was, upon a hill.
It made the slovenly wilderness
Surround that hill.

The wilderness rose up to it,
And sprawled around, no longer wild.
The jar was round upon the ground
And tall and of a port in air.

It took dominion everywhere.
The jar was grey and bare.
It did not give of bird of bush,
Like nothing else in Tennessee.[1]

Stevens' Gedicht, so wie es schwankt zwischen einer üppigen Wildnis und einer von außen auferlegten Ordnung, könnte als Allegorie auf die Debatten über Multikulturalismus gelesen werden. Dieser kommt in mindestens zwei Versionen vor: als Boutique-Multikulturalismus und als strenger Multikulturalismus. Die Multikulti-Boutique, das ist der Multikulturalismus der ausländischen Restaurants, der Festivals der Kulturen und der prominenten Flirts mit dem Anderen, etwa so wie von Tom Wolfe unter dem Titel »Radical Chic«[2] satirisch beschrieben. Den Freund der Multikulti-Boutique erkennt man an der oberflächlichen, kosmetischen Beziehung, die er zu den Objekten seiner Begierde hat. Man bewundert, schätzt und genießt andere kulturelle Traditionen, sympathisiert auch mit ihnen und »anerkennt die Legitimität« fremder kultureller Traditionen. Multikulti-Freunde gehen nicht weiter als bis zu dem Punkt, ab dem bestimmte Werte anderer Kulturen zu Handlungen führen, die gegen die Regeln des zivilisierten Anstands verstoßen, wie sie entweder verkündet oder unterstellt worden sind.

Ein gutes Beispiel ist das Todesurteil, das über den Schriftsteller Salman Rushdie verhängt wurde. Vielleicht ist dieser Fall aber

1 Wallace Stevens, »Anecdote of the Jar«.

2 Tom Wolfe, *Radical Chic und Mau Mau bei der Wohlfahrtsbehörde*, Berlin 2001.

auch so extrem, dass wir besser mit weniger dramatischen Fällen beginnen. Ein Multikulti-Freund findet vielleicht Wertvolles in der Rap-Musik, geht gern afrikanisch essen, aber er mag *affirmative action*, rechtliche Vorschriften zur Bevorzugung von Minderheiten, nicht und wird offen feindselig, wenn ihm ein afrozentristisches Curriculum begegnet. Ein Multikulti-Freund mag vielleicht gern religiösen Zeremonien der Indianer zusehen und sich dafür einsetzen, dass sie unbehindert stattfinden dürfen, wird aber zurückscheuen, wenn auch Tieropfer oder der Gebrauch von Rauschmitteln zu diesen Riten gehören.[3] Ein Multikulti-Freund mag auch zugestehen, dass es verschiedene Meinungen zur Abtreibung gibt. Es ist jedoch wahrscheinlich, dass er an den Handlungen von Abtreibungsgegnern etwas Illegitimes findet, wenn sie die Eingänge von Krankenhäusern blockieren und Frauen beschimpfen, die dort hineingehen. Ein Multikulti-Freund mag die Grundsätze anderer Religionen respektieren, zieht aber einen Strich, wenn Anhänger einer fremden Religion Polygamie betreiben.

In diesen (und in vielen analog gelagerten) Fällen widersetzt sich der Multikulti-Freund der Macht der von ihm geschätzten Kultur an genau dem Punkt, an dem sie Menschen, die sich dieser Kultur tief verbunden fühlen, am meisten bedeutet – dort also, wo ein Afroamerikaner versucht, seine Kultur zum Inhalt der Erziehung seiner Kinder zu machen; wo ein Indianer seine Religion praktizieren will, wie es ihm seine alten Riten vorschreiben; wo Abtreibungsgegner direkt das Übel herausfordern, von dem sie glauben, es ruiniere die Moral des Landes; wo Mormonen versuchen, dem Wort und den Praktiken ihrer Propheten und Ältesten treu ergeben zu sein.

Um es anders zu sagen: Ein Multikulti-Freund kann die zentralen Werte der Kulturen, die er toleriert, nicht ernst nehmen, weil er diese Werte nicht als zentral ansieht; er glaubt vielmehr, sie überlagerten so etwas wie ein Substrat universeller Menschlichkeit. Dieses gilt ihm als das eigentliche Zentrum, und die Unterschiede, die uns äußerlich zeichnen – Sprache, Kleidung, religiöse Praktiken, Rasse, Geschlecht, Klasse usw. –, sind für den Multikulti-Freund nicht mehr als das, was Milton in seinen *Areopagitica* »mäßige Verschiedenheiten und Unähnlichkeiten, welche nicht völlig ohne Verhält-

3 Vgl. *Employment Division, Department of Human Resources of Oregon et al. v. Smith et al.*, 494 U.S. 872(1990) – das Urteil, das amerikanischen Ureinwohnern eine Ausnahme für den religiösen Gebrauch von Peyote verweigert hat.

niß sind«,[4] nennt. Menschen, so oder ähnlich heißt es dann, mögen sich unterschiedlich kleiden, verschieden reden, beten, Frauen und Männer mögen sich so oder so umwerben, unter dieser Oberfläche aber sei etwas, das uns Menschen allen gemeinsam ist (oder das uns gemeinsam hat); und dieses Etwas bilde den Kern unserer Identitäten. Diejenigen, die Praktiken ihrer lokalen Kultur so weit folgten, dass sie die Praktiken anderer Kulturen nicht mehr respektierten – indem sie den Tod eines Schriftstellers fordern, der eine Religion verunglimpft, oder Pornographie verbieten wollen, weil sie ein Geschlecht beleidigt –, wüssten einfach nicht, wer sie sind, denn sie identifizierten sich mit etwas, das nur ein nebensächlicher Aspekt ihres Wesens sei.

Steven C. Rockefeller hat das Multikultitum auf den Punkt gebracht, wenn er schreibt: »Diese universelle Identität ist die primäre Identität, sie ist fundamentaler als jede partikulare Identität, gleichgültig, ob diese aus Staatsangehörigkeit, Geschlecht, Rasse oder ethnischer Herkunft entsteht«.[5] Sich seiner »besonderen Identität« zu erfreuen ist so lange völlig in Ordnung, bis es irgendwie wehtut und sich die Frage grundsätzlicher Loyalitäten stellt; und augenblicklich rückt die allgemeinmenschliche, unsere Identität als Menschen in den Vordergrund. Denn, nochmals Rockefeller: »So wichtig der Respekt gegenüber der Vielfalt in multikulturellen demokratischen Gesellschaften auch ist – die ethnische Identität ist nicht die Grundlage für die Anerkennung der Gleichwertigkeit und damit auch der Gleichberechtigung aller Menschen.« (S. 82) Das heißt, wir haben Rechte nicht als Männer oder Frauen, Juden oder Christen, Schwarze oder Asiaten, sondern als Menschen; und was einen Menschen zum Menschen macht, ist nicht die besondere Wahl, die er oder sie trifft, sondern die Fähigkeit zu wählen, und diese Fähigkeit muss geschützt werden, nicht ihre jeweilige Verwirklichung.

Daraus folgt, dass alle nach ihrer besonderen Wahl leben können, aber nicht, wenn sie damit die Freiheit anderer Menschen einschränken oder unterdrücken. (Das ist natürlich das »Schadensprinzip« aus John Stuart Mills' *On Liberty*.) Jeder mag seine

4 John Milton, *Areopagitica* (1644), hg. und übersetzt von Richard Roepell, Berlin 1851, S. 39.

5 Steven C. Rockefeller, »Kommentar«, in: Charles Taylor, *Multikulturalismus und die Politik der Anerkennung*, Frankfurt/M. 2009, S. 82.

Religion ausüben, wie er oder sie will, und sei es die Teufelsanbeterei, aber niemand darf seine Religion auf eine Art und Weise ausüben, die andere daran hindert, ihre auszuüben, indem er oder sie zum Beispiel ihre Texte unterdrückt oder ihre Geistlichen ins Gefängnis wirft. Frauen mögen ganz berechtigt darauf bestehen, gleichen Lohn für gleiche Arbeit zu erhalten, aber sie können nicht berechtigt darauf bestehen, dass sie dafür, dass sie Frauen sind, einen Extralohn bekommen oder bevorzugt behandelt werden. Man kann sich dafür entscheiden, Pornographie zu konsumieren oder zu verachten, aber wer an die befreiende Wirkung der Pornographie glaubt, darf niemanden anderen zwingen, sie zu konsumieren, und wer meint, ihr Einfluss sei verderblich, kann anderen nicht verbieten, sie zu publizieren.

Es sind natürlich diese beiden Handlungen (in jeweils allerhand Spielarten), die Befürworter und Gegner der Pornographie vor allem vornehmen möchten, da sie aus den Anschauungen der jeweiligen Partei logisch folgen und diesen Parteien als moralische Gebote erscheinen werden. Das meinte ich, als ich eben sagte, der Multikulti-Freund sei mit den Praktiken einer bestimmten Kultur an dem Punkt nicht mehr einverstanden, wo sie für ihre Mitglieder und ihre tiefen Empfindungen am bedeutsamsten sind: Ein tief religiöser Mensch ist eben genau das, *tief* religiös, und das Überleben und die Verbreitung seines Glaubens sind für ihn alles andere als nebensächlich (nichts, von dem er oder sie auch absehen könnte), sondern sie sind ihnen wesentlich, auch für jene, die anderen, »falschen« Glaubensrichtungen anhängen. Solchen Menschen zu sagen, sie dürften ihre Überzeugungen ruhig haben, dürften aber nicht so weit gehen, sie völlig durchzusetzen, hieße, dass sie ihre Vorstellung von Gut und Böse entweder für sich behalten oder bescheiden und zurückhaltend anbieten sollen, wie Häppchen auf einer Cocktailparty.[6] Rockefeller sagt zwar, dass »Achtung vor dem Individuum nicht länger nur die Achtung vor einem universellen,

6 Einige politische Theoretiker gehen nicht nur so weit zu sagen, religiöse Gründe sollten in der Öffentlichkeit nicht zugelassen sein, sondern sagen auch, die Bürger sollten nur dann für irgendeine Position eintreten, wenn sie »angemessen weltliche« Motive dafür hätten; vgl. Robert Audi, »The Separation of Church and State and the Obligations of Citizenship«, in: *Philosophy and Public Affairs* 18 (Sommer 1989), S. 280. Vgl. auch die ausführliche Diskussion dieser Frage in Kent Greenawalt, *Private Consciences and Public Reasons,* Oxford 1995.

in jedem Menschen angelegten Potenzial umfaßt, sondern auch die Achtung vor dem inneren Wert der verschiedenen kulturellen Formen, in denen und durch die Individuen sich verwirklichen« (S. 81), aber aus seinem Kommentar geht eindeutig hervor, dass diese letztere Achtung nur oberflächlich sein kann, in dem Maß nämlich, in dem die kulturellen Formen, denen sie gilt, selbst als oberflächlich beurteilt wurden, als nicht zur allgemeinmenschlichen Identität gehörig.

Die Politik, die aus Ansichten wie denen Rockefellers folgt, nennt Charles Taylor »Politik der allgemeinen Würde«.[7] Diese Politik, erläutert Taylor, schreibt jedem Einzelnen »die gleichen Rechte und Freiheiten« zu, gleich insofern, als sie auf den Aspekt jedes Einzelnen beschränkt sind, der bei allen Menschen der Gleiche sein soll, nämlich auf unseren »Status als rational handelnde Wesen«, als Wesen also, die die gleichen Möglichkeiten haben, vernünftig zu denken. Solange dieses Potenzial durch das Recht geschützt ist, kann es den besonderen Formen seiner Realisierung – kulturellen Traditionen, religiösen Dogmen, ethnischen Loyalitäten usw. – überlassen bleiben, im Hin und Her der Debatten ihren Weg zu finden oder auch nicht. Eine Tradition kann aussterben, eine Religion mag vor sich hin siechen, eine ethnische Gruppe kann mit ihrer Forderung scheitern, in Seminarraum oder im Gerichtssaal vertreten zu sein, aber diese Konsequenzen sind nicht so wichtig wie die Integrität des Prozesses, der sie hervorbringt, ein Prozess, der das Überlegen und Abwägen höher bewertet als das, was dabei herauskommt; was aus der Perspektive dieser Politik also gleichgültig ist.[8]

Im Rahmen einer anderen Politik, die Taylor die »Politik der Differenz« (S. 25) nennt, sind die Resultate dieses Prozesses alles andere als gleichgültig. Diese Politik, so Taylor, erlaube den Traditionen nicht nur, sich selbst im Spiel zu versuchen, sondern sie setze sich auch für deren Gedeihen ein. Während die »Politik der

7 Charles Taylor, »Die Politik der Anerkennung«, in: ders. *Multikulturalismus*, S. 25.

8 John Rawls, in *Politischer Liberalismus* (Frankfurt/M. 1998), drückt es so aus: […] »keine Auffassung der politischen Gerechtigkeit kann vermeiden, dass gesellschaftliche Einflüsse sich zugunsten einiger und zuungunsten anderer Lehren auswirken. Keine Gesellschaft kann alle Lebensweisen in sich aufnehmen« (S. 294) – eine Feststellung, der die Zufriedenheit anzumerken ist, dass seine Lebensform in seiner Gesellschaft auf jeden Fall enthalten ist.

Würde« die besonderen kulturellen Werte dem universalen Wert der freien rationalen Wahl unterordnet, legt die Politik der Differenz besonderen Wert auf aktive Förderung der Kulturen in ihrer Einzigartigkeit. So pflegt und schützt diese Politik eher die Einzigartigkeit, nicht aber irgendwelche allgemeinen Fähigkeiten, aus denen jene sich verwirklicht. Richtet die Politik der gleichen Würde ihr Augenmerk auf das, »was bei allen gleich ist«, und betrachtet Partikularität nur als Zuckerguss auf einem homogenen Kuchen, fordert die Politik der Differenz von uns, dass wir das »Besondere anerkennen und sogar fördern« sollen. (S. 29)

Praktisch gesehen, heißt Förderung der Partikularität, dass wir für die besonderen Bedürfnisse und Anforderungen bestimmter Gruppen besondere Anpassungen vornehmen müssen, andernfalls – wenn wir das unter Berufung auf eine angenommene grundlegende Eigenschaft menschlicher Vernunft ablehnen – würden wir die Einzigartigkeit schwächen, die wir doch zu unserem Hauptanliegen machen sollten. »Während die Politik der universellen Würde für Formen der Nichtdiskriminierung kämpfte, die sich gegen die Unterschiede zwischen den einzelnen Bürgern ›blind‹ stellten, definiert die Politik der Differenz Nichtdiskriminierung häufig neu und fordert, daß wir gerade die Unterschiede zur Grundlage einer differenzierenden Praktik machen.« (S. 26)

Es ist die Politik der Differenz, der wir Regeln erlaubter Sprache an den Universitäten verdanken (wie in Stanford, wo sie inzwischen allerdings von den Gerichten für ungültig erklärt wurden), die rassistische Bezeichnungen verurteilen, mit denen Minderheiten diskriminiert werden. Abwertende Ausdrücke aber, die sich etwa gegen weiße Männer richten – Honkey, Redneck, Whitey – gelten nicht als rassistisch, denn Rassismus ist als Feindseligkeit plus Macht definiert und nicht als bloße Feindseligkeit. Es ist die Politik der Differenz, die zur Gründung von Schulen für junge schwarze Männer in den Innenstädten führt (auf Basis des Gedankens, dass die Erhaltung der kulturellen und der Geschlechterhomogenität das Selbstvertrauen stärke und die Lernwilligkeit fördere). Es ist die Politik der Differenz, die Schwarze, Asiaten und amerikanische Ureinwohner ermutigt, von der Filmindustrie zu fordern, dass sie schwarze, asiatische und indianische Schauspieler einsetze, wenn derartige Rollen zu besetzen sind. Und ebenfalls diese Politik verlangt, dass in den Hörsälen und im Lehrkörper der Universitäten die verschiedenen kulturellen Traditionen vertreten sind. Die Politik der Differenz ist das Äquivalent einer Gesetzgebung zum Artenschutz für Menschen, nur sind hier die zu schützenden Arten nicht Eulen und Schlangenhalsvögel, sondern Araber, Juden, Homosexuelle, Chicanos, Italoamerikaner usw.

Die Politik der Differenz ist das, was ich mit strengem Multikulturalismus meine; streng insofern, als sie die Differenz als solche für wertvoll und schützenswert hält, nicht als Manifestation von etwas Grundsätzlicherem, Konstitutiven. Während der Multikulti-Freund anderen Kulturen einen oberflächlichen Respekt entgegenbringt – den er in dem Moment zurückzieht, in dem er Praktiken einer anderen Kultur irrational oder inhuman findet –, wird der strenge Multikulturalist dem Kern anderen Kulturen einen *tiefen* Respekt zollen wollen. Seiner Meinung nach hat jede Kultur das Recht, ihre eigene Identität auszubilden und ihr eigenes Verständnis von dem zu entwickeln, was rational und human ist. Das für strenge Multikulturalisten grundlegende Prinzip ist nicht Rationalität oder eine andere überkulturelle Universale, sondern Toleranz.

Das ist problematisch. Man kann Toleranz nämlich nicht zum grundlegenden handlungsleitenden Prinzip erheben, weil niemand diesem Prinzip auf Dauer treu bleiben und folgen kann. Früher oder später wird sich die Kultur, deren zentrale Werte und Annahmen man toleriert, selbst als im Kern intolerant herausstellen. Das, was die betreffende Kultur zu etwas Einzigartigem und Selbständigem macht, wird zum Widerstand gegen Aufrufe zu maßvollem und integrativem Verhalten führen. Wird sie mit der Forderung konfrontiert, ihre Sicht und Weltauffassung aufzugeben oder so zu erweitern, dass sie Praktiken ihrer natürlichen Feinde – anderer Religionen, Rassen, Klassen oder Geschlechter – mit umfasst, wird eine so belagerte Kultur zurückschlagen: mit allem, was ihr von diskriminierenden Gesetzen bis zu Gewalt zur Verfügung steht.

An diesem Punkt gerät der strenge Multikulturalist in ein Dilemma: Er kann seine Toleranz so weit ausdehnen, dass sie sich noch auf die Intoleranz erstreckt, die im Innern einer von ihm verehrten Kultur haust, aber dann ist Toleranz nicht länger sein handlungsleitendes Prinzip. Oder er verurteilt die Intoleranz im Kern dieser Kultur (und wendet sich mit Grausen ab, wenn Khomeini Rushdie zum Tode verurteilt), dann aber zollt er ihr an dem Punkt keinen Respekt mehr, wo ihre Besonderheit am offensichtlichsten auf dem

Spiel steht. Typischerweise werden strenge Multikulturalisten sich nun am zweiten Horn des Dilemmas festzuhalten suchen (gewöhnlich im Namen eines überkulturellen Universalen, das, wie wir jetzt erkennen, von Anfang an in ihrem Ärmel versteckt war) und sich damit als solche zu erkennen geben, die alles andere als strenge Multikulturalisten sind. Denn nun wird klar, dass der strenge Multikulturalismus keine eigene Position ist, sondern eine etwas tiefere Ausgabe der seichten Kategorie des modischen Multikultitums.

Natürlich unterscheiden sie sich weiterhin, aber nur graduell. Als der Schriftsteller Paul Theroux einem Pakistani mit einem höheren Abschluss in Naturwissenschaften begegnet, der ihm dennoch erklärt: Rushdie muss sterben, sagt Theroux ihm auf gute Multikultimanier deutlich seine Meinung und hält ihm (als sei der andere ein Kind) vor, seine Einstellung sei »ignorant und barbarisch«.[9] (Ich wette, das hat den Pakistani auf der Stelle überzeugt.) Ziehen wir zum Vergleich M. M. Slaughter heran, eine strenge Mulitikulturalistin, die anstelle von Beschimpfungen eine Erklärung anbietet, warum ein gebildeter Moslem, dessen Identitätsgefühl »von der Gemeinschaft der Gläubigen untrennbar« ist, sich für tödlich getroffen halten kann durch etwas, das in einem Buch steht.[10] Das Problem, sagt sie, sei nicht ein simpler Gegensatz zwischen Zivilisation und Barbarei, sondern eine Spannung zwischen »essentialistischen Ideologien, die unvermeidlich und unversöhnlich in Konflikt geraten. [...] Der Begriff des autonomen Selbst erfordert das Prinzip der freien Rede, während das sozial situierte Selbst der islamischen Gesellschaft dieses Prinzip notwendigerweise zugunsten von Verboten von Beleidigungen und Diffamierungen ablehnt.« (S. 156) Während Slaughter diesen Punkt ausgiebig elaboriert, vermeidet sie aber, ihre Sympathie in Zustimmung zu verwandeln, versäumt auch nicht, gleich zu Beginn ihres Artikels zu erklären, »eine Kopfgeld auf Rushdie auszusetzen« (S. 155) sei eine »terroristische Handlung«. (S. 154) Slaughter denkt also letztlich kaum anders als Theroux, auch wenn sie eine Analyse mitliefert, die anzustellen der Schriftsteller kein Interesse hat. Sowohl Theroux als auch Slaughter – von denen der eine die Fatwa als ein Beispiel für einen

9 Paul Theroux, »Brief an Salman Rushdie«, in: Steve MacDonogh (Hg.), *The Rushdie Letters: Freedom to Speak, Freedom to Write*, Lincoln, NB, 1993, S. 33.

10 M. M. Slaughter, »The Salman Rushdie Affair: Apostasy, Honor, and Freedom of Speech«, in: *Virginia Law Review* 79 (1993), S. 198, 156, 155, 154.

Fanatismus betrachtet, der an Wahnsinn grenzt, die andere zum Begriff eines Denksystems vordringt, in dem die Fatwa eine moralische Verpflichtung darstellt – gehen nicht bis zum Ende, beide sagen nicht, wie Theroux' Pakistani: Rushdie muss sterben.

Am Ende kommen weder Multikulti-Freunde noch die strengen Multikulturalisten mit der Differenz zurecht, auch wenn ihre Unfähigkeiten asymmetrisch sind. Multikulti-Freunde nehmen die Differenz nicht ernst, denn sie halten ihre Merkmale (malerische Kleidung, atonale Musik, merkwürdige Tischsitten) für Fragen des Lebensstils; als solchen sollte es ihnen nicht erlaubt sein, dem Substrat an Rationalität ins Gehege zu kommen, das uns ungeachtet der Hautfarbe alle zu Brüdern macht. Strenge Multikulturalisten nehmen die Differenz als allgemeines Prinzip so ernst, dass sie besondere Differenzen nicht ernst nehmen können, sie können ihren Imperativen keine volle Verwirklichung in einem politischen Programm zugestehen, denn dies würde unweigerlich dazu führen, dass die Differenz schließlich unterdrückt wird. Um aus dieser Schwierigkeit herauszukommen, bleibt den strengen Multikulturalisten nur, sich zu Sprechern nicht für Differenz im Allgemeinen, sondern für *eine* Differenz zu machen, das heißt, für die Imperative einer bestimmten Kultur, selbst dann, wenn sie in die Freiheit einer anderen Kultur eingreifen.

Täte er aber das, würde der strenge Multikulturalist jedoch sein allgemeines Prinzip verraten und müsste stattdessen zum *wirklich strengen* Multikulturalisten werden, dessen Hingabe zur Achtung vor einer Kultur so groß wäre, das er unter allen Umständen zu ihr hielte. Dann aber wäre er im Grunde gar kein Multikulturalist mehr, denn wenn er zu dieser besonderen Kultur hält, auch wenn sie ihre Selbstverwirklichung darin findet, die Besonderheit einer anderen Kultur auszulöschen, wird er (was wir meiner Meinung nach sowieso alle sind) zum Unikulturalisten. Das mag zunächst widersinnig erscheinen, aber schauen wir uns die diversen Arten des Multikulturalismus doch einmal an. Das modische Multikultitum respektiert Verschiedenartigkeit nur an der Oberfläche, weil seine tiefere Loyalität den universellen Möglichkeiten unserer Fähigkeit zu rationalen Entscheidungen gehört; der strenge Multikulturalismus respektiert Verschiedenartigkeit im Allgemeinen, kann aber deren besondere Ausprägungen nicht respektieren, wenn diese sich weigern (was sie immer tun werden), ihrerseits diese Großzügigkeit zu erwidern; der wirklich strenge Multikulturalismus erleidet mit Verschiedenartigkeit in einer besonderen Ausprägung Schiffbruch und ist deshalb überhaupt kein Multikulturalismus. Dies bedenkend bleibt uns nur ein Schluss: Niemand kann in irgendeinem überzeugenden oder widerspruchsfreien Sinn Multikulturalist *sein.*[11]

Der Grund, warum das widersinnig klingen wird, besteht darin, dass Multikulturalismus und das Unbehagen an ihm gegenwärtig so weite Kreise zieht, dass einfach jeder über ihn redet. Reden sie alle über etwas, das gar nicht existiert? Um darauf zu antworten, müssen wir mit unserer Untersuchung noch einmal von vorn beginnen und eine neue Unterscheidung einführen, die zwischen Multikulturalismus als philosophischem Problem und als demographischer Tatsache. Mit dem philosophischen Problem Multikulturalismus haben wir auf den voranstehenden Seiten gerungen, sind dabei etwa dort gelandet, wo auch Miltons gefallene Engel landeten, die versucht haben, über Schicksal, Vorsehung, Vorherbestimmung und freien Willen zu räsonieren und sich anschlie-

11 Ein Beispiel dafür ist David Theo Goldberg (Hg.), *Multiculturalism: A Critical Reader*, Cambridge, Mass. 1994, ein Band, dessen Autoren erfolglos mit dem Rätsel ringen, das ich expliziert habe. Einige Beiträge werben für einen, wie es dort heißt, kritischen Multikulturalismus, den Peter McLaren in »White Terror and Oppositional Agency: Towards a Critical Multiculturalism« als die »Aufgabe« glossiert, »die gesellschaftlichen, kulturellen und institutionellen Verhältnisse, in denen Bedeutungen generiert werden, zu verändern«.(53) Und zwar habe dies in Dienst und Namen der Heterogenität zu geschehen (vgl. Goldberg »Introduction: Multicultural Conditions«). Aber wo ist Heterogenität zu lokalisieren? Um wessen Heterogenität (sprich »Differenz«) geht es? Wenn sie irgendwo ist, ist sie keine Heterogenität. Wenn sie überall ist, sind wir wieder bei einem universalistischen Liberalismus, und der angebliche Feind wird umarmt. Die Chicago Cultural Study Group versucht, dieses Dilemma zu verfeinern, indem sie auf volle Enthüllung drängt. Man sollte »das Ziel seiner Wissensproduktion angeben« und damit »seinen Anspruch auf akademische Autorität und die Macht des Autors aufgeben«, aber inzwischen *ist* diese Geste ein Anspruch auf Autorität und bedeutet Macht und Kontrolle, auch wenn man sich ihrer entledigt, um einen »besseren Standpunkt für substanzielle Kritik« zu suchen (Chicago Cultural Study Group »Critical Multiculturalism«, in: *Critical Inquiry* 18 [Frühjahr 1992], S. 549 und in Goldberg, *Multiculturalism*, S. 114-39). Die Autoren können nur feststellen, dass »ein wirklich kritischer Multikulturalismus nicht durch guten Willen oder auf theoretischem Weg zustande gebracht werden kann, sondern Institutionen, Genres und Medien erfordert, die es noch nicht gibt«. (S. 553) Es wird sie nie geben.

ßend »in Irrgehegen so verloren wandelnd«[12] fühlen. Auch wir verirren uns, wenn wir Multikulturalismus für einen abstrakten Begriff halten, den wir annehmen oder ablehnen können. Wenn wir unter Multikulturalismus jedoch eine demographische Tatsache verstehen – das Faktum, dass heute in den Vereinigten Staaten eine Vielzahl kultureller Traditionen gedeihen und an diejenigen Forderungen stellen, die sich mit ihnen identifizieren –, dann wäre der Impuls, ihn anzunehmen oder abzulehnen, ziemlich merkwürdig. Wollte man Ja oder Nein zum Multikulturalismus sagen, dann wäre das so sinnvoll, wie Ja oder Nein zur Geschichte zu sagen, die weitergehen wird, ganz egal was wir über sie denken.

Nicht, dass über Multikulturalismus nichts zu sagen wäre. Sobald wir ihn als demographische Tatsache erkennen, geht es jedoch bei dem, was gesagt wird, mehr darum, potenzielle Krisen zu entschärfen, als begriffliche Rätsel zu lösen. Es wird uns vielleicht nie gelingen, die Anforderungen, die Differenz und Gemeinschaft stellen, in einer befriedigenden Formel miteinander zu vereinbaren, aber wir können versuchen uns vorzustellen, dass *diese* Differenzen im zivilen und politischen Raum *dieser* Gemeinschaft ihren Platz finden, ohne dass es dort zu Streit kommt. »In allen Gesellschaften«, sagt Taylor in »Die Politik der Anerkennung«, »leben immer mehr verschiedene Kulturen zusammen« – mit der Folge, dass eine beträchtliche Anzahl von Menschen sowohl Bürger eines bestimmten Landes als auch Mitglieder einer Kultur sind, »die die philosophischen Grenzen« dieses Landes »in Frage stellt«. Was wir »in den kommenden Jahren [...] brauchen«, sagt Taylor, sind »inspirierte Ad-hoc-Lösungen«.[13]

Ich möchte den Ausdruck der »inspirierten Ad-hoc-Lösungen« ernst nehmen. Er bedeutet, dass Lösungen für bestimmte Probleme gefunden werden, indem eine Krisensituation als Gelegenheit zur Improvisation und nicht zur Anwendung von Regeln und Prinzipien betrachtet wird (auch wenn die Berufung auf Regeln und Prinzipien häufig ein Bestandteil der Improvisation ist). Lösungen dieser Art sind vorübergehend – das heißt ad hoc ja schließlich –, und wenn ein neues Set von Problemen ihre Wirksamkeit in Frage

12 John Milton *Das verlorene Paradies,* 2. Buch, V. 737, hg. und übersetzt von Hans Heinrich Meier, Stuttgart 2008, S. 66.

13 Charles Taylor »The Rushdie Controversy«, in: *Public Culture* 2 (Herbst 1989), S. 63, S. 121.

stellen, muss erneut improvisiert werden. Daraus folgt, dass Definitionen des Multikulturalismus nicht zur Sache gehören, weil dieser nicht einheitlich, sondern vielgestaltig ist und die vielen Dinge, die er sein wird, in unterschiedlichen Bereichen der Gesellschaft unterschiedliches Gewicht haben werden. In einigen Bereichen wird sich der Multikulturalismus um sich selbst kümmern, in anderen wird sich seine Problematik kaum bemerkbar machen und in wieder anderen wird er ein »Problem«, das angepackt werden muss.

Was er jedoch nicht sein wird, ist ein philosophisches oder theoretisches Problem. Multikulturalismus bei Arbeitern? Wie demographische Projektionen zeigen, wird die Arbeitskraft in absehbarer Zukunft hauptsächlich von Frauen und Angehörigen der Minoritäten gestellt werden, entsprechend ändern die großen Unternehmen ihre Einstellungspolitik. Wie James Houghton, der Vorstandsvorsitzende von Corning, erklärt hat, könne sich kein Unternehmen leisten, vorwiegend weiße männliche Arbeiter zu beschäftigen, ebenso wenig aber kann es rassische und ethnische Spannungen am Arbeitsplatz brauchen. Daher führt dieselbe Profitorientierung, die zu Veränderungen in Einstellungspolitik und Werbung führt, auch zu Sensitivity-Programmen und einer konsultativeren Organisationsstruktur, und sie dezentralisieren das Management. Kurz, für die Geschäftswelt heißt es Multikulturalismus oder Tod.

Diese Formel passt auch auf Colleges und Universitäten. Als die Bevölkerungen von Universitäten noch relativ klein und homogen waren, musste man sich darüber nicht wundern oder darum sorgen, dass die Materialien, die auf dem Lehrplan standen, auf Bücher eingeschränkt waren, die von früheren Generationen desselben homogenen Bevölkerungsteils geschrieben waren. Als aber aufgrund des GI-Gesetzes viele zum College gingen, die sonst nicht daran gedacht hätten, und als einige, die nun an die akademische Welt herangeführt wurden, entschieden, dass sie es mochten und sich entschieden, als Lehrpersonal zu bleiben; als sich zudem der Feminismus zu verbreiten begann und immer weniger Frauen willens waren, den Ambitionen ihrer Männern die eigene Karriere zu opfern; als für viele Jobs, bei denen vorher ein High-School-Abschluss gereicht hatte, ein College-Abschluss verlangt wurde; als nach Korea- und Vietnamkrieg motivierte Studenten aus den Reihen der Einwanderer kamen und die kulturelle Mischung in den Lehrinstituten noch verstärkten; als der Stolz auf die ethnische

Tradition (zusätzlich stimuliert durch die Fernsehserie *Roots*) das Idealbild der Vereinigten Staaten als »Melting Pot« zu schwächen begann, entstand der Druck, neues Studienmaterial zu verwenden, das auch von Angehörigen der Kulturen oder Subkulturen, von denen es handelte, gelehrt werden sollte; er kam aus allen Richtungen und wuchs. Manchmal wird Multikulturalismus dargestellt, als sei das eine bewusste Strategie, eine Erfindung aufrührerischer politischer Gruppen, die darauf aus seien, Amerikas kulturellen Raum zu besetzen, das Land fremden Ideen zu unterwerfen. Das ist aber nicht der Fall, Multikulturalismus ist eine Entwicklung, die von niemandem geplant wurde. Infolgedessen war er entschieden überdeterminiert, und nun sind diejenigen, die den Uhrzeiger zurückdrehen wollen, zunehmend frustriert.

Natürlich wird es immer ein paar Colleges geben (wie Hillsdale in Michigan), die sich als tapfere Verteidiger der Brückenköpfe hinstellen, die andere schändlicherweise aufgegeben hätten, im Großen und Ganzen aber ist der Multikulturalismus, zumindest auf dem Bildungssektor, eine Grundvoraussetzung und keine Option mehr, für die oder gegen die man sein kann. Tatsächlich kennen viele Bereiche des amerikanischen Lebens kein Multikulturalismusproblem, auch wenn Experten endlos darüber debattieren und sich über die Bedeutung von Demokratie, universellen Rechten, Gemeinschaft, Primat des Individuums usw. auslassen. Diese geisttötenden Abstraktionen mögen die offizielle Währung akademischer Debatten sein, aber sie zeigen uns nicht, was mit den sozialen und ökonomischen Verwerfungen, auf die sie nur eine unangemessene (und sogar irrelevante) Reaktion sind, auf dem Spiel steht. Im Grunde leisten sie gar nichts, und wenn sie denn überhaupt etwas tun, tun sie es im Dienst jener Ad-hoc-Lösungen, gegen die sie rhetorisch Sturm laufen.

Ich möchte nicht verstanden werden, als schlüge ich Ad-hoc-Lösungen vor; was ich sage ist, dass Ad-hoc-Lösungen das sind, was tatsächlich passiert, auch wenn Probleme behandelt werden, als seien sie prinzipieller Art und könnten einer prinzipiellen Lösung zugeführt werden. Es gibt, wie wir sahen, jede Menge Prinzipien – Autonomie, Respekt, Toleranz, Gleichheit –, wenn sie aber von raffinierten Nutzern ins Spiel gebracht werden, ist das Ergebnis nicht die Lösung des Problems, sondern allenfalls Schärfung unseres Sinns für die Sackgassen, in die sie uns führen. Nehmen wir zum Beispiel Amy Gutmann, wie sie Fragen aufwirft, von denen sie denkt, es gäbe Antworten auf sie:

Soll eine liberaldemokratische Gesellschaft Kulturen respektieren, die sich selbst für ethnisch oder rassisch überlegen halten [und sich damit] in einen scharfen Gegensatz zu anderen Kulturen stellen? Wenn ja, wie lässt sich die Achtung vor einer Kultur, die sich für ethnisch oder rassisch überlegen hält, mit dem Bekenntnis dazu vereinbaren, alle Menschen gleich zu behandeln? Wenn eine liberale Demokratie solche ›suprematistischen‹ Kulturen nicht respektieren muss oder soll, auch wenn diese Kulturen bei benachteiligten gesellschaftlichen Gruppen in hohem Ansehen stehen, wo dann liegen die moralischen Grenzen der legitimen Forderung nach politischer Anerkennung bestimmter Kulturen?[14]

In diesen Fragen sind die ineinandergreifenden Dilemmata zu erkennen, die mich zu dem Schluss gebracht haben, Multikulturalismus sei ein inkonsistenter Begriff, der weder sinnvoll bejaht noch verneint werden kann. Aber das ist nicht der Schluss, zu dem Gutmann gelangt. In gut liberal-rationalistischer Art betrachtet sie die Schwierigkeiten, die sie aufdeckt, als Ansporn zu noch größeren begrifflichen Anstrengungen und stellt sich selbst die Aufgabe, eine Formulierung zu finden, die uns aus einer Welt der eingefahrenen »politischen Kriegsschauplätze« erlöst und den Weg zu »gegenseitiger Achtung zwischen Gruppierungen mit beträchtlichen, bisweilen fundamentalen intellektuellen Meinungsverschiedenheiten« zeigt. (S. 20) Das Erstaunliche an dieser Äußerung ist, dass sie die Dilemmata, die sie lösen will, reproduziert und den Schwierigkeiten, die sie darstellen, entschlossen (möglicherweise unabsichtlich) aus dem Weg geht. Das Vokabular hält nicht einmal einfachsten Fragen stand. Wie respektvoll kann man gegenüber »fundamentalen« Differenzen sein? Wenn eine Differenz fundamental ist – also grundlegende Anschauungen und Bindungen berührt –, wie kann man sie respektieren, ohne die eigenen Anschauungen und Bindungen zu missachten? Zeigt man, andererseits, wirklich Achtung vor einer Sichtweise, wenn man sie toleriert, so wie man das Brummen einer Fliege toleriert? Oder zeigt man Respekt, wenn man sie ernst genug nimmt, dass man ihr Widerstand entgegensetzt?

14 Amy Gutmann, »Introduction«, in: dies. (Hg.), *Multiculturalism and the Politics of Recognition*, Princeton 1992, S. 5.

Solche Fragen übergeht Gutmann, versteckt sie sogar vor sich selbst, indem sie zwischen »fundamental« und »Meinungsverschiedenheiten« das Wort »intellektuell« schiebt. Durch »intellektuell« werden Meinungsverschiedenheiten auf die Gegenstände begrenzt, deren Diskussion die Anstandsregeln des Rationalismus der Aufklärung nicht verletzt. Auseinandersetzungen, die so heftig sind, dass sich die Parteien weigern, auf vernünftige Argumente zu hören, werden ausgegrenzt, als Ungeheuerlichkeiten behandelt, die sowohl ober- als auch unterhalb unserer Aufmerksamkeitsschwellen stehen (darüber, wenn es sich um Auseinandersetzungen über religiöse Fragen handelt, darunter, wenn es sich um Auseinandersetzungen zwischen Gruppen handelt, die nicht miteinander reden, sondern sich gegenseitig umbringen wollen). Die Kategorie des Fundamentalen wird im Ergebnis neu konfiguriert – ja auf den Kopf gestellt –, indem Konflikte zwischen sehr gegensätzlichen Positionen ausgeschlossen werden, ebendie Konflikte also, die in der Tat fundamental sind.

Der Trick, der hier im Spiel ist, lässt sich an einem Beispiel für Auseinandersetzungen gut erkennen, von denen Gutmann annimmt, dass sie sich im Kontext gegenseitiger Achtung austragen lassen. Ihr Beispiel – die Abtreibungsfrage – entspricht aber nicht dem Prinzip, das es doch stützen sollte. Wie jedermann weiß, betrachten strikte Gegner der Abtreibung deren Befürworter als Mörder oder Mordhelfer; die Befürworter umgekehrt gehen davon aus, dass die Gegner den Frauen ihr Recht auf Selbstbestimmung über ihren Körper nehmen wollen. Diese Meinungsverschiedenheit ist alles andere als intellektuell, sondern fundamentaler Natur. In einem intellektuellen Streit können die Parteien miteinander reden, weil sie grundlegende Annahmen teilen, in einer fundamentalen Auseinandersetzung dagegen stehen gerade die grundlegenden Annahmen in Frage. Man hat entweder intellektuelle oder fundamentale Meinungsverschiedenheiten, beide zugleich kann man nicht haben, und wenn man wie Gutmann intellektuellen Meinungsverschiedenheiten den Vorzug gibt, will man die Grundsätzlichkeit des Streites nicht wahrhaben; man geht ihnen einfach aus dem Weg.

So verfährt Gutmann auch mit dem ärgerlichen Thema der Hassreden in der Universität. Hier stellt sich die Frage: »Wie können wir eine Gemeinschaft von Kulturen erreichen, die sich gegenseitig respektieren, wenn es in manchen Kulturen verbreitete

Praxis ist, die Mitglieder anderer Kulturen zu verunglimpfen?«[15] Dieses Problem scheint kaum lösbar, Gutmann meint dennoch, es lösen zu können, indem sie zwischen Differenzen, die man nur toleriert, und solchen unterscheidet, die man respektiert. Man respektiere eine Differenz, so Gutmann, wenn man sie als Gegenstand ernsthafter moralischer Debatten betrachte: Dann nämlich erkenne man, dass an ihr etwas dran ist, wenn auch nicht aus eigener Perspektive. Manche Differenzen werden jedoch auf solch irrationale Weise geltend gemacht, dass es erst gar nicht zur Auseinandersetzung kommen kann, und solche Differenzen müssten, so Gutmann, in einer freien Gesellschaft toleriert, von denkenden Menschen aber auch verurteilt werden. Hassreden – gegen Frauen, Juden, Schwarze, Homosexuelle – fallen unter die zweite Kategorie, sie seien »aus moralischen und empirischen Gründen unhaltbar«. (S. 23)

Das klingt gut und zufriedenstellend, bis man merkt, dass die

15 Dies ist eine Standardfrage in Diskussionen über den Multikulturalismus, die aus liberaler Perspektive geführt werden. So stellt sie beispielsweise Will Kymlicka in *Multicultural Citizenship* (Oxford 1995): »Wie sollen Liberale auf nichtliberale Kulturen reagieren?«(S. 94) Liberale, so seine Antwort, sollten »nichtliberale Länder nicht daran hindern, ihre Kultur zu praktizieren, sondern sich für die Liberalisierung dieser Kulturen einsetzen«, denn sie wollten doch nichtliberale Praktiken vermeiden. (S. 94 f.) Mit anderen Worten: Achte die Kultur, indem du versuchst, sie zu verändern. Kymlicka beschäftigt sich mit den Dilemmata, die er im ersten Teil seines Aufsatzes herausstellt, ohne den Widerspruch zwischen der Erhaltung einer Tradition und Maßnahmen zur Abmilderung ihrer Härten zu sehen. Er möchte strenger Multikulturalist sein, wechselt aber, wenn es hart auf hart kommt, ins Lager der Multikulti-Freunde über. Er würde antworten, er meine mit »sich einsetzen« überzeugen und nicht aufzwingen; zudem sei rationale Überzeugung stets das geeignete Mittel, den Anstand zu wahren. »Daher sollten sich liberale Reformer innerhalb der Kultur durch rationale Überzeugungsarbeit oder beispielhaftes Verhalten für liberale Grundsätze einsetzen; Liberale, die von außen kommen, dagegen sollten alle Anstrengungen unterstützen, die Liberale in der betreffenden Kultur unternehmen, um sie zu liberalisieren.« (S. 168) Das Schlüsselwort ist »Rationalität«, das für Kymlicka wie für Rockefeller ein Standard ist, der über kulturelle Grenzen hinaus gilt und von allen Parteien (außer von solchen, die einfach verrückt sind) anerkannt wird. Aber Vernunftgründe von der Art, wie sie von Liberalen anerkannt werden – abstrakte, allgemeine, überhistorische Gründe –, sind genau diejenigen, die von vielen so genannten nichtliberalen Kulturen abgelehnt werden. Die Verwendung von »Vernunftgründen« in der Überzeugungsarbeit ist nicht das Gegenteil, sondern eine Spielart des Aufzwingens.

»moralischen und empirischen Gründe«, aus denen bestimmte Argumente als »unhaltbar« beurteilt werden, nicht weiter ausgeführt werden. Sie werden vielmehr, wie ihr normativer Status, einfach vorausgesetzt. Im Grunde genommen sagt Gutmann nur: »Jeder weiß doch, dass manche Einstellungen einfach nicht ernst zu nehmen sind.« Das kommt dabei heraus, wenn man Anstoß erregende Meinungen dem rationalen Urteil entzieht: Man verschließt die Augen vor den Auswirkungen, die sie haben können, indem man – ohne empirische Gründe dafür – unterstellt, dass sie keine haben, dass sich diese verrückten Reden doch nur Verrückte anhörten. Wenn diese Unterstellung erst einmal etabliert ist (und bei Gutmann ist sie bereits lange etabliert, bevor sie überhaupt mit ihren Ausführungen beginnt), ist die Gemeinschaft gegenseitig respektvoller Teilnehmer am Streit bereits abgesteckt mit Hilfe der einfachen Strategie, alles auszuschließen, was die zugelassene Streitkultur stören könnte.

Da ist es keine Überraschung mehr, dass innerhalb dieser Grenzen natürlich auf Grundlage gegenseitigen Respekts gestritten werden kann, denn von vornherein ist Gegenseitigkeit (die allerdings äußerst blass wirkt) gewährleistet, weil man die Probleme wegdefiniert.[16] Werden Hassreden (eine Bezeichnung, gegen die

16 Rawls geht im Wesentlichen denselben Schritt, wenn er in *Politischer Liberalismus* sagt, »dass Vorurteile und Befangenheiten, Eigen- und Gruppeninteressen, Blindheit und Halsstarrigkeit ihre nur zu allbekannte Rolle im politischen Leben spielen«, aber daran festhält, dass »diese Quellen für unvernünftige Meinungsverschiedenheiten [...] in deutlichem Kontrast zu denen (stehen), die damit verträglich sind, dass jeder uneingeschränkt vernünftig ist«. (S. 131 f.) Hier ist zu fragen, wie der Kontrast markiert wird. Die Antwort erfolgt aus der Perspektive der Vorentscheidung, als rationale Meinungsverschiedenheiten nur solche zu betrachten, die von kühl abwägenden Personen ausgetragen werden. Ironischerweise aber sind »Vorurteile«, »Befangenheiten«, »Blindheit« und »Halsstarrigkeit« Beispiele für genau die Beschimpfungen, die Rawls vermeiden will. Denn mit solchen Worten werden bestimmte Standpunkte von vornherein stigmatisiert und aus der für angebracht gehaltenen Gesprächskultur ausgeschlossen.
In *Toleration and the Limits of Liberalism* (Atlantic Highlands, NJ 1989) gibt Susan Mendus in einem einzigen kurzen Satz ein treffendes Beispiel für diese Strategie: »Vorurteil und Bigotterie, nicht moralische Missbilligung, sind die Merkmale des Rassismus.«(S. 15) Damit sagt sie, dass Rassisten (erneut eine Beschimpfung) keine Argumente haben, nur primitive Voreingenommenheiten. Auf diese Weise wird das Feld des »moralischen Disputs« denen überlassen, die alle Zugehörigkeiten oder Bindungen, die auf Rasse oder Ethnizität beruhen, als zufällig oder

sich diejenigen verwahren würden, die sie hervorbringen) als »radikal unplausibel« (S. 22) abqualifiziert (und wird damit den Abstraktionen Plausibilität gegeben, deren Essentialismus Gutmann unbekümmert annimmt), erscheinen sie nicht bedrohlicher als ein Rülpser oder ein Furz – gewiss, sie sind unangenehm und peinlich, aber man kann mit ihnen leben, zumal dann, wenn das »Wir« kategorisch auf diejenigen begrenzt ist, die die Dinge so sehen, wie Gutmann sie sieht.

Am Ende erweist sich die Unterscheidung zwischen dem, was zu respektieren, und dem, was zu tolerieren ist, als ein Mittel, um Anstandsregeln akademischer Dinnerparties auf die Höhe von Diskursuniversalien zu heben, andere Anstandsregeln dagegen in die Tonne des hoffnungslos Vulgären zu treten. In der erweiterten Auflage des von Gutmann herausgegebenen Bandes schließt sich ihr Jürgen Habermas an, der religiösen Fundamentalisten den Zutritt zu seiner konstitutionellen Republik verwehrt, »weil sie für eine privilegierte Lebensform *Ausschließlichkeit* beanspruchen« und deshalb für eine »zivilisierte Debatte [...], in der sich die Parteien als Teilnehmer an einem gemeinsamen Kampf um authentische Wahrheiten« begreifen können, nicht qualifiziert seien.[17] Natürlich gehen religiöse Fundamentalisten davon aus, dass ihre Wahrheiten

bedauerlich ablehnen. Der moralische Disput kann sich dann in jenem sterilen Raum abspielen, den Gutmann mit ihrer Unterscheidung zwischen Ansichten, die man toleriert (auf die man sich aber nicht einlassen mag), und Ansichten, die man achtet, auszeichnet. Die Alternative wäre, dass man Vorurteil – d. h. Parteilichkeit – als ein Merkmal jeder moralischen Position – auch der liberalen, die Gutmann, Rawls und Mendus hochhalten – betrachtet und dass man über jemanden, der Menschen wegen ihrer Rasse abwertet, nicht sagen möchte, es sei mit ihm keine Debatte über Moral zu führen, sondern dass man seine Moral für falsch, schlecht und gefährlich (vorausgesetzt man denkt so) hält.

17 Jürgen Habermas, »Anerkennungskämpfe im demokratischen Rechtsstaat«, in: Taylor, *Multikulturalismus*, S. 133, Hervorhebung von mir. Wie Larry Alexander in »Liberalism, Religion, and the Unity of Epistemology«, in: *San Diego Law Review* 30 (Herbst 1993), S. 782, sagt: »Ein Dialogtest ist eine Voraussetzung für Einstimmigkeit.« Das heißt, die Teilnehmer müssen dem schon zustimmen, was angemessen ist und was nicht. Übereinstimmung ist angeblich aber Ziel des Dialogs; wird sie aber zur Voraussetzung für die Teilnahme gemacht (so wie bei Gutmann und Habermas), dann ist das Ziel schon vorab erreicht, indem der Kontext manipuliert wird. Der Erfolg ist sicher, aber er ist auch leer, weil alles, was ihn hätte schmälern können, ins Exil geschickt wurde, obwohl es mit Sicherheit existiert.

authentisch sind, und genau deshalb wird ihnen die Teilnahme an der idealen Sprechersituation des Seminars verweigert. (Ich höre euch anklopfen, aber ich lasse euch nicht herein.) Fundamentalisten und Hassredner mögen als schräges Paar erscheinen. Was sie gemeinsam haben und zu Kandidaten für einen entschiedenen Ausschluss macht, ist die Weigerung, die Grenzen zwischen dem, was man auf einem liberalen Forum sagen kann und was nicht, zu respektieren. (Man darf weder »Jud« noch »Gott« sagen.) Die Feinde, die Gutmann und Habermas beim Namen nennen, sind jeweils andere, aber sie werden auf die gleich Art erledigt: nicht im offenen Kampf, sondern indem sie als zur Teilnahme untauglich erklärt werden, bevor der Kampf beginnt.

Heraus kommt das »zivilisierte« Gespräch, das akademischen Liberalen so teuer ist, weil sie, die die Welt nach dem Modell eines Philosophieseminars begreifen, glauben, jede Differenz zwischen »rationalen« Menschen könne ausdiskutiert werden. Es ist letztendlich ein Glaube an das Reden – an das, was Liberale den offenen und herrschaftsfreien Dialog nennen –, der hinter einem Programm wie dem Gutmanns steht. Aber der Dialog ist, wenn wir uns ansehen, welche Voraussetzungen für die Teilnahme ihrer Ansicht nach erfüllt sein müssen, alles andere als offen: »Wechselseitiger Respekt setzt eine umfassende Bereitschaft und Fähigkeit voraus, Meinungsverschiedenheiten zu artikulieren, sie vor denjenigen zu vertreten, mit denen wir verschiedener Meinung sind, zwischen respektvollem und despektierlichem Einvernehmen unterscheiden zu können und bereit zu sein, die eigene Meinung zu ändern, wenn wir mit guten Gründen kritisiert werden.« (S. 24) Wörter wie »umfassend« und »offen« beschwören das Bild vom runden Tisch, an dem Platz zu nehmen alle eingeladen sind, aber zwischen diesen Wörtern steht: »Zwischen respektvollem und despektierlichem Einvernehmen unterscheiden zu können« – eine Klausel, die diese scheinbare Liberalität Lügen straft. Denn sie bedeutet, dass es von vornherein festgelegt ist, welche Auffassungen gehört und welche verworfen werden. Es ist schon eine merkwürdige Offenheit, die durch das definiert ist, was sie kategorisch ausschließt.

Ich möchte Gutmann keineswegs beschuldigen, nicht offen genug zu sein. Ganz im Gegenteil, ihr Wunsch, offen zu sein, ist im Grunde das Problem. Denn dieser Wunsch hindert sie daran, den richtigen Maßstab an das anzulegen, was sie als Übel erkennt.

Wenn man Anschauungen erschüttern will, die man für schädlich hält, muss man schon ein bisschen mehr tun, als nur zu verkünden: »Ich schließe euch aus meiner Gemeinschaft des wechselseitigen Respekts aus.« Ein Ausschluss dieser Art ist kein Schlag gegen ein Programm, dessen Befürworter nicht respektiert sein, sondern triumphieren wollen. Wenn ihr Hassredner aus euren kleinen Gesprächskreisen verbannt, können sie ihre Feindseligkeit in den dunklen Ecken, von denen ihr eure peniblen Augen abwendet, umso ungestörter pflegen.

Gutmanns Ausschlussinstinkt ist richtig, lediglich ihre Ausschlussgeste ist zu zahm. Es ist nicht viel mehr als Naserümpfen und ist völlig ungeeignet, den Feind ins Herz zu treffen. Eine tiefere Wunde kann man ihm nur mit Methoden und Waffen beibringen, die ihr Liberalismus verachtet: durch Unnachsichtigkeit, Intoleranz, vielleicht sogar Unterdrückung – durch Handlungen also, die auf das Übel nicht mit tolerantem Verhalten reagieren – und hoffen, dass seine Energien verpuffen, wenn es mit Verachtung gestraft wird –, sondern mit dem Wunsch, es zu beseitigen. Diese Lektion wird der Liberalismus nie lernen. Er ist *verpflichtet*, sie nie zu lernen, weil ihm die Annahme zugrunde liegt, dass mit der Zeit (und sofern unangenehme »Gesetzlose« von vornherein außer Acht gelassen werden) Differenzen und Konflikte durch rationale Erwägungen zu bereinigen und zu lösen sind, wobei unter rationalen Erwägungen solche Überlegungen verstanden werden, die gewöhnlich im Freundeskreis angestellt werden.

Ich habe schon bemerkt, dass so genannte Hassredner mit dieser Beschreibung ihrer Worte, die sie sowohl für rational als auch für wahr halten, nicht einverstanden wären. Für Gutmann und Habermas ist Rationalität eine feststehende Denk- und Verhaltensweise, deren Regeln von Leuten mit unterschiedlichen oder gegensätzlichen Anschauungen erkannt und akzeptiert werden können. In diesem (wie auch in Rockefellers) Modell sind Differenzen oberflächlicher Natur, und wer auf ihrer Grundlage politische und soziale Urteile abgibt, gilt als irrational. Wird Rationalität jedoch differentiell verstanden, als Motor des Ausschlusses und der Grenzziehung, dann ist der Gegensatz nicht der zwischen dem Rationalen und dem Irrationalen, sondern zwischen gegensätzlichen Rationalitäten, die gleichermaßen, doch auf verschiedene Weise intolerant sind.

Das heißt zuletzt, dass es so etwas wie Hassrede gar nicht gibt, wenn man darunter eine Rede versteht, die ausgehend von einer *unabhängigen* Norm als hasserfüllt beurteilt wird. Dagegen gibt es eine Art der Rede, die manchen hasserfüllt erscheint, weil die Rede Ideale beleidigt, denen sie Treue gelobt haben. Für diejenigen aber, die solche Reden halten, ist sie nicht hasserfüllt, sondern notwendig; sie wiederum finden eine Art der Rede hasserfüllt (oder pervers oder gefährlich), die *ihre* Ideale beleidigt. Eine Äußerung ist also so lange Hassrede, wie irgendjemand, irgendeine Gruppe sie angreifbar findet, und da dies für fast jede Äußerung zutreffen kann, ist Hassrede keine begrenzbare Kategorie und kann alles sein (weshalb sie nichts ist), selbst die amerikanische Unabhängigkeitserklärung oder die Goldene Regel. Daraus ist zu schließen, dass Hassrede und Rationalität in keiner *allgemeinen* Weise als Gegensatz gesehen werden können, denn ob eine Rede das eine oder das andere ist, hängt davon ab, was ihre Autoren wie ihre Empfänger vorher investiert haben. Was man Hassrede nennt, ist immer zugleich des einen Rationalität und des anderen Abscheulichkeit.

Das führt uns zum vielleicht erschreckenden, aber unvermeidlichen Schluss, dass die Hassrede (oder besser eine Rede, die für manche hasserfüllt klingt) rational ist und dass, was an ihr problematisch ist, neu zu überdenken ist. Tatsächlich scheint nur dann, wenn die Hassrede als irrational charakterisiert wird, das Etikett »Problem« passend zu sein – und das Wort spendet Trost, weil ein Problem behandelt werden kann: entweder durch gütiges Darüberhinwegsehen (»Macht euch keine Sorgen, das ist ein Randphänomen, das keine größeren Kreise ziehen wird«); oder durch Bildung und Dialog (die Antwort auf die Hassrede ist noch mehr Rede: Denken wir an Theroux und den Pakistani); oder, in einer dunkleren Sicht der Angelegenheit, durch Quarantäne und Exkommunikation (»Du hast eine Krankheit, und wir wollen dich zwar nicht auslöschen, aber wir wollen auch nichts mit dir zu tun haben«). Das ist alles, was in der liberalen Apotheke an Heilmitteln zu finden ist. Hassrede ist etwas, mit dem wir leben können, oder etwas, das wir heilen können; oder etwas, das wir nicht heilen, aber vermeiden können, indem wir uns weigern, einer Miliz beizutreten.

Im Verhältnis zu diesem Heilmittelkatalog erscheinen Sprachregelungen als offensichtlich kontraproduktiv, weil sie entweder eine überstarke Reaktion auf eine geringfügige Irritation sind oder weil sie dem Dialog, der Gesundung bringen soll, im Weg stehen, oder weil sie nur die Paranoia verstärken, die das Problem überhaupt erst geschaffen hat. Alles jedoch wird anders, sobald Hassrede nicht mehr als Beweis für kognitive Verwirrung oder moralische Anomalie betrachtet wird, sondern als Ausdruck einer Moral, die ich verachte, also als etwas, das mein Feind (nicht der allgemeine Feind) sagt.[18] Indem man Hassrede als Beweis für eine kognitive oder moralische Verwirrung behandelt, versucht man, die Verwirrung dadurch aufzulösen, gute Gründe zu finden. Nähme man jedoch an, dass Hassredner nicht verwirrt sind, sondern einfach falsch liegen – sie denken durchaus vernünftig, aber ihre Gründe sind in Anschauungen (über rassische Merkmale, sexuelle Normen usw.) verwurzelt, die man verabscheut –, wird man sein Vertrauen nicht in Argumente setzen, sondern nach etwas Stärkerem suchen.[19] Hassrede als Problem oder als Äußerung meines Feindes – der Unterschied zwischen beiden Auffassungen besteht darin, dass man in Reaktion auf ein »Problem« in Therapiebegriffen denkt und Vorschläge daraufhin untersucht, ob sie die Krankheit beseitigen; in Reaktion auf Äußerungen seines Feindes aber denkt und fragt man

18 Der Liberalismus braucht einen universellen Feind, damit seine Prozeduren von In- und Exklusion in jedermanns Namen durchgeführt werden können. Wenn es jedoch keinen universellen Feind gibt, sondern nur Feinde (meine oder deine), dann werden die Prozeduren immer im Namen von diesem und gegen jenen mobilisiert. Dass es den universellen Feind nicht gibt, ist etwas, wogegen Liberale ständig anrennen. Typischerweise machen sie entweder jemandes Feind zum universellen Feind (wie es Gutmann tut) oder sie geben den Versuch auf, einen Feind zu identifizieren, und betrachten jeden im Sinne der angebrachten liberalen Ansichten als überzeugungsfähig. (Das könnte man für sentimentalen oder einfältigen Multikulturalismus halten.) Vgl. dazu Ellen Rooney, *Seductive Reasoning: Pluralism as the Problematic of Contemporary Literary Theory*, Ithaca 1989, besonders ihre Diskussion des theoretischen Traums von der allgemeinen Überzeugung

19 Da Gutmann Tugend gleichsetzt mit der Fähigkeit zu rationaler Abwägung, muss sie annehmen, dass Hassredner mangelhafte Denker sind. In Wirklichkeit aber haben sie häufig nicht weniger starke kognitive Fähigkeiten wie alle anderen auch und können auf Gründe mit Gründen antworten. Wie Richard Rorty im Zusammenhang mit der bekannten Forderung, wir sollten in der Lage sein, einem Nazi zu beweisen, dass er unrecht hat, sagte: »Versuche, einem philosophisch gewieften Nazi zu zeigen, dass er sich in logische Widersprüche verwickelt hat, werden ihn nur dazu anhalten, die Voraussetzungen für den Vorwurf des Widerspruchs neu zu konstruieren«, vgl. »Truth and Freedom: A Reply to Thomas McCarthy«, in: *Critical Inquiry* 16 (Frühjahr 1990), S. 637.

in Strategiebegriffen; fragt, ob ein Vorschlag verhindern kann, dass sich das Übel, das man nicht ausstehen kann und vor dem man Angst hat, vergrößert oder ausbreitet.

Mit dieser veränderten Sichtweise gewinnt man die Möglichkeit, realistische Fragen stellen zu können, auf die es dann auch nuancierte Antworten gibt. Wenn man, wie Liberale das gewöhnlich tun, fragt: »Werden Sprachregelungen dem Rassismus und dem Vorurteil ein Ende machen?«, dann kann die Antwort nur Nein sein; wobei ich das nicht als Hinweis darauf werte, dass die Sprachregelung unangemessen ist, sondern die Frage. Die Forderung, den Rassismus mit Sprachregelungen zu beseitigen, zehrt von der Erkenntnis (die ich mit den Antiregulierungsliberalen teile), dass sich Rassismus nicht durch äußere Kräfte überwinden lässt; dass er von anderem Kaliber ist. Daraus folgt aber nicht, dass überhaupt nichts gegen ihn auszurichten wäre. Sondern nur, was immer wir tun, es wird den Rassismus nicht an seinem Ursprung treffen. (Was aber möglich wäre, wenn es sich um eine Krankheit handeln würde und nicht um eine Art zu denken.) Und wir können nur auf eine Reihe taktischer Siege hoffen, durch die der Feind geschwächt und in Verlegenheit gebracht wird, ihm Unannehmlichkeiten bereitet werden, er seine Macht verliert und bei Gelegenheit vernichtet werden kann.[20]

Das ist allerhand Hoffnung. Und vor allem: Diese Hoffnung ist realisierbar. Hält man Sprachregelungen nicht für eine definitive Lösung, wohl aber für ein mögliches Element einer provisorischen Strategie, dann müssen wir diese nicht unter der Voraussetzung des Alles oder Nichts diskutieren. Wir können dann fragen, ob es in dieser Situation, zu diesem Zeitpunkt und an diesem Ort vernünftig ist, sie für unser Programm einzusetzen (das, um es noch einmal zu sagen, nicht darin bestehen kann, den Rassismus zu beseitigen, sondern Rassisten das Leben schwerzumachen). Die Antwort wird

20 Mein Ausdruck »der Feind« mag den Eindruck erwecken, als meinte ich jedermanns Feind und fiele zurück in liberalen Universalismus, in dem anomale Ungeheuer klar bezeichnet und jedem bekannt sind. Er betrifft aber den Punkt, an dem ich hinter dem bunten Analyseteppich hervorkomme und meine eigene Position erkläre, die nicht auf dem Urteil beruht, dass Rassismus vollkommener Unsinn sei – er ist eminent sinnvoll, wenn es jemandes Art zu denken ist –, sondern darauf, dass er auf eine Art sinnvoll ist, die ich verachte. Ich wende mich jetzt an Leser, die auf meiner Seite sind und die sagen: Wenn man gewinnen will – und wer will das nicht? –, sollte man sich genau so verhalten.

häufig Nein sein, und das ist auch meine übliche Antwort, denn in den meisten Fällen schaffen Sprachregelungen mehr Probleme, als sie lösen. Oft ist es auch klüger, das Geräusch des Hasses zu tolerieren und etwas über Stöcke und Steine und den Wert der Redefreiheit zu murmeln.

In diesem Augenblick redet man wie ein Liberaler, aber nichts ist falsch daran, solange man seinen Liberalismus nicht zu ernst nimmt, nicht prinzipiell und immer daran hängt. Ebenso wie Sprachregelungen denkbar sind, wenn man nichts Unmögliches mehr von ihnen erwartet, so sind liberale Plattitüden nützlich, wenn man damit nicht mehr erreichen will, als zwischen den Schlachten, von denen man denkt, dass sie zu gewinnen sind, Zeit zu gewinnen. Wir wechseln ohnehin immer zwischen liberalen Reden und nichtliberalen Aktionen hin und her. Das ist das Wesen der Ad-hoc-Lösungen, sie sind eine Praxis, zu der man nicht drängen muss, denn es bleibt uns ja keine andere.

Stanley Fish

Nachwort

Praxis ohne Theorie: Eine Rückschau

Die hier gesammelten Essays vollziehen eine doppelte Bewegung. Zunächst bestreite ich die Erhältlichkeit von Grundlagen oder Essenzen, mit denen Interpretationen und Urteile abgesichert werden können. Dann bestreite ich, dass dieses Bestreiten der Erhältlichkeit von Grundlagen und Essenzen irgendwelche Konsequenzen hat, seien sie gut oder schlecht.

Der Verdienst dieses doppelten Bestreitens (wenn »Verdienst« das richtige Wort ist) liegt darin, dass es niemanden in der Debatte zwischen fundamentalistischen Theoretikern und antifundamentalistischen Theoretikern glücklich macht. Fundamentalistische Theoretiker sind unglücklich, weil sie glauben, dass Interpretationen und Urteile völlig haltlos und subjektiv werden, wenn sie nicht durch irgendwelche Fundamente verankert werden, seien diese nun theologisch, logisch, linguistisch oder empirisch. Antifundamentalistische Theoretiker sind unglücklich, weil ihre Annahme (und Hoffnung) darin besteht, dass die Auflösung oder Dekonstruktion von Fundamenten einen Raum der Befreiung von erstarrten Orthodoxien bietet und damit die Möglichkeit eines Neubeginns für das Projekt eröffnet, soziale, politische und ökonomische Gerechtigkeit für alle zu erreichen.

Ich nenne diese beiden Darstellungen der Konsequenzen von Fundierungskritik »antifundamentalistische Theorieangst« und »antifundamentalistische Theoriehoffnung«. Ich argumentiere, dass das Erste eine grundlose Angst darstellt, denn dadurch, dass Fundamente aus dem epistemologischen Bild entfernt werden, verlieren wir nichts. Das Zweite ist eine Hoffnung, die antifundamentalistische Theoretiker nicht legitim haben können, da es die antifundamentalistische Theorie zu einer neuen Grundlage zu machen versucht. Beide Seiten in dieser Debatte stellen sich einen ursprünglichen, anfänglichen Zustand vor, der von Konventionen, Traditionen und Gemeinschaften unberührt bleibt, ein Zustand, zu dem Begrenzungen erst im Namen der Sicherheit und Stabilität hinzugefügt oder im Namen der Freiheit entfernt werden. Fundamentalistische Theoretiker sagen: »Lasst uns am Anfang bleiben, damit das Chaos nicht wiederkommt.« Antifundamentalistische

Theoretiker sagen: »Lasst uns zum Anfang zurückkehren, indem wir die Verkrustungen der uns aufgedrängten Ideologien entfernen, damit wir endlich alles richtig machen können.«

Ich dagegen sage: »Wir sind nie am Anfangszustand (außer in Gedankenexperimenten ohne praktische Folgen).« Weil wir niemals dort sind, sind wir niemals in der Situation, an der fundamentalistische Theoretiker hängen (von äußerlichen Begrenzungen eingeengt), und auch niemals in der, die antifundamentalistische Theoretiker erhoffen (von den Ketten der Geschichte befreit). Stattdessen sind wir immer bereits (eine alte, aber nützliche Formulierung) in einem Netz von bereits feststehenden Hierarchien, Verpflichtungen, Zielen, Zwängen, Werten etc. situiert, kurz: in Begrenzungen, von denen wir uns niemals völlig lösen können. Das heißt, dass wir niemals ohne die Anleitungen existieren, von der fundamentalistische Theoretiker meinen, dass nur Grundlagen dazu in der Lage seien, sie uns zu geben. Es heißt ebenso, dass die Anleitung, die wir immer haben, nicht in abstrakten, universellen moralischen, theologischen oder rationalen Räumen zu finden ist, sondern in den ganz gewöhnlichen Praktiken, denen wir Tag für Tag unreflektiert nachgehen.

»Gewöhnlich« mag nicht das richtige Wort sein, um diese Praktiken zu beschreiben, da es etwas Dünnes impliziert, das erst ausgefüllt und ergänzt werden muss. Ich vertrete jedoch eine, wie ich sie nenne, »bereicherte Auffassung« von Praxis, die ich in Opposition zu Ronald Dworkins Ansicht der »schwachen Begrenzung durch Praxis« definiere. Dworkin meint, dass die Begrenzung durch Praxis schwach sei, da sie alleine nicht die Struktur der Rechtfertigung und Validierung bietet, die von Prinzipien oder Theorien erbracht werden können. Daher glaubt er, dass Rechtspraktiker philosophische Hilfe bräuchten. »Es fällt den Philosophen zu, […] die Ambitionen des Rechts, die reinere Form des Gesetzes auszuarbeiten – das, was in und jenseits des Rechts, das wir haben, liegt« (1986: 407). Ich finde Dworkins »in und jenseits« überflüssig. Die Ambitionen, Ziele und Werte des Rechts sind bereits »innerhalb« seiner Routineoperationen eingebaut. Jemand, der in der Welt der Rechtspraxis (oder irgendeiner anderen Praxis) eingebettet ist, muss nicht erst nach Werten, Gründen und Normen greifen. Diese kommen im Wissen, was für eine Art von Unternehmen er betreibt, schon mit. Dieses Wissen ist nichts, was zusätzlich zu seiner Alltagsarbeit aufkommt, es ist Teil seiner Alltagsarbeit. In einer Praxis sozialisiert zu werden bedeutet nicht, Informationen oder Techniken zu meistern; es bedeutet vielmehr, jeden Moment seines professionellen Lebens von dem Zweck durchdrungen zu leben, der das Unternehmen ausmacht.

Dieser Zweck, dieser Sinn für das, was das Unternehmen ausmacht, konfiguriert dessen Topografie und gibt dessen Tatsachen Form und Identität, nicht erst, nachdem irgendeine Theorie angerufen wurde, sondern sofort. Der Anwalt, der sich mit einem Klienten berät oder einen Gerichtssaal betritt, muss keine Theorie zu Rate ziehen oder an ein Prinzip erinnert werden. Alles, was diese externen Hilfen angeblich offerieren – »Know-how«, Regeln, Ziele und die angemessenen Arten, sie zu erreichen –, befindet sich bereits im Besitz des kompetenten Praktikers. Am Ende des klassischen Westerns *Gunfight at the OK Corral* (1957; dt. *Zwei rechnen ab*) setzt sich Westernheld und Spieler Doc Holliday (gespielt von Kirk Douglas) an einen Pokertisch und fragt: »Wie heißt dieses Spiel?« Es ist natürlich ein Witz. Holliday tut so, als wäre er ein Anfänger, der Unterweisung benötigt, dem gesagt werden muss, was man tut. Wie aber jeder im Raum weiß, trägt er die notwendigen Fähigkeiten in jeder Faser seiner professionellen Person mit sich.

Wenn die Praxis (wie sie von kompetenten Mitgliedern verkörpert wird) bereits mit allem, was man braucht, ausgestattet ist, verliert die Theorie ihre Dringlichkeit. Theorie ist letztlich nur ein anderer Name für Grundlagen: Es ist das Projekt, von den Einzelheiten wegzuabstrahieren und zu einer Perspektive zu gelangen, die so allgemein ist, dass sie mit keiner konkreten Aufgabe der Interpretation oder Beurteilung mehr verbunden bleibt, aber dennoch Richtung und Anleitung dafür bietet, irgendeine Aufgabe der Interpretation oder Beurteilung zu verfolgen. Als eine Version der Suche nach Grundlagen ist Theorie eine Antwort auf die bekannte Angst, dass ohne die Führung durch eine neutrale, unparteiische, universelle Perspektive nur unbegründete Interpretationen und Urteile übrig blieben. Mein Argument, noch einmal, besteht darin, zu sagen, dass (1) keine solche Perspektive erhältlich ist und (2) dass ihre mangelnde Erhältlichkeit keinen Unterschied macht, da sie nie erhältlich war und wir trotzdem immer in der Lage waren, sehr gut auszukommen. Damit *löse* ich keine alten Debatten in der Philosophie, sondern ich *löse sie auf*, indem ich demonstriere, dass das, wovon Philosophen immer dachten, es stünde auf dem Spiel – Ordnung, Objektivität, Stabilität –, nicht auf dem Spiel steht. Tatsächlich steht gar nichts auf dem Spiel. All jene, die ihr Leben damit verbringen, Theorien zu erdenken, in der Hoffnung, sie hielten damit Chaos und Subjektivität fern, sollten lieber nach Hause gehen und etwas anderes tun. Ihre Anstrengungen sind zum Scheitern verurteilt; sie werden nicht gebraucht. Wer ein Anwalt, Richter oder Literaturkritiker ist, der einen interpretativen Wegweiser benötigt, wird ihn in den Konventionen, obligatorischen Routinen, vorgesehenen Zielen und vorrangigen Zwecken finden, die mit der Mitgliedschaft in einer professionellen Praxis einhergehen, und er wird sie dort immer bereits gefunden haben. Sie müssen nirgendwo sonst gesucht werden.

Mein Beharren darauf, dass Praxis ausreicht, hat seinen Ursprung in einer bestimmten Sichtweise auf Sprache und vor allem auf Sätze. Die linguistischen Kategorien, die der fundamentalistischen Theorie und der antifundamentalistischen Theorie entsprechen, sind die der »wortwörtlichen«, eindeutigen, einfachen, denotativen Sprache gegenüber der metaphorischen, poetischen, polysemischen, konnotativen Sprache. Die erste Art, so heißt es, widerstehe willkürlicher Interpretation, verankere Kommunikation und mache objektive Beschreibung möglich. Die zweite Art sei vorgeblich offen, frei, variabel, verführerisch und gefährlich. Die Angst – dieselbe Angst, der wir schon einmal begegnet sind, nur in einem anderen Gewand – ist, dass die zweite Art, wenn sie nicht im Zaum gehalten wird, Stabilität und Vorhersehbarkeit zerstören wird. Wie Ruth Kempson es formuliert, wenn »jeder Satz eine unfeststellbare Anzahl von Bedeutungen besitzt [...] dann können die Bedeutungsrelationen zwischen Sätzen [...] nicht vorhergesehen werden« (1975: 60). Wenn Sätze keine festen und determinierten Bedeutungen haben, dann *geht alles*.

Wieder einmal haben wir die Annahme eines Anfangszustandes, in dem Objekte oder Personen oder, in diesem Fall, Sätze in einer akontextuellen oder präkontextuellen Form existieren. Es gibt keine solche Form. Sätze sind nicht geradeheraus oder uneindeutig: Dies sind keine Eigenschaften von Sätzen. Sie erlangen diese Eigenschaften (oder andere) in einem Kontext von Verwendung und Performanz, und sie erlangen sie *unverzüglich*, das heißt: ohne dass ein Prozess, eine Deduktion oder Folgerung dazwischengeschaltet werden müsste. Das Beispiel, das ich in »Normal Circumstances ... And Other Special Cases« (in Fish 1980) bespreche, beinhaltet ein Schild auf der Tür eines Klubs, auf dem »Private Members Only« zu lesen ist. Es ist ein Einfaches, Bedeutungen für diese Phrase sprießen zu lassen. Sie kann alles heißen, von »Nur Mitglieder dürfen eintreten« zu »Nur jene, die verdeckte, aber keine offenen Mitglieder sind, dürfen eintreten«, bis hin zu »Nur Genitalien dürfen eintreten«.[1] Dass man sich jedoch vielfältige Bedeutungen für das Schild vorstellen kann, heißt nicht, dass das Schild uneindeutig ist, denn jede vorgestellte Bedeutung ist völlig gradlinig, sogar wortwörtlich, wenn man bestimmte Umstände und Sprecher mit bestimmten Absichten und Zwecken unterstellt. Die Illusion der Ambiguität hängt davon ab, dass man sich das Schild vorstellt, *bevor* es in einen Kontext von Zwecken gesetzt wird. Eine solche Vorstellung kann jedoch nicht realisiert werden. Wir hören und konstruieren Äußerungen nur in fest umrissenen Situationen (und wenn keine mitgegeben werden, unterstellen wir welche). Innerhalb dieser Situationen, die mit Hoffnungen, Zielen, zu erbringenden Leistungen, Gefahren, positiven und negativen Folgen bereits gesättigt sind, werden Worte als etwas gehört, was eine scheinbar natürliche Bedeutung bereits in sich trägt. Das wäre auch dann so, wenn das Schild ohne die Unterstützung weiterer Kontextualisierung an die Tafel eines Literatur- oder Linguistikkursraumes gehängt würde. Dann wäre das Schild eine Einladung an Studierende, herauszufinden, wie viele unterschiedliche Bedeutungen an es herangetragen werden könnten, und das wäre nun seine Bedeutung.

Die wesentlichen Worte im vorausgehenden Abschnitt sind »Zweck« und »Absicht« (die beiden sind fast Synonyme). Gemeinsam benennen sie die notwendigen Bedingungen für Interpretation und zeigen ihren notwendigen, aber unvorhersehbaren Ablauf an. In den letzten fünfzig Jahren wurde einiges an Energie aufgewandt, um eine Theorie der Interpretation zu erarbeiten. Wenn aber Interpretation bei Zwecken von Sprechern und Autoren beginnt und von dort aus ihren Weg geht, und wenn Zwecke nicht formalisiert oder begrenzt werden können, kann Interpretation nicht auf eine Methode reduziert werden. Sie muss vielmehr jedes Mal neu gemacht werden, und jedes Mal neu empirisch gemacht werden.

1 Die letzte Deutung spielt damit, dass »*member*« auch »Genital« bedeuten kann (A.d.Ü.).

Nehmen wir beispielsweise den umstrittenen Fall der Verfassungsinterpretation. Auf diesem Feld existieren derzeit drei Thesen: (1) Textualismus, die These, dass die Bedeutung des Verfassungstextes dadurch festgestellt werden muss, dass eruiert wird, welche Bedeutung seine Worte zur Zeit der Textproduktion gehabt haben; (2) die These der »lebendigen Verfassung«, nach der die Bedeutung einer Passage der Verfassung dadurch festgestellt wird, dass ihre Worte mit den Nöten und Zielen der Gegenwartsgesellschaft verknüpft werden, und (3) Intentionalismus, die These, dass die Bedeutung der Verfassung (und jedes anderen Textes) nicht mehr oder weniger ist als das, was die Autoren beabsichtigt hatten.

Die These der »lebendigen Verfassung« bringt sich selbst aus dem Spiel, da es sich überhaupt nicht um eine Beschreibung von Interpretation handelt. Sie ist vielmehr eine Empfehlung, Interpretation zugunsten der Wünsche des Interpreten aufzugeben. Diese Option ist antifundamentalistische Theorie, die zu einem positiven Programm umgeformt wurde. Sie beginnt bei der Einsicht (mit der ich übereinstimme), dass es keine feste und objektive Bedeutung gibt und macht daraus eine Lizenz, den Text alles bedeuten zu lassen, was wir wollen, das er bedeutet.

Textualismus ist im Gegensatz dazu eine Version von fundamentalistischer Theorie. Er hat zum Ziel, Bedeutung und Werte durch objektive, nichtinterpretative Mittel zu sichern. Textualismus funktioniert jedoch nur, er ist sogar überhaupt nur verständlich, wenn Worte ihre eigene Bedeutung selbst mitbringen, und das ohne Referenz zum intentionalen Kontext, in dem sie gesagt oder geschrieben wurden. Fehlt die Spezifizierung eines solchen Kontextes, sind Worte jedoch nicht einmal Worte. Wenn »Private Members Only« nicht als Ausdruck einer Absicht gehört wird – als eine Warnung oder eine Beschreibung oder die Antwort auf eine Frage (wer darf eintreten?) oder eine Einladung zum interpretativen Einfallsreichtum –, wenn man die Absicht abfließen lässt, bleiben nur Markierungen und Kritzeleien. Und diese Markierungen und Kritzeleien können nicht zu Worten transformiert werden, indem man Bedeutungen aus Definitionen importiert, die man in Wörterbüchern gefunden hat. Ein Wörterbucheintrag sagt mir nicht, was ein Wort bedeutet. Er listet lediglich die verschiedenen Bedeutungen auf, die zu historisch aufgezeichneten absichtsvollen Verwendungen gehört haben (und diese Liste kann immer erweitert werden). Bis man durch empirische Untersuchung weiß, welche Verwendung ein Sprecher oder Autor beabsichtigt hatte, stolpert man lediglich im Dunkeln herum. Wörterbücher schreiben und sagen keine Sätze. Menschen in bestimmten Umständen und mit bestimmten Zwecken tun das, und erst, wenn diese Umstände und Zwecke (wenn auch nur provisorisch) identifiziert wurden, kann Interpretation erfolgen.

Ist es aber nicht der Fall, mag man fragen, dass ein sorgfältig gefertigter Satz die Intentionen, die hinter ihm stehen, bereits anzeigt? Das ist der letzte Zufluchtsort des Textualismus, die Einverleibung der Absicht als weiteres formales Element. Wenn aber Absicht eine formale Eigenschaft wäre, gäbe es keine Debatten darüber. Nichts ist aber gewöhnlicher als Dispute darüber, was ein Autor oder Redner gemeint hat, sogar wenn die Aussage, die zur Debatte steht, einfach und alltäglich ist: »Guten Morgen«[2] kann entweder die Beschreibung eines Tages oder eine formelle Begrüßung sein. Die Worte selbst (letztlich eine sinnlose Formulierung) werden einem nicht sagen, was es ist. Textualismus schafft es nicht einmal vom Boden hoch.

Wenn Textualismus es nicht vom Boden schafft und die These der »lebendigen Verfassung« nicht Interpretation, sondern kreatives Schreiben ist, ist Intentionalismus der einzige Kandidat, der noch im Rennen ist. Nur der Intentionalismus kann die Unerhältlichkeit von objektiven, wortwörtlichen Bedeutungen anerkennen und doch dem offenen Spiel der These der »lebendigen Verfassung« entkommen. Der Intentionalismus siedelt die Bedeutung vom Text, der von vornherein keine Bedeutung liefern konnte, zu den Absichten des Autors um. Es stimmt, dass es nicht immer sofort ersichtlich ist, was ein Autor denn nun beabsichtigt haben könnte, dass es gesucht werden muss und auch oft nicht gefunden werden kann. Die Suche danach ist jedoch eine Begrenzung, wenn auch eine schwache im Vergleich zu dem, was fundamentalistische Theoretiker verlangen. Der Interpret kann nicht einfach alles oder irgendetwas sagen; was er sagt, muss zumindest eine argumentativ vertretbare Relation zu einem Zweck haben, die der Autor plausiblerweise gehabt haben könnte.

Der wichtigste Charakterzug des Intentionalismus ist seine Be-

2 »Good morning«, im Englischen mit undekliniertem Adjektiv (A.d.Ü.).

scheidenheit, eine Bescheidenheit, die ihn von allen fundamentalistischen Projekten absetzt. Im Wissen, dass ein Text das bedeutet, was ein Autor beabsichtigt hat, steckt weder das Wissen darüber, wer der Autor ist (eine weitere empirische Frage), noch, wie es genau herausgefunden werden soll, was er, sie, es oder sie beabsichtigt haben. Während der Intentionalismus die korrekte Antwort auf eine sehr alte Frage ist – *welche Bedeutung hat ein Text?* –, ist er doch keine Methode. Er liefert keine interpretative Anleitung: Er sagt uns nur, was wir tun, wenn wir interpretieren. Und was wir tun, ist uns durchwursteln und durchmauscheln: Wir versuchen, mit Hilfe der Ressourcen innerhalb unseres empirischen Feldes, herauszufinden, was Worte, Bilder oder Gesten bedeuten. Der Intentionalismus rettet uns nicht vor der unordentlichen Welt fragmentarischer, multipler und widerspüchlicher Nachweise. Er drängt uns zurück in diese Welt und sagt uns (und das ist seine einzige Anweisung): Schwimm, wenn du nicht untergehen willst, tue *etwas*. Daher ist der Intentionalismus die beste Darstellung der Lektion, die ich in den hier übersetzten Essays konstant predige, der Lektion der pragmatischen Hinlänglichkeit. Was die Aufgaben und Herausforderungen angeht, die uns als Interpreten von Literatur, Recht oder der Welt begegnen, so müssen wir immer ohne die Anleitung durch Theorien, Grundlagen und Methoden auskommen. Wir sind immer ohne sie ausgekommen, und wir haben nichts verpasst.

Aus dem Amerikanischen von Michael Dellwing

Literatur

Dworkin, Ronald, *Law's Empire*, Harvard 1986.

Fish, Stanley, *Is There a Text in This Class*? Harvard 1980.

Kempson, Ruth, *Presupposition and the Delimitation of Semantics*, Cambridge, UK 1975.

Nachweise

1. »Gibt es einen Text in diesem Kurs?«, erschienen als »Is There a Text in this Class?«, in: Stanley Fish, *Is There a Text in this Class?*, Harvard University Press: Cambridge, Ma. 1980, S. 303-321. Copyright © 1980 by the President and Fellows of Harvard College.

2. »Kein Wert ohne Voreingenommenheit. Argumente gegen anonyme Einsendungen«, erschienen als »No Bias, No Merit: The Case against Blind Submission«, in: Stanley Fish, *Doing What Comes Naturally*, Duke University Press: Durham 1990, S. 163-179. Copyright ©, 1990, Duke University Press. All rights reserved. Reprinted by permission of the publisher.

3. »Konsequenzen«, erschienen als »Consequences«, in: Stanley Fish, *Doing What Comes Naturally*, Duke University Press: Durham 1990, S. 315-341. Copyright ©, 1990, Duke University Press. All rights reserved. Reprinted by permission of the publisher.

4. »Das Recht möchte formal sein«, erschienen als »The Law Wishes to Have a Formal Existence«, in: Stanley Fish, *There's No Such Thing as Free Speech (And It's a Good Thing, Too)*, Oxford University Press: Oxford 1994, S. 141-179. Erster Abdruck der deutschen Übersetzung von Colin Sample und Dieter Simon als »Recht will formal sein«, in: *Rechtshistorisches Journal* 20 (2001) S. 527-584. Der Abdruck erfolgt mit freundlicher Genehmigung.

5. »Gewalt«, erschienen als »Force«, in: Stanley Fish, *Doing What Comes Naturally*, Duke University Press: Durham 1990, S. 503-524. Copyright ©, 1990, Duke University Press. All rights reserved. Reprinted by permission of the publisher.

6. »Beinahe Pragmatismus: Die Rechtslehren von Richard Posner, Richard Rorty und Ronald Dworkin«, erschienen als »Almost Pragmatism: The Jurisprudence of Richard Posner, Richard Rorty and Ronald Dworkin«, in: Stanley Fish, *There's No Such Thing as Free Speech (And It's a Good Thing, Too)*, Oxford University Press: Oxford 1994, S. 200-231. Der Abdruck erfolgt mit freundlicher Genehmigung des Autors.

7. »Modischer Multikulturalismus«, erschienen als »Boutique Multiculturalism or Why Liberals are Incapable of Thinking about Hate Speech«, in: *Critical Inquiry* 23 (1997), S. 378-395. Copyright © 1996 by the University of Chicago.

Günter Frankenberg
- Autorität und Integration. Zur Grammatik von Recht und Verfassung. stw 1622. 418 Seiten
- Die Verfassung der Republik. Autorität und Solidarität in der Zivilgesellschaft. stw 1331. 264 Seiten

Johan Galtung. Menschenrechte – anders gesehen. stw 1084. 235 Seiten

Ute Gerhard/Jutta Limbach (Hg.). Rechtsalltag von Frauen. es 1423. 251 Seiten

Oliver Gerstenberg. Bürgerrechte und deliberative Demokratie. Elemente einer pluralistischen Verfassungstheorie. stw 1298. 143 Seiten

Stefan Gosepath/Georg Lohmann (Hg.). Philosophie der Menschenrechte. stw 1338. 417 Seiten

Dieter Grimm. Die Zukunft der Verfassung. stw 968. 447 Seiten

Jürgen Habermas. Faktizität und Geltung. Beiträge zur Diskurstheorie des Rechts und des demokratischen Rechtsstaats. stw 1361. 704 Seiten

Georg Wilhelm Friedrich Hegel. Die Philosophie des Rechts. Vorlesung von 1821/22. Herausgegeben von Hansgeorg Hoppe. stw 1721. 237 Seiten

Materialien zu Hegels Rechtsphilosophie. Herausgegeben von Manfred Riedel. Band 1: stw 88. 437 Seiten

NF 124/2/4.06

Otfried Höffe

- Gibt es ein interkulturelles Strafrecht? Ein philosophischer Versuch. stw 1396. 180 Seiten
- Kategorische Rechtsprinzipien. Ein Kontrapunkt der Moderne. stw 1170 und kartoniert. 431 Seiten
- Strategien der Humanität. Zur Ethik öffentlicher Entscheidungsprozesse. Mit einem neuen Nachwort. stw 540. 373 Seiten
- Vernunft und Recht. Bausteine zu einem interkulturellen Rechtsdiskurs. stw 1270. 296 Seiten

Herbert Jäger

- Makrokriminalität. Studien zur Kriminologie kollektiver Gewalt. stw 845. 216 Seiten
- Verbrechen unter totalitärer Herrschaft. Studien zur nationalsozialistischen Gewaltkriminalität. Mit einem Nachwort zur Neuauflage von Adalbert Rückerl. stw 388. 410 Seiten

Wolfgang Kersting. Recht, Gerechtigkeit und demokratische Tugend. Abhandlungen zur praktischen Philosophie der Gegenwart. stw 1332. 498 Seiten

Wolfgang Kersting (Hg.). Gerechtigkeit als Tausch? Auseinandersetzungen mit der politischen Philosophie Otfried Höffes. stw 1297. 375 Seiten

Rainer Maria Kiesow. Das Naturgesetz des Rechts. 160 Seiten. Gebunden

Friedrich Kübler (Hg.). Verrechtlichung von Wirtschaft, Arbeit und sozialer Solidarität. Vergleichende Analysen. Mit Beiträgen von Hans F. Zacher, Spiros Simitis, Friedrich Kübler, Klaus Hopt und Gunther Teubner. stw 537. 345 Seiten

NF 124/3/4.06

Ernst-Joachim Lampe (Hg.). Zur Entwicklung von Rechtsbewußtsein. stw 1315. 520 Seiten

Klaus Lüderssen
- Abschaffen des Strafens? es 1914. 427 Seiten
- Erfahrung als Rechtsquelle. Abduktion und Falsifikation von Hypothesen im juristischen Entscheidungsprozeß. Eine Fallstudie aus dem Kartellstrafrecht. 259 Seiten. Gebunden
- Genesis und Geltung in der Jurisprudenz. es 1962. 365 Seiten
- Kriminalpolitik auf verschlungenen Wegen. Aufsätze zur Vermittlung von Theorie und Praxis. stw 347. 483 Seiten

Klaus Lüderssen/Fritz Sack (Hg.)
- Seminar: Abweichendes Verhalten
  Band 1: Die selektiven Normen der Gesellschaft. stw 84. 508 Seiten
  Band 2: Die gesellschaftliche Reaktion auf Kriminalität. Band 1. Strafgesetzgebung und Strafrechtsdogmatik. stw 85. 387 Seiten
  Band 4: Kriminalpolitik und Strafrecht. stw 87. 362 Seiten

Niklas Luhmann
- Ausdifferenzierung des Rechts. Beiträge zur Rechtssoziologie und Rechtstheorie. stw 1418. 459 Seiten
- Das Recht der Gesellschaft. stw 1183. 598 Seiten

Ingeborg Maus. Zur Aufklärung der Demokratietheorie. Rechts- und demokratietheoretische Überlegungen im Anschluß an Kant. stw 1153. 336 Seiten.

Franz L. Neumann. Die Herrschaft des Gesetzes. Eine Untersuchung zum Verhältnis von politischer Theorie und Rechtssystem in der Konkurrenzgesellschaft. Übersetzt und mit einem Nachwort von Alfons Söllner. 380 Seiten. Gebunden

NF 124/4/4.06

Bernhard Peters. Rationalität, Recht und Gesellschaft. 366 Seiten. Gebunden

Ulrich K. Preuß
- Die Internalisierung des Subjekts. Zur Kritik der Funktionsweise des subjektiven Rechts. 356 Seiten. Kartoniert
- Legalität und Pluralismus. Beiträge zum Verfassungsrecht der Bundesrepublik Deutschland. es 626. 186 Seiten

John Rawls
- Gerechtigkeit als Fairneß. Ein Neuentwurf. Herausgegeben von Erin Kelly. Übersetzt von Joachim Schultze. 316 Seiten. Gebunden
- Eine Theorie der Gerechtigkeit. Übersetzt von Hermann Vetter. stw 271. 674 Seiten

Ludwig Salgo. Der Anwalt des Kindes. Die Vertretung von Kindern in zivilrechtlichen Kindesschutzverfahren. Eine vergleichende Studie. stw 1220. 632 Seiten

Karl F. Schumann. Der Handel mit Gerechtigkeit. Funktionsprobleme der Strafjustiz und ihre Lösungen – am Beispiel des amerikanischen plea bargaining. stw 214. 264 Seiten

Alexander Somek. Rechtliches Wissen. stw 1802. 240 Seiten

Rudolf Steinberg. Der ökologische Verfassungsstaat. 480 Seiten. Gebunden

Michael Stolleis. Recht im Unrecht. stw 1155. 342 Seiten

Rainer Wahl. Verfassungsstaat, Europäisierung, Internationalisierung. stw 1623. 442 Seiten

NF 124/5/4.06

Uwe Wesel

- Juristische Weltkunde. Eine Einführung in das Recht. stw 467. 213 Seiten
- Der Mythos vom Matriarchat. Über Bachofens Mutterrecht und die Stellung von Frauen in frühen Gesellschaften vor der Entstehung staatlicher Herrschaft. stw 333. 168 Seiten

NF 124/6/4.06